Thomas Neiße
Tanz der Banken

Thomas Neiße

TANZ DER BANKEN

Ein Wirtschaftskrimi

R. G. Fischer Verlag

»Tanz der Banken« ist eine fiktive Geschichte. Handlung, Personen und Dialoge sind frei erfunden. Ähnlichkeiten mit tatsächlichen Begebenheiten wären rein zufällig.

Bibliografische Information der Deutschen Nationalbibliothek:
Die Deutsche Nationalbibliothek verzeichnet diese Publikation in der Deutschen Nationalbibliografie; detaillierte bibliografische Daten sind im Internet über http://dnb.dnb.de abrufbar.

Orber Str. 30, D-60386 Frankfurt/Main

Schriftart: Bergamo 11pt
Herstellung: rgf/bf/1A
ISBN 978-3-8301-1829-9

Für meine Tochter Sabrina,
die immer an mich geglaubt hat.

PROLOG

Sein neues Flugzeug ließ sich spielend leicht handhaben und lag wunderbar in der Luft. Letzteres lag natürlich auch daran, dass es momentan keinerlei Turbulenzen oder Fallwinde gab, ermahnte er sich schmunzelnd. Aber egal, die neue Maschine war ein Gedicht. Sie benötigte nur kurze Wege für Start und Landungen, was für seine Zwecke ideal war. Er hatte sich schon vor Jahren angewöhnt, die Strecken zu seinen über ganz Deutschland verstreuten Kunden, wann immer es möglich war, mit dem Flugzeug zurückzulegen. München war ja nun nicht gerade die geographische Mitte Deutschlands. Er war es einfach leid gewesen, aufgrund von Verspätungen der Bahn oder bedingt durch Verkehrsstaus nicht pünktlich zu sein. Natürlich waren die Landebahnen der Provinzflughäfen, die er ansteuerte, kurz. Und genau dafür hatte er nun das perfekte Flugzeug.

Hakim Sailer schaute aus seinem Cockpit auf die sich unter ihm dahin schlängelnde A 8, auf der sich sehr zu seinem Vergnügen gerade mal wieder ein Stau bildete. Hier in 600 Metern Flughöhe konnte ihm das egal sein. Er flog auch nicht aus Schadenfreude entlang der Autobahn, sondern aus Gründen der Orientierung. Es war immer gut seinen Flug zusätzlich zur routinemäßigen Navigation auch an prägnanten Punkten in der Landschaft auszurichten.

Seine neue Maschine, ein sogenanntes Leichtflugzeug, hatte er aus der Konkursmasse einer Flugschule erworben, ein echtes Schnäppchen. Da diese Flugschule bei seinem Arbeitgeber, der Wertebank in München verschuldet war, erfuhr er früh von dem drohenden Konkurs und agierte sofort. Das war zwar nicht so ganz legal, aber der Konkursverwalter hatte dadurch ja auch weniger zu tun. Trotzdem hatte er die Maschine erst einmal ungenutzt in seinem Hangar auf dem Flugplatz in Fürstenfeldbruck stehen lassen, bis sich der Staub etwas gelegt hatte. Man konnte ja nie wissen.

Infolge der langen Zeit der Nichtnutzung hatte er seiner Maschine am Tag vor dem Start auch einen ausgedehnten Check angedeihen lassen, was kein Problem war, da sein Heimatflugplatz über eigene Wartungsmöglichkeiten verfügte. Ihm war danach von kompetenter Seite versichert worden, dass die Maschine topfit sei. Das hatte seinen eigenen Check heute Morgen vor dem Start relativ kurz ausfallen lassen.

Unter ihm teilte sich nun die Autobahn und er wusste, dass er gerade das Nürnberger Kreuz bei Feucht überflog. Er korrigierte seine Flugrichtung in Richtung Nordwest und flog entlang der A 3 Richtung Würzburg. Dort würde er allerdings die Autobahnroute verlassen und quer über den Spessart in Richtung Gelnhausen fliegen. Dort lebte Karim, sein Sohn aus erster Ehe. Was ihn dahin verschlagen hatte, war leicht zu erraten: ein Prachtweib namens Sonja. Hakim Sailer freute sich darauf, mit seinem Sohn dessen dreißigsten Geburtstag zu feiern. Er hatte in letzter Zeit nicht so viel Kontakt zu ihm gehabt, sie hatten Differenzen bezüglich der Handhabung ihrer arabischen Wurzeln.

Seine leiblichen Eltern stammten aus dem Libanon und seine deutschen Adoptiveltern hatten ihm ihren Nachnamen Sailer gegeben. Hakim Sailer war froh über seinen deutschen Familiennamen, das hatte ihm vieles erleichtert. Die Deutschen akzeptierten einen arabischen Vornamen, beim Nachnamen sah das schon anders aus. Sein Sohn dagegen war stolz auf sein arabisches Erbe. Er war auch ein Mitglied in der muslimischen Gemeinde in Hanau, etwas, was für Hakim Sailer nie in Betracht gekommen wäre. Er war ein Freigeist und seiner Meinung nach sollte jeder an das glauben, was für ihn gut war. Diesbezüglich hatte er auch mit seinem leiblichen Bruder, der in den Emiraten lebte und zu dem er stets den Kontakt aufrechterhalten hatte, so seine Diskussionen gehabt. Omar hatte seinen Sohn bestärkt, sein arabisches Erbe hochzuhalten und seinen Neffen nach Abu Dhabi eingeladen. Leider hatte ihn das zu einer noch fundamentaleren Einstellung gebracht. Aber es war gut, mal wieder miteinander zu reden.

Hakim Sailer schaute wieder aus dem Cockpit und sah vor sich die Würzburger Festung näherkommen. Sie war schon von weitem gut zu erkennen. Ein imposantes Gebäude auf einem hoch aufragenden Berg. Er änderte erneut seinen Kurs, dieses Mal auf Nordnordwest. Es war Zeit, über den Spessart zu fliegen. Er stieg leicht auf 800 Meter, so wie es sein Flugplan vorschrieb.

Nach einem erneuten Gähnen, dem dritten innerhalb der letzten zehn Minuten, fiel ihm die Thermosflasche mit dem Kaffee ein, die auf dem Sitz neben ihm lag. Der neue Techniker vom Flugplatz hatte sie ihm freundlicherweise mitgegeben. Er schraubte den Verschluss ab, drehte ihn um, goss sich ein und trank zügig. Der Kaffee tat gut, die letzte Nacht war doch sehr kurz gewesen. Er verschraubte die Flasche wieder und stellte dabei erstaunt fest, dass sie aus einem sehr leichten Material bestand. Er hatte keine Ahnung aus welchem, aber auf alle Fälle war es kein Metall.

Bevor er jedoch noch weiter darüber grübeln konnte, merkte er, wie ihm leicht schwindlig wurde. Er kniff die Augen zusammen, schüttelte seinen Kopf, aber die Benommenheit wollte nicht weichen. Er dachte erst an so etwas wie einen beginnenden Herzinfarkt, aber er hatte ja keinerlei Brustschmerzen. Ihm wurde dagegen abwechselnd heiß und kalt, seine Hände fingen an zu zittern und der Schwindel verstärkte sich. Bevor noch die Panik von ihm vollständig Besitz ergriff, wurde ihm schwarz vor den Augen. Hakim Sailer verlor das Bewusstsein.

Den Aufschlag seines Flugzeuges im Wald bei Bad Soden-Saalmünster merkte er nicht mehr.

OUVERTÜRE

Es hätte so ein schöner Tag werden können. Die milde Frühlingssonne überzog das Dreisamtal mit einem warmen Licht, die angrenzenden Berge waren dunstfrei und der nach Freiburg strömende Berufsverkehr war bereits abgeebbt. Nichts störte mehr die angenehme Stille, abgesehen von den schwachen Geräuschen der Rinder und Pferde auf den tiefer im Tal gelegenen Weiden.

Niels Werner bewunderte jedes Mal auf das Neue das sich ihm bietende Panorama. Er konnte sich glücklich schätzen, vor nunmehr gut drei Jahren diesen kleinen Bauernhof hier erstanden zu haben. Es hatte zwar ein kleines Vermögen gekostet, ihn zu renovieren, aber es hatte sich gelohnt. An der Nordseite des Schauinsland, dem Freiburger Hausberg, gelegen, konnte er wie aus einem Adlerhorst den Ausblick genießen. Egal zu welcher Jahreszeit, das Tal war jedes Mal eine Augenweide. Der liebe Gott hatte es wohl mit dem Finger auf die Landkarte gemalt.

Genau dieses Umfeld hatte er gebraucht. Eine gescheiterte Ehe und ein verlorener Job forderten ihren Tribut. Auch wenn seine Freunde ihn mit seinem Einsiedlerleben neckten, er hatte die Einsamkeit in den letzten Jahren sehr genossen. Außerdem hatte er Nicki, eine wenige Monate alte Schäferhündin, aus dem Tierheim geholt, um wenigstens eine kleine Aufgabe zu haben, und er brauchte ja auch jemanden, der ihn auf seinen langen Spaziergängen und beim Joggen begleitete. Dadurch war er so fit wie noch nie in den Jahren zuvor und Nicki hatte ebenfalls eine Metamorphose durchlaufen. Aus dem eher verschüchterten Welpen mit glanzlosem Fell war eine bildschöne Hündin geworden.

Wenigstens eine Frau, die mir zugetan ist, dachte er, hob den Tisch und trug ihn in den Schatten des Hauses, in dem Nicki schon lange lag. Die Sonne hatte im Frühling um diese Tageszeit doch eine gehörige Kraft und überzog den Hof vor seinem Haus mit einer intensiven Wärme. Der Butter auf dem Tisch bekam das nicht ganz so gut und auch sein zumindest teilweise kahler Kopf empfand die Dauerbestrahlung als nicht so angenehm. Außerdem konnte er von hier noch besser die schmale Straße einsehen, die sich am Berghang entlang zu seinem Bauernhof hochschlängelte. Er erwartete allerdings niemanden. Agathe, die treue Seele, die sein Haus in Ordnung hielt, hatte bereits gestern ihren Job erledigt und würde erst in zwei Tagen wiederkommen. Seine Briefe lagerten ohnehin in der Post in Kirchzarten. Das war allerdings in anderer Hinsicht etwas misslich. Manchmal überkam ihn doch das Bedürfnis, wieder in die Nachrichten aus der Finanzwelt einzutauchen und die Börsenzeitung zu lesen. Da eine Zeitungszustellung zu ihm viel zu aufwendig wäre, musste er sich mit dem eher oberflächlichen Fernsehen begnügen. In stillen Stunden betrachtete er dieses Verlangen nach detaillierteren Informationen als kleines Zeichen seiner Genesung. Vielleicht sollte er sich doch allmählich um einen Internetanschluss bemühen.
Der Blick auf die Straße war für ihn aber auch ohne Besucher etwas Besonderes, ja, beinahe etwas Mystisches. Sie schlängelte sich von der Abzweigung an der kleinen Kapelle um den Hof des alten Josef herum, verschwand dann teilweise im Wald, umrundete den kleinen Weiher und nahm dann schnurstracks Kurs auf sein Anwesen. Insgesamt überwand sie dabei gut rund 100 Höhenmeter und endete auf seinem Hof. Abgesehen von dem hinter dem Haus startenden Waldweg, der immer Ausgangspunkt seiner Wanderungen und Waldläufe war, war diese Straße seine Nabelschnur zur Außenwelt, seine Verbindung zu

Verwandten und Freunden in Freiburg. Weiter weg hatte er sich in den letzten Jahren kaum bewegt.

Niels Werner stand auf, ging ins Haus und goss sich in der Küche noch einmal Kaffee in seinen Becher. Er liebte seine kreisrunde offene Küche, die ihm ein befreundeter Schreiner aus Frankfurt raffiniert in die Mitte seines Hauses gebaut hatte. Vorher war allerdings das gesamte Haus nahezu entkernt worden. Nun gruppierten sich alle Räume um diesen zentralen Kreis. Auf der Talseite Wohn- und Esszimmer, zum Garten im Westen hin sein Arbeitszimmer, auf der gegenüberliegenden Hofseite seine Lese- und Fernsehecke und auf der Bergseite die zwei Durchgänge zum hinteren Teil des Hauses. Dort befanden sich sein Schlafzimmer mit Bad und begehbarem Kleiderschrank sowie ein separates Gästezimmer mit Dusche und WC. Unterhalb dieser Ebene des täglichen Lebens befanden sich Garage, Waschküche, zwei große Lagerräume und seine Werkstatt, in der er mit den von seinem Schreiner erlernten Fertigkeiten des Öfteren schreinerte. Der Tisch und die beiden Bänke auf dem Hof waren auf diese Weise entstanden.

Bei seiner Rückkehr in den Hof fiel Ihm bei der weit entfernten Kapelle eine Bewegung auf. Das Modell konnte er zwar nicht erkennen, aber offensichtlich stoppte ein Auto an der Abzweigung. Vermutlich hatte sich mal wieder ein Tourist verfahren oder von seinem Navigationsgerät in die Irre leiten lassen. Nach kurzer Zeit setzte der Wagen seine Fahrt fort, bog aber in seine Straße ein. Beim Hof des alten Josef stoppte der Fahrer kurz und redete offenbar durch das offene Fenster mit Gerda, Josefs Frau, die sich im Gemüsegarten zu schaffen machte.

Na, dachte Niels Werner, der wird ja seine Freude haben, die Frau ist doch fast stocktaub. Zu seiner Überraschung bekam

der Fahrer aber offensichtlich die Antwort, die er wollte, denn danach setzte das Auto in Richtung seines Refugiums seine Fahrt fort. Allerdings gab der Fahrer beim Anfahren zu viel Gas und wirbelte eine gehörige Staubwolke auf, die die Tiere auf Josefs Koppel einnebelte. Und natürlich kam Josef gerade aus dem Stall und regte sich mächtig auf.
Da ist wohl das letzte Wörtchen noch nicht gesprochen, grinste Niels Werner vor sich hin. Bevor der Wagen von den Bäumen teilweise verdeckt wurde, sah er, dass es eine Limousine war, schwarz und mit getönten Scheiben. Das Auto war zwar noch zu weit weg, aber wenn er wetten sollte, würde er auf ein Frankfurter Kennzeichen setzen.
Er seufzte tief und ging erneut ins Haus, um einen weiteren Kaffeebecher und ein Gedeck zu holen. Das war es dann ja wohl mit dem schönen Tag. Wenn er sich nicht sehr täuschte, kam da ein Teil seiner Vergangenheit angefahren. Wie zum Teufel hatten sie bloß seine Adresse herausbekommen? Ach ja, natürlich, bei der Scheidung im letzten Jahr musste er seinen Wohnort angeben. Sie hatten wohl einfach nur Karin angerufen und seine Ex-Frau hatte nur zu bereitwillig Auskunft gegeben, allein, um ihm eins auszuwischen. Als die Limousine den Weiher umrundet hatte, wurde aus seiner Vermutung Gewissheit, diesen Wagen kannte er nur zu gut. Er hatte selbst schon öfter, als ihm im Nachhinein lieb war, dringesessen.
Langsam rollte der Wagen auf seinen Hof, stoppte und der Fahrer stieg aus.
»Guten Tag, Herr Werner, wie geht es Ihnen?«
Ohne die Antwort abzuwarten, Niels Werner machte sich allerdings auch gar nicht erst die Mühe zu antworten, öffnete er die hintere Wagentür. Der Mann, der ausstieg, sah wie immer aus wie aus dem Ei gepellt, obwohl er doch mindestens zwei bis zweieinhalb Stunden im Auto gesessen haben musste. Mittel-

groß, sorgfältig gescheiteltes, gegeltes und, wie er wusste, gefärbtes Haar, dunkelblauer Maßanzug aus feinster italienischer Wolle, handgefertigte Schuhe und eine kunstvoll gebundene Krawatte. Die Manschetten des Maßhemdes, in die, wie er ebenfalls wusste, ein Monogramm mit den Buchstaben GB eingestickt war, hatten gerade die richtige Länge und lugten perfekt unter den Anzugsärmeln hervor. Das Brusttuch in der Brusttasche war makellos gefaltet, sein Muster war selbstverständlich auf die Krawatte abgestimmt.

Stets leicht gebräunt und mit einem gewinnenden Lächeln auf den Lippen war Gerd Brauner, der Chef der Meinebank, einer der großen deutschen Banken, der Inbegriff des sympathischen und erfolgreichen Bankiers. Niels Werner wusste aber, dass unter der perfekten und sympathischen Schale ein eisenharter Kern steckte. Gerd Brauner konnte notfalls auch ein perfides Schwein sein, das über Leichen ging. Unter anderem hatte er es ja am eigenen Leib zu spüren bekommen.

Die beiden Männer sahen sich schweigend an, keiner wusste so recht, wie sie die drei Jahre Funkstille zwischen ihnen überwinden sollten. Niels Werner brach nach einem erneuten tiefen Seufzer schließlich den Bann.

»Tu mir das nicht an. Steig einfach wieder in deinen Wagen und fahre nach Frankfurt zurück.«

Gerd Brauner bewegte sich, aufgrund einer alten Sportverletzung leicht hinkend, mit ausgestreckter Hand auf ihn zu.

»Hallo Niels, ich freue mich auch, dich zu sehen. Es ist schließlich eine Ewigkeit her.«

Zögerlich ergriff Niels Werner die Hand.

»Ach ja, und an wem liegt das? Wenn ich mich recht entsinne, hast du ja für das Ende des Kontaktes zwischen uns gesorgt, und zwar auf ziemlich unverblümte Art und Weise.«

»Du willst doch wohl keine alten Geschichten aufwärmen. Ich kann ja nichts dafür, dass du dich hier in der Einöde vergraben hast. Wenn du in Frankfurt geblieben wärst, hätten wir uns sicher schon viel früher gesehen. Obwohl ich ja zugeben muss, dass du dir schon ein hübsches Fleckchen Erde ausgesucht hast.« Gerd Brauner sah sich anerkennend um. »Obwohl, na also, ich finde, das ist andererseits schon ein wenig arg weit vom Schuss hier«, und mit einem entschuldigenden Grinsen, »ich bin übrigens immer noch eine Kaffeetante, Niels.«

Ja, dachte Niels Werner, der Kaffeekonsum von Gerd Brauner war schon in ihrer gemeinsamen Zeit an der Uni in Freiburg legendär gewesen. Wann immer man ihn gesucht hatte, fündig wurde man stets am Kaffeeautomaten in der Cafeteria.

»Schon verstanden. Ich hatte den Kaffeebecher für dich bereits geholt, als du noch von deinem famosen Herrn Leist um den Weiher kutschiert wurdest. Nimmst du immer noch zu viel Zucker?«

»Stark und süß, so habe ich es immer gehalten, obwohl es meinem Vorhofflimmern gar nicht guttut. Mein Kardiologe ist alles andere als begeistert. Wieso magst du eigentlich meinen Fahrer nicht? Du hast schon früher ständig auf ihm herumgehackt.«

»Er ist nicht nur dein Fahrer, sondern erledigt auch noch andere Dinge für dich, Dinge, über die man besser nicht spricht und die ich im Detail gar nicht wissen will«, Niels Werners Stimme bekam einen leicht aggressiven Unterton. »Außerdem hat er mich beinahe mal frontal einen LKW küssen lassen. Für einen Berufsfahrer ein absolutes Unding. Was dein Vorhofflimmern angeht, dazu haben ja wohl in größerem Maß andere Faktoren beigetragen, wie Arbeit, Stress, Frauen, Alkohol, renitente Aufsichtsräte, die nicht immer nach deiner Pfeife tanzen, und, nicht zu vergessen, unangenehme Fragen stellende Aufsichtsbehörden.«

Gerd Brauner ließ sich Zeit mit der Antwort, schlürfte hörbar seinen eigentlich noch zu heißen Kaffee und betrachtete seinen alten Studienfreund nachdenklich. Er sah gut aus, der Kerl. Das sich zu seinen aktiven Zeiten bei der Meinebank abzeichnende Doppelkinn war verschwunden, ebenso das von vielen Geschäftsessen zeugende Bäuchlein. Vor ihm saßen mit maximal 95 Kilo austrainierte 1,90 Meter. Körperlich war Niels Werner offenbar topfit, über die mentale Verfassung konnte er nur Vermutungen anstellen, aber das würde sich ja im Verlauf ihres Gespräches feststellen lassen.
»Niels, du hast gut reden. Du bist ja seit drei Jahren raus aus der Mühle und konntest dich hier bestens erholen.«
»Pass auf, mein Lieber, du betrittst gerade vermintes Gelände.«
»Na ja, sorry, aber du bist doch dabei ganz gut gefahren, hast eine Stange Geld bekommen und dir hier ein nettes Heim geschaffen. Es gibt ja wohl schlimmere Schicksale.«
Insgeheim nickte Niels Werner zustimmend. Ja, er war zwar von ihm ziemlich rüde aus der Meinebank entfernt worden, aber immerhin wurde der erzwungene Ruhestand mit viel Geld vergoldet.
Obwohl er ihn wie eine heiße Kartoffel fallen gelassen hatte, war Gerd in dieser Hinsicht doch großzügig gewesen. Nicht ohne Grund, selbstverständlich, denn er hatte viel über die Geschäftspraktiken gewusst, und das in allen Einzelheiten. Dem guten Gerd konnte keinesfalls daran gelegen sein, dass diese Informationen irgendwie den Weg in die Öffentlichkeit oder zu den Aufsichtsbehörden fanden. Die pragmatische Lösung hieß, entsprechend den Usancen der Finanzbranche; Schweigegeld. Und davon hatte er reichlich profitiert.
»Na ja, so ganz unrecht hast du da wohl nicht. Das bringt mich allerdings zu der Frage, welcher Grund dich hier in meine bescheidene Hütte treibt. So, wie ich dich kenne, muss es ja schon

etwas Besonderes sein. Und wage ja nicht, mir irgendwelche Märchen aufzubinden, ich weiß noch immer, wann du lügst.«
Die Hündin wurde langsam unruhig, stupste ihn mit der Schnauze an und wedelte erwartungsvoll mit dem Schwanz. Es war Zeit für ihren Ausgang. Niels kraulte ihr kurz den Kopf.
»Nicki, geh dich allein amüsieren, ich werde hier wohl noch eine Zeitlang unabkömmlich sein. Also sei ein braves Mädchen und geh zum Weiher, aber nicht weiter. Die Katze vom Josef wird heute in Ruhe gelassen, das letzte Mal hat es mich eine Flasche Rotwein gekostet, um ihn wieder zu versöhnen.«
Brauner sah der Hündin nach, als sie sich Richtung Weiher trollte. »Soso, du bist also auf den Hund gekommen, das passt zu dir und deinem Ambiente hier. Du hast ja schon immer zwischen Schlips und Trapper geschwankt. Apropos auf den Hund kommen ... ich könnte etwas zum Beißen vertragen, mein Frühstück ist schon lange her und mein Fahrer, auch wenn du ihn nicht leiden kannst, hätte gegen einen Kaffee auch nichts einzuwenden.«
»Der hat sich aber gerade in die Büsche geschlagen. Bevor ich hier irgendetwas für dein leibliches Wohl tue, mein lieber Gerd, will ich erst einmal wissen, wieso du hier unaufgefordert aufkreuzt. Falls es dir nicht klar ist, du bist hier nicht willkommen. Was zum Teufel willst du von mir?«
Brauner sah ihn direkt an. »Ich will dich ins Leben zurückholen.«
»Lächerlich, mir geht es doch gut hier.«
»Niels, das meinst du nur. Gib mir die Gelegenheit, es dir zu erklären. Aber zuerst brauche ich einen Kaffee und was zu beißen.«
Widerwillig bewegte sich Niels in Richtung Haus. »Also schön, ich brühe eine neue Kanne auf und irgendetwas zu beißen werde ich auch noch auftreiben. Bleib du schön hier, ins Haus bitte ich dich erst, wenn ich weiß, welche Schweinerei du diesmal vorhast.«

Während Niels Werner im Haus verschwand, war Gerd Brauner versucht, sich an die aus dicken Holzbohlen bestehende Hauswand zu lehnen, unterließ es aber mit Rücksicht auf seinen teuren Anzug. Die Gefahr, dass der mit Harz verschmiert wurde, war ihm einfach zu groß. Samuel Leist, sein Fahrer war in der Tat im Wald verschwunden und ein Blick auf den Weiher sagte ihm, dass Nicki sich sehr wohl allein amüsieren konnte. Er studierte aufmerksam die unmittelbare Umgebung.

Das Haus stand auf einer Art Plateau und war solide aus Holz gebaut und offenbar in einem guten Zustand. Am Südhang des Dreisamtals gelegen, war der Hof zwar nach Norden ausgerichtet, die Sonne beschien allerdings bereits um diese Tageszeit rund die Hälfte des Platzes. Ein großer Garten mit einem Grillplatz grenzte an den Waldrain in unmittelbarer Nähe. Im Westen verdichtete sich das Tal zu einem Nadelöhr, hinter dem das wunderschöne Freiburg lag. Wie fast immer wies diese Stelle eine Dunstglocke auf.

Das Klappern der Haustür holte ihn in die Gegenwart zurück, Niels Werner hatte ein knapp bemessenes Frühstück mit Käse, Schinken und Marmelade auf einem Tablett arrangiert und stellte dieses auf den Tisch.

Gerd Brauner realisierte plötzlich, wie hungrig er doch war, das Croissant im Auto heute Morgen war zu wenig gewesen, um bis zum Mittag vorzuhalten. Beide Männer musterten sich gegenseitig, während sie aßen. Gerd Brauner brach schließlich das Schweigen.

»Du hast es wirklich schön hier, aber ist dir das auf die Dauer nicht zu langweilig?«

Niels Werner sah ihn lange an, seine grünen Augen verrieten nichts von seiner inneren Anspannung. Sogar seine Stimme klang neutral, als er sagte: »Ich habe mich schon gefragt, wann du endlich zur Sache kommst. Du willst doch etwas von mir. Andernfalls wärst du niemals hier aufgetaucht.«

Gerd Brauner hatte lange überlegt, wie er taktisch vorgehen sollte, aber nun entschied er sich für den direkten Weg, den Frontalangriff.

»Ich will die Wertebank kaufen.«

Zischend ließ Niels Werner die Luft entweichen.

»Nee, Gerd, die Wertebank ist so groß wie die Meinebank. Bist du sicher, dass du das stemmen kannst? Der Chef dort ist doch, wenn ich noch richtig informiert bin, Peter Nehmer. Der wird das nie freiwillig zulassen. Du kennst ihn doch, er hält sich selbst für den größten Banker unter der Sonne. Der wird dich nie als den Primus inter Pares akzeptieren, geschweige denn als Chef.«

»Natürlich, freiwillig macht der nie mit. Die Übernahme der Wertebank kann nur unfreundlich klappen. Ich werde also Stück für Stück klammheimlich Aktien sammeln, bis ich ein fettes Paket zusammen habe und ihn dann vor vollendete Tatsachen stellen. Die Börsenkapitalisierung der Bank liegt bei rund 35 Milliarden, aber ich brauche ja nur ein Viertel davon. Mit 25% kann ich alle strategischen Entscheidungen im Aufsichtsrat blockieren denn für diese schreibt ja, wie du weißt, das Aktienrecht 75% Zustimmung des Aufsichtsrates und/oder der Hauptversammlung vor. Er muss sich also mit mir ins Benehmen setzen. Natürlich werde ich das über Strohfirmen machen, ich habe ja keine Lust, für die restlichen Aktionäre ein Übernahmeangebot abzugeben, wozu ich andernfalls verpflichtet wäre.«

»Gerd, du weißt doch ganz genau, was eine Bankenfusion bedeutet. Du hast erst einmal nur Kosten, IT-Integration, nachlassende Produktivität durch verunsicherte Mitarbeiter, die nur noch Papiere schreiben, um zu demonstrieren, wie wichtig sie sind. Du hast für nahezu jede Position zwei Bewerber und die Betriebsräte wissen ganz genau, dass mit Entlassungen zu rechnen ist und werden dir das Leben schwermachen oder finanzielle Zugeständnisse abverlangen. Nichts als Ärger und Unruhe in beiden Häusern. Und das alles ohne einen einzigen Neukunden. Und obendrein kämpfst du noch mit zwei unterschiedlichen Standorten. Frankfurt und München, das passt nicht zusammen, die Mentalitäten der Menschen sind zu unterschiedlich. Du hast doch momentan bei der Meinebank – so wie ich das sehe – die optimale Betriebsgröße. Sicher, nach der Fusion würdest du die mit Abstand größte deutsche Bank leiten. Aber Größe bedeutet nicht automatisch, dass du auch besser bist. Ich persönlich glaube eher an kleinere Unternehmen. Sie sind dichter am Kunden und im Zweifelsfall auch flexibler, da die Entscheidungswege kürzer sind.«

Niels Werner kraulte der zurückgekehrten Nicki den Kopf. Gerd Brauner schenkte sich erst einmal Kaffee nach, ehe er antwortete.

»Du hast mit allem Recht, was du sagst. Aber du weißt doch selbst, wie das ist. Heutzutage bist du zur Größe verdammt. Friss oder du wirst gefressen. Wenn bei einer anderen Bank zu Recht oder zu Unrecht der Börsenwert höher ist, dann macht diese Bank eben eine Kapitalerhöhung und benutzt das neue Eigenkapital, um dich aufzukaufen. Niels, das Haifischbecken da draußen ist noch brutaler geworden in den letzten drei Jahren. Da wachst du eines Morgens auf und ein Anderer hat auf einmal das Sagen. Er übernimmt deine Bank, schlachtet sie aus und das war‘s dann. Nein, mein Lieber, da bin ich schon lieber derjenige, der bestimmt, wo es langgeht.«

»Na gut, das ist natürlich auch eine Überlegung wert. Letztendlich musst du ja wissen was du willst. Ich verstehe nur nicht, was zum Teufel das Ganze eigentlich mit mir zu tun hat?«

Gerd Brauner füllte, um Zeit zu gewinnen, erst einmal einen weiteren Becher mit Kaffee und brachte ihn seinem inzwischen zum Auto zurückgekehrten Fahrer. Er nutzte dabei die Tatsache aus, dass Niels Werner noch zu sehr mit dem soeben Gehörten beschäftigt war, um zu protestieren. Er hatte lange überlegt, wie er vorgehen sollte, und erneut entschied sich Gerd Brauner, nachdem er an den Tisch zurückgekehrt war, für den Frontalangriff.

»Du sollst mein trojanisches Pferd sein.«

Die Stille, die nun folgte, war total. Niels Werner verstand natürlich sofort, was Gerd Brauner meinte und war innerlich geschockt. Da verlangte sein Gegenüber vor über drei Jahren von ihm etwas, nach juristischen Regeln, nicht Korrektes zu tun, schmiss ihn nach seiner Weigerung aus der Bank raus, um nun – als sei nichts geschehen – seelenruhig erneut etwas, zumindest unter menschlichen Aspekten, Halbseidenes vorzuschlagen. Sich von der Wertebank anheuern zu lassen, aber in Wirklichkeit für die Meinebank zu spionieren, konnte man ja wohl kaum als besonders anständig bezeichnen. Wobei die Idee an sich ja schon etwas Bestechendes, ja eigentlich etwas Brillantes gehabt hatte.

»Ich glaube, ich brauche jetzt erst einmal ein Bier, du auch?«

Nach dem Nicken von Gerd Brauner stand Niels Werner auf, ging in den Keller und kehrte mit zwei kleinen Flaschen des nicht weit entfernt gebrauten Ratsherrenpils zurück. Nach dem ersten tiefen Schluck ergriff Gerd Brauner die Gelegenheit seinen Plan näher zu erläutern. Er wusste, jetzt musste er am Ball bleiben, Niels Werner hatte offensichtlich Sympathie für seine Idee, zumindest lehnte er sie nicht rundheraus ab.

»Niels, so eine Bankenfusion muss, wenn sie erfolgreich sein soll, von langer Hand geplant werden. Du selbst hast darauf hingewiesen, wie wichtig es ist, bei einer Fusion möglichst schnell die Spreu vom Weizen zu trennen. Es ist essentiell, die Interna der anderen Bank zu kennen, bis in die kleinsten Verästelungen hinein. Das hilft enorm, die Weichen sofort richtig zu stellen, vor allem in Bezug auf das Top- und Mittelmanagement. Keine langwierigen Auswahlprozesse, keine zeitraubenden Abstimmungsrunden, keine nervenaufreibenden Diskussionen.

Wenn du in der Lage bist, schnell und präzise zu entscheiden, ist die Schlacht schon halb gewonnen. Und genau dafür brauche ich dich. Bitte no hard feelings wegen der Vergangenheit, ich musste damals so handeln. Du kennst die Gesetze der Branche genauso gut wie ich und weißt das auch. Ich kenne niemanden sonst, der dein untrügliches Gespür für aufgeblasene Angeber im Management hat und der operative Prozesse so messerscharf analysiert. Und, und das wird dich vielleicht überraschen, ich vertraue immer noch total deinem Urteilsvermögen.«

Niels Werner trank mit einem Rutsch sein Bier leer. Die Worte von Gerd Brauner waren, das musste er sich eingestehen, Balsam für seine Seele. Und außerdem war ihm klar, dass seine finanziellen Mittel so allmählich mal wieder eine Aufbesserung gebrauchen könnten. Die Renovierung des Berghofes hatte Unsummen verschlungen und auch seine Scheidung hatte erhebliche Kosten mit sich gebracht. Die gute Karin hatte sich von ihm fürstlich abfinden lassen.

»Das wäre ja mal etwas Neues, ein Job als Spion, oder sollte ich vielleicht sagen als menschliches Schwein. So ganz anständig ist das nicht, mein Lieber. Wie willst du mich denn, im Falle des Falles, überhaupt in die Wertebank einschleusen?«

»Die Wertebank sondiert derzeit den Markt, um einen neuen Leiter Asset Management zu finden, nachdem Hakim Sailer neulich mit seinem Flugzeug tödlich verunglückt ist.« Gerd Brauner hob abwehrend die Hand: »Frag mich nicht, ich weiß es eben. Also, wenn dort dein Name platziert wird, werden die schon auf die Idee kommen, dich zu fragen. Anfangs musst du dich natürlich zieren, aber am Ende lässt du dich weichklopfen. Du wirst dann circa sechs bis zwölf Monate Zeit haben, den Laden zu studieren und wenn ich zur Tat schreite, kannst du mich hoffentlich mit unschätzbaren Informationen versorgen und mir dadurch helfen, schneller die unternehmerischen Ziele zu erreichen.«

»Dann habe ich ja nur noch zwei Fragen. Erstens: Wer platziert dort meinen Namen? Und zweitens: Warum soll ich das überhaupt tun? Mir geht es doch gut hier.«

»Ich glaube, du machst dir da etwas vor. Sicher, es geht dir gut. Aber wenn du ehrlich mit dir selbst bist, dann ist das doch hier auf Dauer für dich zu langweilig. Du bist gerade mal 50 Jahre alt, viel zu jung, um dich für alle Zeiten auf das Altenteil zurückzuziehen. Außerdem schätze ich, dein Bankkonto könnte auch mal wieder eine Auffrischung gebrauchen. Du hast eine dreijährige Auszeit hinter dir, die dir sicher gutgetan hat, aber im Grunde vermisst du doch den Gefechtslärm. Du hast nicht vergessen, wie es ist, wenn du morgens dein Büro betrittst und nicht weißt, was der Tag bringen wird. Wie es ist, wenn du kurzfristig schwerwiegende Entscheidungen treffen musst, die über Wohl und Wehe deiner Anlagestrategie und damit das Anlageergebnis deiner Kunden entscheiden. Wenn deine Mitarbeiter an deinen Lippen kleben und auf den leisesten Wink von dir reagieren. Wenn das von dir investierte oder desinvestierte Geld das Schicksal selbst großer Unternehmen bestimmt. Wenn du tage-, ja manchmal monatelang innerlich zittern musst, ob deine Entscheidungen sich als richtig herausstellen. Oder wenn du um den Globus herumreist und in den Metropolen der Welt die aufregendsten Persönlichkeiten triffst. Das ist Sauerstoff pur, mein Freund, das ist wie eine Droge, und du hast sie immer noch in dir. Und außerdem, wenn das alles so klappt, wie ich es mir vorstelle, mache ich dich zu einem der Vorstände der dann größten deutschen Bank und du kannst dir deinen Verantwortungsbereich selbst aussuchen. Zu deiner ersten Frage, wer deinen Namen ins Spiel bringt, kann ich dir nur sagen, dass ich da so meine Verbindungen habe, und die werden schon dafür sorgen, dass du zum Zug kommst. Außerdem ist deine Reputation immer noch riesengroß.«

Der gewiefte Brauner lehnte sich zufrieden zurück, er hatte wohl den richtigen Ton gefunden. Jetzt bloß keinen Druck aufbauen, lass ihm Zeit, darüber in Ruhe nachzudenken. Er war sich sicher, dass der Fisch schon an der Angel saß, zumindest war er kurz vorm zuschnappen. Das wäre auch kein Wunder angesichts der, wie ihm sein hiesiger Informant gesteckt hatte, drohenden Ebbe in Niels Finanzen. Es war jetzt Zeit für einen Themenwechsel, um eine entspanntere Atmosphäre zu schaffen und seine Verabschiedung vorzubereiten.

»Darf man hier bei dir eigentlich rauchen?«, fragte Brauner

»Solange du das hier draußen machst und mir nicht den Rauch in das Gesicht bläst, habe ich damit kein Problem. Ich selbst habe damit vor einem Jahr aufgehört.«

»Na gut, ich kann auch auf der Rückfahrt eine schmauchen. Darf ich mal deine Toilette benutzen?«

Niels Werner nickte.

»Wenn du ins Haus gehst, findest du gleich rechts die Gästetoilette.«

Nach seiner Rückkehr reckte und streckte sich Gerd Brauner, gut vier Stunden sitzen hatten seine Muskeln sich leicht verkrampfen lassen und auch die mentale Anspannung wurde dadurch gelockert.

»Niels, ich werde mich jetzt wieder Richtung Frankfurt begeben. Denke in Ruhe über meinen Vorschlag nach, und bitte wegen der anderen Sache keine hard feelings. Ich habe dich immer sehr geschätzt und tue das noch immer. Aber ich musste damals alles unternehmen, um die Bank zu retten und ich konnte deine Weigerung, unsere Wandelanleihe in deine Fonds reinzukaufen und mir so aus der Liquiditätsklemme zu helfen, nicht akzeptieren, und vor allem durfte ich sie nicht tolerieren. Es stand einfach zu viel auf dem Spiel. Dein Nachfolger hatte übrigens weniger Skrupel, er ließ seine Fonds zumindest einen Teil der Anleihe erwerben und hat diese Anteile später mit einem satten Gewinn wieder abgestoßen.«

»Ja, weil irgendein Idiot ganz wild darauf war, aus welchen Gründen auch immer, diese Wandelanleihe komplett zu erwerben. Mein lieber Gerd, ich hätte zu diesem Thema noch einiges zu sagen, aber für heute lassen wir es mal gut sein. Nur so viel, die Aufsichtsbehörden verbieten genau das, und mein Nachfolger kann froh sein, dass damals in der Finanzkrise sowieso alles drunter und drüber ging. Diese ganze Geschichte hat mich allerdings gelehrt, im Umgang mit dir etwas vorsichtiger zu sein, und von daher würde ich schon gern wissen, welche Garantien ich habe, dass du dich an zwischen uns beiden getroffene Abmachungen hältst. Da kannst du ja mal darüber nachdenken. Ich gebe jedenfalls zu, dass deine Idee etwas Bestechendes hat, aber wenn ich erfolgreich diese Rolle spielen soll, dann brauche ich einen Airbag, nur für den Fall, dass die Dinge nicht so laufen, wie sie sollen. Also bitte, erstens: wie ist sichergestellt, dass ich Vorstand der fusionierten Bank werde? Zweitens: wie sieht mein Sicherheitsnetz aus, wenn aus irgendeinem Grund die Fusion nicht zustande kommt?«

»Du wirst bei der ganzen Aktion nicht zu kurz kommen, aber bitte schön, ich lasse mir etwas einfallen und werde dir einen entsprechenden Vorschlag unterbreiten. Und jetzt muss ich wirklich los.«

Gerd Brauner gab seinem Fahrer ein Zeichen, den Motor zu starten, schüttelte Niels Werner die Hand und ging gerade in Richtung Limousine los, als ihn dessen Stimme einholte.

»Mein Gedächtnis ist ja nicht mehr das Beste, aber ist nicht vor vielen Jahren unsere Unischönheit Claire Dubois zur Wertebank gegangen, um dort im Mittelstandsbereich zu arbeiten?«

Gerd Brauner drehte sich abrupt um und konnte nicht verhindern, dass ihm die Röte in das Gesicht stieg, als er dünnlippig, mit gepresster Stimme antwortete: »Soweit ich informiert bin, ist sie dort nicht mehr aktiv tätig. Ich habe aber auch schon ewig keinen Kontakt mit ihr.«

Mit diesen Worten stieg er in seinen Wagen, winkte noch kurz, als sein Fahrer das Fahrzeug wendete und die Abfahrt zum Weiher in Angriff nahm. Er ließ einen nachdenklichen Niels Werner zurück. Soso, da habe ich ja einen Nerv getroffen. Die Frage nach Claire hat den Meister etwas aus dem Gleichgewicht gebracht und bei der Beantwortung meiner Frage hat er sich an die Nase gefasst. Das macht er immer, wenn er es mit der Wahrheit nicht so genau nimmt. Das wäre vielleicht wert, hinterfragt zu werden.

Schließlich hatte Brauner ziemlich nebulös von seinen Verbindungen fabuliert und er war extrem gut über Interna der Wertebank informiert gewesen. Da konnte vielleicht jemand, den er sehr gut kannte, zur Aufklärung beitragen. Und außerdem hatte beim Gespräch über die seinerzeitige Wandelanleihe etwas in seinem Hirn gezwickt. Er konnte noch nicht den Finger darauflegen, aber vielleicht würde auch diesbezüglich ein Gespräch mit Gabi helfen.

Er griff zum Telefon, rief seine Studienfreundin an, die gerade von einem Kundentermin zurückkam und verabredete sich mit ihr für den Abend in Freiburg. Wenn jemand etwas über den Verbleib von Claire wusste, dann war es sie. An der Uni hatten die beiden regen und freundschaftlichen Kontakt zueinander, nicht zuletzt, weil Gabi fließend französisch sprach. Claire hatte zwar in Ihrer Jugend im Elsass Deutsch gelernt, aber mit Gabi konnte sie sich in ihrer Muttersprache unterhalten. In Gedanken sah er die Französin vor sich, ihr gelocktes schwarzes Haar und ihren wohlgeformten Körper. Bei dem Gedanken an sie wurde er ganz unruhig, schon an der Universität waren alle männlichen Kommilitonen auf der Jagd nach ihr. Aber Claire hatte es geschafft, ihr Sexualleben weitgehend geheim zu halten.
Es war wohl allmählich an der Zeit, sich abzulenken. Er zog seinen Jogginganzug an, rief seinen bereits erwartungsvoll mit dem Schwanz wedelnden Hund und startete seine übliche Runde, die ihn am Segelflugplatz in Kirchzarten vorbei bis nach Burg führen würde. Er war heute spät dran und es war schon ungemütlich warm. Aber trotzdem würde er vermutlich seinen Parcours zweimal durchlaufen. Er brauchte nach diesem Treffen jede Menge Sauerstoff.

Bevor er loslief, stellte er nach einem Blick in das Tal fest, dass Josef mit seinem Trecker die Straße blockiert hatte und die Insassen des Frankfurter Autos heftig gestikulierend offenbar beschimpfte. Niels Werner grinste in sich hinein und nahm seine Runde in Angriff. Er würde auf dem Rückweg mal beim Josef verbeijoggen und ganz unschuldig nach dem Inhalt der offensichtlich lebhaften Diskussion fragen.
Und danach würde er mit seinem Handy Claire Dubois googeln. Vielleicht wusste ja die Datensuchmaschine etwas über sie.

RANDBEDINGUNG

Nachdem seine Sekretärin, sich wie immer in den Hüften wiegend, als letzte seiner Mitarbeiter die Büroräume verlassen hatte, lehnte sich Heinz Kolinski erschöpft in seinen Schreibtischsessel zurück. Dieser Tag hatte ihn vollends geschafft. Daran waren vor allem die Kandidatengespräche für die Wertebank schuld. Keiner der vermeintlich großen Namen hatte gehalten, was er versprach. Nach den ersten gezielten Fragen wurde schnell deutlich, dass nach wohlklingenden Tönen und wohlformulierten Sätzen am Anfang bei tiefergehenden Fragen, zum Beispiel nach den verschiedenen Möglichkeiten von Portfoliokonstruktionen, sehr wenig geboten werden konnte. Eigentlich schon erstaunlich, wie wenig Sachverstand im Detail die Damen und Herren hatten.

Wenn er, Heinz Kolinski, mit seinen wenigen Fachkenntnissen diese sogenannten Fachleute schon zum Stottern bringen konnte, wie sollte es dann bloß werden, wenn die mal mit wirklichen Problemen konfrontiert wurden? Bei dem Gedanken, dass die gleichen Personen bei ihren jeweiligen Arbeitgebern die Gelder ihrer dortigen Kunden verwalteten und damit über die Verzinsung derselben entschieden, lief ihm ein Schauer über den Rücken. Und dann hatten sie auch noch völlig überzogene Vorstellungen in Bezug auf Gehälter und sonstige Incentives. Da war nicht einer, der wenigstens eine gewisse Klasse, beziehungsweise Persönlichkeit sowie überzeugende Pläne und Vorstellungen aufwies. Die einzige Frau unter den Kandidaten hatte außer einer bemerkenswerten Figur auch nichts zu bieten.

Alles nur Jasager, die mehr Zeit damit verbringen würden, ihren Posten zu sichern, als Performance für ihre Kunden und damit für ihre Bank zu machen. Der letzte war ja die Krönung gewesen, behauptete er doch, das Examen als Chartered Financial Analyst in Amerika erfolgreich absolviert zu haben, wusste aber nicht genau, wo er die entsprechende Unterlage aufbewahrte. Das hieß im Klartext, er führte zwar den Titel CFA auf seiner Visitenkarte, konnte diesen aber nicht belegen. Das war genauso, als wenn er, Heinz Kolinski, sich ein Diplom genehmigen würde, aber das entsprechende Dokument nicht vorlegen könnte.

Wo war diese Branche nur hingekommen? Von diesen Damen und Herren konnte er doch allen Ernstes niemanden seinem Exklusivkunden, der erstklassigen Service erwartete, anbieten. Er öffnete die große Schiebetür, die zu seinem kleinen Balkon führte, und trat hinaus in den lauen Frühlingsnachmittag. Die Sonne war zwar schon weiter Richtung Westen gewandert, so dass der gesamte Balkon im Schatten lag, aber es war immer noch sehr angenehm warm. Die umliegenden Hochhäuser hatten tagsüber die Sonnenwärme gespeichert und gaben diese nun wieder an ihre Umgebung ab. Er zündete sich seine Feierabendzigarette an und schaute durch den aus seiner Lunge entweichenden Rauch über die Straße hinüber in den kleinen Park, in dem einige Jugendliche auf einem Phantasiespielfeld Fußball spielten. Er musste beim Betrachten ihrer teils ungelenken Anstrengungen ein wenig an seine eigene Jugend denken, wandte dann aber wieder seine Gedanken seinen Kandidatengesprächen zu.

Rückblickend sah man ja bekanntlich immer klarer. Im Kern musste er sich eingestehen, dass seine Vorauswahl an potentiell für den Job bei der Wertebank in Frage kommenden Personen alles andere als optimal gewesen war. Aber war derzeit über-

haupt jemand verfügbar, der den Posten ausfüllen konnte? Heinz Kolinski hatte diesbezüglich momentan überhaupt keine zündende Idee.
Und dann war da noch seine nervende Frau. Musste die doch ausgerechnet heute mitten in den Kandidatengesprächen bei ihm anrufen und ihm die Hölle heiß machen. Sie wollte endlich ihr neues Auto bestellen. Natürlich durfte es nur das Beste vom Besten sein und noch dazu ein Cabriolet. Ein Cabriolet in Deutschland, bei dem notorisch schlechten Wetter, und mit den Gestank verbreitenden endlosen LKW-Schlangen. Innerlich wettete er mit sich selbst, dass sie das Verdeck die meiste Zeit geschlossen haben würde angesichts ihres extrem feinen Geruchssinns, der ihn schon des Öfteren bei anderen Gelegenheiten zum Wahnsinn getrieben hatte. Aber es muss ja ein Cabrio sein.
Und das war noch nicht alles. Die Nachbarn in Kronberg hatten letztes Jahr ein Haus in Downtown Naples in Florida gekauft und dabei schlanke vier Millionen Dollar hingeblättert. Jetzt musste Madam natürlich auch so einen Kasten an der Golfküste haben, nur größer und in einer noch besseren Lage. Das würde, wenn er darauf einginge, grob geschätzt mindestens sechs Millionen kosten.
Hatte diese Frau überhaupt eine Ahnung, wieviel Geld er erst einmal zur Abdeckung der Kosten für seine Personalberatungsfirma verdienen musste? Er hatte sechs Angestellte, die am Ende des Monats ihren Lohn wollten und die Miete für seine repräsentativen Geschäftsräume in der Guiolettstraße im Frankfurter Westend war auch nicht gerade niedrig. Er hatte des Öfteren mit der Idee geliebäugelt, an eine preiswertere Adresse zu wechseln, sich aber immer wieder dagegen entschieden. Die Büros waren wie speziell für seine Bedürfnisse zugeschnitten, der kleine, eine gemütliche Atmosphäre ver-

breitende Empfangsraum, die hellen Besprechungsräume, der zentral gelegene Raum mit den zwei Sekretärinnen, die daran angrenzenden großzügigen Büros und die Duschmöglichkeit in den sanitären Einrichtungen.
Sie hatte insbesondere nach seinen Wochenendtrips nach London einen unschätzbaren Wert, er brauchte dadurch erst am Montagmorgen nach Frankfurt zurückzufliegen, konnte direkt ins Büro gehen und eventuelle verdächtige Parfumüberreste waren nach dem Duschen auch erfolgreich beseitigt. Am allerwichtigsten waren aber die extrem kurzen Wege zu den Banken, hier bekam er seine Aufträge und hier waren die potentiellen Kandidaten für die neuen Positionen beschäftigt. Sie konnten daher in ihrer Mittagspause ohne Aufsehen zu erregen und ohne großen Aufwand getroffen und interviewt werden.
Die Aufwendungen für den gemeinsamen und ohnehin nicht bescheidenen derzeitigen Lebensstil nahmen auch langsam nicht mehr tolerierbare Ausmaße an. Es genügte ja nicht, in Kronberg ein durchaus vorzeigbares Domizil zu haben, nein, seine Gattin musste ja auch ihre gesellschaftlichen Kontakte pflegen. Sie erfand ständig Anlässe für irgendwelche Soireen oder sonstige Abendveranstaltungen in ihrem Haus. Nicht nur kostete es viele Nerven, sich das Geschwätz der Gäste anzuhören, es war auch ermüdend, durchhalten zu müssen, bis der letzte dann auch endlich ging. Und es kostete vor allem auch jede Menge Geld. Aber seine Frau war mit einem derartigen Lebensstil aufgewachsen, der liebe Schwiegerpapa hatte sie nach Strich und Faden verwöhnt, und nun erwartete sie das Gleiche von ihm. Und der von ihr ach so vergötterte Filius dachte auch nicht daran, sein Studium allmählich zum Abschluss zu bringen und kassierte stattdessen lieber jeden Monat seinen Scheck. Es wurde langsam Zeit, dem Herrn mal richtig die Leviten zu lesen.

Heinz Kolinski beendete seine Zigarettenpause und trat wieder zurück in sein Zimmer. Er setzte sich an seinen Schreibtisch und nippte an dem Kaffee, den ihm seine Sekretärin kurz vor dem Verlassen des Büros noch kredenzt hatte.
In diesem Personalmarkt, mit dem zunehmend härter werdenden Wettbewerb, wurde es immer schwieriger, überhaupt noch sein Auskommen zu haben. Er konnte sich ja noch halbwegs glücklich schätzen, mit der Wertebank einen exklusiven Vertragspartner zu haben. Seinen Konkurrenten ging es da deutlich schlechter, sie mussten für jeden Auftrag hart arbeiten und deshalb boten sie auch Leistungen zu Kampfpreisen an, was natürlich leider Gottes letztendlich auch negative Auswirkungen auf seine Konditionen hatte.
Aber wenn er sich nicht aus diesem Geschäft verabschieden wollte, musste er diesen Preiskampf zumindest teilweise mitmachen, lange Kundenbeziehung hin oder her. Die Leute in der Wertebank konnten schließlich auch rechnen. Zu blöd aber auch, dass Hakim Sailer mit seinem Flugzeug gecrasht war, dabei war er doch so ein guter Pilot gewesen. Natürlich würde er bei einer erfolgreichen Vermittlung eines Nachfolgers eine satte Prämie einstreichen, aber erst einmal musste er einen guten Mann finden, und wie der heutige Tag bewies, würde das nicht einfach werden.
Neben all diesen wirtschaftlichen Belastungen und geschäftlichen Problemen hatte er ja auch noch das eine oder andere kleine Hobby, das ebenfalls erhebliche Mittel erforderte. Er konnte aber natürlich seiner Frau nicht von Maggy, seiner auch nicht gerade billigen Geliebten erzählen. Die hatte er seinerzeit im Flieger von London nach Frankfurt kennengelernt. Maggy, mit den unglaublichsten Augen, die er je gesehen hatte. Ein derart intensives helles Blau, ein Huskyblau, war ihm noch nie vorher bei einem Menschen begegnet. Quer

durch den riesigen Warteraum im Londoner Flughafen Heathrow waren ihm diese Augen aufgefallen. Er hatte sie daraufhin mit irgendeinem blöden Thema angesprochen. Im Laufe der sich daran anknüpfenden Unterhaltung stellte er fest, dass, obwohl für seinen Frauengeschmack eigentlich zu dünn, sie aber dennoch über einen lasziven Sexappeal verfügte, der ihn ungemein ansprach. Obwohl er nicht gerade als attraktiver Mann bezeichnet werden konnte, hatte sich ein nun schon mehrere Jahre dauerndes Verhältnis entwickelt.
Heinz Kolinski hatte aber keine Illusionen. Er war sich ziemlich sicher, dass der einzige Grund dafür, dass Maggy sich auf ihn einließ, in seinem Portemonnaie zu finden war. Er finanzierte ihre Wohnung in London und einen nicht unerheblichen Teil ihres Lebensunterhaltes. Hinzu kam, dass die Flüge nach London auch nicht billiger wurden, ein Treffen in Frankfurt war ihm aufgrund seines hohen Bekanntheitsgrades zu heiß, abgesehen davon, dass er dann den Flug für Maggy auch noch bezahlen würde. Nein, dann schon lieber London ohne Gefahr einer plötzlichen Begegnung mit Bekannten oder gar Freunden. Und das Geld war gut investiert, Maggy lieferte für jeden Euro auch den entsprechenden Gegenwert, was er von seiner Frau nun nicht gerade behaupten konnte.
Das zweite seiner Hobbys erforderte ebenfalls erhebliche Mittel. Obwohl er ein schlechter Spieler war, trieb es ihn doch immer wieder in die Casinos der Umgebung, Bad Homburg und Wiesbaden. Dort hatten es ihm vor allem die Pokertische, und hier hauptsächlich die, an denen Black Jack gespielt wurde, angetan. Dieses Spiel faszinierte ihn und er träumte seit Jahren von einer großen Glückssträhne, die ihn das Casino sprengen ließ. Bisher hatte er unter dem Strich allerdings nur verloren und das hatte ihn vor einigen Jahren beinahe die Existenz gekostet, als er Schuldscheine begeben musste, die er später nicht einlösen konnte.

Damals hatte Gerd Brauner seine Schuldscheine aufgekauft und natürlich hatte er dafür seinen Strohmann, Bodyguard, Fahrer und was er sonst noch alles für ihn tat, Samuel Leist, benutzt. Anschließend hatten sie ihn massiv unter Druck gesetzt und mit der Veröffentlichung seiner Laster gedroht. Auch von seiner Liaison mit Maggy wussten sie, vermutlich hatte auch hier der Dreckskerl Leist den Detektiv gegeben. Er wäre beruflich erst einmal erledigt gewesen, von der privaten Katastrophe einer Scheidung mit astronomischen Unterhaltszahlungen ganz zu schweigen. Sie zwangen ihn, hier half Leist mit körperlicher Gewalt durchaus nach – der Gedanke daran ließ ihn immer noch zittern –, Brauner als stillen Teilhaber in seiner Firma zu akzeptieren und ihm einen dreißigprozentigen Anteil zu überschreiben.
Wenigstens hatte er dafür seine Schuldscheine wiederbekommen. Die ganze Aktion war bis zum heutigen Tag geheim geblieben, andernfalls hätte ihm ja auch die Wertebank keinen Exklusivvertrag angeboten. Nicht auszudenken, wenn die von seiner Verbindung zu Brauner erführen. Bis zu diesem Tag hatte sich Brauner seltsamerweise aber an die Geheimhaltungsklausel gehalten und keinerlei Sonderleistungen von ihm verlangt.
Heinz Kolinski stand auf und verstaute die Akten der Wertebank-Kandidaten im Sideboard an der Wand gegenüber. Dann ging er in die kleine Küche, um sich Kaffee nachzuschenken. Er musste in Ruhe nachdenken, über seine Frau, Maggy, und dann brauchte er vor allem zumindest eine gute Idee für den Posten des Anlagechefs der Wertebank. Schließlich musste der Schornstein weiter rauchen, und dafür benötigte er möglichst bald gute Vorschläge.
Die Damen und Herren in der Wertebank wurden bereits ungeduldig und er wusste, insbesondere der Chef, Peter Nehmer,

wollte möglichst bald Resultate sehen. Seine Vermögensverwaltungssparte war derzeit führungslos und kein Chef konnte sich Chaos in einem Unternehmensteil erlauben, welcher immerhin in den letzten Jahren gut ein Drittel des Ergebnisses erwirtschaftete.

Laut und misstönend riss ihn plötzlich das Telefon aus seinen trübsinnigen Gedanken. Viel schlimmer war aber die Nummer auf dem Display; er brauchte einen Moment, um sich zu sammeln und nahm dann leise fluchend den Hörer ab.

»Kolinski.«

»Hier spricht Gerd Brauner.«

Keinen guten Abend oder eine der sonst üblichen Höflichkeitsfloskeln, nein, nur der Name. Das war üblicherweise genug, um dem Gesprächspartner, und das war in diesem Falle er, Schauer über den Rücken zu treiben.

»Guten Abend, Herr Brauner, das ist aber eine nette Überraschung. Wir haben ja lange nichts voneinander gehört, wie geht es Ihnen?«

»Mensch, Kolinski, so habe ich Sie noch nie säuseln hören. Sie müssen ja die Hosen gestrichen voll haben. Ich bin, glaube ich, der letzte, mit dem Sie reden wollen. Aber Sie können sich getrost entspannen, ich will eigentlich nur mal mit Ihnen essen gehen. Ich verspreche Ihnen auch, keine stillen Beteiligungen oder sonstige Affären zu erwähnen. Einfach nur essen gehen und ein wenig über die Finanzmärkte und Finanzmarktgeschäfte plaudern.«

Heinz Kolinski, der sich allmählich von seinem anfänglichen Schock erholte, konnte sich eine leicht süffisante Erwiderung nicht verkneifen.

»Aber Bankiers reden doch über diese Dinge nicht mit einem normalen Sterblichen, sie bleiben bei diesen Themen doch lieber unter sich.«

Offensichtlich war Gerd Brauner jedoch nicht willens, sich seine, worauf auch immer beruhende, gute Laune trüben zu lassen.

»Manchmal machen wir halt eine Ausnahme, vor allem wenn es sich um Leute handelt, die gute und intelligente Gedanken haben. Da kann unsereiner ja durchaus auch davon profitieren. Durch Reden wird man schließlich nicht dümmer.«

Jetzt war Heinz Kolinski allerdings hochgradig alarmiert. Ich habe mich doch wohl verhört, oder hat der mich gerade wirklich gelobt? Bisher hatte Brauner doch niemals eine, wie auch immer geartete, Wertschätzung ihm gegenüber erkennen lassen. Im Gegenteil, bei den Verhandlungen damals war er ihm mit offensichtlicher Verachtung begegnet.

Dieser Personalfuzzi, den musste man doch wirklich nicht ernst nehmen. Und nun dies. Der wollte etwas von ihm, das war die einzig logische Erklärung, und um herauszufinden, was das war, musste er auf sein Spiel eingehen.

»Na, wenn Sie das so sehen, fühle ich mich natürlich sehr geehrt. Wann und wo wollen wir uns denn treffen?«

»Wie wäre es mit dem alten Dorfkrug in Heldenbergen, Herr Kolinski? Er hat mittlerweile eine gute italienische Küche und dort gibt es keine Banker oder sonstige an unserem Gewerbe interessierte Personen. Ich denke, unser beiderseitiges Interesse muss es sein, nicht gemeinsam in Erscheinung zu treten. Sie wollen doch wohl nicht, dass Sie mit mir in Verbindung gebracht werden, oder? Und was den Zeitpunkt angeht«, Gerd Brauner zögerte leicht, »wie wäre es mit heute Abend, so in einer Stunde?«

Heinz Kolinski wusste genau, worauf Brauner anspielte. Natürlich würde ihm die Wertebank sofort alle Mandate aufkündigen, wenn ruchbar wurde, dass er in irgendeiner Beziehung zu Brauner stand. Brauner selbst würde in diesem

Fall den Vogel Strauß geben, womit sicher wäre, dass er auch von der Meinebank keine Aufträge bekommen würde. Er müsste sich dann einen komplett neuen Kundenkreis für seine Firma erschließen, was in dem derzeitigen Marktumfeld nahezu unmöglich war. Trotzdem beschloss er, einen Versuchsballon starten zu lassen.
»Das ist aber arg kurzfristig, für heute habe ich schon andere Pläne, die ich kaum verschieben kann. Ich würde den morgigen Abend bevorzugen.«
Die leichte Verärgerung am anderen Ende der Telefonleitung war förmlich mit den Händen zu greifen, oder bildete er sich das nur ein? Als Brauner antwortete, bestätigte aber seine leicht gereizte Stimme den Eindruck einer Verstimmung.
»Na meinetwegen, Sie müssen ja wissen was für Sie wichtig ist. Also dann morgen Abend um acht im Dorfkrug. Ich lasse einen extra Raum reservieren. Bis dann und seien Sie pünktlich.«
Nach dem Klick im Telefon legte auch Heinz Kolinski seinen Telefonhörer auf. Da soll mich doch einer! Was immer Brauner von ihm wollte, musste extrem wichtig sein. Nicht nur, dass er ihn anrief, das hatte er seit Abschluss der stillen Beteiligung vor 18 Monaten nicht getan, nicht nur, dass er ihm Honig um den Bart schmieren wollte, nicht nur, dass er offenbar großen Wert darauf legte, nicht mit ihm gesehen zu werden, nein, er akzeptierte auch ohne sichtbares Murren einen von ihm vorgegebenen Termin, und das, nachdem er den sehr kurzfristigen Termin Brauners eben erst abgelehnt hatte.
Er war sich ziemlich sicher, dass dies in dieser Form noch niemandem gelungen war. Mit anderen Worten, da kam auf leisen Sohlen ein Knaller daher, aber ein richtig großer. Fragte sich nur noch, wie der konkret aussah, und das würde er aller Voraussicht nach morgen Abend erfahren. Natürlich würde Brauner versuchen, ihn mit halben Informationen abzuspeisen,

aber er wollte etwas von ihm. Etwas, das verdammt wichtig war, für ihn oder die Bank, was letztendlich auf das Gleiche hinauskam. Er hätte nie gedacht, dass er einem Termin mit Brauner mit einer derartigen erwartungsvollen Spannung entgegen fiebern würde. Fast bedauerte er schon, das Essen nicht heute wahrgenommen zu haben.

ERKENNTNISSE

Niels Werner verließ bereits am Wiehre-Bahnhof den mit rückkehrenden Wanderern überfüllten Interregio und machte sich zu Fuß auf den Weg ins Restaurant. Wie fast immer hatte er den Zug von Kirchzarten nach Freiburg genommen, nachdem er seinen Jeep auf den letzten verfügbaren Parkplatz am dortigen Bahnhof gequetscht hatte. Er liebte es, zu Fuß durch Freiburg zu laufen, diese unglaublich schöne Stadt war für ihn voll mit Erinnerungen.

Hier hatte er während des Studiums die schönsten vier Jahre seines Lebens verbracht. Hier hatte er Freundschaften geschlossen, die bis zum heutigen Tag Bestand hatten. Eine davon würde er gleich sehen.

Hier hatte er die große Liebe seines Lebens getroffen und sie anschließend durch seine eigene Dummheit wieder verloren. Eigentlich trauerte er Barbara immer noch nach. Aber er hatte ja seine Finger nicht von anderen Frauen lassen können. Als er dann irgendwann anfing zu begreifen, dass es in erster Linie es auf die Persönlichkeit ankam und weniger auf die körperlichen Gegebenheiten, war es schon zu spät. Barbara war inzwischen anderweitig liiert.

Hier hatte er an der Universität große studentische Erfolge gefeiert, aber auch herbe Niederlagen eingesteckt. Diese Stadt war ein Teil von ihm geworden. Das alles war jetzt fast 30 Jahre her und er dachte ein wenig wehmütig daran, wie schnell die Zeit verging.

In der »Auszeit« war schon der erste Andrang der Gäste zu spüren. Trotzdem erspähte er einen kleinen Tisch in der Nähe der Bar und direkt am Fenster. Hier konnten Gabi und er gut

sitzen, ohne Gefahr zu laufen, dass ihr Gespräch von den Umstehenden mitverfolgt wurde.
Sie war noch nicht da, ein Blick auf seine Uhr sagte ihm aber ohnehin, dass er zu früh dran war. Er gab dem Mädchen hinter der Bar ein Zeichen und einige Minuten später stand ein mit selbstgebrautem Bier gefüllter Becher vor ihm. Dieses leicht obergärige Bier war ein Genuss und auch einer der Gründe, warum die »Auszeit« eigentlich immer gut gefüllt war.
Hinzu kam noch das urige Ambiente, durch die weit geschwungene hölzerne Bar mit den kupfernen, blitzblank polierten Braukesseln im Hintergrund entstand eine besondere Atmosphäre. Hier traf sich Jung und Alt und man ging ganz entspannt miteinander um. Natürlich waren angesichts von circa 20.000 Studenten in der Stadt die jungen Leute in der Überzahl. Allerdings dürfte der größte Schwung von ihnen erst in einer guten Stunde gegen 20 Uhr eintreffen. Zurzeit waren eher die Leute seines Alters anwesend, sie alle würden gehen, wenn die Studenten anfingen, die Nacht zum Tag zu machen. Schließlich gingen die meisten der jetzigen Gäste einer geregelten Arbeit nach und mussten früh aus den Federn.
Nachdem Niels Werner die Umgebung gemustert und keine bekannten Gesichter entdeckt hatte, wanderten seine Gedanken zu dem Treffen mit Gerd Brauner am Vormittag zurück. Auch wenn es ihm widerstrebte es zuzugeben, aber die Idee, ihn als trojanisches Pferd einzusetzen, war ja schon irgendwie brillant. Außerdem brauchte er auch eine finanzielle Auffrischung, ansonsten müsste er doch in absehbarer Zeit den Berghof verkaufen. Und tief in seinem Inneren reizte ihn die Aussicht, wieder in die Financial Community zurückzukehren. Ob er dann tatsächlich Brauner zuarbeiten würde, stünde letztendlich auf einem ganz anderen Blatt. Nicht umsonst hatte er mit dem guten Gerd noch eine kleine Rech-

nung offen. Die Frage war allerdings, ob Brauner wirklich seine Karten vollends auf den Tisch gelegt hatte. Niels Werner hatte das Gefühl, dass da doch noch mehr war. Ihn würde es nicht wundern, wenn der gute Gerd schon angefangen hätte, heimlich Aktien der Wertebank Stück für Stück an der Börse einzusammeln.

Vielleicht sollte er mal die Kursverläufe dieser Aktie überprüfen. Eventuell würden sich daraus irgendwelche Hinweise oder sogar Verdachtsmomente ergeben. Die notwendigen Daten wären garantiert in der Universitätsbibliothek verfügbar. Und auch die Reaktion auf seine Frage nach Claire war schon erstaunlich gewesen. Sie waren zwar offenbar in der Zeit an der Universität gut miteinander ausgekommen und er wusste auch von sporadischen Treffen der beiden nach der Uni, aber das war doch kein Grund, so aufgescheucht zu reagieren.

Na, da würde vielleicht seine gute Freundin Gabi Seiler weiterhelfen können. Sie war eine der wenigen Kommilitonen die nach dem Examen in Freiburg geblieben waren. Sie hatte, nachdem sie ihre Zusatzausbildung zum Wirtschaftsprüfer erfolgreich abgeschlossen hatte, eine kleine Beratungsgesellschaft für mittelständische Unternehmen in der Region gegründet und dabei einen Schwerpunkt ihrer Arbeit auf die Betreuung kleinerer Banken, Sparkassen und anderer Finanzinstitute gelegt. Selbst als er schon in Frankfurt war, trafen sie sich, wann immer es ging und hielten so den intensiven Kontakt aus der Studienzeit aufrecht.

Nicht umsonst war er mittlerweile der Patenonkel ihres ältesten Sohnes. Gabi war ebenfalls eine der attraktiveren Studentinnen gewesen, ihre kleinen spitzen Brüste hatten so manche Begehrlichkeiten geweckt. Sie hatte aber an der Universität als absolut monogam gegolten, auch er war felsenfest davon überzeugt gewesen. Bis er sie auf dem Abschlussball schweißgebadet in einer dunklen Ecke erwischte und der Typ, den sie dabei hatte, war nicht der gute Norbert, ihr damaliger Verlobter und heutiger Ehemann. Niels Werner schwieg stets eisern über diese Begebenheit und Gabi dankte es ihm seitdem mit ihrer Zuneigung und unerschütterlichen Freundschaft.

Erst als er ihre Hand auf seiner Schulter spürte, bemerkte er, dass sie schon hinter ihm stand. Sie hatte offensichtlich den Nebeneingang benutzt. Er stand hastig auf und umarmte sie zur Begrüßung. Sie sah immer noch ausgesprochen gut aus, auch wenn nach zwei Kindern, einer nicht ganz gelungenen Ehe und dem Stress im Büro sich doch allmählich einige Linien in ihr Gesicht gegraben hatten.

Aber die standen ihr ausgezeichnet und ihre goldgelben Haare boten zu den pechschwarzen Augen einen eigentümlichen und seltenen Kontrast. Niels Werner rückte zur Seite, damit sie sich zu ihrem Sitz auf der anderen Seite des kleinen Hochtisches durchkämpfen konnte. Während sie angesichts der Enge notgedrungen ihren Körper an dem seinen vorbeiquetschte, fragte er sich unwillkürlich, wann er das letzte Mal einen Frauenkörper liebkost hatte. Es war jedenfalls eine Ewigkeit her, und irgendwie hatte er seine sexuelle Seite abgeschaltet. Sie zog ihre leichte Jacke aus, faltete sie zusammen und legte sie hinter sich auf die Fensterbank. Niels Werner griente vor sich hin, Gabi war schon immer sehr ordentlich gewesen. Sie bemerkte sein Amüsement und strahlte ihn an.

»Na, altes Haus, bist du mal wieder von deinem Adlerhorst herabgestiegen? Wolltest du einfach wieder unter uns Unwürdigen weilen oder hattest du etwa Sehnsucht nach meiner Gesellschaft? Oder führst du etwas Anderes im Schilde? Am Telefon klangst du ja sehr geheimnisvoll. Wo ist denn dein Hund?«

Niels Werner musste unwillkürlich lachen, wie immer wollte Gabi alles auf einmal wissen. »Eines nach dem Anderen. Vielleicht möchtest du erst einmal ein Bier? Wie mir die Kleine hinter der Bar sagte, brauen die hier jetzt auch ein Schwarzbier. Ich für meinem Teil bleibe lieber bei dem obergärigen Hellen, aber vielleicht willst du ja ausnahmsweise mal etwas Neues probieren?«
In Gabi Seilers Augen tanzten auf einmal kleine Teufelchen.
»Reden wir mit der letzten Bemerkung über Bier? Du willst mich doch wohl nicht nach so langer Zeit endlich einmal auf Abwege führen?«
Niels Werner nahm ihre Hände in die seinen. »Das wäre ja mal interessant, Gabilein, und ehrlich gesagt würde es mich total reizen, aber wer weiß, was dabei herauskommt. Ich hätte Angst, dass wir hinterher vielleicht nicht mehr so gute Freunde wären, weil unsere Beziehung dann eine andere Ebene hätte.« Leicht grinsend fügte er hinzu: »Aber natürlich, wenn du darauf bestehst ...«
»Na, dann bleibe ich erst einmal bei dem Alten. Das gilt auch für das Bier, mein Lieber, und meine Hände kannst du langsam wieder loslassen. Wenn wir schon Blödsinn machen müssen, dann bestimmt nicht hier. Aber meine Fragen hast du noch nicht beantwortet.«
Mittlerweile hatte die Kellnerin zwei neue Biere gebracht, das geschah in der Auszeit auch ohne extra Bestellung fast schon automatisch. Nach dem ersten gemeinsamen Schluck sagte Niels Werner: »Na, Nicki bewacht das Haus, sie ist ziemlich kaputt nach unserem ausführlichen Jogging heute. Außerdem ist das offenbar nötiger denn je, schließlich muss dort etwas sehr Wertvolles sein. Zumindest hat es neuerdings den Anschein.«
»Niels, deine verdammte Angewohnheit in Rätseln zu sprechen hat mich schon früher zur Weißglut getrieben. Wovon bitte schön redest du?«

»Ihro Gnaden, Herr Gerd Brauner, hat mir heute seine Aufwartung gemacht.«
Gabi Seiler setzte abrupt ihr Bierglas ab und sah ihn durchdringend an. »Du sprichst von dem Gerd Brauner, den ich auch von der Uni her kenne und mit dem du früher durch dick und dünn gegangen bist? Der zum Olymp der deutschen Bankerwelt aufgestiegen ist und seitdem von seinem früheren Leben nichts mehr wissen will? Der Gerd Brauner, der dich ohne mit der Wimper zu zucken aus der Meinebank entlassen hat, obwohl du ihm jahrelang gute Ergebnisse erwirtschaftet und ihm treu zur Seite gestanden bist? Der Gerd Brauner, der in der Politik und in der sonstigen Prominenz ein und aus geht? Dieser Herr ist heute in unsere Niederungen, falsch, deine Niederungen herabgestiegen?«
»Genau davon spreche ich.«
Gabi Seiler nahm einen großen Schluck Bier und warf ihm einen forschenden Blick zu. Sie versuchte im Gesicht von Niels Werner zu lesen, aber da war zunächst nur ein bemüht neutraler Ausdruck.
»Und wie hast du dich dabei gefühlt? Ich meine, du musst doch einen dicken Hals gehabt haben, nach allem, was zwischen euch passiert ist.«
»Ich wundere mich ja selbst, aber erstaunlicherweise war ich ganz cool und es kam mir so vor, als ob wir uns erst gestern gesehen hätten. Es war wirklich seltsam, und komischerweise habe ich festgestellt, dass ich eigentlich überhaupt nicht mehr sauer, nein, das ist falsch, nicht mehr so richtig sauer auf ihn bin. Allerdings habe ich schon noch so kleine Rachegelüste ihm gegenüber.«
»Ja und«, Gabi Seiler fuchtelte auffordernd mit den Händen, »was bitte schön wollte er? Braucht er mal wieder jemanden, der für ihn die Kastanien aus dem Feuer holt?«

»Ja, Gabilein, genau das. Er will mich reaktivieren, ich soll in die Löwengrube zurück.«
»Was genau will er denn?«
»Gabi, es tut mir leid, aber darüber kann ich nicht sprechen. Wir haben es zwar nicht explizit vereinbart, aber er kann natürlich davon ausgehen, dass ich die Dinge vertraulich behandele. Du kennst ja die Usancen der Branche.«
»Oh Mann, du warst schon immer ein Moralapostel und so überkorrekt. Wir reden hier unter Freunden, falls du es noch nicht bemerkt hast«, und nach einem resignierten Achselzucken, »sag mir wenigstens, ob es sauber ist.«
»Tja, das kommt auf die Betrachtungsweise an, unter legalen Gesichtspunkten ist es vollkommen sauber, unter moralischen Gesichtspunkten ist es zumindest zweifelhaft und unter menschlichen Gesichtspunkten ist es eigentlich eine Schweinerei.«
Gabi Seiler wollte gerade einen bissigen Kommentar loslassen, überlegte es sich dann aber anders. Die Auszeit hatte sich offenbar in den letzten Minuten mehr und mehr gefüllt und die neuen Gäste drängten sich eng an ihnen vorbei in der Hoffnung, im hinteren Teil des Raumes noch einen Platz zu ergattern. Eine ungestörte Unterhaltung war daher momentan nicht möglich.
Stattdessen gab sie der Kellnerin das übliche Signal und prompt brachte die sofort zwei neue Helle. Nachdem der Menschenauflauf etwas abgeebbt war, hob sie ihr Bierglas.
»Prost mein Eremit, vielleicht solltest du besser auf deinem Berg sitzen bleiben. Da ich aber meine, in deinen, für einen Mann unverschämt grünen Augen ein lange nicht mehr festzustellendes Glitzern zu entdecken, dürfte dieser Rat wohl verschwendet sein. Pass aber um Himmelswillen bloß auf, der Typ hat sich nicht unbedingt zu seinem Vorteil entwickelt. Und,

was noch viel wichtiger ist, er hat dich schon einmal eiskalt abserviert.«

Niels Werner sah sie nachdenklich an. »Na ja, so ganz unrecht hast du da nicht.«

»Was heißt hier so ganz unrecht habe ich nicht. Ich habe Recht, mein Schatz. Was ich allerdings noch nicht so ganz im Detail verstanden habe, was genau ist damals im Detail eigentlich passiert?«

Ihre Frage ließ vor seinem geistigen Auge die Geschehnisse noch einmal aufsteigen, insbesondere die seinerzeitigen Gegebenheiten an den Finanzmärkten. Dort hatte ein massiver Abwärtstrend eingesetzt. Wie immer in solchen Fällen begann diese Tendenz zunächst schleichend, um sich dann immer mehr zu beschleunigen. Frei nach dem Motto rette sich, wer kann, verkauften Investoren ihre Wertpapiere, in die sie investiert waren, Aktien, festverzinsliche Anleihen, Schuldverschreibungen usw.

Sie setzten damit einen Teufelskreis in Gang, in dessen Verlauf die Preise für diese Papiere weiter fielen und damit einen noch größeren Verkaufsdruck erzeugten. Diese Entwicklung griff auch bald auf andere Märkte wie Edelmetalle, Rohstoffe, Immobilien, Schiffsbeteiligungen über. Dadurch gerieten nun auch einige Banken in eine Schieflage und ihre Liquidität und Solvenz wurden von potentiellen Kontrahenten immer mehr in Zweifel gezogen. Dieses Misstrauen vergiftete die Finanzmärkte weiter, so dass dann der Interbankenmarkt nicht mehr funktionierte. Banken gaben sich gegenseitig keine Kredite mehr, da sie keine Garantien hatten, dass ihre Kontrahentenbank auch solvent blieb.

Das war auch der Meinebank passiert, die aufgrund des Marktdrucks ihren Verpflichtungen nun kurzfristiger nachkommen musste als ursprünglich geplant. Könnte sie dies nicht tun, wäre sie im kaufmännischen Sinn illiquide und würde dann auch entsprechend liquidiert werden.

»Stimmt, wir haben nie darüber in allen Einzelheiten gesprochen.« Niels Werner hob abwehrend die Hand. »Ich weiß ja, ich bin ein Geheimniskrämer. Sorry. Die Meinebank war, wie auch andere Banken, in Liquiditätsnöten. Gerd Brauner benötigte dringend flüssige Mittel, da die Kontrahenten der Meinebank die ursprünglichen Zahlungsziele verkürzten. Du weißt, wie die Situation damals war, jeder war sich selbst der Nächste. Da hatte unser Meister mal wieder eine seiner schon fast genialen Ideen. Er wollte kurzfristig eine fünfjährige Wandelanleihe auflegen, das heißt, einen Kredit aufnehmen, der nach fünf Jahren dann das Recht beinhaltete, diesen Kredit in Aktien der Meinebank umzutauschen. Er verlangte, dass meine Gesellschaft diese Anleihe zeichnen, also erwerben und damit diesen Kredit geben sollte, um sie dann in unseren Publikumsfonds und Spezialfonds zu platzieren. Auf diese Weise hätte er die benötigte Liquidität vereinnahmt, und aus seiner Sicht hätte ich ja dann in unseren Fonds ein werthaltiges Investment gehabt mit der Chance auf Kurssteigerungen.«

»Aber er wusste doch genau, dass das illegal war. Wenn du es getan hättest, wärst du mit hoher Wahrscheinlichkeit von den Aufsichtsbehörden verklagt und dann auch von den Gerichten verurteilt worden. Und sie hätten dich auch persönlich haftbar gemacht.«

»Natürlich, schließlich war ich treuhänderisch für unsere Kunden tätig und damit verpflichtet, einzig und allein zu ihrem Wohl zu agieren. Aber wie ich schon sagte, jeder ist sich selbst der Nächste und er dachte wohl, dass er, als Chef der Bank und damit mein Aufsichtsratsvorsitzender, mir als Leiter seiner Tochtergesellschaft Anweisungen geben kann. Konnte er ja eigentlich auch, aber eben nicht in dieser Frage, da sind die

Gesetze sehr explizit. Ein Vermögensverwalter darf nur streng reglementiert im Anlegerinteresse agieren, egal, was der jeweilige Chef von ihm verlangt. Wieso mein Nachfolger dann trotzdem zumindest Teile dieser Wandelanleihe in die Fonds hineinkaufen konnte, ist mir völlig schleierhaft. Er hatte riesiges Glück, dass in der damaligen Hektik keine Aufsichtsbehörde so genau hingeguckt hat.«

»Ach, Niels, mit Gesetzen hat es Gerd noch nie gehabt. Nicht umsonst hat er bei unserem Juraschein am schlechtesten vom ganzen Semester abgeschnitten. Aber wieso hattet ihr denn so viel Liquidität in euren Fonds, hattet ihr die Finanzmarktkrise vorausgesehen?«

»Ja, Gabi, da gab es einige Warnsignale an den Märkten und wir hatten sie eben nicht ignoriert, sondern rechtzeitig unseren Investitionsgrad reduziert und dadurch die Liquidität, auf die Gerd scharf war, aufgebaut. In unserer Branche fassten sich alle an den Kopf, als unsere negative Haltung durchsickerte. Und als die Kurse zunächst weiterstiegen, sah es so aus, als ob wir das Falsche getan hätten. Wir schliefen einige Nächte besonders schlecht, das kann ich dir versichern. Aber dann waren wir ja zum Glück doch auf der richtigen Seite des Marktes, es kam zum Crash. Ich hatte übrigens Gerd noch die Kopie einer schriftlichen Notiz zukommen lassen, mit der ich meinen Portfoliomanagern meine Bedenken über die Verfassung der Finanzmärkte darlegte und sie aufforderte, ihre Wertpapiere teilweise zu verkaufen. Ich habe ihn sogar noch angerufen und auf diese Notiz aufmerksam gemacht, außerdem habe ich ihm meine Bedenken bezüglich der Verfassung der Finanzmärkte noch einmal mündlich erläutert. Aber du kennst den Typ ja, er hat schon an der Uni immer alles besser gewusst.«

Gabi Seilers momentaner Gesichtsausdruck war ihm nur zu vertraut. Immer, wenn sie einen wunden Punkt oder ein fehlendes Glied in einer Argumentation aufspürte, spitzte sie ihren Mund und lächelte leicht, was ihre Grübchen besonders betonte. Dann platzierte sie ihre Frage und ließ betont unschuldig genüsslich ihre Bombe platzen.

»Sag mal, Niels, wie hat Gerd denn letztendlich die Meinebank aus dieser Misere retten können? Wie du sagst, hat dein Nachfolger ja nur Teile der Anleihe erworben. Wo ist denn dann die restliche Anleihe hingegangen? Hat die dann ein anderer Investor erworben? Und wenn das so ist, dann hat der ja, du sagtest doch etwas von einer fünfjährigen Laufzeit, nicht wahr, in nunmehr circa eineinhalb Jahren ein Recht, die Anleihe in Aktien der Meinebank zu wandeln.«

Niels Werner saß auf einmal ganz still, wie vom Donner gerührt. Verdammt, wie hatte er das übersehen können? Natürlich, Gabi hatte völlig Recht. Soweit er wusste, hatte in der Tat ein anderer Investor diese Anleihe gezeichnet und auch noch seinem Nachfolger die in den Fonds ruhenden Anteile abgekauft. Und dieser Investor könnte dann in rund 18 Monaten seine Papiere in Aktien wandeln und damit über eine rund zehnprozentige Beteiligung an der Meinebank verfügen. Damit stünden ihm zumindest ein Sitz, wenn nicht gar zwei Sitze im Aufsichtsrat zu. Und er hätte sehr gute Chancen, sich zum Vorsitzenden des Aufsichtsrates wählen zu lassen, nach seinem Wissen gab es keine sonstigen Großaktionäre mit ähnlichen Ansprüchen.

Gerd, du verdammter Hundesohn, das ist dein wirkliches Motiv, die Wertebank zu übernehmen. Von wegen die Größe einer Bank wäre entscheidend für ihr Überleben, von wegen fressen oder gefressen werden, der Hase lag ganz woanders im Pfeffer. Er musste diese potentielle Beteiligung verwässern, das heißt, neue Aktien begeben und mit den ihm dann zufließenden Mitteln die Wertebank kaufen. Da diese fast gleich groß wie die Meinebank war, würde der potentielle Anteil des

Investors auf knapp fünf Prozent fallen und wäre damit kein großes Problem mehr. Der derzeitige Aufsichtsratsvorsitzende würde auch weiterhin den Vorsitz haben und Gerd Brauner könnte schalten und walten wie bisher. Und den eigentlich einfachsten Weg, eine Kapitalerhöhung zu machen und dann mit dem neuen Geld die Anleihe vorzeitig kündigen und den Kredit zurückzuzahlen, konnte er nicht gehen. Die Story war nicht sexy genug und deswegen würden sich nicht viele Aktionäre finden, die bereit wären, ihm dazu neue Mittel zur Verfügung zu stellen. Nein, er musste schon über eine Expansionsstrategie fabulieren und irgendetwas über die damit verbundenen Economies of Scale erzählen.

Gabi Seiler schob ihm ein neues Bier über den Tisch. »Ich bestelle mir jetzt etwas zu essen und du siehst aus, als ob du auch etwas zwischen die Zähne vertragen könntest. Oder ist dir meine Rede sauer aufgestoßen? Alles in Ordnung mit dir, Niels?«

»Mensch, Gabilein, du hast da einen Punkt angesprochen, der in der ganzen Angelegenheit eine neue Dimension eröffnet. Natürlich gab es damals einen Investor, der alle Anteile der Anleihe aufgekauft hat. Der Besuch von Gerd und seine Absichten erscheinen nun in einem gänzlich neuen Licht. Der Kerl ist ja noch raffinierter, als ich dachte. Kein Wunder, dass aus dem Erwerber der Wandelanleihe so ein Staatsgeheimnis gemacht wurde.«

Niels Werner beugte sich über den Tisch und gab Gabi Seiler ein Küsschen auf die Wange. Die skeptischen Falten im Gesicht von Gabi Seiler verschwanden dadurch allerdings nicht.

»Ja ja, Mama, alles okay, lass uns etwas zu essen bestellen, ich nehme einen Wurstsalat, der ist hier immer super. Und hör auf, mich so fragend anzusehen, ich kann dir nicht sagen, um was es genau geht.«

»Ach, du mit deinem blöden Moralkodex, wenn du mir die ganze Geschichte erzählen würdest, könnte ich dich vielleicht noch auf das Eine oder Andere aufmerksam machen. Insbesondere, was die Gehirnwindungen von Gerd Brauner angeht. Claire pflegte immer zu sagen, wenn du glaubst, du weißt, was er denkt, dann nimm getrost das Gegenteil an und du liegst richtig.«
»Wer?«
»Ach, tu bloß nicht so, du wirst dich wohl noch an Claire Dubois erinnern. Du bist doch wie alle anderen an der Universität auch hinter ihr hergehechelt.« Gabi Seiler kraulte ihn leicht unter dem Kinn. »Aber mein süßer Eremit, du hattest keinen Erfolg damit. Und versuch bloß nicht, mir das Gegenteil weiszumachen. Claire hatte nur Augen für Gerd, weiß der Kuckuck, was sie an ihm fand. Offensichtlich konnte er ein paar Kunststücke mehr als die Anderen.«
Zum zweiten Mal an diesem Abend war Niels Werner wie vom Donner gerührt. Claire und Gerd? Ein Paar? Konnte das sein? Er dachte zurück an die gemeinsame Zeit an der Universität. Ja natürlich, wenn man die Periode unter diesem Blickwinkel betrachtete, machten viele Dinge auf einmal Sinn. Wie hatte er nur so blind sein können. Er rief sich all ihre Vertrautheiten in Erinnerung, wie Claire sich eine Zigarette anzündete und sie anschließend Gerd in den Mund schob, wie Gerd auf der Exkursion nach Paris im Bus seinen Kopf an ihre Schulter lehnte und wie Claire immer genau wusste, was Gerd trieb und wo er steckte.
Oh je, und er hatte mal von sich geglaubt, er sei clever und ein Meister im Beobachten. Obwohl es schon so lange her war, verspürte er doch einen Stich der Eifersucht. Dieser Kerl, musste er denn auch immer alles kriegen. Aber in Sachen Geheimhaltung war er offenbar ein Ass, damals war nichts durch-

gesickert. Auch dieser Punkt war es wert, künftig in Betracht gezogen zu werden, der Kerl war verschlossen wie eine Auster. Die kleine dralle Kellnerin schob sich energisch durch die ihren Tisch umgebenden Menschen und brachte seinen Wurstsalat und für Gabi eine Brezel. Dabei brachte sie ihn mit ihrem kleinen Lächeln auf andere Gedanken. Sie war wirklich nett, nur dumm, dass er ihr Vater sein konnte. Aber vielleicht stand sie ja auf ältere Herren. Natürlich musste ihn nun wieder seine genüsslich an ihrer Brezel kauende Ex-Kommilitonin auf den Boden der Tatsachen zurückholen.
»Das war ein berufsmäßiges Lächeln, Herr Werner, du brauchst dir gar nicht erst Schwachheiten einzubilden. Du warst entschieden zu lange allein da oben, das führt nämlich zu Realitätsverlust. Obwohl ich zugeben muss, dass sie ganz lecker aussieht. Wie ist dein Wurstsalat?«
Niels Werner antwortete ganz mechanisch, sein Geist war immer noch damit beschäftigt, das soeben Gehörte über Claire und Gerd zu verdauen. Obwohl der Wurstsalat plötzlich ungewohnt fade schmeckte, langte er kräftig zu, andernfalls würde Gabis spitze Zunge ihm noch die eine oder andere Bemerkung um die Ohren hauen. Außerdem merkte er dann doch, dass das Mittagessen schon ziemlich lange her war.
»Gut, ich weiß nicht, wie die das hier bewerkstelligen, aber dieser Salat ist immer super.«
»Was soll da schon drin sein, geschnetzelte Lyoner Wurst, kleingeschnittener Käse, Zwiebeln, Gurken, Essig und Öl. Ich wette, der Salat schmeckt deshalb so gut, weil er perfekt zum Bier passt. Du hast zuhause eben kein selbstgebrautes Helles und eine so nette Gesellschaft.«
Sie lächelte ihn zuckersüß mit funkelnden Augen an.
»Damit wären wir bei einem anderen Thema, es ist schon spät und ich muss meinem Mann noch etwas zu essen machen. Er

hat es mit der Bandscheibe und kann sich schlecht bewegen. Und die Buben sind aus dem Haus, bei irgendeiner Technofete.«

»Alles klar, Gabi, no hard feelings. Ich esse aber in Ruhe fertig, mein Zug geht ohnehin erst in 40 Minuten. Ich übernehme die Rechnung, wenn du erlaubst.«

Niels Werner stand auf, um Gabi Platz zu machen. Nachdem sie sich hinter dem Tisch hervorgezwängt hatte, nahm er sie in den Arm.

»Danke für deine Zeit. Deine Gesellschaft hat mir gutgetan. Grüße bitte Norbert ganz lieb von mir.«

Er zögerte ganz leicht. »Ach, sag mal, was macht denn eigentlich Claire jetzt? Hast du noch Kontakt zu ihr?«

Gabi Seiler sah ihn mit ihren pechschwarzen Augen nachdenklich an.

»Du warst zwar gerade ganz geschickt, aber irgendwie werde ich das Gefühl nicht los, dass diese Frage der eigentliche Grund für unser Treffen ist. Es ist wie beim Arzt, was der Patient beim Rausgehen sagt, ist enorm wichtig für die Diagnose.«

Sie ließ ihn noch eine kleine Weile zappeln und grinste spitzbübisch. »Wusstest du das nicht? Claire Dubois hat vor einigen Jahren völlig überraschend Peter Nehmer geheiratet, den Chef der Wertebank. Das geschah zwar etwas arg plötzlich, es kam auch für mich aus heiterem Himmel und dürfte für den guten Gerd ein richtiger Nackenschlag gewesen sein. Aber ich denke, sie hat das richtig so gemacht. Sie hat zwei gesunde Kinder, finanziell keine Sorgen, ist voll in die Münchner Hautevolee integriert und es geht ihr gut. Gute Nacht, mein Kleiner, träum was Schönes.«

Mit diesen Worten rauschte Gabi Seiler davon und ließ einen zum dritten Mal an diesem Abend vom Donner gerührten Niels Werner zurück.

HEILE WELT

Claire Dubois wachte mit einem Ruck auf. Sie konnte nicht sagen, weshalb sie so jäh aus dem Schlaf aufschreckte, auf jeden Fall war sie schweißgebadet. Vermutlich hatte sie mal wieder einen von ihren periodisch wiederkehrenden Alpträumen gehabt, die sie schon zu Studentenzeiten ab und an geplagt hatten. Oder ihre leichte Erkältung, die sie seit geraumer Zeit mit sich herumschleppte, war für ihre Malaise verantwortlich. Sie tastete mit ihrer Hand zur anderen Seite ihres Bettes, aber offensichtlich war Peter bereits aufgestanden. Natürlich würde er dann auch das Frühstück für ihre Buben übernehmen. Sie konnte sich daher noch einmal wohlig in die Decke kuscheln. Peter liebte es, mit den Jungs morgens zu frühstücken, als notorischer Frühaufsteher hatte er dieses Vergnügen weit öfter als sie, die sich jeden Morgen mit Gewalt aus dem Bett quälen musste. Dafür hatte sie aber ihre Kinder für den Rest des Tages, wenn sie aus der Schule kamen. Peter kam meistens sehr spät nach Hause. Eine Bank zu leiten, erfordert eigentlich einen Einsatz über alle 24 Stunden des Tages, pflegte er immer zu sagen.

Der Erfolg gab ihm auch Recht. Die Wertebank war in den rund 15 Jahren seiner Führung zu einer der großen deutschen Banken herangewachsen. Dazu hatte es allerdings erst einmal einiger harter Einschnitte bedurft. Als erstes hatte Peter radikal die Kosten gesenkt und in diesem Zusammenhang auch einige lieb gewordene, aber teure Privilegien der obersten Führungsebene abgeschafft. Claire hatte das alles hautnah miterlebt und ihren späteren Mann bewundert ob der Konsequenz, mit der er vorgegangen war.

Ihre Kollegen in der Leitungsebene fanden das alles nicht so prickelnd und versuchten, die Bemühungen, die Bank zu einem effizienten Unternehmen zu verwandeln, nach Kräften zu boykottieren. Aber Peter hatte hart durchgegriffen, frei nach dem Motto: Eine Treppe putzt man von oben nach unten. Nach einigen Degradierungen und auch vorzeitigen Vertragsauflösungen war auch dem Letzten in der Managementebene klar, dass Kosten und Ertrag in einem unmittelbaren Zusammenhang zu stehen hatten.

An den Geräuschen im Haus konnte sie erkennen, dass Peter die Kinder auf den Weg zur Schule schickte. Erstaunlicherweise hörte es sich aber nicht so an, als ob er selbst es auch eilig hätte. Offenbar konnte sein Büro heute warten. Das war umso bemerkenswerter, als er, wie sie wusste, heute eine wichtige Sitzung mit seinem Aufsichtsrat hatte und anschließend seine Manager der ersten Führungsebene zusammenkommen ließ. Na, vielleicht brauchte er noch einige Minuten, um sich zu sammeln.

Sie hatte einen guten Mann geheiratet, auch wenn es nicht ihr Traummann war. Ihre diesbezügliche Vermutung hatte sich im Laufe der Jahre immer mehr bestätigt. Er war ein anständiger Kerl, ein wenig eitel, aber verlässlich, offen und ehrlich. Und seine Eitelkeit störte sie nicht. Erstens war sie nicht sehr stark ausgeprägt und zweitens war sie durch Gerd ja schlimmeres gewohnt. Den Gedanken an ihn legte sie aber ganz schnell zur Seite. Peter gab ihr jeden Tag das Gefühl, noch begehrenswert zu sein. Nach zwei Kindern und mittlerweile 10 Jahren Ehe war das keine Selbstverständlichkeit.

Na gut, ihr Sexleben war nicht sehr prickelnd, zu diszipliniert und zurückhaltend. Es fehlte die große Leidenschaft, von der sie wusste, dass sie möglich war. Aber schließlich arbeitete er auch unermüdlich in der Bank und wenn er nach Hause kam, war er häufig zu müde und wollte nur noch seine Ruhe. Sex

spielte wohl auch ohnehin in seinem Leben nicht die große Rolle, sein Bedürfnis danach war auch im Urlaub durchaus überschaubar.
Und schließlich hatte sie ihn ja auch nicht deswegen geheiratet, sondern aus ganz anderen Gründen, von denen sie nur hoffen konnte, dass sie nie thematisiert würden. Peter ließ es ihr ansonsten an nichts fehlen und sie konnte im Haus, seinen täglichen Abläufen und in ihren gesellschaftlichen Beziehungen schalten und walten, wie sie wollte. Er hatte sogar toleriert, dass sie ihren Mädchennamen nach der Heirat beibehielt.
Claire stieg aus dem Bett und hüllte sich in ihren Morgenmantel. Als sie die Treppe nach unten ging, erwartete sie eigentlich ihren Mann in seinem Arbeitszimmer über seinen Vorlagen und Sitzungspapieren brütend vorzufinden. Umso erstaunter war sie, als sie ihn völlig entspannt, Kaffee trinkend und in die Zeitung vertieft, in der Küche vorfand.
Sie schmiegte sich von hinten an ihn und gab ihm seinen Gute-Morgen-Kuss auf die sich langsam abzeichnende Glatze am Hinterkopf. »Was macht denn Deutschlands bester Banker um diese Uhrzeit noch zu Hause?«
Peter Nehmer feixte sie an, füllte seine Kaffeetasse nach und lehnte sich in seinem Stuhl zurück. »Na, ich muss doch wissen was so in der Zeitung steht, bevor ich mich diesen Hyänen im Aufsichtsrat präsentiere. In die Bank komme ich noch früh genug.«
Claire Dubois sah ihren Mann erstaunt an. Derartige Töne hatte sie ja von ihm noch nie gehört. »Aber Peter, hast du denn nicht noch Dinge vorzubereiten? Soweit ich weiß, planst du doch für heute wichtige Weichenstellungen in der Bank. Du hast mir zwar nicht genau gesagt, um was es im Detail geht, aber dass du Widerstände im Aufsichtsrat und in deiner Führungsmannschaft erwartest, daran hast du keinen Zweifel gelassen.«

»Ja, Claire, da hast du schon recht. Vor allem die Arbeitnehmervertreter und der Betriebsrat werden Sturm laufen. Und auch einige Manager werden nicht begeistert sein. Ich plane mehr oder weniger eine mittlere Revolution in der Bankenwelt, und da werden sicher nicht alle Beifall klatschen. Natürlich ahnen da auch schon einige etwas, das bleibt ja gar nicht aus, wenn man im eigenen Unternehmen brisante Vorlagen erstellen lässt. Und der Aufsichtsrat wird erst einmal stinksauer sein, weil er nur eine Tischvorlage bekommt. Das lieben die Herren gar nicht, sie wollen ja immer 14 Tage vor der Sitzung die Unterlagen haben. Bei der Brisanz des heutigen Themas habe ich mich aber bewusst für eine Vorlage entschieden, die sie erst in der Sitzung ausgehändigt bekommen. Ich möchte nicht, dass vorab etwas nach draußen durchsickert. Deswegen auch mein bewusst entspanntes später als sonst in die Bank gehen. So ahnt erstens niemand, dass etwas Wichtiges auf der Agenda steht und zweitens kann mir auch niemand vorab irgendwelche klugen Fragen stellen, um sich dann aus meinen Antworten etwas zusammenzureimen.«
Claire Dubois bewegte sich um ihren Mann herum und ließ sich ihm gegenüber am Küchentisch nieder. Dankenswerterweise hatten die kleinen Männer in diesem Haushalt noch zwei Croissants übriggelassen, sie merkte auf einmal, wie sehr ihr Magen knurrte. Während sie Butter und Honig auftrug, sah sie ihren Mann forschend an. Er hatte den gleichen triumphierenden Ausdruck im Gesicht, wie am Tag ihrer Hochzeit.
»Was für eine Revolution planst du eigentlich? Ich meine, es wäre ja ganz nett, wenn du mich einweihen würdest. Schließlich habe ich einige Jahre in der Wertebank auf dem Buckel und kenne den Laden ganz gut.«
Peter Nehmer ließ sich Zeit mit der Antwort. In seinem tiefsten Innern nahm er ein warnendes Signal wahr. Wenn er

seine Frau einweihte, war es wieder eine Person mehr, welche mit den Plänen vertraut war, und er wusste ja, dass seine Frau durchaus noch ihre Kontakte in der Bankenwelt hatte, und zwar, wie er vermutete, eventuell auch zu durchaus intimen Kreisen in der Wertebank, obwohl sie ihm nie Gelegenheit gegeben hatte, an ihrer Loyalität zu zweifeln. Aber er konnte wohl schlecht Claire eine Antwort verweigern, ohne einen Eklat zu provozieren. Außerdem hatte er im Stillen die Vorbereitungen schon so weit getrieben, dass sein Vorhaben von der Konkurrenz nicht mehr torpediert werden konnte, falls doch etwas nach draußen durchsickerte.

»Claire, unsere bisher formulierte Strategie einer fokussierten Universalbank ist ein einziger Scheiß. Eine wohlklingende Hülse, mit der im Detail eigentlich niemand etwas anfangen kann und die ich von meinem Vorgänger übernommen und widerstrebend erst einmal stillschweigend weiter postuliert habe. Ich will diese Bank nun zu einer in der Tat fokussierten Bank machen, welche sich nur noch auf die Bereiche Vermögensmanagement, Industriekunden sowie Mittelstandsservice und Privatkundengeschäft konzentriert. Das heißt, den Anspruch, universell zu sein, werden wir aufgeben. Bei all unseren derzeitigen unterschiedlichsten Serviceangeboten können wir einfach nicht überall Spitzenleistungen produzieren. Weniger ist bekanntlich manchmal mehr, also konzentrieren wir uns auf das, was wir können. Und wir brauchen kein Investmentbanking, das konnten wir noch nie so richtig. Und auch der Eigenhandel ist im Grunde nur ein Herumzocken. Und hinzu kommt, wenn die Herren in diesen beiden Bereichen einmal erfolgreich sind, erwarten sie satte Prämien, die wiederum den Gewinn für die Bank schmälern. Diesen Irrsinn machen wir nicht mehr mit. Ich weiß, dass einige Kunden, gerade bei den mittelständischen Unternehmen, die in Spezialgebieten zu Weltmarktführern aufgestiegen sind, einen globalen Bankenservice und entsprechend umfassende Finanzdienstleistungen benötigen. Sie erwarten dieses auch von ihrer Bank des Vertrauens. Und dem werden wir auch in Zukunft entsprechen, durch ein weit gespanntes Netz von mit uns kooperierenden Banken weltweit. Das ist so eine Art Star Alliance in der Bankenwelt. Ich gebe gerne zu, diese Idee bei den Airlines abgeguckt zu haben. Der Kunde merkt davon überhaupt nichts, denn um das jeweilige, von den Partnerbanken unseres Vertrauens stammende Produkt, wird der Mantel unserer eigenen Bank gewickelt. Damit kann die Wertebank weiterhin ihren umfassenden Service liefern, aber gleichzeitig all die unrentablen Randbereiche abbauen und damit die Overheads deutlich reduzieren.«

Claire Dubois war erst einmal sprachlos und es brauchte eine Weile, bis sie das gerade Gesagte intellektuell verarbeitet hatte. Dann allerdings arbeitete ihr messerscharfer Verstand wie ein Uhrwerk.

»Wow, was für eine Idee, wann ist dir denn das eingefallen? Das ist ja super, einzigartig. Damit dürftest du einen entscheidenden Wettbewerbsvorteil bekommen und deine Konkurrenz wird große Augen machen. Das größte Problem wird dabei aber eine gleichbleibend hohe Qualität der Produkte sein. Bei verschiedenen Produzenten dürfte das nicht so einfach sein, da gibt es unterschiedlich geschulte Mitarbeiter, andersartige Unternehmensphilosophien und abweichende Qualitätsansprüche. Die alle unter einen Hut zu bekommen und auf eine gemeinsame Linie einzuschwören, ist eine Herkulesaufgabe. Wie weit bist du denn schon mit der Auswahl der globalen Partnerbanken? Hast du da bereits Namen im Kopf beziehungsweise erste Gespräche geführt?«

Mit dem untrüglichen Instinkt des gewieften Verhandlungsführers wusste Peter Nehmer, dass nun die Zeit für eher vage Äußerungen gekommen war. Natürlich hatte er seine Liste der in den verschiedenen Regionen der Welt ansässigen regionalen Spitzenbanken, und damit seine Partnerbanken fertig zusammengestellt. Bei den meisten war das Ganze auch schon vertraglich abgesichert. Auf gar keinen Fall durfte er etwas davon preisgeben oder gar Namen nennen, selbst wenn er zu seiner Frau sprach.

»Da hast du völlig Recht. Die Qualitätsfrage wird schwierig zu lösen sein. Wir kennen das ja bereits bei unserer eigenen Bank. Unterschiedliche Abteilungen und unterschiedliche Mitarbeiter liefern qualitativ fluktuierende Ergebnisse. Aber da lösen wir das Problem ja auch, insbesondere durch übergreifende Schulungen. Zwischen unterschiedlichen Banken, die sich alle dem gleichen Ziel, den Kunden zufrieden zu stellen, verschworen haben, sollte das doch auch möglich sein. Darüber hinaus können wir auch von deren Ideen in unserem ureigensten Geschäft profitieren. Uns selbst würde ein wenig frischer Wind auch nur gut tun. Ich bin da ganz zuversichtlich und glaube, die Vorteile überwiegen potentielle Probleme um ein Vielfaches. Und schau dir die Fluggesellschaften mit ihrer Star Alliance an, die haben es doch auch geschafft, innerhalb ihres Zusammenschlusses eine weitgehend gleiche Qualität dem Kunden anzubieten, und was noch wichtiger ist, neue Kundengruppen zu erschließen. Was die einzelnen Namen der potentiellen Partner angeht, will ich nichts überstürzen. Ein Schritt nach dem anderen. Erst stelle ich die Idee vor, dann bekomme ich hoffentlich das Plazet des Aufsichtsrates, dann werden konkrete Gespräche geführt und Nägel mit Köpfen gemacht.«

Nun war es an Claire Dubois, leise Warnsignale zu verspüren. Was war denn das, das klang doch sehr nach sich um eine klare

Aussage drücken. Sie kannte doch ihren Mann, der sprach erst über Dinge, wenn er sie zu Ende gedacht hatte. Warum sollte er ausgerechnet bei diesem, für die Bank entscheidenden Plan, davon abweichen? Zumal ja auch seine Zukunft vom Gelingen dieser Allianz abhing. Nein, nein, nein, Peter hatte das bestimmt schon in trockenen Tüchern, aber offenbar wollte er nicht mit ihr darüber reden, mit ihr, seiner eigenen Frau.
War das übertriebene Geheimhaltung oder traute er ganz speziell ihr nicht? Gedankenverloren kaute sie ihr zweites Croissant. Sie war sich all die Jahre ihres Geheimnisses sicher gewesen, aber ahnte er vielleicht doch etwas? Aber nein, das war doch alles Unsinn, das hätte sie doch bemerkt. Nie war auch nur der Hauch einer Andeutung erfolgt. Unsinn, Claire, sagte sie sich, der gute Peter ist nun mal ein Geheimniskrämer, und das hat gar nichts mit mir zu tun. Vielleicht hat er diesmal wirklich noch nicht alles fertig, will aber bereits jetzt dem Aufsichtsrat seinen Plan vorlegen. Schließlich muss er diesen ja auch frühzeitig informieren und zwar, bevor etwas durchsickert.
Ihr Gedankengang wurde vom Klingeln des Handys ihres Mannes unterbrochen. Peter Nehmer warf nur einen kurzen Blick auf das Display. »Alles klar, Herr Lauber, Sie können mich dann abholen«, hörte sie ihn sagen.
»Claire, meine Liebe, ich muss jetzt los. Es wird Zeit, sich in die Höhle des Löwen zu wagen. Drück mir die Daumen, dass ich überzeugend bin und alles durchgewunken wird.«
»Ja, Schatz, ich bin in Gedanken bei dir. Du wirst bestimmt Erfolg haben, schließlich hast du diesen Laden auf Vordermann gebracht und einen besseren Bankmanager als dich gibt es nicht. Das dürfte auch den Herren im Aufsichtsrat bekannt sein. Heute Abend erwarte ich dann deine Erfolgsmeldung.«
»Na, deinen Optimismus möchte ich haben. Aber danke für die Blumen. Schauen wir mal.«

Peter Nehmer nahm seine bereits fix und fertig sortierte Aktentasche vom Stuhl, stand auf und umarmte seine Frau zum Abschied.
»Also dann, Liebling, bis heute Abend. Die beiden Plagegeister kommen übrigens später nach Hause. Tobias hat noch Sport, das heißt Handballtraining für das Schulturnier, und Sebastian muss eine Stunde nachsitzen, weil er gestern seine Hausaufgaben vergessen hatte.«
Als er aus dem für einen hochrangigen Bankmanager eher bescheidenen Haus in der Nymphenburger Hubertusstraße trat, wartete der schwarze 7er BMW bereits und sein Fahrer hatte die hintere rechte Tür geöffnet. Peter Nehmer wehrte sein Angebot, die Aktentasche zu übernehmen, ab und stieg in den Wagen.
Sein Gesichtsausdruck trug dabei eine eindeutige Botschaft. Keine Fragen bitte, kein Smalltalk, ich muss denken. Wie alle Fahrer verstand auch Söhnke Lauber diese Botschaft, kannte er doch seinen Chef von unzähligen früheren Fahrten. Er brauchte jetzt die Muße im Auto, um seine Gedanken zu ordnen. Natürlich hätte er Claire mehr Informationen geben können. Alles in allem schätzte er ihren scharfen Intellekt und sie hatte ja auch die Tragweite seines Vorhabens sofort begriffen. Sie war der eindeutige Beweis dafür, dass sich Schönheit und Intelligenz eben doch nicht ausschließen. Aber eine innere Stimme warnte ihn ständig, ihr nicht völlig zu vertrauen.
Das hatte vor allem zu tun mit einer Bemerkung seines Freundes Hakim Sailer, dessen Tod er immer noch nicht begreifen konnte. So ein ausgezeichneter Pilot, und dann stürzt er ab. Einfach so, bei klarem und eigentlich idealem Wetter. Niemand konnte sich das erklären und auch die Untersuchung der herbeigerufenen Experten vom Luftfahrtbundesamt aus

Braunschweig hatte nichts ergeben. Keine technischen Mängel, keine sonstige Erklärung, außer der Annahme von menschlichem Versagen.
Die durchgeführte Obduktion dessen, was von Hakim Sailer aus dem durch ein Feuer völlig zerstörten Wrack noch übrig geblieben war, hatte keinerlei Hinweise geliefert. Das Interview mit seinem Hausarzt hatte auch nichts ergeben, sondern ganz im Gegenteil nur Hakims gute Fitness bestätigt. Es war einfach unfassbar.
Und es war nicht nur ein persönlicher Verlust, auch professionell war Hakim kaum ersetzbar. Bereits jetzt, nach wenigen Wochen, gingen die Ergebnisse der von Hakim geführten, eigentlich ertragsstärksten Sparte der Wertebank, dem Vermögensmanagement, zurück. Zwar noch nicht dramatisch, aber das würde schon noch kommen. Es wurde Zeit, dass Kolinski endlich mit vernünftigen Vorschlägen für die Neubesetzung dieser Schlüsselposition aufwartete.
Mühsam brachte Peter Nehmer seine Gedanken dazu, sich wieder mit dem aktuellen Problem, der heutigen Aufsichtsratssitzung zu befassen. Das würde ein heißer Tanz werden. Zwar hatte der Aufsichtsratsvorsitzende seine Unterstützung signalisiert, aber es war ja sattsam bekannt, dass diese Herren ihre Positionen wechselten wie das Hemd, je nachdem, aus welcher Richtung der Wind gerade wehte. Und natürlich würden die Arbeitnehmervertreter seine Vorschläge komplett ablehnen. Es würde sehr viel Geschick erfordern, die anderen Aufsichtsratsmitglieder für seine Pläne zu gewinnen.
Er musste vor allem immer und immer wieder die positiven Zukunftsperspektiven erwähnen. Eine Star Alliance unter Banken bei gleichzeitigen massiven Kostensenkungen und einem daraus resultierenden enormem Ertragspotential. Die Erschließung von neuen Kundengruppen, denn natürlich

würden die Partner ihren Kunden auch die Leistungen der Wertebank vorstellen. Und selbstverständlich könnten dann die Aufsichtsräte für sich reklamieren, an dieser Revolution der Bankenwelt mitgearbeitet zu haben und sich eine Reputation in der Aufsichtsratswelt erarbeiten oder eine vorhandene Reputation deutlich steigern. Das würde sich auf alle Fälle für sie positiv auswirken, falls in anderen Unternehmen Aufsichtsratsposten neu zu vergeben wären. Das würde sein stärkstes Argument sein, der Witz war nur, dass er es nicht aussprechen durfte.

Er konnte ja schlecht die Damen und Herren darauf hinweisen, etwas für ihren Ruf zu tun. Nein, da mussten die selbst darauf kommen. Wenn dann eine positive Grundstimmung sich einstellte, würde der nach Harmonie lechzende Aufsichtsratsvorsitzende schon seinen Kollegen folgen.

Er musste die Herren einfach bei ihrer Eitelkeit packen und rosige Zukunftsperspektiven malen. Ihm kamen die Schlüsselworte für erfolgreiche Verkäufer in den Sinn, welche er bei seinem Gastaufenthalt an der Universität Harvard in Boston gelernt hatte, Value und Opportunity. Sie galt es immer wieder zu betonen, auch wenn sie im Grunde nur Worthülsen waren. Aber sie hatten eine positive Prägung und jeder Mensch hörte sie gern.

Als sein Wagen in die Tiefgarage des Bankgebäudes an der Messe einfuhr, war Peter Nehmer doch letztendlich optimistisch. Ihm war allerdings klar, dass heute keine endgültige Entscheidung zu erwarten war, zunächst war es wichtig eine positive Grundstimmung und eine wohlwollende Aufnahme seiner Pläne zu erreichen. Für weitere und konkrete Einzelheiten bot sich die Strategiesitzung im nächsten Monat an.

PROBLEMLÖSER

Der Regen klatschte, von dem in der Wetterau nördlich von Frankfurt ständig böigen Nordwestwind getrieben, nur so an die Fensterscheibe und machte dadurch ein nach draußen Sehen nahezu unmöglich. Er konnte sich des Eindrucks nicht erwehren, dass die Tendenz zu sintflutartigen Regen in den letzten Jahren ständig zugenommen hatte. Von zunehmenden Naturkatastrophen ganz zu schweigen. Eigentlich hatte er sich ja heute Abend das Fußballspiel der Nationalmannschaft ansehen wollen, aber erstens hatte sein Chef andere Pläne und zweitens gab es hier in diesem gottverlassenen Dorfkrug natürlich keinen Fernseher. Sehnsuchtsvoll dachte Samuel Leist an seine Zeit in den USA zurück, wo in jeder Kneipe ganze Batterien von Fernsehern an den Decken hingen und man aus allen Blickwinkeln die unterschiedlichsten Sportereignisse verfolgen konnte.

Aber fairerweise musste er zugeben, dass, als er am Nachmittag das Terrain sondierte, um sich mit dem Ort des Treffens vertraut zu machten, er doch überrascht war, ein derartiges Lokal in Heldenbergen anzutreffen. Es bestand hauptsächlich aus zwei Teilen, einem eher traditionellen Pub mit einer langgeschwungenen Holztheke und, wie er wohlwollend feststellte, mit Kleiderhaken unter dem überstehenden Teil der Theke. Da konnte jeder, der auf den Barhockern Platz nahm, Handtaschen oder Jacken aufhängen. Daneben gab es einen offensichtlich erst kürzlich fertiggestellten Anbau, dessen Abschluss nach außen eine riesige Glasscheibe bildete. Durch sie konnten die Gäste einen Blick auf die Altstadt werfen. Allerdings nicht heute, der heftige Regen war undurchdringlich.

Aber auch bei besseren Sichtverhältnissen war die Altstadt kein besonderer Anblick, wie ihm die Barfrau versicherte. Natürlich hatte er keinen Extraraum reservieren können, es gab nämlich keinen. Aber es gab in der Verlängerung des Pubs eine durch ein Holzregal abgetrennte Nische neben der Theke, die er sofort reservierte.

Am dortigen Durchgang standen kleine Hochtische, an denen sich Samuel Leist platziert hatte. Der perfekte Platz, um den Überblick zu behalten und die Sicherheit von Gerd Brauner zu gewährleisten. Denn neben anderen Spezialaufträgen war dies seine eigentliche zentrale Aufgabe. In der Nische selbst hatte Gerd Brauner Platz genommen.

Auf der Fahrt hierher hatte er sorgfältig den Verkehr hinter sich unter die Lupe genommen, da Journalisten ab und zu auf die Idee kamen, sich einfach auf Verdacht vor der Bank zu postieren, um sich dann, wenn die Gelegenheit sich bot, an das Auto von Brauner zu hängen. Aus diesem Grund hatte er heute seinen eigenen Wagen genommen, der Touareg war in dieser Gegend von Großbauern häufiger anzutreffen und damit weniger auffällig. Außerdem hatte er kein Frankfurter Kennzeichen.

Ein dicker, dunkelfarbiger Mercedes mit einer Frankfurter Nummer hätte nur unnötige Aufmerksamkeit erregt.

Die Ratte von Kolinski hatte es doch tatsächlich gewagt, Gerd Brauner geschlagene zehn Minuten warten zu lassen und war eben erst hier eingetroffen. Samuel Leist nahm allerdings mit Befriedigung dessen leichtes Zusammenzucken zur Kenntnis, als er ihn sah. Offenbar hatte er doch einen schlagenden Eindruck hinterlassen. Er hatte daraufhin genüsslich mit dem Daumen in Richtung Nische gewedelt und Kolinski war eilig an ihm vorbeigegangen. Nun saßen die zwei dort am Tisch und er konnte sie mit einigen Verrenkungen sogar durch das Regal hindurch sehen, wenn er wollte.

Aber im Moment wollte er nicht, erstens war Brauner garantiert noch bei den üblichen Begrüßungsfloskeln und zweitens war die Bardame ein wesentlich erfreulicherer Anblick. So, wie die sich anzog und herausputzte, war die bestimmt kein Kind von Traurigkeit. Vermutlich fehlten ihr sogar einige Jahre im Lebenslauf. Es wäre vielleicht interessant, bei Gelegenheit darauf zurückzukommen, er stand auf diesen Typ Frauen. Und sie hatte ihn ja auch mit diesem besonders vielsagenden Lächeln, das mehr ein Angebot war, begrüßt.
So war es auch mit Maggy gewesen. Er hatte sie erstmals im Londoner Sand Hotel bei einer Sportveranstaltung gesehen. Na ja, was man so Sportveranstaltung nennt. Es war nicht zu fassen, aber da gab es tatsächlich hochrangige Bankmanager, denen es offenbar in ihrem Job zu langweilig war und die sich in ihrer Freizeit trafen, um teilweise richtig brutale Schaukämpfe gegeneinander zu veranstalten. Und das Publikum wettete kräftig mit, indem es auf einen bestimmten Kämpfer setzte. So in etwa musste es im alten Rom zugegangen sein, wenn die Gladiatorenkämpfe stattfanden. Der Kick hierbei war offenbar, scheinbar völlig normale Menschen aufeinander losgehen zu sehen, wobei eigentlich niemand, der das praktizierte, im Grunde noch normal sein konnte.
Natürlich fand das alles in einem gut bewachten Hinterzimmer statt, das eigentlich schon ein Saal war. Dort war sie ihm deswegen aufgefallen, weil sie wie hypnotisiert die Kämpfer beobachtete und ihr die Geilheit dabei ins Gesicht geschrieben war. Offenbar empfand sie, wie auch die anderen anwesenden Frauen, durch die Kämpfe eine starke erotische Stimulanz. In der Pause hatte er sie beim Gang zur Toilette abgepasst, in ein Gespräch verwickelt und in dessen Verlauf sich dezent angeboten. Und siehe da, Maggy reagierte wie erwartet, wimmelte ihre Begleiterin ab und gab ihm wenig später ein

Zeichen, ihr nach draußen zu folgen. Später konnte er sich im Hotelzimmer davon überzeugen, wie hochgradig der zuvor gesehene Kampf sie erregt hatte. Sie hatte das halbe Hotel mit ihren Schreien wach gehalten.
Nun warf Samuel Leist doch einen Blick auf die sich seitlich hinter ihm befindliche Nische. Kolinski saß mit dem Rücken zu ihm. Samuel Leist grinste in sich hinein, wenn der wüsste, dass Maggys einzige Aufgabe darin bestand, ihn erpressbar zu machen. Neben dem Geld, das sie Heinz Kolinski aus den Taschen zog, erhielt sie auch noch aus einer der Braunerschen schwarzen Kassen ein erhebliches Salär. Er stellte natürlich sicher, dass sie glaubte, das Geld stamme von ihm. Er hatte allerdings bei ihr ganz schön intensive Überzeugungsarbeit leisten müssen, bis sie in das Arrangement einwilligte. Aber nun war sie scheinbar ganz zufrieden. Offenbar hatte Heinz Kolinski doch ein paar versteckte Talente, dachte er schmunzelnd. Oder aber die doppelte Bezahlung übte ihre Reize aus.
Gerd Brauners Gesicht war ihm dagegen zugewandt, es zeigte noch einen völlig entspannten Gesichtsausdruck. Er konnte aufgrund des gedämpften Gesprächstons nicht hören, um was es gerade ging, aber offenbar waren sie noch bei der Menüauswahl oder bei anderen Nettigkeiten. Samuel Leist rechnete auch nicht mit großartigen Schwierigkeiten. Die Daumenschrauben für Kolinskis Kooperation waren einfach zu groß. Natürlich würde er sich zuerst zieren, aber nach einer kleinen Weile sollte selbst dieser Kleingeist erkennen, dass er keine Wahl hatte, als auf Brauners Vorschlag einzugehen, Niels Werner wieder in die Branche zurück zu bringen und der Münchner Wertebank als Ersatz für Hakim Sailer zu empfehlen. Auch wenn persönlich das Samuel Leist nicht gefiel.
Dieser arrogante Hundesohn von Werner hatte ihn immer abfällig, ja geradezu wie Abschaum behandelt. Er fragte sich

manchmal, ob Werner etwas Konkretes von seinen Aktivitäten wusste. Aber nein, das war eigentlich nicht möglich, er hatte immer darauf geachtet, anonym zu agieren und keine Spuren zu hinterlassen. Dabei kam ihm sein unscheinbares Äußeres zugute, durchschnittliche Größe, durchschnittliche Figur, der kaum einer das austrainierte Halbschwergewicht ansah, und ein durchschnittliches Gesicht. Er war niemand, der sich schnell in das visuelle Gedächtnis anderer Menschen einprägte. Warum er trotzdem anziehend auf Frauen wirkte, hatte sich ihm selbst nie erschlossen, er nahm diese Gabe aber dankbar an.
Die Barfrau hatte mittlerweile ganz gut zu tun, der Dorfkrug hatte sich doch im Laufe der Zeit allmählich gefüllt. Trotzdem warf sie ihm immer wieder Blicke zu, er war sich aber nicht sicher, ob sie mit ihm anbandeln oder endlich eine gescheite Bestellung von ihm haben wollte.
Er entschied sich für letzteres und gab ihr ein Zeichen. Erstens hatte er auch Hunger und zweitens wäre es auffällig gewesen, in einer Kneipe wie dieser die ganze Zeit nur Tee zu trinken. Er wählte Steak und Salat sowie ein alkoholfreies Weizenbier und registrierte bei der Bestellung anerkennend den prallen Inhalt der Bluse der Barfrau. Wenn ihn nicht alles täuschte, war auch mittlerweile ein Knopf mehr geöffnet worden. Also doch. Er würde bei Gelegenheit hier noch einmal vorbeikommen.
Der Gesprächston in der Nische wurde allmählich doch etwas lebhafter und er konnte einige Gesprächsfetzen aufschnappen. Kolinski nahm gerade Fahrt auf und spielte den Ehrenmann.
»Also, Herr Brauner, ich habe ja mit so einigem gerechnet, aber das geht denn doch zu weit. Sie können doch nicht in meine Arbeit hineinregieren. Ich bin ausschließlich dem Wohl meines Kunden verpflichtet. Woher wissen Sie überhaupt, dass ich den Auftrag von der Wertebank bekommen habe, einen Ersatz für Hakim Sailer zu finden? Und warum sollte ich Ihren alten

Fahrensmann Niels Werner empfehlen? Der ist doch seit Jahren aus dem Markt raus und kann gar nicht mehr auf dem neuesten Stand der Finanzwelt sein. Niemand hat in den letzten Jahren irgendetwas von ihm gehört, wo steckt der überhaupt? Und würde der überhaupt wollen?«

Gerd Brauners Antwort war auch eine Spur lauter und daher gut zu verstehen, sein Tonfall war aber wie immer bei solchen Gelegenheiten professionell und liebenswürdig.

»Herr Kolinski, es weiß doch jeder in der Branche, dass die Wertebank stets auf Ihre Dienste zurückgreift und ja offensichtlich auch hochzufrieden mit Ihnen ist. Da muss man ja nicht sonderlich intelligent sein, um bei Ihnen den Auftrag zu vermuten. Ich denke ja nur im Interesse der Branche, deren Präsident ich ja auch noch bin, wie Sie wissen, und als solcher muss ich auch überparteilich, also losgelöst von den Interessen einzelner Banken agieren. Für die Branche insgesamt wäre es doch gut, wenn der nach unser aller Einschätzung beste Mann diese Aufgabe für die Wertebank wahrnehmen würde. Das würde auch bei meinen Diskussionen mit den Politikern in Berlin und Brüssel enorm helfen. Für diese Gespräche brauche ich Ruhe an der Heimatfront. Ich darf außerdem darauf hinweisen, dass Niels Werner ein exzellenter Fachmann ist und immer noch eine äußerst hohe Marktreputation hat. Sie könnten mit dieser Empfehlung bei Ihrem Hauptarbeitgeber enorm punkten. Aber natürlich, wenn Sie einen besseren Vorschlag haben …«

Brauners Stimme verlor sich im plötzlich aufbrandenden Lärm an der Theke. Wieso diese Gruppe von jungen Männern, statt das Fußballspiel irgendwo anzusehen, lieber hier an der Bar herumhing, war ihm allerdings ein Rätsel.

Er hoffte nur, dass der Lärm bald wieder abebbte, denn er war doch gespannt, ob Kolinski diese dick aufgetragene Nummer von Brauner, er denke nur an das Wohl der Branche, schlucken würde. Wenn ja, dann war er noch dümmer, als Leist gedacht hatte. Oder er brauchte dringend frisches Geld und war gierig auf eine fette Vermittlungsprovision.

Die jungen Leute an der Theke bezahlten ihre Rechnung und verließen den Dorfkrug. Na also. Er nahm einen genüsslichen Schluck von seinem mittlerweile servierten Weizenbier und versuchte, mit seinem ausgezeichneten Gehör wieder der Unterhaltung hinter ihm zu folgen. Gerade war Kolinski so richtig in Fahrt.

»... und Sie brauchen mir auch keine Märchen zu erzählen. Sie haben doch bei dieser Sache nur Ihre eigenen Interessen im Kopf. Ich weiß nur nicht, was Sie mit Ihrem Vorschlag erreichen wollen und was Sie im Schilde führen.«

Gerd Brauner war offenbar immer noch in der liebenswürdigen Phase.

»Aber Herr Kolinski, irgendwie kann ich Ihnen nicht folgen. Was für ein Eigeninteresse soll ich denn haben? Wie sollte das denn aussehen? Um Hakim Sailer zu ersetzen, braucht es einen absoluten Spitzenmann. Niels Werner ist ein Spitzenmann, immer noch. Ich weiß allerdings nicht, ob er überhaupt Interesse an dieser Aufgabe hätte.« Gerd Brauner setzte gerade sein berühmtes unschuldiges Gesicht auf. »Das müssen Sie schon selbst herausbekommen. Alles, was ich tun kann, ist Ihnen eine Telefonnummer zu geben. Sie, Herr Kolinski, sollten froh sein über meinen Hinweis, von allein sind Sie schließlich nicht darauf gekommen.«

Gerd Brauners Tonfall wurde bei dem folgenden Satz nun doch etwas schärfer. »Und selbst wenn ich, rein theoretisch natürlich, ein Eigeninteresse hätte, ginge Sie, verehrter Herr Kolinski, das rein gar nichts an.«

»Moment einmal, Herr Brauner, wenn ich Niels Werner vorschlagen soll, dann möchte ich schon wissen, was für ein Spiel gerade gespielt wird. Wenn der Werner so super ist, wieso haben Sie ihn dann überhaupt hinausgeworfen? Und wieso haben Sie auf einmal ein Interesse daran, der Konkurrenz etwas Gutes zu tun? Kommen Sie mir bloß nicht noch einmal mit der Branchennummer. Und auch Drohungen können Sie sich sparen. Sie würden doch in diesem Fall niemals der Wertebank etwas von unserer heimlichen Verbindung erzählen, dann wäre Ihre Idee mit Herrn Werner ja mausetot.«
Hm, dachte Samuel Leist, da hat der gute Kolinski gar nicht einmal so unrecht und sich nicht bluffen lassen.
Dummerweise rauschte genau in diesem Moment die Bardame mit seinem Steak heran, so dass Samuel Leist die Antwort seines Chefs nicht hören konnte. So ein Mist, gerade, wenn es spannend wurde. Da die Barfrau offenbar auf irgendeinen Kommentar von ihm wartete, schnitt er das Steak an. Es war innen leuchtend rosa, genau wie er es mochte.
»Also das Steak ist super, vielen Dank.«
Die Barfrau lächelte einladend.
»Wenn ich sonst noch etwas für Sie tun kann, melden Sie sich. Mein Name ist Beate.«
Damit wedelte sie davon, gefolgt von einem wie von Furien gehetzten Heinz Kolinski. Ihm folgte etwas langsamer Gerd Brauner.
»Nee nee, Herr Leist, bleiben Sie sitzen und essen Ihr Steak in Ruhe. Ich brauch jetzt erst einmal etwas Stärkeres zum Trinken. Dieser Kolinski geht mir echt auf den Geist.«
Er winkte der guten Beate und bestellte einen Speyside Whisky mit Wasser. Die Auswahl im Dorfkrug war überraschend reichhaltig und Brauner entschied sich für einen Toumintal.

»Fängt doch dieser Kolinski an Zicken zu machen. Was bildet der sich ein? Na, zum Schluss hat er sein bisschen Verstand ja wieder zusammen gehabt, aber ich musste ihm erst das Bild von ihm und Maggy zeigen und ihm drohen, es seiner Frau zu schicken. Könnte sein, dass Sie mit Maggy die eine oder andere Diskussion haben werden. Und denken Sie mal darüber nach, ob wir die Edelprostituierte überhaupt noch brauchen.«
Samuel Leist versuchte, seinen Gesichtsausdruck zu lesen.
»Sie meinen?«
»Ich meine gar nichts. Jetzt sehen Sie zu, dass Sie mit Ihrem Steak fertig werden, damit wir hier endlich weg können.«

KONTAKT

»Nehmen Sie doch bitte Platz, Herr Werner. Herr Nehmer wird gleich bei Ihnen sein, er hat nur noch ein Telefonat zu erledigen. Möchten Sie etwas trinken, Kaffee, Tee, Wasser?«
Die Sekretärin oder Assistentin war ganz in ihrem Element, offenbar hatte sie schon mehr Gäste in das kleine Besprechungszimmer geleitet.
»Vielen Dank. Nach der langen Autofahrt könnte ich einen Kaffee gut gebrauchen und Wasser wäre auch nicht schlecht.«
»Das kommt sofort, Herr Werner. Ich darf Sie dann jetzt erst einmal allein lassen? Wie gesagt, Herr Nehmer wird bald hier sein.«
Mit diesen Worten verließ sie den Raum und Niels Werner nutzte die Gelegenheit, sich die Bilder im Raum anzusehen. Offenbar hatte hier der Vorstand enorme Summen in Kunst investiert. Soweit er das beurteilen konnte, waren das alles Originale und ausnahmslos von namhaften modernen Künstlern. Auch im sonstigen Interieur des Raumes steckte viel Geld, aber es war nicht aufdringlich oder protzig zur Schau gestellt. Offenbar legte hier jemand trotz des vielen Geldes Wert auf Understatement, etwas, was ihm sehr entgegen kam
Nach einem kurzen Klopfen an der Tür brachte der Etagendiener wortlos ein Kännchen Kaffee sowie das Wasser und verabschiedete sich anschließend mit einem freundlichen Nicken.
Niels Werner nahm wieder seine Position am Fenster ein, und natürlich würde er die Getränke erst anrühren, wenn Peter Nehmer da war.
Er konnte es eigentlich noch nicht so ganz glauben, in München zu sein. Auf der Fahrt hatte er sich immer wieder

gesagt, dass ihn das zu nichts verpflichtete. Er würde sich mit Peter Nehmer unterhalten und hinterher wäre er ja im Zweifelsfall schlauer. Auch über sich selbst, schließlich war er immer noch hin- und hergerissen seit dem Besuch Brauners und dem Anruf dieses Personalberaters. Er hatte nächtelang kaum geschlafen, sich im Bett hin und her gewälzt und ständig die Für- und Widerargumente gegen einander abgewogen. Seine Gedankengänge wurden durch das Öffnen der Tür und eine sonore Stimme unterbrochen.

»Willkommen in München bei der Wertebank, Herr Werner. Ich bitte um Entschuldigung für das Warten, aber mein Telefonat hat doch länger gedauert, als ich gedacht habe.«

Niels Werner schüttelte die ihm zur Begrüßung angebotene Hand. Es war ein angenehmer Händedruck, nicht zu weich einerseits, aber andererseits auch nicht dieser Knochen zermalmende Händedruck, den manche Männer in der Bankenbranche für en vogue hielten.

»Das macht überhaupt nichts, Herr Nehmer, es war hoffentlich kein unangenehmes Telefonat.«

»Ach, es war nur wieder einer unserer besorgten Aufsichtsräte. Es ging ja durch die Presse, offenbar hat da doch jemand aus dem Nähkästchen geplaudert, dass wir künftig neue Schwerpunkte in unserer Bank setzen wollen, uns also ein wenig vom Universalbankencharakter, wenn auch nicht vollständig, aber doch teilweise verabschieden wollen. Da haben die Herren zwecks Vorbereitung ihrer endgültigen Entscheidung natürlich noch jede Menge Fragen, die ehrlich gesagt, ich auch noch nicht so recht beantworten kann«, an dieser Stelle machte Peter Nehmer ein betont harmloses Gesicht. »Vieles wird ja erst die Zukunft zeigen. Aber bitte, setzen wir uns doch und entspannen uns bei einer Tasse Kaffee. Wie ich sehe, hat unser Etagendienst schon seine Arbeit getan. Hatten Sie eine angenehme Anreise?«

»Ja, alles bestens, ich habe den Wagen genommen, und der Verkehr war kein Problem.«
Beide Männer musterten sich beim Kaffeetrinken mehr oder weniger verstohlen. Was sie bei ihrem jeweiligen Gegenüber sahen, waren eher Ähnlichkeiten. Beide in etwa um die 1,90 Meter groß, beide Anfang 50 beziehungsweise Ende 40, beide relativ schlank, auch wenn Peter Nehmer in dieser Beziehung mit Niels Werner nicht völlig mithalten konnte. Beide Gesichter waren offen, sympathisch und vermittelten den Eindruck von Intelligenz.
»Wie lange ist es eigentlich her, Herr Werner, dass wir uns zuletzt gesehen haben?«
»Nach meiner Erinnerung haben wir uns letztmals vor circa fünf Jahren auf der Jahrestagung der amerikanischen Vermögensverwalter in Washington gesehen.«
»Ja, richtig, Hakim war verhindert und da bin ich für ihn hingefahren. Ich dachte ja immer, er will ständig auf dieser Konferenz sein, weil er Washington so liebt, aber ich selbst war damals auch von der Qualität der dortigen Beiträge und Diskussionen sehr beeindruckt. Das waren denn wohl doch nicht nur Vergnügungsreisen. Und wir beide, Herr Werner, haben beim dortigen Galadinner die Perspektiven der Finanzmärkte diskutiert. Ich erinnere mich noch ganz genau daran, wie negativ Sie die Zukunft einschätzten. Ich war damals sehr überrascht, so etwas von Ihnen zu hören. Sie wurden doch eigentlich immer zur optimistischen Seite der Anleger gezählt. Und ehrlich gesagt war ich auch ein wenig skeptisch, ob Sie da nicht schiefliegen würden. Aber im Nachhinein hatten Sie ja Recht, lediglich bezüglich des Zeitpunktes des Crashs waren Sie etwas zu früh dran. Und ich verrate Ihnen eines, Sie haben uns mit Ihren damaligen Argumenten ebenfalls zu einer vorsichtigeren Anlagepolitik animiert. Ich hatte nach meiner Rückkehr

Hakim von unserem Gespräch berichtet, und er hat Ihre Meinung sehr ernst und nachdenklich zur Kenntnis genommen. Also, eigentlich haben Sie schon damals etwas Gutes für die Wertebank getan.«

Niels Werner sah sein Gegenüber ernst an.

»Herr Nehmer, ich habe Hakim Sailer immer sehr geschätzt. Wir waren sogar ein wenig, na, befreundet ist vielleicht zu viel gesagt, aber wir haben uns immer gefreut, uns, bei welchen Gelegenheiten auch immer, zu sehen und auszutauschen. Wir waren so etwas wie freundliche Wettbewerber. Es hat mich sehr getroffen, von seinem Tod zu hören. Ist mittlerweile eigentlich geklärt, was genau passiert ist?«

Peter Nehmer seufzte. »Nein, Herr Werner, im Prinzip nicht. Es gibt bis heute keine vernünftige Erklärung dafür. Wir vermissen ihn alle sehr, persönlich und natürlich auch aus professionellen Gründen. Tja, und damit sind wir beim Grund Ihres Hierseins. Nachdem unser Personalberater seit einigen Wochen, fast schon Monate, keine gescheiten Vorschläge bezüglich der Nachfolge machen konnte, hat er plötzlich Ihren Namen aus dem Hut gezaubert. Ich muss ehrlicherweise sagen, dass ich völlig überrascht war. Ich hatte Sie seit Jahren aus den Augen verloren und in der Branche waren Sie ja auch nicht mehr tätig. Das Einzige, was wir wussten, war Ihr Zerwürfnis mit Gerd Brauner und dass Sie die Meinebank verlassen hatten. Was ist damals eigentlich passiert, wieso hat sich Brauner von Ihnen getrennt? Sie hatten doch die Finanzmarktentwicklung ziemlich exakt vorhergesehen und Ihre Anlagepolitik entsprechend ausgerichtet. Wieso trennt man sich von so einem Mann? Und was haben Sie all die Jahre gemacht?«

Niels Werner ließ sich etwas Zeit mit der Antwort. Dies war ein kritischer Punkt in ihrem Gespräch. Einerseits wollte er sich durchaus positiv darstellen, andererseits durfte er nicht zu sehr gegen Gerd Brauner schießen, denn das würde ihm als Illoyalität ausgelegt werden. Aber es half nichts, er musste Peter Nehmer ganz sachlich sagen, was damals vorgefallen war, und außerdem schuldete er im Grunde Brauner ja nichts.

»Na ja, Herr Nehmer, der gute Gerd hatte meine Prognosen für die Finanzmärkte nicht geteilt und sich entsprechend aus dem Fenster gelehnt. Als die Bank dann auf dem falschen Fuß, sprich dem Liquiditätsengpass voll erwischt wurde, wollte sie den entstandenen Finanzierungsbedarf durch eine Wandelanleihe schließen, die dann in unsere Fonds hineingekauft werden sollte. Das habe ich abgelehnt, und so kam es zum Zerwürfnis.«

Peter Nehmer betrachtete ihn nachdenklich und, wie es ihm schien, ein wenig amüsiert. Offenbar hegte er nicht viele Sympathien für Gerd Brauner, oder es gab da eine innerliche Befriedigung darüber, dass der selbsternannte erste Banker in Deutschland sich so gründlich vertan hatte.

»Hatten Sie sachliche Gründe für Ihre Ablehnung oder auch rechtliche Bedenken?«

»Natürlich beides, aber ich habe mich vor allem auf die rechtlichen Vorschriften gestützt, die ja eindeutig ein derartiges Vorgehen verbieten. Das schien mir damals auch der am wenigsten verletzende Weg zu sein, schließlich waren Gerd und ich seit Studienzeiten befreundet. Aber er konnte schon immer keinen Widerspruch vertragen, und daher haben wir dann die Zusammenarbeit beendet.«

Peter Nehmer beugte sich ein wenig vor und lächelte ihn an.

»Tja, so sind die Spielregeln in unserer Branche nun mal. Wir alle haben das in der einen oder anderen Form schon erfahren. Aber sagen Sie, Herr Werner, was haben Sie denn in den Jahren seitdem gemacht? Herr Kolinski sagte mir, Sie hätten in der Nähe von Freiburg einen Bauernhof bewirtschaftet.«

»Na, da hat der Gute aber entweder etwas völlig missverstanden oder maßlos übertrieben. Richtig ist, ich habe in der Nähe von Freiburg dem Landleben gefrönt.«
»Sie hätten ja auch einfach das Telefon auflegen können, dann wäre ja alles beim Alten geblieben. Was hat Sie denn veranlasst, Herrn Kolinski überhaupt zuzuhören und in Erwägung zu ziehen, hierher nach München zu kommen? Und glauben Sie nicht, dass Ihre gut dreijährige Enthaltsamkeit von der Finanzwelt sich negativ auf Ihre Fähigkeiten als Vermögensmanager ausgewirkt hat? Sie wissen doch selbst am besten, wie schnelllebig die Kapitalmärkte sind.«
Dies war der nächste kritische Punkt in ihrem Gespräch, aber Niels Werner hatte gewusst, dass diese Frage kommen würde und sich die Antwort bereits auf der Fahrt überlegt. Dabei folgte er dem Rat eines alten Freundes, der immer propagiert hatte, bei der Wahrheit zu bleiben, denn an die würde man sich immer erinnern.
»Ehrlich gesagt, Herr Nehmer, das habe ich mich selbst auch gefragt. Ich glaube ganz einfach, mir fehlt jetzt, nach einer gut dreijährigen Pause, doch der Gefechtslärm, auch wenn ich das vielleicht selbst noch nicht wahrhaben will. Und trotzdem weiß ich noch nicht, ob ich in den Finanzmarkttrubel zurück will, ich bin da noch am in mich hinein horchen. Die Entscheidung hängt natürlich auch davon ab, inwieweit mir Freiheiten bewilligt werden, meine Vorstellungen von Vermögensverwaltung und Fondsgeschäft zu verwirklichen. Und auch davon, ob in Ihrer Bank dieser Sparte eine wichtige, wenn nicht zentrale Rolle eingeräumt wird. Was Ihre Frage nach meiner eventuell nicht mehr in früherem Ausmaß vorhandenen Expertise angeht, mache ich mir keine Sorgen. Die Grundzüge eines erfolgreichen Asset Managements dürften sich nicht geändert haben und was das Gefühl für die Finanz-

märkte angeht, setze ich natürlich auch auf die Mannschaft. Die sollte ja mit den letzten Entwicklungen vertraut sein.«

Peter Nehmer überlegte einen Moment, was er Niels Werner an Informationen über den Stand der Diskussionen im Aufsichtsrat und in der Bank schon sagen konnte.

»Herr Werner, ich habe die Absicht, die Aktivitäten dieser Bank stärker zu fokussieren und einen Verbund mit Partnerbanken zu gründen. Der Aufsichtsrat hat immerhin schon mal positiv meinen Plan zur Kenntnis genommen. Allerdings dauern die Diskussionen noch an, schließlich sind noch viele Punkte zu klären. Unstrittig ist aber, Herr Werner, dass die Vermögensverwaltung eine unserer zentralen Unternehmenssparten sein wird. Unstrittig ist auch die Notwendigkeit der schnellstmöglichen Neubesetzung der Leitung dieser Sparte. Das Spartenergebnis verschlechtert sich zusehends und wir müssen wieder für eine straffe Führung der dortigen Mitarbeiter sorgen. Hakims Stellvertreter scheint diesbezüglich doch etwas überfordert zu sein. Er war früher selbst Teil der Mannschaft und scheut sich offenbar auch, unpopuläre Maßnahmen gegen seine Exkollegen durchzusetzen. Was würden Sie denn hier tun? Sie sagten ja, Sie haben gewisse Vorstellungen über das Asset Management. Vielleicht können Sie mir einiges dazu sagen?«

»Na gut, Herr Nehmer, was die spezielle Situation der Wertebank angeht, müsste ich mich natürlich erst einmal schlau machen. Ich halte nichts davon, bereits alles zu wissen, bevor ich überhaupt da bin. Es werden viele Gespräche nötig sein. Generell gesprochen glaube ich aber an schlanke Hierarchien und effiziente Kostenstrukturen. Nehmen Sie zum Beispiel einen europäischen Aktienfonds, darin befinden sich in der Regel zwischen 100 bis 150 Einzelpositionen. Um diese Investmententscheidungen fundiert beurteilen zu können, brauchen Sie einen sehr personalintensiven Researchansatz. Diese Leute sind Spezialisten und kosten viel Geld. Ich bezweifele aber aus meiner Erfahrung heraus, dass dadurch die Anlageentscheidungen besser werden. 150 Unternehmen bis in die Details zu kennen, ist schlechterdings unmöglich. Und bis jetzt haben wir nur über einen Fonds gesprochen. Sie haben aber tagtäglich Dutzende zu managen. Ich halte es für besser, einen Bodensatz von Investments, sogenannte ETFs, in den Fonds zu legen, der haargenau die Struktur des jeweiligen Marktes widerspiegelt. Dadurch gewinne ich Analysekapazitäten, um bei den Untersuchungen der ein bis zwei Dutzend Unternehmen, die ich als Einzelposition im Fonds habe, auf den Grund gehen zu können. Diese kenne ich damit aus dem Effeff und kann mit der Kursentwicklung von deren Aktien die Rendite des Fonds in den überdurchschnittlichen Bereich heben. Ich weiß, es klingt ein wenig verrückt, im ersten Schritt zu minimieren, um dann zu maximieren, aber ich glaube, das funktioniert. Und die Kosten sinken. Ich bin außerdem für eine intensive Kommunikation untereinander und einen ungebremsten Informationsfluss.«

Hier machte Niels Werner eine kleine Pause, um den Gesichtsausdruck von Peter Nehmer zu studieren. Was er sah, gefiel ihm. Offenbar war es ihm gelungen, ihn mitzunehmen. Einmal in Fahrt legte er wieder los.

»Das bedeutet Großraumbüros und Schluss mit kleinen Zimmern, in denen sich die Mitarbeiter von der Außenwelt abschotten können. Ich weiß, Großraumbüros sind unpopulär bei den Mitarbeitern, aber gerade in unserem Metier sind sie unerlässlich, denn da muss ja teilweise auf Zuruf gearbeitet werden, je nachdem, welche Kapriolen an den Finanzmärkten gerade passieren. Außerdem vermute ich mal, dass auch Ihre Bank zu viele Fondsvarianten anbietet, was ebenfalls die

Kapazitäten zersplittert. Ich kann nicht alles gleich gut produzieren, sondern muss mich auf meine Stärken besinnen und sie ausspielen. Das heißt im Klartext Konzentration auf weniger Fonds, zumal der Kunde eine große Fondsvielfalt nicht honoriert. Das wären jetzt mal einige Beispiele, um zu zeigen, in welche Richtung meine Vorstellungen gehen.«
Peter Nehmer ließ das alles erst einmal auf sich wirken. Hier saß ihm offensichtlich ein Überzeugungstäter gegenüber und er fühlte sich doch sehr an Hakim Sailer erinnert. Kein Wunder, dass sich Niels Werner und Hakim so gut verstanden hatten. Allerdings schien sein heutiger Gesprächspartner zu noch konsequenterem Handeln zu neigen. Und seine Vorstellungen bezüglich der Konzentration auf das Wesentliche könnten eins zu eins von ihm selbst stammen. Aber würde Werner auch in die Mannschaft passen? Er selbst bejahte das innerlich, hier saß ein Mann mit Visionen und Führungsanspruch und wie er wusste, wollten Mitarbeiter auch geführt werden. Für ihn war die Sachlage klar, zumal Niels Werner ihm auch sympathisch war.
»Also, ich glaube, Sie würden hervorragend in unsere Bank passen. Dabei meine ich einmal Ihre Persönlichkeit, aber auch Ihre Visionen zur Gestaltung des Geschäftsbereiches. Ich denke, Sie werden in Ihren weiteren Gesprächen in unserem Haus denselben Eindruck bekommen. Ich würde gerne noch weiter unsere interessante Unterhaltung fortsetzen, aber ich fürchte, meine Sekretärin sitzt schon auf heißen Kohlen. Die nächsten Termine warten. Sie sprechen ja wohl noch mit einigen Vorstandskollegen und unserem Personalchef, Herrn Bernhardt. Über die Konditionen eines eventuellen Engagements wird sicherlich Einigkeit erzielt werden. Wenn ich meinerseits noch etwas tun muss, um Ihre ureigene Entscheidung zu erleichtern, lassen Sie es mich bitte wissen. Es hat mich auf alle Fälle sehr gefreut, Sie nach all den Jahren wieder-

zusehen und es wird hoffentlich nicht wieder fünf Jahre bis zum nächsten Treffen dauern.«

»Vielen Dank, Herr Nehmer, auch ich habe unser Gespräch sehr genossen.«

Die beiden Männer standen auf und gaben sich die Hand. Als Peter Nehmer sich anschickte, den Raum zu verlassen, hielt er auf einmal inne und wandte sich wieder Niels Werner zu.

»Sagen Sie, wenn Sie Brauner aus gemeinsamen Studientagen kennen, dann müsste Ihnen doch auch meine Frau nicht unbekannt sein. Sie war zur gleichen Zeit wie Brauner an der Albert-Ludwigs-Universität in Freiburg.«

Er erwischte Niels Werner auf dem falschen Fuß. Der hoffte, dass sein fragender Blick überzeugend genug war.

»Ich kannte viele Kommilitonen, wie heißt denn oder wie hieß denn Ihre Frau?«

»Claire Dubois, Herr Werner, Claire Dubois.«

Niels Werner hatte sich wieder gefangen.

»Sie haben unsere Miss Universität geheiratet? Da kann ich ja nur gratulieren. Ja, ich kenne Claire gut, sie war der Schwarm aller Studenten.«

Zum ersten Mal war in dem kleinen Raum so etwas wie eine leichte Spannung zu spüren. Dann jedoch lächelte Peter Nehmer leicht, nickte ihm zu und während er ging, sagte er:

»Ich werde Claire von Ihnen grüßen. Auf hoffentlich bald, Herr Werner.«

ENTSCHEIDUNG

Die Blase hatte ihn aus dem Bett getrieben, offenbar hatte er doch gestern zu viel dem guten Kaiserstühler Rosé zugesprochen. Ein Blick auf die Uhr ließ ihn innerlich aufstöhnen, vier Uhr morgens war eigentlich keine Zeit zum fröhlichen Aufwachen und Aus-dem-Bett-Kriechen. Niels Werner ging, ohne das Licht anzumachen, ins Bad, um sich zu erleichtern. Er wusste aus Erfahrung, dass er sich den Weg zurück zum Bett sparen konnte, denn wenn er einmal wach war, blieb er auch wach, egal, wie lange er geschlafen hatte oder welche Uhrzeit es war. Stattdessen begab er sich in die Küche, wo er ein gedämpftes Licht einschaltete.

Seinen Augen hätte das sonstige grelle Licht nicht gut getan, aber Gottseidank befand sich am Lichtschalter ein Dimmer. In der Ecke hinter der Sitzbank hob Nicki nur kurz den Kopf von ihrem üblichen Lager, um dann mit einem schon fast empörten Schnauben den Kopf wieder auf die Pfoten zu legen und einzuschlafen. Offenbar dachte seine Hündin, jetzt sei es an ihm, Wache zu halten.

Niels Werner griente in sich hinein und machte sich dann daran, die Kaffeemaschine zu laden. Er brauchte jetzt unbedingt etwas Belebendes. Draußen war es natürlich noch dunkel, das erste diffuse Dämmerlicht würde sich erst in etwa einer Stunde zeigen. Während der Kaffee durchlief, ging er in sein Arbeitszimmer, um den großen, gefütterten Briefumschlag zu holen, den gestern der Mann von DHL auf seinem Hof abgeliefert hatte.

Mit seinem Kaffee setzte Niels Werner sich an seine Bauernecke in der Küche und nahm die Seiten aus dem geöffneten

Umschlag. Soweit er gestern auf den ersten Blick gesehen hatte, war der Vertrag in Ordnung, aber nach dem Motto doppelt gemoppelt hält besser, las er ihn noch einmal. Auch auf den zweiten Blick stimmte alles, die Positionsbeschreibung und die Zuständigkeiten, die Bezüge, aufgeteilt in fixe und variable Bestandteile, die Regelungen zur Altersvorsorge, Dienstwagenregelung, Beihilfen zur Wohnungssuche plus Erstattung eventueller Umzugskosten sowie gewisse Rechte und Bestimmungen, falls sich Eigentumsverhältnisse an der Bank ändern würden. In diesem Fall könnte er sich seine Bezüge für die nächsten drei Jahre auszahlen lassen und mit sofortiger Wirkung gehen.

Er starrte lange auf Peter Nehmers Unterschrift am Ende des Vertrages. Ja, er konnte ihn gut leiden. Er war einer von den Typen, die dem Delinquenten in die Augen sahen, wenn sie ihn erschossen. Auch die anderen Gesprächspartner schienen aus dem gleichen Holz geschnitzt. Sowohl der Personalchef als auch die anderen Vorstandsmitglieder machten einen soliden Eindruck und schienen alle an einem Strang zu ziehen. Dies war nach seinen Erfahrungen in der Vergangenheit in der Bankenbranche nicht immer selbstverständlich. Nicht umsonst machte das Bonmot die Runde, dass eine gute Bank auch dann funktionieren sollte, wenn alle Führungskräfte gleichzeitig anwesend sind.

Von dem Gedanken, dass Bankvorstände nach logischen Gesichtspunkten sinnvolle Entscheidungen treffen, hatte er sich ja schon vor Jahren verabschiedet. Es ging immer nur um Eitelkeiten und Macht im Unternehmen. Das Ziel, gemeinsam für die Bank das Beste zu erreichen, hatten die Damen und Herren nie. Bei der Meinebank zum Beispiel hielt nur der dominierende Wille von Gerd Brauner die Bank zusammen, die anderen Vorstände waren, vielleicht mit Ausnahme des

Finanzchefs, durchaus austauschbar. Brauner selbst hielt sie, wie er des Öfteren in kleinem Kreis genüsslich ausgeführt hatte, alle für schlichtweg unfähig und ertrug sie nur aus taktischen Gründen. Denn er konnte ja nach außen hin die Bank nicht allein führen.

Niels Werner zog sich seinen Trainingsanzug an, schenkte sich noch einmal Kaffee nach und ging vor das Haus, um sich dort auf seine Bank vor dem kleinen Garten zu setzen. Im Westen erhellten die Lichter von Freiburg den Nachthimmel und vermittelten ein Gefühl von Wärme und Geborgenheit. Tja, da saß er nun und wusste nicht so recht, was er machen sollte. Der Gedanke, diese, seine Idylle gegen München einzutauschen, behagte ihm gar nicht. Was würde aus Nicki werden, was aus seinem mit viel Liebe und noch mehr Geld restaurierten Berghof? Hier war er glücklich und fühlte sich wohl. Ob das in München in gleichem Maß der Fall sein würde, war zumindest zweifelhaft. Und das Geld, so schön, wie das angebotene Salär auch war, konnte er zwar dringend gebrauchen, aber er bezweifelte doch, ob er dafür so richtig in die Schlangengrube springen musste. Vielleicht könnte er sich ja mit seinen Schreinerfähigkeiten über Wasser halten?

Und dann war da noch Gerd Brauner. War er ihm irgendwie verpflichtet? Nein, ganz im Gegenteil. Das Faktum, dass die Bewerbung bei der Wertebank so schnell ins Rollen kam und so schnell zu einem Abschluss zu kommen schien, bewies doch nur, dass der Gute immer noch Menschen manipulierte beziehungsweise hin und her schob. Eigentlich müsste ihm mal jemand auf die Finger hauen. Bis jetzt hatte ja der Meister nur Anderen die Grenzen aufgezeigt, um es mal vorsichtig zu formulieren. Er selbst hatte das ja auch zu spüren bekommen. Und jetzt erwartete Gerd von ihm, dass er ihm wieder zuarbeitete, ganz wie in alten Zeiten, als er die Arbeit gemacht hatte und sein alter Freund glänzen konnte. Bei näherem Licht betrachtet war das ein Unding, und es widerstrebte ihm zunehmend, Peter Nehmer eventuell zu hintergehen.

Mittlerweile fing der Himmel an sich fahl zu färben und der Sonnenaufgang kündigte sich an. Auch seine Hündin war wohl dieser Meinung und machte sich hinter der Fliegentür bemerkbar. Ein Blick auf die Uhr zeigte ihm auch, dass es Zeit für ihr Fressen war. Er verspürte mittlerweile auch so etwas wie Hunger, stand auf und ging ins Haus, um für das morgendliche leibliche Wohl zu sorgen.

Während Nicki ihren Napf leer fraß, nahm er seine frisch aufgebackenen Croissants, Butter, Kaffee, den Lavendelhonig und setzte sich an den kleinen Tisch vor dem Haus. Es dauerte aber nicht lange und Nicki stand schweifwedelnd vor ihm. Er wusste natürlich, was sie wollte und warf Nickis Ball den Hang hinunter. Sie war damit erst einmal beschäftigt. Er wusste aber, sie würde bald darauf wieder vor ihm den Ball ablegen. Und dann würde das Spiel von neuem beginnen, so lange, bis er es leid war oder Nicki etwas anderes einfiel oder sie müde wurde. In der Regel war sie ausdauernder als sein Arm, aber in letzter Zeit hatte er doch bei ihr frühzeitige Ermüdungserscheinungen festgestellt, die ihn ein wenig beunruhigten. Er würde nicht umhin kommen, sie einmal untersuchen zu lassen. Aber zunächst brachte sie ihn auf andere Gedanken.

Die Sonne war offenbar mittlerweile gegenüber der von ihm abgewandten Bergseite aufgegangen, denn weiter oben am über 1000 Meter hohen Schauinsland, in der Nähe der Sommerrodelbahn, brachen sich ihre Strahlen in den Baumästen. Es würde noch eine Weile dauern, bis sie auch seinen Hof mit ihrem Licht überzog. Es war Zeit für seinen morgendlichen Rundlauf. Niels Werner ging ins Haus und zog sich seinen Jogginganzug sowie die Laufschuhe an. Nicki stand schon erwartungsvoll wedelnd vor ihm, sie wusste genau, was diese Vorbereitung bedeutete. Er freute sich auch auf diesen Lauf, es kam ihm immer so vor, als ob morgens der Sauerstoff noch unverbrauchter war als später am Tag. Und heute war er extrem früh dran.

Natürlich musste genau in diesem Moment das Telefon läuten. Welcher Wahnsinnige rief morgens um 6 Uhr hier an? Nach kurzem Zögern nahm er den Hörer auf.

»Niels Werner.«

»Kolinski, Herr Werner, ich hoffe, ich bin nicht zu früh dran.«

»Was heißt hier zu früh? Wissen Sie eigentlich, wie spät es ist.«

»Ich weiß, ich weiß, aber ich muss gleich für das Wochenende nach London zu einer wichtigen Fachkonferenz fliegen und da wollte ich mich nur noch schnell erkundigen, ob Sie den Vertrag von der Wertebank erhalten haben und ob alles darin zu Ihrer Zufriedenheit geregelt ist.«

»Ja, Herr Kolinski, es ist alles bestens.«

So knapp seine Antworten aber auch waren, der Personalberater ließ sich nicht abschütteln.

»Und darf ich fragen, wo Sie in der Sache jetzt stehen? Nehmen Sie das Angebot an? Ich kann Ihnen nur versichern, die Wertebank ist ein glänzend geführtes Unternehmen, da kann man sich als Führungskraft richtig wohl fühlen und noch kräftig mitgestalten. Ihre Gesprächspartner waren alle von Ihnen angetan und hoffen auf Ihre künftige Mitarbeit. Sie würden dort eine große Lücke nicht nur füllen, sondern die Bank insgesamt bereichern. Bedenken Sie außerdem …«

Jetzt riss Niels Werner doch so langsam der Geduldsfaden. »Es ist ja gut, Herr Kolinski, bereichern tun erst einmal Sie sich. Ihre Fee für meine Vermittlung soll ja sehr happig sein, wie ich hörte. Ich werde das Wochenende noch für meine endgültige Entscheidung brauchen und Sie, respektive die Wertebank, dann entsprechend informieren. Und jetzt entschuldigen Sie mich bitte, ich will zwar nicht nach London, aber immerhin in den hiesigen Wald. Mein Hund ist auch schon ganz unruhig. Ich wünsche Ihnen ein schönes Wochenende.«

Mit diesen Worten war das Gespräch beendet und er beeilte sich, das Haus zu verlassen, nur für den Fall eines erneuten Anrufes dieser Nervensäge. Wie war dieser Headhunter nur auf ihn gekommen? Er hatte doch vorher nie mit ihm zu tun gehabt. Irgendeiner musste ihm seinen Namen gesteckt haben. Wenn er so richtig darüber nachdachte, hätte er auch schon eine Idee, wer an den Strippen gezogen hatte. Gerd Brauner hatte offenbar in mehreren Spielen Asse versteckt. Das war es wert, im Hinterkopf zu behalten.

Niels Werner begann seinen Aufstieg hinter dem Haus. Dieser war mit Abstand der härteste Teil der Strecke und er wusste, wenn er oben war, hatte er schwer mit der Luft zu kämpfen. Üblicherweise erholte er sich dann im weiteren Streckenverlauf, der angenehmerweise fast waagerecht am Bergkamm entlang führte. Später würde der Weg einen Knick den Berg herunter in das Tal machen und für den Rest der Strecke war dann eher ein gemächliches Traben angesagt, bis er beim Hof vom Josef sich wiederfand. Dann würde es allerdings wieder hart werden, der Anstieg zu seinem Haus würde an seine letzten Kraftreserven gehen. Manchmal allerdings musste er sich nicht verausgaben, weil Nicki einen ihrer zahlreichen Hundeverehrer traf und er sich während des Hundespiels dann mit dem Besitzer oder der Besitzerin über Hundethemen austauschte. Dann stieg man in der Regel gemütlich zu seinem Hof hinauf.

Wie sich später herausstellte, war heute genauso ein Tag. Nachdem erst der in Kirchzarten praktizierende Internist mit seinen Boxerrüden daherkam, traf er wenig später die Zweig-

stellenleiterin der hiesigen Sparkasse, eine ungemein attraktive Frau. Sie besaß einen Pudel, der ganz vernarrt in Nicki war. Er hatte seinerzeit schon mal mit dem Gedanken gespielt, ihr Avancen zu machen, aber der Pudel hatte ihn abgeschreckt.
Anschließend gab es die nächste Überraschung, denn Nicki setzte sich einfach hin. Sie schien erschöpft zu sein, aber Niels Werner hatte eine andere Befürchtung.
Er wusste, dass sie eine leichte Hüftgelenksdysplasie hatte, und in letzter Zeit war ihm schon öfter der Verdacht gekommen, dass diese Fehlbildung der Hüfte sich verschlechterte. Nickis Bedarf nach Auslauf hatte in den letzten Monaten auch kontinuierlich abgenommen.
»Okay, mein Mädchen, lass dir Zeit und ruh dich aus. Uns hetzt ja nichts.«
Im Endeffekt stellte er das Laufen ein und schlenderte dann mit ihr langsam zum Haus zurück, wobei der Hund doch deutlich auf der rechten Hinterhand lahmte. Als er beim Josef in die zu ihm hinaufführende Straße einbog, war der alte Bergbauer zum Glück nirgends zu sehen. Eine Standpauke bezüglich Nickis Annäherungsversuchen an dessen Hofkatze blieb ihm somit erspart. Auch Josefs Frau war nirgends zu sehen.
Dafür hörte er ein sich langsam näherndes Fahrzeug, das kurz hinter ihm anhielt. Er drehte sich um und sah hinter dem Steuer des Mercedes das ihn spitzbübisch anstrahlende Gesicht Gabi Seilers.
»Na? Zollst du jetzt schon deinem Alter Tribut und kannst nicht mehr weiter? Ich dachte ja eigentlich, du wärst fit wie ein Turnschuh, aber so kann man sich irren.«
Niels Werner musste lachen.
»Du kommst wie gerufen, Nicki hat schlappgemacht. Ich vermute, ihrer Hüfte geht es gar nicht so toll, sie hat zunehmende Probleme und ich fürchte, auch Schmerzen. Ich muss mit ihr

mal wieder zu der Lehmann. Ja, ich weiß, was du sagen willst, aber ich kann ja nichts dafür, dass die hiesige Tierärztin mich mag. Ist ja gut, ich mag sie auch, zugegeben. Könntest du uns auf meinen Adlerhorst fahren? Das wäre furchtbar lieb von dir. Wo wolltest du denn eigentlich hin zu dieser frühen Stunde?«
»Stell dir vor, Sonnenschein, zu dir. Ich habe nachher in Horben einen Termin bei der Schwarzwaldbank, die wollen ihre Filialen umgestalten und benötigen meinen Rat. Und du liegst ja quasi auf dem Weg dorthin, und da dachte ich, ich schaue mal bei dir rein und sehe, was du so machst. Aber nun lass uns erst einmal Nicki im Auto verstauen und dann fahre ich euch hoch.«
Spätestens, als er die Hündin in das Heck des GLK hob, war ihm klar, dass er so bald wie möglich zur Tierärztin musste. Nicki fiepte leise vor sich hin. Er kraulte sie hinter den Ohren und flüsterte ihr ins Ohr: »Ist ja gut, mein Mädchen, wir sind gleich zu Hause.«
Nicki leckte ihm die Hand und er setzte sich bei offener Ladeklappe zu ihr ins Heck des Wagens. Gabi Seiler fuhr daher butterweich an und manövrierte den Wagen vorsichtig den Weg hinauf. Vor dem Berghof hob Niels Werner seine Hündin aus dem Wagen und trug sie zu ihrem üblichen Platz im Haus, wo sie sich wohlig ausstreckte.
»Sag mal, Gabi, hast du schon gefrühstückt?«
»Habe ich, aber nur eine Kleinigkeit, ich könnte schon noch etwas zu essen vertragen. Würdest du dein phantastisches Rührei für mich zaubern? Es ist Ewigkeiten her, dass ich es genießen durfte.«
»Dein Wunsch ist mir Befehl. Wollen doch mal sehen, was die Küche sonst noch so zu bieten hat.«
Sie gingen ins Haus und einmal mehr war sie von dem Entree überwältigt. Die geschreinerte kreisrunde Küche dominierte

den Raum, sie war der Blickfang, die Essecke sowie die Wohnzimmermöbel nahm man gar nicht so wahr. Sein Freund, der Schreiner, musste ein wahres Genie sein. Auch der Durchgang zu dem hinteren Teil des Hauses war kunstvoll hinter einem als Raumteiler fungierenden Regal verborgen.

»So, ich denke, der Morgen ist gerettet. Alles da, Eier, Zwiebeln, Schnittlauch, Bärlauch, Kaffee, Baguettes, die ich aber noch aufbacken muss, Butter und so weiter. Setz dich schon mal hin und lass mich werkeln.«

»Ich würde aber zuerst gerne dein WC benutzen.«

»Kein Problem, du kennst dich ja hier aus.«

Während Gabi Seiler im hinteren Teil des Hauses verschwand, sah ihr Niels Werner nachdenklich nach. Es war ja schon ein seltsamer Zufall. Einen Tag, nachdem der Vertrag aus München da war, tauchte Gabilein bei ihm auf. Er hatte sie seit dem gemeinsamen Abend in der Auszeit nicht mehr gesehen und in seiner Eremitenhöhle, wie sie es nannte, hatte sie ihn auch nur ganz sporadisch besucht. Könnte es vielleicht sein, dass die gute Claire ihrer besten Freundin Exklusivinformationen hatte zukommen lassen und die clevere Gabi zwei und zwei zusammengezählt hatte? Dann allerdings hätte er ein kleines Problem. Seine Verbindung zu Gerd Brauner und der Kontakt zur Wertebank durften auf keinen Fall in irgendeinen Zusammenhang gebracht werden.

»Mmmmhhh, das riecht ja lecker.«

Gabi Seiler konnte offenbar immer noch ausgesprochen geräuscharm gehen und hatte sich nahezu unbemerkt von hinten an ihn herangepirscht, um anschließend ihre kecke Nase in Richtung der Pfanne zu recken und einen prüfenden Blick auf die Kaffeemaschine zu werfen.

»Du kommst gerade richtig, schöne Frau. Das Rührei ist fast fertig, der Kaffee ebenso und die Baguettes brauchen nur noch wenige Minuten. Tassen und Teller stehen dort drüben, Bestecke liegen in der Schublade. Es wäre nett, wenn du das alles schon einmal auf dem Tisch platzieren würdest. Butter und Käse findest du im Kühlschrank, ebenso die Kaffeesahne.«

»Oui, mon General, wird sofort erledigt.«

Nach wenigen Minuten saßen sie dann am Tisch und Niels Werner konnte einmal mehr den enormen Appetit von Gabi Seiler bestaunen, der sich überhaupt nicht negativ in ihrer Figur niederschlug. Auch früher schon hatte sie sich mit Hingabe dem Essen gewidmet und kaum Konversation dabei betrieben. Aber wie er wusste, würde sich das, nachdem ihr Hunger gestillt war, rapide ändern, und von daher wartete er in Ruhe ab. Mal sehen, wie sie ihn aushorchen würde oder mit dem herausrückte, was sie auf dem Herzen hatte. Denn dass sie etwas auf dem Herzen hatte, war ihm mittlerweile klar. Also beschloss er, doch so langsam mal auf den Busch zu klopfen, frei nach dem Motto: Sag erst einmal nicht, was du wirklich wissen willst.

»Wann hast du denn deinen Termin in Horben?«

Gabi Seiler legte abrupt ihre Gabel zur Seite, nahm einen Schluck Kaffee und sah ihn offen an.

»Ehrlich gesagt, habe ich dich ein wenig angeschwindelt. Ich habe gar keinen Termin in Horben, aber ich brauchte einen Grund, um zu dir hier heraus zu kommen.«

»Aber Gabi, du kannst doch jederzeit kommen, wenn du magst. Das weißt du doch. Aber na gut, dies spielt wohl im Augenblick keine Rolle. Hast du ein Problem?«

Sie kraulte ihn mal wieder unter dem Kinn, eine Geste, die er nur zu gut kannte.

»Mein sensitiver Exkommilitone, wie gut du dich doch in mich hineinversetzen kannst.«

»Gabiii! Noch einmal, was ist dein Problem?«

»Norbert.«
»Wie Norbert«, fragte Niels Werner dümmlich, »ist er krank?«
»Nein, mein Kleiner, aber ich werde ausziehen, mit den Kindern natürlich.«
»Also, Norbert und du, ihr seid schon seit Ewigkeiten zusammen. Das schmeißt man doch nicht einfach weg. Ich dachte immer, ihr beide seid glücklich miteinander. Könntest du dich bitte etwas ausführlicher äußern, damit ich dir folgen kann.«
»Siehst du, Niels, so geht es mir mit dir auch immer. Du lieferst ja auch immer nur Bruchstücke bei einer Unterhaltung. Aber nun mal im Ernst, das lange Zusammensein ist ja vermutlich das Problem. Norbert und ich kennen uns schon aus gemeinsamen Schulzeiten, da ist dann offenbar irgendwann einmal der Lack ab und es macht sich die Gewohnheit breit. Sie kriecht unaufhörlich in dein Leben und du merkst es nicht einmal. Du nimmst deinen Partner schon als gottgegeben. Bis es dann auf einmal Bumm macht. Du triffst einen anderen Menschen und du verliebst dich in ihn. Es ist ja alles neu und aufregend. Da schrumpfen die vielen Ehejahre zur Bedeutungslosigkeit, ja zu Sekunden zusammen.«
»Hast du dich etwa verliebt?«
»Nicht ich, Norbert. Seine neue Sekretärin und er. Sie himmelt ihn an, etwas, was er von mir nicht mehr so unbedingt gewohnt war.«
»Aber deswegen musst du doch nicht gleich alles hinschmeißen.«
»Glaubst du, das tue ich. Das geht doch schon seit über einem Jahr mit den beiden. Natürlich denkst du am Anfang, das renkt sich wieder ein, aber das ist ein Trugschluss. Hat sich in deiner Ehe etwas wieder eingerenkt? Na, siehst du. Da gibt es nur eines, Nase putzen, für klare Verhältnisse sorgen und weitermachen.«

»Und wie willst du weitermachen?«
Gabi Seiler sah ihn auf einmal betont unschuldig an. Oha, jetzt kommt es gleich, sie führt irgendetwas im Schilde, dachte Nies Werner.
»Hier nun, mein lieber Niels, kommst du ins Spiel. Wie mir ein Vöglein gesungen hat, hast du ein Jobangebot aus München vorliegen. Und da habe ich mir gedacht, für den Fall, also rein theoretisch gesprochen, dass du das Angebot annimmst, bräuchte doch dein Berghof neue Bewohner. Für mich und meine Kinder wäre das hier ideal, sie würden mit dem Fahrrad nach Kirchzarten fahren und von dort mit dem Interregio ihre gewohnten Schulen in Freiburg erreichen. Du könntest sicher sein, dass hier alles in deinem Sinn weitergeht und wir das Anwesen pfleglich behandeln. Und wir würden uns natürlich auch um Nicki kümmern. Auch Käthe, deine gute Seele, würden wir übernehmen. Als berufstätige Frau mit zwei halbwüchsigen Kindern kann ich eine Hilfe im Haushalt gut gebrauchen. Und Niels, ewig kannst und wirst du auch nicht den Eremiten spielen. Ich denke, daher du wirst den Job in München annehmen.«
Niels Werner staunte nur, wie weit sie das alles schon durchdacht hatte. Und wenn er es so recht bedachte, hatte sie ihm damit einen wesentlichen Stolperstein im Hinblick auf seine noch zu fällende Entscheidung aus dem Weg geräumt. Es war ja in der Tat die Frage, was aus seinem Berghof würde, wenn er nach München ginge. An Wildfremde zu vermieten oder gar ein Verkauf kamen nicht in Frage. Dafür hatte er zu viel Zeit, Herzblut und Geld in die Renovierung gesteckt. Und auch für Nicki wäre gut gesorgt. Gabi Seiler schaute immer noch ganz unschuldig. »Niels, war ich dir etwa zu schnell?«
»Du bist schon eine ganz Durchtriebene. Das Vöglein in München kenne ich vermutlich auch. 170 cm, circa 60 Kilo,

Maße 100, 74, 96, das heißt, falls die gute Claire ihre Figur gehalten hat.«
»Hat sie, mein Kleiner, hat sie, genau wie du ihre Maße behalten hast. Also, ich muss schon sagen, du scheinst ja ein ganz schönes Faible für sie zu haben. Ich wette, meine Maße kannst du nicht so exakt herbeten.«
»Jetzt lenk nicht ab, wie kommt Claire dazu, dir gegenüber Geschäftsgeheimnisse auszuplaudern?«
»Ach, kommt jetzt wieder der Moralapostel durch? Claire ist meine beste Freundin und natürlich erzählt sie mir, wenn sich jemand aus unserer alten Clique bei ihrem Mann vorstellt, genauso natürlich, wie er ihr von dir erzählt hat, um ihr eine Freude zu machen. Hör endlich auf, so spießig zu sein. Und wenn wir schon dabei sind, mein Lieber, ich hoffe, deine Bewerbung hat nicht irgendetwas mit Gerd Brauners Besuch bei dir zu tun.«
Rumms, da war es. Gabi war viel zu clever, um diesen potentiellen Zusammenhang nicht zu sehen. Da half nur eines.
»Also Gabilein, ich hoffe, du setzt keine Gerüchte in die Welt. Das Thema Brauner ist erledigt, ich habe ihm abgesagt. Allerdings dürfte ihn nicht freuen, wenn er von meinem Neuanfang bei der Wertebank hört.«
Das Strahlen in ihren Augen war nicht zu übersehen.
»Dann sagst du der Wertebank zu?«
»Ich denke schon, aber lass mich noch einmal darüber schlafen. Und natürlich könntest du dann hier wohnen, wenn das dein Wunsch ist. Über die Miete werden wir uns schon einigen.«
Er wollte eigentlich noch mehr sagen, aber Gabi Seiler fiel ihm um den Hals und verschloss ihm mit einem langen Kuss den Mund.

ERÖFFNUNG

Es war doch wirklich zum Auswachsen. Ausgerechnet heute musste der Artikel in der Zeitung erscheinen. Ausgerechnet heute, wo er doch in zwei Stunden in einer regulären Sitzung seinem Aufsichtsrat Rede und Antwort stehen musste. Oh, er hörte schon die Kommentare der Herren, insbesondere die, die hinter seinem Rücken abgelassen wurden. Wieso denn die Wertebank als erste Bank in Deutschland einen zukunftsweisenden Schritt unternahm, während die Meinebank nichts Derartiges auch nur angedacht hatte.
Er konnte auch nicht so tun, als wenn er über ähnliches ebenfalls sinniert hätte, geschweige denn erste Schritte in diese Richtung veranlasst hätte. Denn in diesem Fall wäre er verpflichtet gewesen, auf der letzten turnusmäßigen Strategiesitzung des Aufsichtsrates vor vier Wochen darüber zu berichten. Hatte er aber nicht.
Also entweder ließ er bewusst die Herren im Dunkeln oder aber ihm war nichts Ähnliches in den Sinn gekommen. Oder aber die Strategie der Wertebank machte für ihn keinen Sinn. Er konnte es sich aussuchen, aber im Eiltempo. Vor allem aber bräuchte er in diesem Fall schleunigst Argumente gegen das Vorhaben der Wertebank.
Gerd Brauner fluchte leise vor sich hin und überflog noch einmal den Artikel. Allein die Überschrift war schon ätzend. »Auf dem Weg in eine neue Bankenwelt.« Und dann der Subtitel. »Wertebank versteht die Zeichen der Zeit. Innovativer Schritt verspricht künftige Dominanz im Wettbewerb der Kreditinstitute.«

Im Text wurde dann ausführlich über das geplante Maßnahmenpaket berichtet und über die starke Unterstützung dafür im Aufsichtsrat der Wertebank. Was ihm aber insbesondere sauer aufstieß, war der begleitende Kommentar, in dem Peter Nehmer zum führenden deutschen Banker hochstilisiert wurde. Na, das werden wir ja sehen, mein Herr, dachte Gerd Brauner. Strukturiere du nur deine Bank um, umso leichter wird es für mich nach erfolgter Übernahme, denn dann passen beide Häuser komplementär zueinander und ich muss nicht so viele Leute aufgrund von Doppelbesetzungen auf die Straße setzen. Dann gehört die Presse mir. Und der Journalist, der dich jetzt so in den Himmel lobt, kann dann sehen, wo er bleibt.

Das Summen seiner Sprechanlage riss ihn aus seinen Gedanken. Na bitte, dachte er, da geht es schon los. »Ja, Frau Lehmann?«

»Das Sekretariat von Herrn Weise hat sich gerade gemeldet. Er möchte Sie unbedingt vor der Sitzung noch sprechen. Unter uns gesagt, klang das eher nach einem Befehl und sein Vorzimmerdrachen war ungewohnt patzig. Also, sie ist ja immer patzig, aber heute war es besonders schlimm.«

Gerd Brauner schüttelte leicht den Kopf. Seine gute Helga Lehmann konnte weder Weise noch seine Vorzimmerdame leiden und ließ niemals ein gutes Haar an ihnen. Wobei sein Aufsichtsratsvorsitzender auch einen völlig irreführenden Namen hatte. Von wegen weise. Eigentlich war er nur ständig überfordert. Aber immerhin ließ er ihn immer schalten und walten, wie er wollte.

»Okay, hat der Drachen sich irgendwie etwas präziser geäußert, also wann genau er mich sehen will?«

»Natürlich nicht, ich musste erst nachfragen. Es war von mindestens einer Stunde vor der Sitzung die Rede.«

»Gut, das lässt uns ja noch etwas Zeit. Sagen Sie, Lehmännchen, was für Ersatzkrawatten haben wir denn im Schrank? Ich habe meine nämlich mit meinem Kaffee leicht verkleckert.«
»Da sind zwei Ersatzkrawatten im Schrank, aber sie enthalten kein Weiß.«
»Nee, das geht ja gar nicht. Sie wissen doch, bei einem weißen Hemd muss auch in der Krawatte weiß vorhanden sein. Das hat der Stylist, der mir beigebracht hat, wie man sich anzieht, immer wieder betont. Und Recht hat er. Und ich trage heute ein weißes Hemd. Also muss eine andere Krawatte her, so kann ich ja schlecht vor meinem Aufsichtsrat erscheinen. Und Sie wollen doch sicher auch nicht Ihren Chef in einem schlechten Licht dastehen lassen.«
Helga Lehmann verdrehte leicht die Augen zur Zimmerdecke, ihr Chef war wirklich sehr speziell. »Herr Brauner, wenn Sie wirklich solch eine Krawatte haben wollen, müssen wir eine kaufen. Soll ich Herrn Leist zu dem Krawattenladen in der Fressgass' schicken?«
»Ja, aber er soll sich beeilen, und ich hätte gern noch einmal Kaffee.«
Gerd Brauner schaltete die Sprechanlage ab und verschränkte die Arme im Nacken. So, so, dem Weise ging also schon einmal die Düse. Damit war zu vermuten, dass er von anderen Aufsichtsratsmitgliedern bereits kontaktiert worden war. Und natürlich ließ er sich die Gelegenheit nicht entgehen, Aktivität zu demonstrieren. Aber noch wichtiger war, dass sich im Gremium offenbar schon einzelne Mitglieder positionierten. Er konnte sich schon denken, wer da dabei war. Natürlich erst einmal die Arbeitnehmervertreter, die kritisierten ihn ja schon aus Prinzip. Und dann dieser blasierte Engländer, Sir Edmund Grey, der sich selbst für den allwissenden Banker hielt und jedes Mal betonte, dass er zu den Aufsichtsratssitzungen sein eigenes

Flugzeug selbst flog. Mal sehen, wer sich noch als Anti-Brauner entpuppte. Jedenfalls versprach das heute eine unterhaltsame Sitzung zu werden.

Die sich öffnende Bürotür unterbrach seine Gedankengänge. Helga Lehmann brachte ihm den Kaffee und warf natürlich gleich einen prüfenden Blick auf seine Krawatte.

»Na, Herr Brauner, da haben Sie ja ganze Arbeit geleistet. Das schöne Stück.«

»Ist Herr Leist schon auf dem Weg in die Fressgass'?«

»Ich habe Herrn Leist noch nicht erreichen können. Aber bevor wir ihn durch die Gegend scheuchen, schlage ich etwas Anderes vor. Warum wechseln Sie nicht in eines Ihrer Ersatzhemden? Dann brauchen wir keine neue Krawatte. Und wir sparen Zeit, die wir heute Morgen dringend brauchen. Herr Weise hat noch einmal die Dringlichkeit seines Anliegens ausrichten lassen.« Helga Lehmann verzog das Gesicht: »Dann hat Herr Kurz von der Finanzabteilung angerufen, er muss Sie sprechen, auch möglichst noch vor der Aufsichtsratssitzung. Ach ja, und ein Herr Heinz hat eine kryptische Mail geschickt, aus der ich nicht schlau werde, auf alle Fälle bittet er um einen Rückruf. Und die Postbesprechung müssen wir auch noch machen.«

»Ach, Lehmännchen, Sie haben mal wieder alles im Griff, inklusive meiner Wenigkeit. Wir machen es so, wie Sie gesagt haben. Dann geben Sie mir mal die kryptische Mail. Vielleicht kann ich mir ja einen Reim darauf machen. Und hängen Sie mir bitte dann das Hemd und die Krawatte an den Kleiderständer.«

Innerhalb von zwei Minuten hielt er einen Mailausdruck in der Hand und auf dem Kleiderständer hing ein blassblaues Hemd mit einer dazu passenden Krawatte.

»Danke Frau Lehmann.« Sie verstand den Wink, ging wieder in ihr Vorzimmer und schloss hörbar die Tür. Natürlich hatte Gerd Brauner nach einem kurzen Blick auf das Papier gewusst, worum es hier ging. Der Name Heinz war der Vorname von Kolinski und der Text war auf Englisch: 'the eagle has landed, for further details call me.' Er ließ hörbar die Luft aus seinen Lungen entweichen. Gott sei Dank hatte Niels Werner offenbar doch bei der Wertebank unterschrieben. Nach den letzten Telefonaten zwischen ihnen war das alles andere als sicher gewesen. Er hatte aber den guten Niels letztendlich richtig eingeschätzt, die Geldknappheit zwickte ihn und ihm war es tatsächlich zu langweilig auf seiner Eremitenburg geworden.
Aber er würde Kolinski erst heute Abend von seiner Wohnung aus anrufen. Es bestand ja keine Dringlichkeit, und außerdem sollte die Lehmann nichts mitbekommen. Bis heute wussten nur drei Leute von seiner Verbindung zu Kolinski: Kolinski, Leist und er selbst. Und das war auch gut so. Na, halt, eventuell waren es ja dreieinhalb. Es war immerhin möglich, dass der schlaue Niels hier einen Zusammenhang vermutete, ohne aber den ganzen Hintergrund zu kennen. Gerd Brauner hatte aber nicht vor, deswegen graue Haare zu bekommen. Niels konnte kein Interesse haben, darüber etwas verlauten zu lassen.
Gerd Brauner ging zu dem Kleiderständer und warf einen prüfenden Blick auf das frische Hemd, blassblau, von Zegna und mit Manschetten versehen. So, wie er es mochte, und die Krawatte passte auch, wunderbar. Er öffnete kurz die Bürotür.
»Lehmännchen, Sie können dann jetzt unseren Oberbuchhalter, äh, ich meine, unseren Finanzvorstand rufen, während ich in das Hemd schlüpfe.«
»Ja, Herr Brauner. Haben Sie in der Mail etwas Sinnvolles entdeckt?«
»Ja, habe ich.«

Helga Lehmann war viel zu erfahren, um nachzufragen. Ihr Chef hatte so seine Geheimnisse und sie wusste, er arbeitete mit ihr auf der Need-to-know-Basis zusammen. Er würde ihr immer nur so viele Informationen zukommen lassen, wie es für ihre Arbeit notwendig war. Das galt auch für seine gelegentlichen kurzen Urlaubstrips, über die er sich nie ausließ. Er war schon ziemlich speziell, aber sie hatte sich mittlerweile an ihn gewöhnt.
Während Gerd Brauner das Hemd wechselte, trat er an das Fenster seines Büros im 30. Stockwerk und schaute hinunter auf den Platz vor der Alten Oper. Die Autos und erst recht die Menschen sahen aus dieser Höhe aus wie Miniaturen. Er liebte diesen Anblick, wie er überhaupt Frankfurt mittlerweile in sein Herz geschlossen hatte. Die Stadt hatte sich in den letzten Jahrzehnten prächtig entwickelt und sich, obwohl eigentlich mit 600.000 Einwohnern doch recht klein, zu einem Multikultizentrum entwickelt.
Helga Lehmanns Stimme unterbrach seine Gedankengänge.
»Herr Kurz ist jetzt da.«
»Na dann herein mit ihm.«
Herr Kurz machte seinem Namen alle Ehre und trug, wie Brauner natürlich wusste, Schuhe mit extra dicken Sohlen, um seine geringe Größe etwas zu kaschieren. Mit der geringen Körpergröße negativ korreliert waren aber seine geistigen Fähigkeiten. Brauner kannte nur wenige Menschen mit einer ähnlich hohen Intelligenz. Er begriff Sachverhalte sowie deren Bedeutung sofort. Was aber noch wichtiger war, Hero Kurz kannte die Meinebank in- und auswendig, er hatte sich vom Lehrling bis zum Vorstand emporgearbeitet. Mit ihm hatte er auch des Öfteren Themen diskutiert, die weit über den Kern des Rechnungswesens hinausgingen und eher im strategischen Bereich angesiedelt waren.

»Kommen Sie rein in die gute Stube. Wenn der Meister der Zahlen seinen Vorsitzenden sprechen will, überbringt er meistens besonders gute oder besonders schlechte Nachrichten. Was ist es denn heute, Herr Kurz?«

»Heute, Herr Brauner, sind es besonders wichtige Nachrichten. Wir haben einen Anruf der Oberfinanzdirektion erhalten, mit dem ein Schreiben angekündigt wurde. Langer Rede kurzer Sinn, uns steht demnächst eine Steuerprüfung ins Haus. Sie bezieht sich auf alle Steuerarten. Wir werden hier also ziemlich viele ungebetene Gäste haben, die alles untersuchen und wissen wollen.«

»Na, das hat uns ja gerade noch gefehlt. Haben die Damen und Herren von der Finanzverwaltung irgendetwas Spezielles im Sinn oder haben die uns nur herausgepickt, weil wir die größte Bank sind? Hat die Politik das Ganze als weiteres Bankenbashing inszeniert?«

»Na ja, seit der Finanzmarktkrise steht unsere Branche halt am Pranger. Ein weiteres Exempel kann schon sein. Mein Gesprächspartner dort hat jedenfalls in die Richtung des Interesses der Politik an einer sauberen Bankenlandschaft herumgedruckst. Vielleicht haben Sie als Bankenpräsident auch irgendjemand in Berlin verärgert und das ist dann die Retourkutsche.«

»Aber die lieben Finanzleute werden doch wohl bei uns nichts finden, oder?«

»Herr Brauner, das Problem besteht darin, diese Leute im Haus zu haben. Die schnüffeln überall herum und werden sich die letzten fünf Jahre genauestens ansehen. Dabei werden Informationen hochkommen, die wir eigentlich unter dem Deckel halten wollten. Nichts Ungesetzliches natürlich, aber Unangenehmes. Denken Sie nur an die Wandelanleihe. Die Anleihe an sich ist dabei nicht problematisch, aber der Zeitpunkt ihrer Auflegung. Es könnte ja sein, dass die Finanzverwaltung zu der Auffassung gelangt, dass wir zu dem Zeitpunkt eigentlich bereits insolvent waren und dann hätten wir uns der Konkursverschleppung schuldig gemacht. Und wir haben ja in der Tat einige Kunstgriffe angewandt, welche uns dann, bis die Mittel aus der Wandelanleihe flossen, über Wasser gehalten haben.«

»Mensch, Kurz, malen Sie den Teufel nicht an die Wand. Das darf auf keinen Fall passieren. Das müssen Sie unbedingt in die richtigen Bahnen lenken. Aber wenn wir schon einmal dabei sind, wir haben immer noch keine Ahnung, wer uns die Anleihe gezeichnet hat?«

»Wir wissen, dass ein chinesischer Investor sie erworben hat. Vermutlich arbeitet er für den chinesischen Staat. Ob er aber der Endinvestor ist oder nur eine Art Zwischenhändler, wissen wir nicht und es besteht auch keine Möglichkeit, das herauszufinden. Unser Kontakt in China hat uns das jedenfalls so übermittelt. Das Einzige, was wir definitiv wissen, ist, dass wir einmal im Jahr unsere Zinszahlung an die Mandarin Invest in Shanghai überweisen. Da ansonsten keine Forderungen an uns gestellt werden, gehe ich davon aus, dass die Mandarin Invest auch die Wandelanleihe in Besitz hat. Über die Gesellschaft gibt es aber keinerlei Informationen. Somit wissen wir nur, dass in zwölf Monaten die einjährige Frist für die Wandlungsmöglichkeit beginnt. Da wir bei der Begebung eine vorzeitige Kündigung unsererseits ausgeschlossen haben, können wir nur abwarten.«

»Mit anderen Worten, es könnte auch ein europäischer oder gar deutscher Investor dahinterstecken. Das ist ja eine wunderbare Vorstellung, Herr Kurz.«

Mit der lässigen Sitzhaltung von Hero Kurz war es nun vorbei.

»Herr Brauner, ich habe Sie damals genau auf diese Möglichkeit aufmerksam gemacht und ich habe Sie gewarnt, bezüglich der Auswirkungen eines in den Bestimmungen der Wandel-

anleihe festgelegten Ausschlusses einer vorzeitigen Kündigung durch uns. Ich habe Ihnen damals gesagt, dass wir damit das Gesetz des Handelns aus unserer Hand geben. Und jetzt können wir nur noch abwarten, ob der Investor wandelt oder nicht.«
»Jaja, ich weiß, mein Lieber. Aber uns stand doch damals das Wasser bis zum Hals. Wir mussten die Anleihe besonders attraktiv gestalten. Na egal. Auf alle Fälle werden Sie nach einem Signal meinerseits in der heutigen Sitzung den Aufsichtsrat über die geplante Steuerprüfung unterrichten. Außerdem hätte ich gerne einen generalstabsmäßigen Plan für unsere Kapitalerhöhung zum Zwecke der Übernahme der Wertebank. Angesichts der Zeitachse bezüglich unseres Angebotes an die Aktionäre der Wertebank, sollten wir uns einen Zeitrahmen von neun Monaten setzen, bevor wir mit dieser Sache an die Öffentlichkeit gehen.«
»Wir könnten das sehr viel schneller durchführen. Warum wollen Sie so lange warten?«
Oha, jetzt hieß es aber umsichtig agieren. Natürlich durfte der nichts über Niels Werner und seinen Geheimauftrag wissen. Und Niels brauchte mindestens sechs Monate, um irgendwelche brauchbaren Hinweise nach der Übernahme geben zu können.
»Lieber Kurz, ich brauche diese Zeitspanne, um den Aufsichtsrat ins Boot zu holen. Sie kennen doch die Typen, die scheuen jedes Risiko und es braucht seine Zeit, um sie so richtig zu massieren. Heute kann ich das Thema nicht mehr auf die Tagesordnung setzen, dafür hätte ich in der letzten Strategiesitzung schon mal Andeutungen machen müssen. Habe ich aber nicht. Den Rest können Sie sich selbst ausrechnen.«
Hero Kurz nickte. »Das sind unternehmenspolitische Dinge, die ich nie ins Kalkül ziehe. Wir sehen uns dann in der Sitzung, Herr Brauner?«

Gerd Brauner wedelte zustimmend mit der Hand und Hero Kurz verließ das Büro. Diese verdammte Wandelanleihe, seit gut drei Jahren schwebte sie nun wie ein Damoklesschwert über seinem Kopf. Und jetzt auch noch die Steuerprüfung. Das war ein explosives Gemisch und er konnte nur hoffen, dass Kurz das Ganze in den Griff bekommen würde. Der Vorwurf einer Konkursverschleppung war das letzte, was er in der gegenwärtigen Situation gebrauchen konnte. Er öffnete die Verbindungstür.

»Lehmännchen, jetzt lassen Sie uns einen Blick in die Post werfen.«

»Herr Brauner, tun Sie mir einen Gefallen und verarzten Sie erst den Weise. Seine Sekretärin ist mir schon wieder auf den Geist gegangen. Die ist ja sowas von eingebildet, als ob sie selbst den Vorsitz im Aufsichtsrat hätte.«

»Der Himmel bewahre mich davor. Also gut, dann erst den Weise und damit Sie auch ein wenig Spaß haben, sagen Sie Ihrer Freundin einfach, ich wäre jetzt für ihn frei. Lassen Sie sich auf keine weitergehenden Diskussionen ein. Ich wette, die platzt, weil der Weise sich dann zu uns bemühen muss. Bis er hier ist, können wir ja schon einmal mit der Post anfangen.«

Helga Lehmann bedachte ihn mit einem strahlenden Lächeln.

»Das ist eine Superidee, danke. Übrigens, Hemd und Krawatte passen gut zu Ihrem Anzug, Sie sehen tipptopp aus.«

»Danke, Lehmännchen, dank Ihnen. Also dann rufen Sie jetzt ihre, ähem, Kollegin an und dann kommen Sie mit der dringendsten Post herein. Und sagen Sie dem Etagendienst, sie sollen den Weise gleich zu uns führen.«

Es dauerte ungefähr fünf Minuten, bis eine hochzufriedene Helga Lehmann mit der Post vor seinem Schreibtisch saß. Ihr Gesichtsausdruck sagte ihm alles, offenbar hatte der kleine Seitenhieb gesessen. Weitere fünf Minuten später kündigte der

Etagendienst Bernd Weise an, der es offenbar sehr eilig hatte. »Eigentlich kommt ja der Vorstandsvorsitzende zum Aufsichtsratsvorsitzenden und nicht umgekehrt. Da ich aber nun schon sage und schreibe 50 Minuten gewartet habe, bis Sie Zeit für mich haben, komme ich heute selbst, um nicht noch mehr Zeit zu verlieren.«

Na, dachte Gerd Brauner, der ist ja so richtig aufgeblasen, da muss er wohl erst einmal die heiße Luft ablassen. Er stand auf, schüttelte Bernd Weise die Hand und setzte sich mit ihm an den kleinen Besprechungstisch in seinem Büro. Dann wandte er seine über viele Jahre bewährte Taktik an, dem anderen auf die Nasenwurzel zu schauen und erst einmal nichts zu sagen. Die meisten Gesprächspartner wurden dadurch unsicher und fingen, um diesen für sie unangenehmen Bann zu brechen, von selbst an zu sprechen. So auch Bernd Weise. »Ich weiß ja, dass Sie viel um die Ohren haben, aber bevor wir in die Sitzung gehen, müssen wir doch noch unsere Strategie bezüglich dieses Zeitungsartikels besprechen. Natürlich werden die Kollegen darauf zu sprechen kommen und Querüberlegungen zur Meinebank anstellen. Und natürlich wird Ihnen die Publicity der Wertebank ein Dorn im Auge sein. Die Zeitungen werden ja nicht müde, die Innovationskraft dieser Bank zu loben. Dazu kommen die kleinen Seitenhiebe der Kommentatoren in unsere Richtung. Ich als Vorsitzender des Kontrollgremiums der Meinebank muss da natürlich Rede und Antwort stehen, nicht nur im Aufsichtsrat, sondern auch in der Öffentlichkeit.«

Aha, daher wehte der Wind, dachte er es sich doch. Der eitle Pfau sorgte sich vor allem um seine Reputation. Und von wegen sich in der Öffentlichkeit äußern. Wenn das einer tat, dann er als Vorstandsvorsitzender, schließlich leitete er die Geschäfte der Bank. Der gute Weise kontrollierte ihn nur. Er konnte ihn zwar entlassen, wenn er dafür eine Mehrheit im Aufsichtsrat fand, aber er konnte ihm nicht sagen, wie er die Bank zu führen hatte.

»Also, Herr Weise, zunächst einmal möchte ich mich entschuldigen«, ein wenig Demut konnte nicht schaden und wie ihm das Kopfnicken seines Aufsichtsratschefs zeigte, war sie auch durchaus willkommen, »es war nicht meine Absicht, Sie warten zu lassen. Aber Herr Kurz hat mir heute Morgen mitgeteilt, dass uns eine umfassende Steuerprüfung ins Haus steht. Ich war mir sicher, Sie würden die Priorität dieses Themas verstehen. Dann musste ich noch Hemd und Krawatte wechseln, da Kaffeeflecke vor der Sitzung in derselben keine Beifallsstürme auslösen. Und wie Sie richtig bemerkten, war es wichtig, Zeit zu sparen. Deshalb bat ich Sie ausnahmsweise zu mir zu kommen.«

»Ja, ist ja schon gut. Aber was sagen wir denn jetzt zu den Vorgängen in der Wertebank?«

»Nun, ich denke nicht, dass ich kommentieren sollte, was ein Konkurrent zu unternehmen gedenkt.«

Bei der nachhaltigen Betonung des »ich« war Bernd Weise sichtbar zusammengezuckt. Er öffnete den Mund, um etwas zu sagen, aber Gerd Brauner ließ ihm dazu keine Chance. »Was die Einschätzung der neuen Geschäftspolitik angeht, kann ich«, wieder mit nachhaltiger Betonung, »nur sagen, warten wir es ab. Ob das überhaupt in vollem Umfang umgesetzt werden kann und ob das dann funktioniert, wird die Zukunft weisen. Das liest sich ja alles wunderbar, aber wie Sie wissen, liegt der Teufel bekanntlich im Detail. Über Wohl und Wehe dieser Strategie entscheidet letztendlich der Kunde. Bekanntermaßen hat der Innovator erst einmal hohe Einführungskosten zu tragen. Und in dieser Phase sind wir dann mit einer bewährten Produktpalette da. Das bedeutet zunächst einmal einen Wettbewerbsvorteil, da der Konkurrent erst einmal mit sich selbst beschäftigt ist. Bei uns wird der Kunde nicht durch Änderungen in der Produktherstellung verunsichert. Die Kunden, die wir in dieser Phase der Wertebank abspenstig machen können, werden auch in der Zukunft bei uns bleiben. Deswegen ist es meistens das Beste, als Zweiter mit etwas Neuem im Markt zu sein, aufgrund gemachter Erfahrungen werden dann weniger schwerwiegende Fehler gemacht.«

»Aber auch Sir Grey ist von dieser ideenreichen Neuausrichtung der Wertebank begeistert. Was, wenn diese Strategie wirklich funktioniert und in einen nachhaltigen Wettbewerbsvorteil mündet?«

Dachte ich es mir doch, der blasierte Sir hatte sich hinter dem Weise versteckt. Vielleicht war das aber gar nicht schlecht. Wenn er das geschickt spielte, half ihm das vielleicht, seinem Geheimplan einen entscheidenden Schritt näherzukommen.

»Dann, Herr Aufsichtsratsvorsitzender, werde ich Ihnen den Vorschlag unterbreiten, die Wertebank zu übernehmen. Es versteht sich natürlich von selbst, dass dafür eine Kapitalerhöhung bei uns notwendig wäre und diese Übernahme notfalls ohne Zustimmung der Wertebank, also unfreundlich, erfolgt. Und ebenso versteht es sich von selbst, dass über diese spekulative Idee kein Sterbenswörtchen außerhalb dieses Raumes fällt. Auch nicht gegenüber Sir Grey. Mal sehen, vielleicht bietet sich uns hier eine einmalige Chance und wir beide werden in die Annalen der Bankenwelt eingehen. Dann, Herr Aufsichtsratsvorsitzender, haben Sie Großes geleistet.«

»Also, Herr Brauner, ich muss schon sagen, Sie haben vielleicht Nerven. Das hat es in Deutschland ja noch nie gegeben, eine unfreundliche Bankenübernahme? Wie stellen Sie sich denn das vor? Und lassen Sie meine Reputation aus dem Spiel, wie Sie wissen, lasse ich mich nur von Fakten leiten.«

Ganz bestimmt, dachte Gerd Brauner, ausgerechnet der mimt jetzt den Sachlichen. Aber er wusste, er musste ihm Zeit geben, sich an den Gedanken zu gewöhnen.

»Warum soll das eigentlich nicht gehen? Frei nach dem Motto: think the unthinkable. Wir brauchen doch lediglich eine Kapitalerhöhung, um das zu finanzieren, und natürlich eine Hauptversammlung, die uns diese Kapitalerhöhung genehmigt. Wir entwickeln eine überzeugende Begründung für diesen Schritt und rechnen uns über positive Synergieeffekte reich, die Synergiekosten müssen wir ja nicht so betonen. Der Kapitalmarkt fliegt auf solche Dinge. Ich denke, wir könnten ohne Probleme die nötigen Mittel auftreiben. Überdies hat es in Deutschland schon einmal zwei Bankenfusionen gegeben.«

»Das stimmt zwar, aber die wurden im gegenseitigen Einvernehmen durchgeführt und waren, wie Sie sich erinnern werden, nicht sonderlich erfolgreich.«

»Ja, Herr Weise, weil sie schlampig durchgeführt und notwendige harsche Entscheidungen nicht getroffen wurden. Das obere und das mittlere Management waren dadurch vor allem damit beschäftigt, ihre eigene Wichtigkeit zu demonstrieren, der Kunde hat in dieser Phase nur gestört. Und auch die notwendige Harmonisierung der jeweiligen IT-Systeme hat viel zu lange gedauert. Verunsicherte Mitarbeiter wussten nicht, wie sie agieren sollten und hatten Angst, ihren Arbeitsplatz zu verlieren. Sie können sicher sein, dass ich die gleichen Fehler nicht begehen würde.«

»Herr Brauner, es gibt einen alten Song von einer Gruppe namens Nazareth, der heißt: Dream on. Ich halte das Ganze nicht für durchführbar, aber vielleicht liege ich ja schief, vielleicht brauche ich nur einige Zeit, mich an diesen Gedanken zu gewöhnen. Für heute lassen wir unsere Phantastereien erst einmal ruhen. Darf ich meinen Aufsichtsratskollegen sagen, dass Sie von den Strategieplänen der Wertebank nicht überrascht wurden, weil Sie ähnliche Überlegungen selbst bereits angestellt, aber dann wieder verworfen haben?«

»Genau das sollte unsere Botschaft sein Herr Weise. Ich kann dann ja noch Ergänzungen bezüglich des Warum und Wieso nachliefern.«

Hochbefriedigt verließ Bernd Weise das Büro von Gerd Brauner. Der schaute ihm nachdenklich nach. Es war einmal mehr deutlich geworden, welch unsicherer Kandidat sein Oberkontrolleur war. Unsicher, eitel, ohne Phantasie. Querdenken konnte von ihm nicht erwartet werden. Wie wäre erst die Reaktion ausgefallen, wenn er ihm gesteckt hätte, dass er über verschiedene Firmen im Ausland teils durch Erwerb, teils durch Optionen heimlich bereits mehr als 8% der Stimmrechte der Wertebank verfügte?

VERÄNDERUNG

Tja, das war ein anderes Panorama. Nicht mehr der herzerwärmende, weit schweifende Blick auf die sanften Hügel und grünen Felder des Dreisamtals. Hier lieferte die Sicht aus dem Fenster nur den tristen Anblick der Messehallen und die vielbefahrene Straße im Münchner Osten. Innerlich zuckte Niels Werner mit den Schultern, das hatte er ja ganz bewusst so entschieden. Es war Zeit, in das Leben zurückzukehren, wieder unter Menschen zu sein und für diese sowie mit ihnen zu arbeiten. Irgendwie hatte er das Gefühl, dass es seine Bestimmung war, nach gut 3 Jahren Exil wieder in das pulsierende Leben der Finanzmärkte zurückzukehren. Dafür musste er halt auch gewisse Einschränkungen in Randgebieten in Kauf nehmen. Es gab für seinesgleichen im Dreisamtal keine Arbeit, solange er sein berufliches Dasein nicht völlig umkrempeln würde. Zum Milchbauern oder Zimmermann war er nicht geboren.

Dabei konnte er sich noch nicht einmal beschweren, es hatte sich ja alles wunderbar gefügt. Gabi war tatsächlich mit den Kindern eingezogen und sie betreuten auch Nicki. Im Gegenzug hatte er die Miete sehr moderat angesetzt, vor allem, weil er wusste, dass Gabi seinen Hof wie ihren Augapfel hüten würde. Bei seiner gestrigen Ankunft in München war ihm dann von der Personalabteilung ein möbliertes Appartement im Gästehaus der Bank am Marienplatz im Herzen von München zugewiesen worden. Sein vorläufiges Domizil war zwar zweckmäßig, aber sehr geschmackvoll und mit viel Liebe zum Detail eingerichtet. Er wertete das als Indikation einer ausgezeichneten Personalarbeit seitens der Bank, zumindest was die Führungskräfte anging.

Begrüßt hatte ihn in seinem Büro eine mehr als nur nervöse Frau Stigel. Die frühere Sekretärin seines Vorgängers Hakim Sailer war die personifizierte Unsicherheit.

Kein Wunder, dachte Niels Werner. Das Schicksal von Sekretärinnen ist untrennbar mit dem Los ihrer Chefs verbunden. Geht es dem gut und ist er in der Firma angesehen, dann geht es ihnen auch gut. Ist das Gegenteil der Fall, oder wie in diesem Fall der frühere Chef einfach nicht mehr da, sind sie die Gekniffenen. Die Sekretärinnen können dann froh sein, wenn ihnen überhaupt noch eine Tätigkeit im Unternehmen angeboten wird. Jedenfalls hatte er sie erst einmal Kaffee kochen geschickt. Diese Routinearbeit beruhigte üblicherweise die Nerven und es zeigte ihr, dass der Neue auch nur ein normaler Mensch war.

Und da war sie auch schon zurück. Wie er es sich gedacht hatte, war sie nun deutlich ruhiger. Er sah ihr zu, wie sie routiniert das Kaffeeservice auf den runden Beistelltisch drapierte. Sie mochte so um die 50 Jahre alt sein, hatte sich aber gut gehalten und war dezent gekleidet. Niels Werner bewegte sich vom Fenster fort.

»Setzen Sie sich, Frau Stigel. Na, machen Sie schon und nehmen Sie sich auch einen Kaffee. Ich möchte mich ein wenig mit Ihnen unterhalten. Ein gemeinsames Kaffeetrinken verbindet und schafft eine entspanntere Atmosphäre.«

Er setzte sich ihr gegenüber und sah sie ruhig an. Offenbar war Frau Stigel immer noch nicht so ganz locker, ihr leicht gequälter Gesichtsausdruck sprach Bände.

»Sagen Sie, Frau Stigel, was erwarten Sie von mir? Sie tun ja gerade so, als ob ich der personifizierte Beelzebub bin.«

Karin Stigel richtete sich aus ihrer leicht gebückten Haltung etwas auf und faltete die Hände. Dann sah sie ihm offen in die Augen.

»Aber nein, Herr Werner, davon kann keine Rede sein. Aber wie jeder andere in dieser Abteilung bin ich natürlich verunsichert, insbesondere, weil Meinebank-Manager nicht gerade den Ruf haben, besonders zimperlich zu sein. Es kann ja niemand sicher sein, seinen Job zu behalten. Und neue Chefs haben nun einmal auch neue Vorstellungen. Das ist ja auch ihr gutes Recht.«

Schau an, dachte er, die Dame hat ja doch Temperament. Und was noch wichtiger war, einen Hang zur Ehrlichkeit. Er beugte sich auf seinem Stuhl vor und lächelte sie an.

»Frau Stigel, versetzen Sie sich einmal in meine Lage. Erstens, ich teile die Einschätzung der Meinebanker nicht, unter denen gab es und gibt es auch anständige Menschen. Darüber hinaus habe ich die Meinebank vor drei Jahren verlassen. Zweitens, ich komme nach München, übernehme eine Unternehmenssparte, die von Hakim Sailer, den ich sehr geschätzt habe, in der Vergangenheit geleitet wurde. Ich kenne niemanden in dieser Organisation, kenne keine Strukturen, keine Namen, weiß nicht, wer wichtig ist und wer nicht, wer geradeheraus ist und wer gerne anderen einen schlechten Leumund anhängt, wem man trauen kann und wem nicht. Diese Liste ließe sich noch endlos fortsetzen. Wäre es da nicht unverzeihlich dumm von mir, wenn ich als erste Maßnahme Mitarbeiter, die mich unterstützen könnten, also beispielsweise Sie, austauschen würde? Was meinen Sie?«

»Ja, das stimmt schon. Aber wenn wir jetzt mal über mich reden, Herr Werner, dann gäbe es ja auch noch andere Sekretärinnen, die sich hier auskennen würden. Die Personalabteilung hat gestern erst einmal drei Bewerbungen für diese Stelle hier angekündigt und die Damen haben sich auch schon von mir Termine geben lassen.«

Aha, von daher wehte der Wind. Das erklärte natürlich, warum Frau Stigel so hypernervös war. Diese Personalleute sind doch

alle gleich, entweder unterwürfig oder sie trampelten auf den Empfindungen der Mitarbeiter herum.
»Liebe Frau Stigel, das ist in keinster Weise mit mir abgesprochen worden, und wenn Sie schon diese Termine gemacht haben, dann dürfen Sie die auch gleich wieder absagen. Ich muss hier diesen Laden schnellstens in den Griff bekommen und habe keine Lust, meine Zeit mit derartigen Gesprächen zu verschwenden. Hier läuft alles erst einmal seinen gewohnten Gang, und das gilt auch für Sie, das heißt, wenn Sie wollen.«
Ein heftiges Kopfnicken und ein Lächeln belohnten ihn. Das Eis war offenbar gebrochen, denn Karin Stigel schenkte jetzt erst einmal Kaffee ein und reichte ihm die Kaffeesahne.
Niels Werner sah seine Chance, das Ganze festzuzurren. »Sie sind am geeignetsten, denn Sie kennen diese Firma aus der Perspektive dieses Büros. Da brauche ich keine Alternativvorschläge. Wir werden schon miteinander auskommen, Frau Stigel. Wie lange haben Sie für Hakim eigentlich gearbeitet?«
»Fast genau zehn Jahre. Es waren wunderbare Jahre. Herr Sailer war ein großartiger Chef und immer für seine Mitarbeiter da. Wir vermissen ihn alle sehr.«
Karin Stigel hielt erschrocken inne und hielt sich die Hand vor den Mund. Niels Werner lachte laut auf. »Nur keine Hemmungen, ich kannte Hakim und habe ihn immer geschätzt. Reden Sie ruhig frei von der Leber weg, damit helfen Sie mir am meisten. Ich muss die Stimmungen der Leute kennen. Also, Sie sagen die drei Termine mit dem größten Bedauern ab und senden die Bewerbungsunterlagen zurück an die Personalabteilung. Sie haben hier weiter das Zepter in der Hand. Lassen Sie ruhig alle Kollegen meine Entscheidung wissen. Für heute Nachmittag berufen Sie eine Mitarbeiterversammlung ein, sagen wir 14 Uhr. Und rufen Sie bitte Hakims Stellvertreter, ich glaube ...«
»... Dr. Klos.«

»Ja, das war der Name. Also mit diesem Dr. Klos muss ich schleunigst sprechen. Und besorgen Sie mir einen Chart mit dem Organisationsgefüge dieser Abteilung sowie der gesamten Bank und eine Mitarbeiterliste.«

»Ja, mach ich. Da ist übrigens noch Frau Harz von unserem Relocationsservice, die Sie sprechen will. Vermutlich will sie wissen, in welcher Gegend von München sie nach einer Wohnung suchen soll. Sie müssen ihr auch weitere Kriterien nennen wie Anzahl der Zimmer, Ausstattung und so weiter. Also alles, was für Sie wichtig ist. Und Herr Krämer von der Personalabteilung will Sie wegen Ihres Dienstwagens sprechen. Außerdem brauchen Sie Ihren Zugangsausweis, ansonsten können Sie sich in diesem Gebäude nicht frei bewegen.«

Niels Werner machte eine unwirsche Handbewegung.

»Das hat alles Zeit, Frau Stigel. Halten Sie mir diesen Formalkram vom Hals. Als erstes möchte ich Dr. Klos sprechen, dann brauche ich ein Meeting mit allen Abteilungsleitern. Ich hoffe, ein Besprechungszimmer ist frei. Wenn nicht, dann sorgen Sie dafür. Dann die Mitarbeiterversammlung, wir werden dafür das größte Großraumbüro nehmen. Ich möchte mit den Mitarbeitern in ihrer gewohnten Arbeitsatmosphäre kommunizieren, nicht in einem neutralen Raum. Meinen Ausweis können Sie holen. Und nun tun Sie mir die Liebe und schaffen schleunigst Dr. Klos herbei.«

Karin Stigel machte sich sofort an die Arbeit. Na, dachte sie, kommandieren kann der schon mal. Aber das war ihr ganz recht so. Klare Anweisungen und Konzentration auf die wesentlichen Punkte. Da dürfte der arme Dr. Klos aber so seine Probleme bekommen mit seiner umständlichen Art. Warum Hakim Sailer sich den als Stellvertreter ausgesucht hatte, war ihr immer unverständlich gewesen. Schau an, da kam er ja schon, wie bestellt hatte er die Bürotür geöffnet und sein längliches Gesicht vorsichtig in den Türrahmen gedreht. Sie ließ den Telefonhörer wieder auf die Gabel fallen und zeigte wortlos mit dem Daumen auf die Tür hinter ihr. Gerhard Klos trat daraufhin durch die Tür, wobei er kurioserweise fast schlich, als ob der neue Chef nicht durch laute Geräusche gestört werden dürfte. Dabei waren die Wände und Türen schallgeschützt.

»Und, Frau Stigel, wie ist der Neue denn so? Umgänglich oder eher schroff? Hat er noch die typische Arroganz der Meinebank-Leute an sich? Bleiben Sie weiterhin die Mutter der Kompanie? Wenn er gut beraten ist, lässt er Sie weiterhin Ihren Job machen, niemand kennt die Abteilung so gut wie Sie.«

Ohne darauf einzugehen, wedelte sie noch einmal mit ihrem Daumen und sagte nur: »Er will Sie sehen. Gehen Sie ruhig durch die Tür.«

Niels Werner drehte sich zu der sich öffnenden Tür. Das erste, was ihm an dem hereinkommenden Mann auffiel, war die absolute Disproportionalität zwischen Oberkörper und den Beinen. Einen derart ausgeprägten Sitzriesen hatte er selten gesehen. Das zweite war die Körpersprache, welche eine extreme Unsicherheit zum Ausdruck brachte. Offenbar noch ein Beelzebub-Erwarter.

»Dr. Klos, nehme ich an. Kommen Sie doch bitte herein und setzen Sie sich. Möchten Sie etwas zu trinken? Kaffee ist schon da, vielleicht noch ein Wasser?«

Gerhard Klos ergriff die ihm entgegengestreckte Hand und nahm schwerfällig am Besprechungstisch Platz.

»Nein danke, ich hatte schon genug Kaffee heute Morgen.«

Niels Werner schloss die Verbindungstür zu Karin Stigel, nahm demonstrativ eine kleine Mappe von seinem Schreibtisch und setzte sich ebenfalls.

Gerhard Klos beäugte die Mappe misstrauisch. Gut so, dachte Werner, da sind deine Ergebnisse der letzten Monate drin.

Darüber werden wir noch zu reden haben. Aber langsam, Niels, nicht zu sehr forcieren, obwohl ich jetzt schon weiß, dass dieser Typ nicht nach meinem Geschmack ist. Ich wette, der hat noch nie Geld gemanagt, der sieht mir eher nach einem Buchhalter aus.

»Also, Herr Klos, dann erzählen Sie mir mal, wie Sie zum Asset Management gekommen sind, wie lange Sie schon für Hakim gearbeitet haben und wie die letzten Monate gelaufen sind.«

»Also, Herr Werner, ich bin jetzt natürlich nicht vorbereitet, Frau Stigel hat mich ja gewissermaßen überrumpelt. Ich hatte für Sie einige Unterlagen zusammengestellt, diese aber nicht mit mir geführt. Ich wollte eigentlich nur sondieren, wie die erste Kontaktaufnahme zwischen Ihnen abgelaufen ist.«

Innerlich verdrehte Niels Werner die Augen. »So einer sind Sie also, Sie wollten nur mal sondieren, so, so. Aber Sie werden doch wohl in der Lage sein, über Ihre tägliche Arbeit in den letzten Monaten zu berichten, auch ohne Wohlfühlcharts, die ich sowieso nicht brauche. Aber eventuell kann ich Ihnen ja ein wenig den Weg bereiten. Ich habe hier in dieser Mappe die monatlichen Ergebnisse Ihrer Abteilung, sowohl was die Kosten-Erlös-Situation als auch die Performance der verwalteten Gelder angeht. Ein Ruhmesblatt ist das ja nicht gerade, der Trend ist eindeutig abwärtsgerichtet.«

Die Haltung von Gerhard Klos versteifte sich zusehends. »Wenn Sie mit meiner Arbeit nicht zufrieden sind, dann können Sie mich ja entlassen. Mir ist das egal. Hakim Sailer hat kurz vor seinem Tod meinen Vertrag um erneute fünf Jahre verlängert.«

»Herzlichen Glückwunsch, Herr Klos. War es das jetzt oder haben Sie auch in der Sache etwas beizutragen? Ich möchte immer noch gerne wissen, wo Sie die Gründe für den jüngsten offensichtlichen Abwärtstrend sehen?«

Der ätzende Tonfall von Werner hallte im Inneren von Klos nach. Er riss sich zusammen und begann von dem Schock des Todes von Hakim Sailer für die Mitarbeiter zu reden. Von der Ungewissheit, wie es weitergehen würde.
Dass dadurch die Konzentration auf das Geschäft gelitten hatte. Und dass auch er persönlich sich des Öfteren die Sinnfrage nach dem eigenen Tun und Lassen gestellt hatte. Ja, und er war ja auch kein eingefleischter Asset Manager, seine Wurzeln lagen im Controlling und insofern hätte die Mannschaft auch vielleicht einen anderen Typus von Interimsmanager gebraucht.
Aber seine Zusammenarbeit mit Sailer sei hervorragend gewesen. Sailer, der vorpreschende, Risiko nehmende Manager und er im Hintergrund als die Dinge ordnender Assistent, der stets ein Auge auf die Risikobilanz hatte und dafür sorgte, dass diese Risiken nicht aus dem Ruder liefen. Nach Hakims Tod habe halt der gestaltende Teil der Partnerschaft gefehlt. Aber er sei bereit, alles in seiner Macht stehende zu tun, um wieder bessere Ergebnisse zu erzielen.
Spätestens an dieser Stelle musste ihm Niels Werner Anerkennung zollen. Diese sich selbst gegenüber schonungslose Analyse war bemerkenswert und nicht viele Manager wären dazu imstande gewesen. Die meisten hätten ihm in diesem Fall faule Ausreden geliefert und mit dem Finger auf Andere gezeigt.
»Danke, Herr Klos, für Ihre Offenheit. Das deckt sich weitgehend mit meiner Einschätzung. Ich sage das ohne jede Häme oder irgendeinen Vorwurf. Wir sind alle nur Menschen. Vielleicht können wir beide die guten Ergebnisse der Vergangenheit wiederbeleben. Sie haben das System ja korrekt beschrieben. Ich marschiere vorwärts und Sie halten mir den Rücken frei. Sie halten mir die Revision vom Hals, sorgen dafür, dass das Bundesamt für Finanzaufsicht happy ist und managen

die Kommunikation mit den Geiern von der Compliance-Abteilung der Bank. Und um Ihre Frage vorwegzunehmen, nein, ich werfe Sie nicht hinaus. Sie waren ehrlich, gerade heraus und selbstkritisch. Derartige Tugenden sind sehr selten in unserem Geschäft. Ich freue mich auf unsere Zusammenarbeit.«
Gerhard Klos stammelte daraufhin sein Danke und machte sich auf, das Büro zu verlassen. Niels Werner hatte richtig Mühe, ihm noch das Zusammenrufen der Abteilungsleiter mit auf den Weg zu geben. Den Ort würde er von der Stigel erfahren.
Einige Minuten später informierte Karin Stigel ihren neuen Chef, dass alle Abteilungsleiter nun im Besprechungszimmer Hubertus versammelt seien. Nachdem sie ihn dorthin geleitet hatte, machte sie sich auf den Weg, seine Zugangskarte in der Personalabteilung abzuholen. Eigentlich schade, sie wäre gerne bei dem Meeting dabeigeblieben, aber sie würde ja auch so erfahren, was er den Damen und Herren ins Stammbuch schrieb. Henning würde ihr das brühwarm erzählen. Er machte sich große Hoffnungen bezüglich einer Beziehung zwischen ihnen, die sie wohldosiert von Zeit zu Zeit befeuerte, denn er war ihre wichtigste Informationsquelle und hielt sie über die Vorgänge in der Abteilung auf dem Laufenden. Auf dem Weg zurück in ihr Büro ging sie in der Kantine vorbei, um sich etwas zum Lunch zu holen. Sie war sich nicht sicher, ob sie für ein ausgiebiges Mittagessen Zeit haben würde.
Auf einmal stand Henning hinter ihr. »Was, ihr seid schon fertig?«
»Tja, das war kurz und knackig.«
»Oh mein Gott, ich muss sofort zurück in mein Büro.«
»Entspann dich, dein Chef sitzt jetzt beim Klos im Büro. Die beiden haben offenbar noch so einiges zu besprechen. Jedenfalls hat er es uns ganz schön gegeben. Mal sehen, ob ich das noch alles zusammen bekomme. Also, wer von uns nicht

um 7.30 Uhr morgens im Büro ist, den nimmt er nicht ernst. Jeden Morgen um 8.00 Uhr wird es ein Meeting geben, in dem Nachrichten ausgetauscht werden und die Auswertungen bestimmter Ereignisse in den Finanzmärkten erfolgen. Er will außerdem herausbekommen, wieso wir in den letzten Monaten eine derart, Zitat, ›lausige Performance‹ produziert haben. Deswegen wird er in unserem Beisein jeden Portfoliomanager zu sich rufen und der muss dann über jede einzelne Position in seinem Fonds Auskunft geben. Warum gekauft, warum nicht wieder verkauft und so weiter. Darüber hinaus macht er uns persönlich für Fehlentwicklungen in unserem Führungsbereich verantwortlich. Er schmeißt jeden aus seinem Büro, der bei ihm Politik machen will. Er möchte wahrheitsgemäß informiert werden, auch wenn die Fakten nicht schön sind. Und er erwartet von jedem einzelnen von uns konstruktive Kritik an seinen Maßnahmen. Das in etwa war es im Telegrammstil und so wird er es wohl auch heute Nachmittag der Mannschaft rüberbringen. Und ich mach mich jetzt besser auf den Weg zu meinen Leuten, um die auf die neuen Zeiten einzuschwören. Ich schaue heute Nachmittag noch einmal bei dir vorbei, Karin.«

Soso, dachte Karin Stigel auf dem Weg in ihr Büro. Da hat er den Damen und Herren ja ein ordentliches Feuer unter dem Hintern entzündet. Beim guten Henning scheint es jedenfalls schon zu wirken.

So voller Elan hatte sie ihn lange nicht erlebt. Da kann ich mich in den nächsten Wochen und Monaten ja auf einiges gefasst machen. Offensichtlich machte Niels Werner so schnell niemand ein X für ein U vor.

Wieder zurück an ihrem Arbeitsplatz legte sie als erstes den Ausweis auf seinen Schreibtisch. Der Klos würde ja wohl so schlau sein und den Boss mit seiner Karte durch die Sicherheitsschleuse zurück lotsen. Sieh an, da kamen die beiden ja auch schon.

Nachdem Dr. Klos sich wieder verabschiedet hatte, traute sie sich, ein wenig Neugierde zu zeigen.

»Darf ich fragen, wie das Meeting aus Ihrer Sicht gelaufen ist, Herr Werner?«

Niels Werner grinste sie an. »Ich denke, ich habe für ein wenig Aufmerksamkeit gesorgt, Frau Stigel.«

GEWISSHEIT

Ihm war eiskalt, eine innere Kälte, die zur absoluten Erstarrung seines Körpers und vor allem seines Geistes führte. Er musste sich zwingen, einen Fuß vor den anderen zu setzen, um die Universitätsklinik in Frankfurt zu verlassen. Noch immer sah er das bedauernde Gesicht des Professors vor sich und dessen leichtes Kopfschütteln. Nein, da sei er sich ganz sicher, ein Irrtum sei ausgeschlossen. Die beiden Speichelproben würden keine gemeinsame DNA zeigen. Was im Klartext hieß, sein Sohn Tobias war nicht sein biologischer Sohn.

Peter Nehmer bewegte sich am Schaumainkai entlang, wobei er darauf achtete, in der Sonne zu bleiben. Sie tat ihm gut und wärmte ihn allmählich durch. Die Frankfurter Skyline auf der anderen Seite des Mains nahm er überhaupt nicht wahr. Ihm war auch nicht bewusst, dass er sich mittlerweile in entgegengesetzter Richtung zum Hauptbahnhof bewegte. Erst als sein Blick auf das Schild Restaurant Homberg fiel, drang die optische Wahrnehmung wieder in sein Bewusstsein. Er brauchte dringend etwas zu essen und vor allem zu trinken, da er aus lauter Nervosität am Morgen kaum gefrühstückt und auch auf der Zugfahrt nichts zu sich genommen hatte.

Vor dem Restaurant befand sich eine kleine Grünanlage, die einem die Illusion eines Gasthauses im Grünen vermittelte und den Verkehrslärm fast gänzlich wegnahm. Erst als er an einem der Tische Platz nahm, realisierte er, dass er sich dem Homberg quasi durch den Hintereingang genähert hatte. Offenbar nahm aber niemand daran Anstoß, das Personal war ohnehin noch mit den Vorbereitungen des Öffnens beschäftigt.

Trotzdem brachte ihm eine aufmerksame Bedienung schon die

Karte und er bestellte erst einmal eine Flasche Wasser und ein Viertel Grauburgunder. Vielleicht würde der Wein ihn ja wieder ins Lot bringen.

Ach, Hakim, hättest du doch bloß deinen Mund gehalten.

Peter Nehmer lehnte den Kopf zurück und schloss die Augen. Ihm war, als ob Hakim Sailer ihn erst gestern nach einem gemeinsamen Herrenabend mit vielen Drinks darauf aufmerksam gemacht hatte, dass das Äußere seines ältesten Sohnes Tobias keinerlei Ähnlichkeiten mit ihm aufwies. Hakim hatte dann mit etwas schwerer Stimme gesagt: »Weißt du, wem er wie aus dem Gesicht geschnitten ist? Unserem Freund Gerd Brauner. Wie viele Monate nach der Hochzeit ist Tobias geboren worden? Egal, ich sehe dich morgen.«

Mit diesen Worten war Hakim Sailer entschwunden und hatte einen leicht verstörten Peter Nehmer zurückgelassen. Er hatte Hakims Worte als Unsinn abgetan, aber sie hatten trotzdem ständig in ihm genagt, zumal er selbst ja auch schon immer seine leisen Zweifel hatte. Und außerdem war Tobias wirklich sieben Monate nach der Hochzeit geboren worden. Die Hebamme hatte noch gesagt, dass für ein Sieben-Monats-Kind der Junge ungewöhnlich kräftig war. Und Claire hatte in der Tat sehr plötzlich und für ihn völlig überraschend seinen Heiratsantrag angenommen und wollte mit der Zeremonie auch nicht lange warten. Sie waren dann nach Las Vegas geflogen, denn dort ging es am schnellsten. Die kirchliche Trauung hatten sie später nachgeholt.

Tja, und nun wusste er, dass Hakim zumindest in einem Punkt gesichert recht gehabt hatte. Tobias war nicht sein biologischer Sohn. Peter Nehmer hatte den DNA-Abgleich in Frankfurt machen lassen, in München war er einfach zu bekannt. Aus diesen Anonymitätsgründen hatte er auch den Zug genommen, es musste ja nicht die halbe Bank wissen, wo er sich aufhielt.

Offiziell hatte er sich einen Tag frei genommen. Selbst seine Sekretärin hatte er im Dunkeln gelassen. Und nun saß er hier in Frankfurt und seine bisher heile Welt war erheblich ins Wanken geraten.
Peter Nehmer nahm einen kräftigen Schluck von dem mittlerweile servierten Grauburgunder. Vielleicht würde der seinen Verstand wieder halbwegs zurückbringen. Was für ein Fiasko. Tobias konnte natürlich nichts dazu, er war und blieb sein Sohn, auch wenn seine biologische Heimat woanders lag. Und Sebastian, sein Jüngster, war über jeden Zweifel erhaben. Er war ihm ja wie aus dem Gesicht geschnitten. Der Wein tat ihm offenbar tatsächlich gut, denn sein methodischer Geist begann die ganzen Facetten der Geschichte Stück für Stück zu analysieren. Aber er musste dringend etwas essen, ansonsten schoss ihm der Wein direkt ins Hirn. Und sein Zug ging ja erst in etwas mehr als einer Stunde, notfalls würde er eben einen späteren ICE nehmen.
Wie auf Bestellung stand auf einmal die Kellnerin neben ihm. Sie hatte wohl im Laufe der Jahre eine gute Intuition für ihre Kunden entwickelt. Er bestellte Roastbeef mit Kartoffeln und grüner Soße, eine Frankfurter Spezialität. Außerdem passte das Essen gut mit dem Grauburgunder zusammen, den er nachbestellte. Sei es drum. Selbst wenn er nachher einen kleinen Schwips hätte, auf der Rückfahrt nach München konnte er ja im Zug ein Nickerchen machen. Das war immer noch besser, als sich ständig das Hirn zu zermartern und vor sich hinzugrübeln.
Seine Gedanken wanderten zu Claire, dieser perfekten Ehefrau und Mutter. Sie hatte es geschafft, ihm jahrelang Sand in die Augen zu streuen, ihm ihre Liebe vorzugaukeln. Wenn nämlich tatsächlich Gerd Brauner der biologische Erzeuger von Tobias war, und er zweifelte mittlerweile nicht mehr daran,

dann hatte seine Claire offenbar ein intimes Verhältnis mit Brauner gehabt. Das wiederum warf die Frage auf, wie lange das gedauert hatte, oder ob es immer noch bestand.
Das führte zu der Problematik, ob Brauner von Claires Schwangerschaft gewusst, sich aber den Konsequenzen verweigert hatte. Und wenn das so war, dann musste Brauner ja eigentlich wissen, dass er, Peter Nehmer, sein biologisches Kind großzog. Oder war es denkbar, dass Claire diese Information Gerd Brauner vorenthalten hatte? Und warum hatte Claire nicht einfach als alleinerziehende Mutter das Kind großgezogen? Warum war es für sie nötig gewesen, ihn Hals über Kopf zu heiraten?
Die Stimme der Kellnerin riss ihn aus seinen Gedanken. »So, hier kommt das weltberühmte Aushängeschild der Stadt Frankfurt, unsere grüne Soße, genossen im besten Restaurant Frankfurts, dem Homberg.«
Schwungvoll und gekonnt servierte sie ihm seinen Lunch und füllte ein neues Glas aus dem zweiten Viertel Grauburgunder. Dabei sah sie ihn kritisch an.
»Ist alles in Ordnung mit Ihnen?« Offenbar war ihre Intuition sehr ausgeprägt, dachte er. Er nickte zustimmend.
»Ja, alles okay.«
Sie bedachte ihn mit einem strahlenden Lächeln und schwebte von dannen, um sich neuen Gästen zu widmen. Offenbar war es mittlerweile tatsächlich schon Mittag und aus den umliegenden Büros gingen die Menschen in ihre Pause. Hoffentlich kommen keine Banker hierher, dachte er nur, oder sonst jemand, der mich kennt
Heute bin ich nicht in der Lage, einen gefälligen Smalltalk zu ertragen, geschweige denn daran teilzunehmen. Zu seinem Glück fehlte ja bloß noch ein hier auftauchender Gerd Brauner, der mit ihm über die Besonderheiten und Zukunftsper-

spektiven der Bankenbranche und seine Pläne für die Wertebank diskutieren wollte.
Das Essen war in der Tat ausgezeichnet und er merkte, wie langsam seine Lebensgeister zurückkehrten. Hier spielte aber wohl auch der Wein seine Rolle, die Welt sah jedenfalls nicht mehr ganz so düster aus. Was hatte sich denn eigentlich auch geändert? Tobias war immer noch sein Sohn, die sogenannte Stimme des Blutes war ohnehin nur ein dummes Gerede. Wichtig war das gemeinsame Erleben, das füreinander da sein, das sich Gedanken und Sorgen um den Anderen machen, das Vermitteln von Erfahrungen und Wissen. Daraus erwuchsen die Bande, die Vater und Sohn zusammenschmiedeten.
Was allerdings zu klären war, war die Vergangenheit seiner Frau und ihr Verhältnis zu Brauner. Natürlich wusste er, dass sie an der Universität im gleichen Semester waren, zusammen mit Niels Werner. Claire hatte das auch immer offen kommuniziert, frei nach dem Motto, sie kenne die beiden Topbanker in Deutschland ziemlich gut. Mit dem Einen habe sie zusammen studiert und mit dem Anderen sei sie verheiratet. Das würde sie ja im Grunde zur eigentlichen Spitzenkraft im Bankgewerbe machen, scherzte sie ab und zu. Vermutlich war es während der Freiburger Zeit und auch danach nicht nur beim Studium geblieben.
Das Ergebnis davon kannte er nun ja. Dringend zu klären war nun ihr heutiges Verhältnis. Wieviel wusste Brauner und sahen sich die beiden noch, hatten sie vielleicht immer noch ein Verhältnis miteinander? Hier neigte er allerdings dem Nein zu, das hätte er ja wohl gemerkt. Obwohl, auch im Falle von Tobias hatte er das Offensichtliche verdrängt, erst Hakim hatte ihm endgültig die Augen geöffnet.
Nicht auszudenken, wenn auch anderen diese Ähnlichkeit zwischen Tobias und Brauner auffallen würde und Tobias ein

diesbezügliches Getuschel zu ertragen hätte. Auf jeden Fall wurde nun das Verhalten von Claire in der Vergangenheit verständlicher, erst das jahrelange Abwehren seines Werbens, um ihm dann Knall auf Fall nachzugeben.

Claire. Er musste sich über seine Beziehung zu seiner Frau klar werden. Liebte er sie noch immer oder würde er die Konsequenzen aus diesem unglaublichen Vertrauensbruch ziehen? Im Falle des Letzteren galt es die Rückwirkungen auf seine Bank und vor allem seine Familie in Betracht zu ziehen. Schließlich brauchten die Jungen ihren Vater noch eine Weile. Innerlich mahnte Peter Nehmer sich zur Disziplin. Wie er aus seinem Freundeskreis wusste, brachten in solchen Situationen unüberlegte Handlungen nur noch zusätzliche Probleme.

Wenn er wieder in München war, würde er zwar sehr an sich arbeiten müssen, um keinen Tobsuchtsanfall zu bekommen, aber das durfte ihm auf keinen Fall passieren. Nein, nicht noch mehr Porzellan zerschlagen, die ganze Kiste war ohnehin schon verfahren genug. Aber natürlich würde er Claire zur Rede stellen und von ihren Antworten hing sein weiteres Verhalten ab. Eigentlich war er aber mehr verwirrt als ärgerlich, der Wein hatte offensichtlich eine sedative Wirkung. Und Claire war im Laufe ihrer Ehe eine hingebungsvolle Ehefrau gewesen. Sie war klug, sah gut aus und hatte einen phänomenalen Körper. Die zwei Kinder sah man ihr auf keinen Fall an und er wusste um den Neid, den andere Männer ihm ihretwegen entgegenbrachten.

Auf jeden Fall ging es ihm nun nach dem Essen und dem Wein viel besser. Es war Zeit, nach München zurückzukehren und ein klärendes Gespräch zu führen. Peter Nehmer drehte sich nach der Kellnerin um und erstarrte zur Salzsäule.

Wer kam da auf ihn zu, strahlend schön wie der junge Morgen und natürlich wie einem Modejournal entsprungen? Zegna-

Anzug, Zegna-Hemd und, er wettete innerlich mit sich, einer Zegna-Krawatte, in handgefertigten Schuhen und das gegelte Haar straff nach hinten gekämmt. Gerd Brauner. Es war doch nicht zu fassen. Warum zum Teufel treffe ich den gerade hier und jetzt?

»Hallo, lieber Kollege Nehmer, das ist ja eine Überraschung. Was hat Sie denn nach Frankfurt verschlagen?«

Diese honigsüße Begrüßung hatte ihm gerade noch gefehlt. Peter Nehmer brauchte all seine Selbstbeherrschung und Disziplin, um nicht auszurasten. Das jahrzehntelange Training in den Haifischbecken der Bankenwelt hatte ihn Gott sei Dank gelehrt, seine Gesichtszüge unter Kontrolle zu halten. Er machte eine einladende Geste, die Gerd Brauner veranlasste, sich zu ihm an den Tisch zu setzen. »Ach, nichts Besonderes, ich hatte einen privaten Termin in Frankfurt zu erledigen und bin dann hier im Homberg gelandet, in dem ich ausgezeichnet gespeist habe. Ich hoffe, Ihnen und Ihrer Bank geht es gut?«

»Na, Sie wissen ja, wie das ist, Zufriedenheit ist der Anfang vom Ende. Aber ich will nicht klagen, die Bankgeschäfte laufen ja wieder ganz ordentlich und mir persönlich geht es soweit gut. Ich kann Ihnen übrigens nur kurz Gesellschaft leisten, ich bin hier mit unserem Oberbürgermeister verabredet. Er müsste jeden Moment kommen. Ich habe mit großem Interesse von Ihren Plänen gelesen, Ihre Bank umzubauen. Stört es Sie übrigens, wenn ich rauche?«

Peter Nehmer hatte sich mittlerweile wieder in der Gewalt und war jetzt ganz der Profi. »Überhaupt nicht. Was die Veränderungen in unserer Bank angeht, brauche ich Ihnen ja nicht zu erzählen, dass das mitnichten ein Selbstläufer ist. Da müssen alle guten Willens sein und an einem Strang ziehen. Aber ich bin ganz zuversichtlich.«

Gerd Brauner nahm einen tiefen Zug aus seinem Zigarillo. Es war wohl an der Zeit, Peter Nehmer aus seiner Selbstzufriedenheit aufzuschrecken und einen Versuchsballon zu starten.
»Also, um ehrlich zu sein, ich bin skeptisch. Ich hatte vor einigen Jahren eine ähnliche Idee und habe sie als undurchführbar verworfen.« Diese unverschämte Lüge ging ihm glatt von den Lippen. »Ich wünsche Ihnen da viel Fortune. Ich bin jedenfalls über Ihre Pläne froh. Sie wissen ja, der Marktinnovator trägt auch die hohen Innovationskosten. Der zweite, der ihm dann irgendwann folgt, kann seine Umbaukosten wesentlich niedriger halten, da er dann schon weiß, welche Fehler zu vermeiden sind und wo die Probleme beim Umbau lauern. Und wenn alle Stricke reißen, kann er den hoffentlich erfolgreichen Innovator einfach übernehmen. Das sind doch die interessanteren Optionen.«
Oha, dachte Peter Nehmer, jetzt sind wir ja in einem schönen Katz-und-Maus-Spiel. Es fragt sich nur, wer die Katze und wer die Maus ist.
»Das mit der Übernahme ist ein interessanter Gedanke. Aber wenn Sie uns übernehmen wollen, Herr Brauner, wäre es nett, wenn Sie uns vorher Bescheid sagen. Ich nehme doch an, Sie haben eine freundliche Übernahme im Sinn. Das würde Sie übrigens eine schöne Stange Geld kosten, unsere Börsenkapitalisierung ist, glaube ich, im Moment höher als die Ihrer Bank.« Zufrieden registrierte er den leicht unwilligen Ausdruck, der über Gerd Brauners Gesicht huschte. »Und Sie müssten sich mit uns auch über die Modalitäten der Übernahme einigen. Das wären sicherlich zwar interessante, aber zeitraubende Gespräche. Aber wir sollten uns nicht in rein theoretischen Phantasien verlieren.«
Gerd Brauner ließ ihn nicht aus den Augen und zog genüsslich an seinem Zigarillo. Wenn du wüsstest! Ich kann bei deiner

nächsten Hauptversammlung bereits jetzt über knapp 9% deiner Stimmrechte verfügen. Wenn ich will, dann brauche ich nur mit dem Finger zu schnippen und du hast keine Chance, das zu verhindern. Auf jeden Fall hatte er offenbar ein kleines Körnchen gesät, mal sehen, ob es irgendwann Früchte trug.

»Aber Herr Nehmer, wo denken Sie hin. Das ist doch überhaupt nicht unsere Absicht. Sie haben völlig Recht, theoretische Spekulationen sind reine Zeitverschwendung.«

Wieder eine subtile Drohung platziert, theoretische Spekulationen sind reine Zeitverschwendungen, praktische Überlegungen dagegen nicht. Brauner klopfte sich innerlich auf die Schulter. Auf der Rückfahrt nach München würde Peter Nehmer etwas zum Nachdenken haben.

»Übrigens, ich höre, Sie haben Niels Werner angeheuert. Ein guter Mann, ich hätte aber nicht gedacht, dass er noch einmal in die Bankenwelt zurückkehrt.«

Etwas im Ton von Gerd Brauner ließ Peter Nehmer nachdenklich werden. Erst die dezente Andeutung, die Wertebank zu übernehmen und nun die scheinheilige Frage nach Niels Werner. Er würde wohl mit Werner auch ein intensives Gespräch führen müssen, er hatte ohnehin noch ein spezielles Thema mit ihm zu besprechen.

Er wurde aber einer Antwort enthoben, denn am Eingang des Restaurants war auf einmal Betrieb, offenbar war der Oberbürgermeister von Frankfurt eingetroffen und auch Gerd Brauner drückte sein Zigarillo im Aschenbecher aus und machte sich daran, sich von ihm zu verabschieden. Peter Nehmer wollte ihn aber mit seiner offensichtlichen Selbstgefälligkeit nicht so einfach gehen lassen, ohne selbst noch ein wenig zu zündeln.

»Es hat mich gefreut, Sie hier zu treffen, Herr Brauner. Vielleicht können wir ja mal ein weniger zufälliges Meeting

unter uns arrangieren. Ich denke, wir haben vieles zu besprechen und vermutlich können wir viel voneinander lernen. So fand ich zum Beispiel Ihre Idee, sich mit einer Wandelanleihe Liquidität in einer doch äußerst schwierigen Zeit zu beschaffen, einfach bestechend. Steht da übrigens nicht bald der Beginn der Wandelungsfrist an und haben die Investoren sich schon geäußert, ob sie wandeln wollen?«
Plötzlich war die zur Schau getragene gönnerhafte Überheblichkeit von Brauner wie weggeblasen. Seine Augen ähnelten eher Eiskristallen und die Haut um den Mund herum erschien seltsam gepresst.
»Sie sehen, Herr Kollege, so haben wir alle unsere Themen. Wenn Sie mich jetzt entschuldigen würden, der Oberbürgermeister erwartet mich. Ich wünsche Ihnen eine gute Rückkehr in den Münchner Hafen und ein gutes Gelingen Ihrer Umbaupläne. Auf ein anderes Mal.«
Gerd Brauner kehrte ihm den Rücken zu und bewegte sich zum Tisch des Bürgermeisters. Auch sein Gang war nicht mehr ganz so geschmeidig. So, so, dachte Peter Nehmer, die Wandelanleihe bereitet ihm schlaflose Nächte, zumal er nicht weiß, in wessen Besitz sie sich befindet. Tja, mein Kleiner, sie ist nämlich meine Versicherung. Von wegen mich übernehmen zu wollen. Ich kann ja nicht ausschließen, dass der Kerl bereits heimlich Aktienpakete von uns hat einsammeln lassen.
Wie gut, dass ich in einer plötzlichen Eingebung vor 5 Jahren über die Strohmänner von Hakim im Mittleren Osten seine Wandelanleihe gezeichnet habe. Ursprünglich war das damals als langfristiges strategisches Investment gedacht, es gab ja auch kaum andere attraktive Anlagemöglichkeiten, aber nun könnte daraus eine persönliche Vendetta werden. Brauner, du weißt es noch nicht, aber beruflich kann ich dich erledigen und deine Übernahmeträume, er zweifelte keine Sekunde daran, dass

Brauner tatsächlich diese Gedanken hegte, kannst du dir abschminken.
Peter Nehmer rief die Kellnerin und bezahlte seine Rechnung, wobei er ihr ein üppiges Trinkgeld zukommen ließ. Dann holte er ein frisch gewaschenes Taschentuch aus seinem Aktenkoffer und wickelte den Rest des Braunerschen Zigarillos darin ein. So, wie es aussah, würde er mit dieser Speichelprobe gleich noch einmal die Laboratorien der Frankfurter Uniklinik bemühen müssen. Danach hätte er vermutlich endgültige Gewissheit, wer der biologische Erzeuger von Tobias war.

DURCHBLICK

Sie war heilfroh, als sie das Plateau, auf dem der Hof stand, endlich erreichte. Die Fahrt von Colmar nach Freiburg war infolge des dichten Verkehrs ziemlich stressig gewesen. Sie konnte aber nicht lange entspannen, denn schon wurde die Autotür aufgerissen. Lachend fielen sich Claire und Gabi in die Arme.
»Willkommen auf meinem Adlerhorst, Claire. Nein, eigentlich ist es ja immer noch Niels' Adlerhorst. Wie war die Fahrt? Hast du alles gleich gefunden? Ich habe mir solche Mühe mit der Beschreibung gegeben. Bist du erschöpft? Möchtest du einen Kaffee? Wo sind deine Buben?«
Wie immer sprudelte es aus Gabi Seiler nur so heraus. Lachend hielt Claire Dubois sie weiter im Arm und wiegte sie hin und her. Dabei registrierte sie erst, wie sehr ihr Gabi Seiler gefehlt hatte. In München hatte sie keine so enge Freundin, der sie alles anvertrauen konnte. Sie tat sich ohnehin schwer, Freundschaften zu schließen.
»Gabi, Gabi, es ist so schön, deinen Wortschwall mal wieder im Original zu erleben. Wir haben uns ja ewig nicht mehr gesehen. Lass dich erst einmal ansehen. Du siehst großartig aus. Gut, ein paar Krähenfüße und scharfe Linien um den Mund mehr, aber das steht dir ausgezeichnet. Die Scheidung scheint dir zu bekommen.«
Gabi Seiler löste sich von ihr und sah sie bekümmert an, wobei ihre Augen verdächtig schimmerten. »Ach, hör bloß auf. Das ist alles ganz schrecklich. Du begräbst einen Teil deines bisherigen Lebens. Es ist, als ob ein Stück von dir stirbt und du nie wieder dieselbe sein wirst. Dazu kommen noch die verletzten Eitelkeiten und die Gemeinheiten, die man sich gegenseitig an den

Kopf wirft. Dann sind darüber hinaus noch die komplizierten rechtlichen Fragen zu lösen, von denen ich ohnehin nichts verstehe. Und dann das Gezerre um die Jungen. Es ist furchtbar, Claire.«

»Na komm, immerhin hast du jetzt wenigstens dein eigenes Zuhause und kannst erst einmal Abstand gewinnen. Wie ich dich kenne, lässt du dich sowie so nicht unterkriegen. Wo sind denn deine Jungs?«

»Norbert ist mit ihnen in den Europapark nach Rust gefahren. Die werden vor heute Abend nicht zurück sein.«

»Das ist gut, dann können wir ganz ungestört quatschen, meine Buben habe ich bei meinen Eltern gelassen. Und um deine Frage von vorhin zu beantworten, ja, ich hätte gerne einen Kaffee.«

Gabi Seiler legte ihr den Arm auf die Schulter und führte sie ins Haus. Beim Anblick der Hündin versteifte sich Claire Dubois etwas, sie hatte einen Heidenrespekt vor Schäferhunden.

»Das ist Nicki, Niels' Hund. Sie ist lieb, Claire, kann aber nicht mehr so weit laufen. Probleme mit der Hüfte, weißt du? Sie frisst derzeit nicht so richtig. Wir tun, was wir können, aber sie vermisst Niels sehr.«

Wie zur Bestätigung wedelte Nicki kurz mit dem Schwanz, ohne allerdings ihre Schlafhaltung aufzugeben. Claire Dubois schaute sich anerkennend um.

»Donnerwetter, da hat Niels sich ja ein Superheim geschaffen. Das dürfte auch nicht ganz billig gewesen sein. Und der Ausblick vom Plateau ist einfach sensationell. Allerdings ist es ein wenig einsam hier oben. Wie kommst du, und wie kommen deine Kinder zurecht?«

»Ach, wir fühlen uns hier sauwohl. Die Jungens nehmen morgens üblicherweise das Fahrrad, um den Zug nach Freiburg zu erreichen. Bei schlechtem Wetter laufen sie zur

Bushaltestelle im Tal. Für mich ist es kein Unterschied, ob ich von hier zu meinen Kunden fahre oder wie früher von Umkirch. Ich habe von Niels die Haushaltshilfe übernommen und sie kommt dreimal die Woche herauf, um den Haushalt zu schmeißen. Lediglich beim Einkaufen brauchst du ein wenig strategisches Geschick, es gibt halt keinen Supermarkt gleich um die Ecke. Dafür genießen wir hier die himmlische Ruhe und die wunderbare Natur.«

Gabi Seiler schenkte den Kaffee ein und zauberte aus den Tiefen des Kühlschranks einen Brombeerkuchen, den Käthe gestern gebacken hatte.

Claire Dubois nahm einen Schluck und ließ ein genießerisches Mmmhhh hören.

»Der Kaffee ist super, man merkt, welch gutes Wasser du hier hast. Jetzt erzähl aber mal, was mit dir und Norbert los ist.«

»Nichts ist mehr los, das ist ja das Problem. Er hat eine Freundin, natürlich um einiges jünger als ich, und sie hat ja sooo viel Verständnis für ihn. Die ganze Affäre geht wohl schon seit mehr als einem Jahr, sie sehen sich ja täglich in seiner Firma. Ich bin eigentlich nur durch einen dummen Zufall darauf gekommen, weil der eine Kunde plötzliche Terminschwierigkeiten hatte und ich daher kurzfristig einen anderen Termin wahrgenommen habe. Dadurch war ich nicht in der Wiehre, sondern bin in das Glottertal gefahren, und da sind mir die beiden Turteltauben zufällig begegnet. Na, das war eine Freude für alle Beteiligten. Dieser Mistkerl! Ich weiß ja auch, dass bei mir nicht mehr alles taufrisch ist. Aber deswegen muss man doch nicht gleich auf Liebe machen, ein einfacher Seitensprung hätte es ja auch getan.«

Claire Dubois legte die Hand auf die ihrer Freundin.

»Beruhige dich, Gabi. Auch Männer haben in dem Alter so ihre statischen Probleme. Nicht umsonst gibt es Viagra.«

Daraufhin giggelten die beiden Frauen wie zwei Teenager. »Und ehrlich gesagt, Gabi, Norbert war schon immer irgendwie auf der Suche nach einer Zweitfrau. Bei mir hat er es auch versucht.«
»Ach Claire, du tust mir so gut. Schade, dass München so weit weg ist. Aber ich tröste mich immer mit dem Gedanken, wie super du es getroffen hast und wie sehr Peter dich auf Händen trägt. Er ist ein wunderbarer Mensch.«
»Also, um ehrlich zu sein, da gibt es auch ein kleines Problem.«
Gabi Seiler gab nur ein kleines »Ooh« von sich und sah ihre Freundin etwas genauer an. Erst jetzt fielen ihr einige Stresslinien in deren Gesicht auf, die selbst das kunstvolle Make-up nicht so ganz verdecken konnte. Offenbar hatte Claire ihren Besuch bei den Eltern in Colmar auch deswegen unternommen, weil sie sich bei ihrer besten Freundin aussprechen wollte.
»Claire, das haut mich aber leicht um. Was soll denn bei Peter und dir nicht stimmen? Er betet dich doch an und du hast erst neulich am Telefon gesagt, dass du in all den Jahren gelernt hast, ihn zu lieben. Vielleicht ist er für dich nicht so ganz der ideale Mann, ein wenig zu steif vielleicht, aber es gibt bestimmt schlimmere Schicksale, als mit ihm verheiratet zu sein. Oder trauerst du in Gedanken immer noch dem Gerd nach?«
Claire Dubois drehte den Kopf zur Seite und sah aus dem Fenster. Es würde ihr nicht leicht fallen, über alles zu reden, selbst wenn es Gabi war. Aber sie musste das Ganze endlich einmal loswerden. Peter hatte sie ja auch den Teil der Geschichte erzählt, den er wissen musste. Sie richtete den Blick auf Gabi Seiler und holte tief Luft.
»Mit dem hat das Ganze auch zu tun, aber anders, als du meinst. Tobias ist nicht der leibliche Sohn von Peter, sondern von Gerd. Und Peter hat das herausgefunden. Wir hatten eine ziemlich schlimme Auseinandersetzung.«

Gabi Seiler sah sie fassungslos an. Sie stand auf, ging zum Kühlschrank und öffnete eine Flasche Cremant.
»Entschuldige, Claire, aber ich brauche jetzt erst einmal einen Drink und du siehst aus, als könnte dein Kreislauf auch einen vertragen.«
Ohne eine Antwort abzuwarten füllte sie zwei Gläser und kehrte zum Tisch zurück. Claire Dubois nahm dankbar ihr Glas entgegen.
»Na dann, Prost, Claire.«
Die beiden Frauen nahmen einen tiefen Schluck, wobei Claire Dubois ihren Cremant in einem Zug herunter kippte. Gabi Seiler wartete geduldig, bis ihre Freundin ihr Glas wieder aufgefüllt hatte, bevor sie mit sanfter Stimme sagte: »Dann lass es mal heraus, Claire.«
Der Blick von Claire Dubois zeigte den verlorenen Ausdruck, der schon früher in allen Männern den Beschützerinstinkt ausgelöst hatte. Dann fing sie stockend an zu erzählen. »Du weißt ja von Gerd und mir. Ich habe ihn geliebt und liebe ihn wohl immer noch. Ja, ich weiß, ich liebe auch Peter, aber das ist eine andere Art von Liebe. Gerd ist wie ein Pirat. Er nimmt sich alles, was er kriegen kann. Das hat mich immer fasziniert. Ja, und im Bett haben wir uns blind verstanden. Auch nach dem Studium haben wir unsere Beziehung aufrechterhalten. Er war in Frankfurt, ich mittlerweile in München und wir haben uns dann zu gelegentlichen Wochenendtreffs verabredet. Aber mir war das auf Dauer nicht genug. Ich wollte eine Familie und geordnete Verhältnisse. Dazu war Gerd nicht bereit. Also fing ich langsam an, gegenüber dem Werben von Peter weich zu werden. Ja, und dann kam vor zwölf Jahren die legendäre Osterwoche. Am Karfreitag stand auf einmal Gerd vor meiner Münchner Wohnung. Ein Überraschungsbesuch, wie er es nannte. Natürlich landeten wir im Bett. Anschließend hatte er

es furchtbar eilig, wieder davonzurauschen, ein wichtiges Treffen in Paris am Ostersamstag. Ich solle doch froh sein, dass er extra meinetwegen den Flug über München gebucht hatte. Und fort war er. Dabei war das Bett noch warm und sein Geruch war noch im Schlafzimmer. Du kannst dir vorstellen wie ich mich fühlte. Am Ostersonntag ging ich dann im Nymphenburger Schlosspark spazieren. Und da traf ich Peter, der seine gehbehinderte Mutter im Rollstuhl vor sich herschob. Bei dieser Gelegenheit lud er mich zum Abendessen im Romans ein. Warum eigentlich nicht, dachte ich. Ob es dann der Alkohol war oder mein Gefühl der Einsamkeit, jedenfalls landeten wir dann auch im Bett. Ich hatte so etwas noch nie vorher getan, also einen One-Night-Stand. Zumindest habe ich es damals als einen solchen betrachtet. Tja, und dann war ich auf einmal schwanger.«

Mit diesen Worten stürzte Claire Dubois ihr mittlerweile drittes Glas hinunter. »Dann kam die Gretchenfrage, wer der Vater ist. Nach meiner Überzeugung konnte es Gerd nicht sein, dem hatten doch die Ärzte damals nach seinem Motorradunfall gesagt, er könne keine Kinder mehr zeugen. Ich bin daher davon ausgegangen, dass Peter der Vater ist. Aber als ich dann nach der Geburt Tobias in den Armen hielt, war mir sofort klar, dass nur Gerd als Erzeuger in Frage kommen konnte. Und nun wird Tobias ihm immer ähnlicher, kein Wunder, dass Peter auf die gleiche Idee kam.«

Gabi Seiler ging zum Kühlschrank, um einen Brunch auf den Tisch zu zaubern. Erst einmal musste sie sich ablenken, und wenn sie in dem Tempo weiter die Flasche leeren würden, wären sie bald betrunken. Jetzt musste erst einmal eine Unterlage her. Claire Dubois sah ihr schweigend zu, unfähig, irgendeine vernünftige Handreichung zu machen. Sie musste das jetzt alles loswerden.

»Ich weiß, von Peters Standpunkt aus ist das alles unverzeihlich. Gott sei Dank ist seine Beziehung zu Tobias sehr stark und er wird sich immer als Vater fühlen. Aber sein Vertrauensverhältnis zu mir ist natürlich angeknackst, wie du dir ja denken kannst. Ich habe ihm hoch und heilig versichert, dass meine Beziehung zu Gerd seit damals beendet ist und ich Gerd lediglich noch bei irgendwelchen gesellschaftlichen Anlässen, und dann auch nur aus der Ferne gesehen habe. Gerd hat mir sowieso nie verziehen, dass ich Peter und nicht ihn geheiratet habe.«
Gabi Seiler stützte sich direkt vor ihr mit den Fäusten auf den Tisch. »Das ist ein guter Punkt, Claire. Warum hast du eigentlich nicht Gerd geheiratet, ihr wart doch immer ein Herz und eine Seele?«
»Ich habe ihm noch nicht einmal von meiner Schwangerschaft erzählt. Er weiß gar nichts von seinem leiblichen Kind. Ich wollte nicht, dass mein Kind, egal ob es nun von ihm oder Peter ist, bei ihm aufwächst. Gabi, du und ich glaube, auch Niels, ihr kennt den Mann nicht richtig. Gerd ist Mitglied in so einer Art mafiöser Vereinigung, die sich in der Bankenwelt etabliert hat. Sie nennen sich Club mes amie und die Gefolgsleute sitzen in allen europäischen Banken in mehr oder weniger hohen Positionen. Sie manipulieren in enger Absprache untereinander Devisenkurse, Zinssätze, Edelmetallpreise und so weiter. Der normale Banker und der Kunde wissen davon nichts und sie sorgen auch dafür, dass das so bleibt. Sie schrecken dabei vor nichts zurück, unliebsame Journalisten oder sonstige zu neugierige Personen werden aus dem Weg geräumt. Die Einzelheiten wollte ich nie wissen und Gabi, glaube mir, ich habe darüber noch nie gesprochen, und du solltest das auch auf keinen Fall tun. Wie ich schon sagte, sind die Clubmitglieder nicht gerade zimperlich. Ich wollte nicht mein Kind in einem solchen Umfeld aufwachsen sehen.«

Während es aus Claire Dubois nur so heraus sprudelte, hatte sich Gabi Seiler langsam auf einen Stuhl sinken lassen, schüttelte den Kopf und fuhr sich mit den Händen durch die Haare.

»Wow, ich glaube, wir brauchen noch eine Flasche von dem Cremant. Das sind ja sensationelle Enthüllungen, und Claire, jetzt kann ich dein Verhalten in der Vergangenheit erst richtig einordnen. Ich habe mich immer gefragt, was dich geritten hat, den Peter zu heiraten und Gerd den Laufpass zu geben. Hast du das alles auch Peter erzählt?«

»Wo denkst du hin, ich möchte ihn und die Kinder doch nicht in Gefahr bringen. Ich habe ihm lediglich gesagt, ich wäre überzeugt gewesen, sein Kind unter dem Herzen zu tragen. Irgendwie stimmt das ja auch. Ich liebe ihn. Das war zwar nicht in dem Maße von Anfang an da, aber es ist im Laufe der Jahre gewachsen, nachdem ich mehr und mehr gemerkt habe, was für ein wunderbarer Mensch er ist. Das habe ich ihm gesagt und dass mir das alles furchtbar leid tut. Ich denke, er hat mir wenigstens teilweise verziehen und wir haben noch eine Chance gemeinsam unsere Ehe zu retten. Vielleicht schweißt uns das ja noch mehr zusammen.«

Gabi Seiler nahm ihre Essensvorbereitungen wieder auf.

»Also, ich gebe ja mein Bestes, aber ich kann nicht verstehen, wie du so lange mit Gerd, und es war immer nur Gerd, auf den du abgefahren bist, zusammen sein konntest. Du hast doch seine Verwicklung in diesen merkwürdigen Verein mitbekommen. Bei aller Liebe, aber mit so einem Menschen möchte ich nicht das Bett teilen.«

»Ich habe das ja alles nicht von Anfang an gewusst, sondern erst allmählich, so nach und nach, mitbekommen. Du weißt doch, wie das ist, Gabi. Die ersten Anzeichen willst du nicht wahrhaben, du negierst einfach die Möglichkeit, dass dein geliebter

Freund in einer kriminellen Vereinigung ist und notfalls auch Menschen aus dem Weg räumen lässt. Das dauert eine Weile, bis so ein fürchterlicher Gedanke als reale Möglichkeit gesehen wird. Gerd ist nicht von Grund auf schlecht, aber in einem hohen Maße rücksichtslos. Er nimmt sich, was er haben möchte, und was er dann hat, gibt er nicht mehr her. Ich hatte sogar ein wenig Angst vor ihm, als ich mich für Peter entschieden habe.«

Gabi Seiler legte den Arm um die Schultern ihrer besten Freundin. »Warum hast du nie etwas gesagt? Du musst ja Ängste ausgestanden haben … Nicht auszudenken, wenn … deswegen bist du so Knall auf Fall mit Peter nach Las Vegas, um zu heiraten? Möglichst weit weg, hm? Hat sich Gerd irgendwann in irgendeiner Form dir gegenüber mal geäußert?«

Claire Dubois schnäuzte sich die Nase und sagte mit leicht belegter Stimme: »Nein, nie. Wir haben seitdem, wie gesagt, ausschließlich bei offiziellen Anlässen nur ein paar Belanglosigkeiten ausgetauscht. Aber ich kenne ihn, er war und ist tödlich beleidigt und ich glaube, er sinnt immer noch auf Rache.«

»Wie kommst du darauf?«

»Nun, Peter hat die DNA-Tests in Frankfurt machen lassen. In München ist er einfach zu prominent und er wollte keinem Bekannten über den Weg laufen. Und stell dir vor, nachdem er das für ihn niederschmetternde Ergebnis bekommen hatte, ist er in ein Nobelrestaurant gegangen, um den Schock herunter zu spülen und etwas zu essen. Wie das Leben so spielt, kam auf einmal Gerd hinein und hat sich einen Moment an Peters Tisch gesetzt. Im Laufe der Unterhaltung der beiden hat Gerd, laut Peter, sogar zweimal ganz versteckt angedeutet, dass er sich durchaus vorstellen könnte, die Wertebank zu übernehmen. Das wäre für ihn ein typisches Manöver, er rächt sich an mir, indem er meinem Mann schadet.«

Gabi Seiler traf es plötzlich wie ein Blitz. Der ach so liebe Niels hatte sie angelogen. Das war es, was Gerd Brauner von ihm wollte. Er sollte sich von der Wertebank anheuern lassen, den Spion spielen und im Falle der Übernahme dem Herrn und Meister wertvolle Insiderinformationen liefern. Der erste Teil des Planes war ja schon aufgegangen. Von wegen er hatte Gerd abgesagt. Alles erstunken und erlogen. Wie hatte er doch gesagt? Legal sauber, moralisch zweifelhaft, menschlich eine Schweinerei. Diese Beschreibung passte haargenau auf den Job, den er bekommen hatte. Na, den Herrn würde sie nachher anrufen und ihm einige Takte erzählen. Ihre Gedanken schienen sich in ihrem Gesicht widergespiegelt zu haben.

»Gabi, wo bist du gerade mit deinen Gedanken?«

»Ich bin immer noch dabei, das zu verarbeiten, was du mir erzählt hast. Aber jetzt lass uns erst einmal etwas essen, mir ist schon ganz flau im Magen. Kein Wunder bei all dem Cremant. Vielleicht sollten wir nachher ein Mittagsschläfchen draußen in den Liegestühlen abhalten. Das gilt insbesondere für dich, schließlich musst du für deine Fahrt zurück nach Colmar wieder halbwegs nüchtern sein.«

Während die beiden Frauen mit richtigem Heißhunger, es war auch schon fast Mittag, Rührei, Schwarzwälder Schinken, leckere Lyoner, Pastete, Oliven und Schafskäse aßen, drehten sich Gabi Seilers Gedanken im Kreis. Was Claire gesagt hatte, ließ ihr keine Ruhe. Sie hatte etwas von Personen aus dem Weg räumen gesagt. Könnte es sein, dass Gerd Brauner etwas mit dem plötzlichen Flugzeugabsturz von Hakim Sailer zu tun hatte? Nur dadurch war es ja für Niels möglich gewesen, bei der Wertebank anzuheuern. Aber nein, ihre Neigung, den Detektiv zu spielen, in allen Ehren, aber das war vermutlich zu weit hergeholt. Und doch passten die Puzzlestücke exakt zusammen.

Claire Dubois gähnte plötzlich herzhaft. »Gabilein, ich nehme dein Angebot dankend an. Die Fahrt, der Cremant und unser Gespräch haben mich total geschafft. Ich lege mich draußen auf die Liege und versuche zu entspannen. Mal sehen, vielleicht kann ich auch ein Nickerchen halten. Weck mich aber spätestens um drei Uhr, ich habe den Jungens gesagt, um vier Uhr wäre ich wieder bei ihnen.«
»Alles klar, Claire, hier nimm dir noch diese Decke mit nach draußen. Schlaf ruhig ein, ich bewache deine Träume und wecke dich.«
Während Claire Dubois draußen ihre Liege positionierte und sich, die Decke als eine Art Poncho überwerfend darauf niederließ, räumte Gabi Seiler die Reste von ihrem Brunch wieder in den Kühlschrank. Dabei konnte sie es nicht lassen, sich den Rest des Cremant zu genehmigen, wobei erst jetzt in ihr Bewusstsein drang, dass sie offenbar eine zweite Flasche geöffnet hatte.
Kein Wunder, was da heute auf den Tisch gekommen war, hätte auch stärkere Naturen umgehauen. Und sie hatte all die Zeit keine Ahnung von Claires Nöten gehabt. Und dann Niels, dieser Halunke, dem würde sie nachher mal ein paar Takte flüstern. Hoffentlich erreichte sie ihn telefonisch. Die Krönung war aber Gerd Brauner, der Gangster. Sie schüttelte immer wieder den Kopf. Wer hätte das gedacht. Vermutlich war er auch nur deswegen so schnell zur Spitze der Meinebank aufgestiegen, weil er massive Unterstützung durch seinen Club, oder was das auch immer war, erfahren hatte. Er hatte zwar immer versucht, den Eindruck zu vermitteln, er könne über Wasser gehen, aber letztendlich kochte er wohl auch nur mit Wasser, um bei diesem Bild zu bleiben.
Sie kraulte kurz die immer noch vor sich hindösende Nicki hinter den Ohren und trat dann leise nach draußen. Wie sie es

sich gedacht hatte, war Claire schon eingeschlafen. Sie legte sich auf die andere Liege und schloss die Augen. Es war hier so friedlich und mit Nicki als Wachhund fühlte sie sich auch absolut sicher. Sie würde jeden melden, der sich dem Haus näherte, und mit 40 Kilo geballter Schäferhündin legte sich so schnell niemand an. Die Tierärztin hatte ihr neben Spritzen auch ein schmerzstillendes Medikament mitgegeben. Allerdings machte die Medizin sie schläfrig. Letzteres galt auch für sie, allerdings hieß hier die Medizin Cremant.

Ein lautes Grollen ließ sie aufwachen. Am Himmel zeigten sich bedrohliche schwarze Gewitterwolken. Auch war es empfindlich kühler geworden, der Höllentäler Wind war offenbar schon aktiv. Als sie zu Claire hinüberblickte, sah sie, dass diese die Augen schon geöffnet hatte und sich wohlig auf ihrer Liege streckte.

»Hast du gut geschlafen, Claire?«

»Wunderbar.«

Claire schnurrte wie eine Katze und warf einen Blick auf ihre Uhr.

»Hups, da habe ich ja fast zwei Stunden tief und fest geschlafen. Ich fürchte, ich muss dann demnächst wieder los, Gabi. Eigentlich schade, wir haben kaum über dich gesprochen.«

»Claire, wir machen folgendes. Morgen ist Samstag. Da komme ich nach Colmar, wir beide fahren in die Vogesen und gehen am Col de la Schlucht wandern, ohne einen störenden Mann. Da können wir dann weiterreden. Was meinst du?«

»Superidee, das machen wir. Die Buben können mit ihrem Opa angeln gehen und wir fahren ohnehin erst am Sonntag nach München zurück. Ich gehe mal rein und mache mich frisch, bevor ich losfahre.«

Gabi Seiler sah ihr hinterher. Ihr fiel immer wieder Claires Art zu gehen auf, in kompletter Harmonie mit ihrem Körper. Sie

selbst hatte eher einen abgehackten Gang. Niels hatte einmal gesagt, mit ihrem Gang könne sie in jeder Armee mitmarschieren.
Zehn Minuten später war Claire Dubois wieder auf dem Weg nach Colmar und Gabi Seiler griff sich, kaum dass Claires Wagen den Hof vom Josef passiert hatte, das Telefon und wählte die Nummer vom Büro von Niels Werner.
»Asset Management der Wertebank! Büro von Niels Werner. Karin Stigel am Apparat.«
»Guten Tag, Frau Stigel, hier spricht Gabi Seiler. Ist Herr Werner zu sprechen?«
»In welcher Angelegenheit, Frau Seiler?«
»Das ist eher privat, wir kennen uns aus gemeinsamen Studientagen.«
»Einen Moment bitte, ich schaue mal, ob er frei ist.«
Oh je, dachte Gabi Seiler. Die Rituale sind doch überall die gleichen. Natürlich ist er frei. Wenn er es nicht wäre, wüsstest du es und hättest es sofort gesagt. Immerhin war aber die Stimme von Frau Stigel ausgesprochen freundlich gewesen. Niels Werners Stimme riss sie aus ihren Gedanken.
»Gabilein, wo brennt es?«
»Bei dir brennt es, du Halunke, du hast mich angelogen.«
»Gabi, jetzt sprichst du aber in Rätseln.«
Da brach es aus ihr heraus: »Du hast mich angelogen. Ich weiß jetzt, welchen Job dir der Gerd angeboten hat. Du sollst für ihn bei der Wertebank spionieren, weil er die Bank übernehmen will. Du solltest dich was schämen, dich auf so etwas einzulassen. Von wegen, du hast ihm abgesagt. Du hast mich angelogen, Niels.«
Die letzten Worte schrie sie mit all ihrer Empörung heraus. Er war seit der Studienzeit von ihr verehrt worden, er war immer der Held, der für die Schwachen eintrat. Er war derjenige, der

immer wusste, was richtig und was falsch ist. Und er war derjenige, an den man sich wenden konnte, wenn ein Rat benötigt wurde, auch wenn das Problem delikat war. Und nun dies.

»Wie hast du es herausgefunden, Gabi?«

»So, du gibst es also zu? Du leugnest noch nicht einmal.«

Die Stimme von Niels Werner war ganz ruhig. »Streng genommen habe ich dich nicht angelogen. Ich habe Gerd abgesagt, aber es ihm noch nicht gesagt. Die Absage ist ein innerlicher Prozess, den ich erst durchlaufen musste. Ich werde im Gegenteil alles daran setzen, um seinen Plan, diese Bank zu übernehmen, zu vereiteln. Ich werde Gerd stoppen. Ich weiß noch nicht so ganz wie, aber er wird sein Ziel nicht erreichen. Das ist wohl auch meine Rache an ihm, aber was viel wichtiger ist, Peter Nehmer und diese Bank verdienen es nicht, in den Schlund von Gerd gesogen zu werden. Peter Nehmer hat eine Supervorstellung von der Bank der Zukunft und ich möchte an der Realisierung mitarbeiten. Ich hoffe, du bist wieder mit mir gut. Aber noch einmal, wie hast du es herausgefunden?«

Gabi Seiler konnte gar nicht ausdrücken, wie erleichtert sie war. Niels wusste offenbar immer noch, was Recht und Unrecht war. Und eine Allianz zwischen Peter Nehmer und Niels Werner war schon eine formidable Abwehr gegenüber allen Vorhaben, die Gerd Brauner aushecken würde.

»Niels, dieses trojanische Pferdespiel hätte auch nicht zu dir gepasst. Claire war heute bei mir und hat mir von einem zufälligen Treffen von deinem Boss mit Gerd in Frankfurt berichtet. Dabei hat seine Heiligkeit der Bankenbranche dezent fallen lassen, dass er sich durchaus eine Übernahme der Wertebank vorstellen könne. Da habe ich natürlich Zwei und Zwei zusammen gezählt. Das passte auch perfekt zu deinem geheimnisvollen Getue mir gegenüber.«

»Du bist einfach zu clever. Hast du Claire gegenüber etwas fallen gelassen?«
»Wo denkst du hin, Niels. Ich will schließlich noch länger in deinem wunderschönen Berghof wohnen. Wir fühlen uns hier alle superwohl.«
Niels Werner lachte.
»Und Nicki geht es gut?
»Sie vermisst dich halt, aber sie hat sich gut mit den Jungs angefreundet. Nach den Spritzen und mit der Medizin geht es ihr besser, sie schläft aber mehr als früher.«
»Super, Gabi. Ich muss jetzt aber los zu einem Meeting. Frau Stigel hat mir schon zum zweiten Mal ein Zeichen gegeben. Es tut mir leid, dass ich dir nicht gleich reinen Wein eingeschenkt habe. Ich werde aber nächste Woche ein längeres Gespräch mit Peter Nehmer haben, da werde ich ihn ins Bild setzen. Pass auf dich und den Berghof auf, Gabi, und zwar in dieser Reihenfolge. Mach es gut und danke für deinen Anruf.«
Gabi Seiler musste aber noch dringend etwas loswerden. »Niels, Niels, warte noch. Du weißt doch, meine grauen Zellen sind immer am Arbeiten. Hältst du es für möglich, dass das Unglück meines Namensvetters gar kein Unglück war?«
Nichts zu hören. Hatte Niels schon aufgelegt? Dann aber hörte sie ihn tief Luft holen.
»Was meinst du damit, Gabi?«
»Na, ich meine, könnte es sein, dass Gerd Brauner, um Platz für deine Beschäftigung in der Wertebank zu schaffen, hinter dem Flugunglück von Hakim Sailer steckt? Dass dieser Mistkerl das alles von langer Hand geplant hat?«
Wieder war in der Leitung nur ein Rauschen zu hören. Nach einer sehr langen Weile kam die Stimme von Niels Werner zurück und er sagte ganz ruhig, wenn auch mit einem gepressten Unterton: »Ich hoffe nicht, dass du recht hast, Gabi.«

MITTELSPIEL

Die Nacht war furchtbar. Er hatte so gut wie nicht geschlafen. Nicht auszudenken, wenn Gabi recht hätte, aber er konnte sich das immer noch nicht vorstellen. Sein Studienfreund sollte den Tod eines anderen Menschen angeordnet haben, um seine unternehmerischen Ziele durchsetzen zu können? Er traute Gerd Brauner ja mittlerweile ziemlich viel zu, aber nein, das konnte er sich beim besten Willen nicht vorstellen.

Und doch, die Logik von Gabis Frage war bestechend, und er hatte sowieso gelernt, ihren spontanen Gedankensprüngen zu trauen. Zu oft hatte sie dabei, schon zu Studentenzeiten, ins Schwarze getroffen. Und tief in seinem Inneren musste er sich eingestehen, dass sie auch in Bezug auf ihn selbst richtig lag. Er hatte sich auf eine ausgemachte Sauerei eingelassen, auch wenn er in den letzten Wochen und Monaten mit dem guten Gerd kein Wort gewechselt hatte und für sich in Anspruch nehmen konnte, noch gar keinen Verrat begangen zu haben.

Seufzend quälte sich Niels Werner aus dem Bett, langsam und bedächtig, denn sein Kreislauf war offenbar noch nicht stabil. Der mangelnde Schlaf machte sich bemerkbar. Und der Whisky gestern Abend war auch nicht gerade förderlich für sein momentanes Wohlbefinden gewesen. Aber er hatte nach dem Telefonat mit Gabi etwas gebraucht, um den plötzlichen faden Geschmack in seinem Mund herunterzuspülen.

Vor dem Weg ins Bad präparierte er erst noch die Kaffeemaschine und schaltete sie ein. Er würde heute einen extra starken Kaffee brauchen. Eigentlich sehnte er sich nach einem doppelten Espresso, aber er hatte es beim Einzug in seine kleine

Wohnung in Bogenhausen bei einer einfachen Kaffeemaschine belassen. Die Wohnung samt Einrichtung hatte ohnehin schon genug gekostet.
Unter dem heißen Duschstrahl wurde sein Kopf allmählich klarer und auch seine verkrampften Muskeln lockerten sich ein wenig. Es war vermutlich eine gute Idee, heute nach Büroschluss in das Fitnessstudio zu gehen und danach in die Sauna. Dabei konnte er sich dann in Ruhe das weitere Vorgehen überlegen. Er musste auf alle Fälle, sobald es ging, mit Peter Nehmer reden und anschließend dem guten Gerd mitteilen, dass er gar nicht daran dachte, Informationen über die Wertebank zu liefern. Er hatte in den drei Monaten seines Hierseins Mitarbeiter, Kollegen und seinen Chef schätzen gelernt und vor allem war er von der Genialität der Strategie der Wertebank überzeugt. Er wollte mithelfen, hier etwas Einzigartiges aufzubauen. Und außerdem hegte er immer noch einen tiefen Groll gegenüber Gerd Brauner. Der gute Gerd hatte sich damals doch ziemlich von hinten herum gezeigt.
Nachdem er rasiert und besser gelaunt wieder aus dem Bad kam, warf er sich den japanischen Bademantel über und huschte das Treppenhaus hinunter, um seine Zeitung aus dem Briefkasten zu holen. Gott sei Dank waren seine Nachbarn wohl noch im Bett. Zurück in der Wohnung machte es sich gerade auf seiner Couch bequem, als das Telefon läutete.
Wer um Himmelswillen ruft mich morgens um sieben Uhr an, es ist doch wohl nicht wieder Gabi? Das Display jedenfalls zeigte keine Nummer an. Zögerlich nahm er den Hörer ab.
»Werner«.
»Wie ich sehe, ist unser Frühaufsteher immer noch ein Frühaufsteher.«
Diese melodische Frauenstimme hätte er unter tausend anderen sofort wiedererkannt.

»Claire, das ist aber eine Überraschung, selbstverständlich eine sehr angenehme.«
»Hör bloß mit dem Süßholzraspeln auf, das hast du noch nie gekonnt. Eigentlich sollte ich dich mit Verachtung strafen. Du bist schon drei Monate in München, arbeitest für meinen Mann und hast für mich kein Sterbenswörtchen übrig. Geht man so mit alten, äh, ich meine, langjährigen Freunden um?«
Hups, dachte Niels Werner, worauf läuft denn das jetzt hinaus? Die gute Claire Dubois hatte doch selbst jahrelang keinerlei Signale in seine Richtung gesandt.
»Ach Claire, unsere Kommunikation ist leider schon länger eingerostet und ich dachte nicht, dass du dich freust, von mir zu hören.«
»Papperlapapp, Niels, da lagst du mal wieder völlig schief. Du warst noch nie gut im zwischenmenschlichen Miteinander. Natürlich hat jeder von uns sein eigenes Leben gelebt, aber das heißt doch nicht aus dem Auge, aus dem Sinn. Und schon gar nicht bei uns, wo du, Gabi, Gerd und ich an der Uni nichts ohne die anderen gemacht haben. Selbstverständlich freue ich mich, dich wieder zu sehen. Und damit fangen wir auch gleich an. Heute Abend kommst du zu uns zum Essen, da kannst du auch meine Kinder kennen lernen. Ich koche uns etwas Leckeres. Und Peter will ohnehin mit dir irgendwelche wichtigen Bankdinge bereden.«
»Äähh, Claire, heute Abend?«
»Keine Widerrede, ich erwarte dich heute Abend um 19 Uhr bei uns in der Hubertusstraße. Bis dann, mein Lieber.«
Mit einem schwungvollen Klick in der Leitung brach die Verbindung ab. Niels Werner hielt nachdenklich den Hörer noch eine Weile in der Hand. Was war denn das jetzt? Woher diese plötzliche Wiedersehensfreude? Oder lag der wahre Grund für die Einladung bei Peter Nehmer? Sein Chef wollte vielleicht

etwas Besonderes mit ihm besprechen, für die normalen Themen hätte er ein Treffen in der Bank gewählt.«
Dummerweise würde er das heutige Champions League Spiel der Bayern verpassen, und das, obwohl er eine Karte für eine der Promilogen hatte. Aber das war dann halt ein Kollateralschaden, den er nicht umgehen konnte. Er würde schon jemanden finden, der an seiner Stelle dahin ginge. Vielleicht sogar Frau Stigel, die war ja ganz verrückt nach den Bayern.
Niels Werner trank seinen Kaffee aus und ging in den eingebauten Wandschrank, in dem sich seine Anzüge befanden, um sich anzuziehen. Heute geschah das mit besonderer Sorgfalt, schließlich musste er abends Eindruck machen. Er würde nicht vorher noch einmal nach Hause kommen können, sein Terminkalender war ausgesprochen voll und er brauchte jede verfügbare Minute im Büro. Und die Fahrt nach Nymphenburg in die Hubertusstraße war während des Feierabendverkehrs auch sehr zeitraubend.
Seine Laune besserte sich allmählich. Heute Abend würde es spannend werden, und bei Licht betrachtet ergab sich ja vielleicht ganz zwanglos die Möglichkeit, die Positionen zu klären und Peter Nehmer seiner Loyalität zu versichern. Er ging in die Tiefgarage zu seinem Wagen und machte sich auf den Weg ins Büro. Dort erwartete ihn schon eine ungeduldige Frau Stigel.
»Guten Morgen, Herr Werner. Bevor Sie irgendetwas anderes tun, bitte, ich habe zehn von mir als dringlich eingestufte, an Sie gerichtete Mails. Ja, schauen Sie nicht so verzweifelt, ich habe schon vierzig andere als unwichtig aussortiert. Bei den wichtigen handelt es sich unter anderem, wen überrascht es, um Fragen der Personalabteilung und der zentralen Finanzen, des Vertriebs, Ihres Chefanlagestrategen, der Volkswirte usw. Sie alle wollen dringende Auskünfte oder Entscheidungen ein-

holen. Also bitte, retten Sie mich, bevor ich in diesen Anfragen ersticke. Ich weiß ja gar nicht, was ich antworten soll.«
Niels Werner strahlte seine Sekretärin an. »Nun mal langsam mit den Pferden, Stigelchen, Personal, Finanzen und alle sonstigen Zentralfuzzies können warten. Sie sind für unser Tagesgeschäft nicht so wichtig, um nicht zu sagen unwichtig. Ich weiß, die selbst sehen das anders und verbreiten ständig ihre Wichtigkeit, aber ich glaube, unsere Leute sind bedeutender, denn die setzen unsere Entscheidungen unmittelbar in Investments um, welche über unseren Geschäftserfolg entscheiden. Also bitte, unsere Portfoliomanager zuerst, dann die Volkswirte, nein, warten Sie, am besten rufen wir sie zwecks Abstimmung gleich zusammen in das kleine Besprechungszimmer. Und während wir unsere klugen Gedanken austauschen, holen Sie mir bitte ein Sandwich aus der Kantine, ich habe nämlich noch nichts gegessen. Irgendetwas mit Wurst und Käse, die Laugenstangen mit Salami und Käse sind ganz lecker. Und zur Belohnung bekommen Sie meine Karte für das Bayernspiel heute Abend.«
Die Miene von Karin Stigel war überaus sehenswert für Niels Werner. Von ungeduldig über protestierend endete es schließlich in einem strahlenden Lächeln.
»Wirklich, Sie geben mir Ihre Karte? Also sowas, da muss ich heute aber ausnahmsweise etwas früher das Büro verlassen. In dem Aufzug kann ich nicht ins Stadion. Ja, wieso gehen Sie denn nicht hin?«
»Ich habe heute Abend eine Verabredung mit unserem obersten Boss. Das hat leider Vorrang, oder Gott sei Dank, je nachdem, was denn so Wichtiges ansteht und von welcher Seite man das betrachtet. Außerdem wüsste ich niemanden, dem ich die Karte lieber geben würde.«
Das Strahlen wurde noch intensiver.

»Doch, doch, Sie waren mir eine enorme Hilfe in den letzten Monaten. Ich weiß überhaupt nicht, wie ich ohne Sie zurechtgekommen wäre.«

»Ooch, aber Herr Werner, das war doch schließlich meine Aufgabe. Und für Sie habe ich es gerne getan, Sie sind so ein angenehmer Chef, wenn auch manchmal sehr unkonventionell.«

»So, nachdem wir uns beide nun genügend gebauchpinselt haben, trommeln Sie mir mal die werten Damen und Herren zusammen, damit wir loslegen können. Und Sie vergessen bitte mein Sandwich nicht.«

Während Karin Stigel in hektische Betriebsamkeit umschaltete, nahm er den Ordner mit den als wichtig klassifizierten Mails und begann sie zu lesen. Per Zufall griff er sich als erstes die Mail von Horst Kaiser, dem Leiter der zentralen Finanzabteilung. Schon nach den ersten Sätzen stutzte er und begann wieder von vorn zu lesen. Was war das denn? Nachdem er die Mail ein zweites Mal studiert hatte, legte er sie beiseite, drehte sich auf seinem Drehstuhl und starrte nachdenklich aus dem Fenster. Er wusste noch nicht genau, was der Inhalt der Mail in ihrer letzten Konsequenz bedeutete, aber eines war klar, dies war nichts, was auf die lange Bank geschoben werden konnte.

Insbesondere dann nicht, wenn er heute Abend seinem Chef gegenüber saß. Er drückte die Sprechanlage und rief seine Sekretärin herein. Als sie sein Büro betrat und seinen Gesichtsausdruck sah, fragte sie sofort: »Schlechte Nachrichten?«

»Wie man es nimmt. Ich weiß noch nicht genau, was diese Mail bedeutet, aber auf alle Fälle muss ich noch heute Herrn Kaiser sprechen.«

»Das wird schwierig, Sie sind vollkommen ausgebucht. Jetzt haben Sie das Strategiemeeting, anschließend das Meeting mit den Siemens-Menschen, danach sitzen Sie mit den Leuten unseres künftigen Kooperationspartners aus Edinburgh zusammen, die werden sicher auch einen Lunch erwarten und heute Nachmittag haben Sie den Anlageausschuss mit der Kommerz Versicherung, einem unserer größten Kunden, wie ich bemerken möchte, das dauert bestimmt den ganzen Nachmittag.«

Niels Werner stöhnte. »Da ist vermutlich Siemens das schwächste Glied in der Kette. Kommen die mit Vorstand oder ohne? Wenn nur der Investors-Relation-Fuzzy vorbeischaut, dann muss ich ja wohl nicht dabei sein. Falls der Vorstand dabei ist, muss ich höflicherweise dabei sein, werde aber meine Teilnahme auf ein Minimum begrenzen. Fragen Sie mal, ob in dem Zeitfenster Herr Kaiser eine halbe Stunde Zeit für mich hat. Ich muss wissen, was hinter seiner Mail steckt. Heute Abend bin ich bei den Nehmers eingeladen und ich habe keinen Schimmer, aus welchem Grund. Und der Grund könnte etwas hiermit zu tun haben.«

Mit diesen Worten knallte er die Mail auf seinen Schreibtisch. »Der Inhalt dieser Notiz ist ja wohl nicht zu glauben. Da teilt mir doch der Kaiser in seiner Eigenschaft als Finanzchef mit, dass die Eigenkapitalrendite in unserem Bereich viel zu gering ist. Eigenkapitalrendite zu gering, dass ich nicht lache. Wir sind doch der einzige Teil dieser Bank, der wirklich Geld verdient. In den letzten Jahren haben wir regelmäßig mindestens zu 50 Prozent zum Gesamtergebnis beigetragen.«

»Gut, ich kläre das Siemens-Meeting sofort«, erwiderte Frau Stigel, »soll ich Ihnen die Nachricht sofort in das Besprechungszimmer bringen?«

»Ja, zusammen mit dem Sandwich«, grinste Niels Werner, der sich inzwischen wieder gefangen hatte, »sind alle versammelt? Ja? Prima, dann kann es ja mit unserer Anlagestrategie losgehen. Mal sehen, was unser versammelter Sachverstand zu bieten hat.«

Zwei Stunden später saß Niels Werner seinem Kollegen Finanzchef gegenüber. Wie alle Leute seiner Zunft hatte dieser auf seinem Schreibtisch eine beeindruckende Anzahl Ordner aufgebaut. Seine asketische Gestalt lümmelte in einem Sessel hinter dem Schreibtisch, und er machte auch keine Anstalten, diese Barriere zwischen den beiden zu verlassen. Horst Kaiser war nicht umsonst in der ganzen Bank für seine unmöglichen Manieren bekannt. Aber er war unbestritten ein Meister seines Fachs und galt als die graue Eminenz der Bank, vor der selbst Vorstände Respekt hatten. Als geflügeltes Wort galt sein Ausspruch, es sei ihm egal, wer unter ihm Vorstand sei.

»Es ist schön, Herr Kollege, Sie zu sehen«, Horst Kaisers Stimme war leicht rauchig, »Ich denke, wir sollten gleich zur Sache kommen, wie ich höre, haben auch Sie einen engen Zeitplan.«

Niels Werner nickte. »Wie Sie wissen, werden wir die Bank im Rahmen unseres Strategieplans in die drei Bereiche Firmenkunden und Mittelstandsservice, Privatkundengeschäft und Vermögensmanagement umgliedern. Das führt bei uns im Rechnungswesen zu den verschiedensten Planspielen, um für den Tag der Umstellung gerüstet zu sein. Diese Planspiele beinhalten die Aufstellung von Teilbilanzen sowie Gewinn- und Verlustrechnungen für diese Sparten aus den Gesamtdaten des Konzerns. Dazu gehört die jeweilige Zuordnung von Eigenkapital sowie von Verbindlichkeiten. Danach ermitteln wir kalkulatorische Renditen, auf Neudeutsch, die jeweiligen Return-on Equity. Nun kommen wir zum Problem, Ihre Eigenkapitalrendite ist katastrophal niedrig. Magere 1,5 Prozent sind für Ihr Geschäft inakzeptabel.«

»Also, Herr Kaiser, das ist mir total schleierhaft. Wir sind doch mit der größte Ergebnisbringer im Konzern. Wie kann da die Rendite so niedrig sein?«
»Tja, absolut sind Sie in der Tat der größte Ergebnisbringer. Aber Sie sind auch mit Abstand derjenige, welcher das meiste Eigenkapital verbraucht. Und damit sind Ihre Returns einfach zu niedrig. Hier, sehen Sie selbst.«
Mit diesen Worten reichte Horst Kaiser ein eng beschriebenes Papier über den Schreibtisch und musterte Niels Werner, als dieser die Zahlenkolonnen studierte.
»Das, Herr Kaiser, verstehe ich überhaupt nicht. Wo kommen denn meine sechs Milliarden Euro Eigenkapital her? Vermögensmanagement benötigt doch kaum Eigenkapital, da bei uns wenige Geschäftsrisiken existieren. Gut, wir haben Kontrahentenrisiken, aber die managen wir sehr sorgfältig. Und die eigentlichen Geschäfte an den Börsen sind Zug-um-Zug-Geschäfte, also wir kaufen oder verkaufen etwas und über das Settlement wird das unmittelbar mit der Gegenseite gleichgeschaltet. Da kommen auch kaum Risiken her, und wie gesagt, unsere Kontrahenten wählen wir sehr sorgfältig aus.«
Horst Kaiser wechselte abrupt das Thema, da in diesem Moment seine Sekretärin den bestellten Kaffee in sein Büro brachte, und erkundigte sich, wie Niels Werner in München zurechtkam. Als seine Sekretärin das Büro wieder verlassen hatte, nahm er den ursprünglichen Gesprächsfaden wieder auf.
»In diesen sechs Milliarden Euro stecken fünf Milliarden, die bei der Bahrein Investment Management hinterlegt sind. Da es sich streng genommen um Anlagegelder von uns handelt, werden Sie Ihnen als Eigenkapital zugerechnet. Und da deren Rendite seit Jahren gering ist, verwässert das die Rendite Ihres Bereiches.«
»Aber warum wurden dort fünf Milliarden hinterlegt? Und wenn die Rendite seit Jahren so schlecht ist, warum ziehen wir

das Geld nicht einfach ab und investieren es anderweitig, und warum erfahre ich das jetzt erst, und wer hat diese Transaktion damals veranlasst? Eine Transaktion dieser Größenordnung ...«
Niels Werner verstummte langsam und sah seinen Finanzchef nachdenklich an. Horst Kaiser nickte ihm anerkennend zu.
»Ich dachte mir schon, dass Sie nicht lange brauchen würden, um diese Sache richtig einzuordnen. Eine Transaktion in dieser Größenordnung muss vom Vorstand veranlasst und vom Aufsichtsrat genehmigt werden. Zum Sinn und Zweck dieser Angelegenheit will ich mich nicht äußern, das steht mir nicht zu. Wenn Sie mehr darüber erfahren wollen, müssen Sie sich an unseren Boss wenden. Peter Nehmer hat vor Jahren diese Aktion veranlasst und auch durch den Aufsichtsrat gepusht. Wir haben das damals aus der Kasse genommen und unter Forderungen verbucht. Bei der Aufteilung der Bilanz kommen diese Forderungen zu Ihnen und erhöhen natürlich korrespondierend Ihre Rücklagen und damit das Eigenkapital. Und damit sinkt Ihre Rendite. Ich dachte, das sollten Sie wissen für den Fall, dass jemand dumme Fragen stellt.«
Niels Werner nickte.
»Vielen Dank, ich weiß das zu schätzen. Ich sehe Peter Nehmer heute Abend und wenn die Gelegenheit sich ergibt, werde ich ihn nach dem Sinn dieser Kapitalauslage fragen. Ich hoffe nicht, dass es sich um Geschäfte außerhalb der Bilanz handelt. Danke, ... Ihr Kopfschütteln entspannt mich ... es sagt mir aber auch, dass Sie mehr wissen, als Sie mir bis jetzt gesagt haben.«
Horst Kaiser sah ihn nachdenklich an, so als würde er überlegen, was er Niels Werner noch anvertrauen könnte.
»Herr Werner, gehen Sie mit diesem Thema behutsam um. Ich habe mich vorhin, glaube ich, nicht ganz korrekt ausgedrückt, nicht der gesamte Aufsichtsrat ist informiert, sondern nur der Aufsichtsratsvorsitzende. Je weniger von dieser, äähh, Anlage

wissen, desto besser. Deshalb ja auch die bisherige Verbuchung unter Forderungen, damit niemand großartige Fragen stellt. In dieser Bank wissen davon nur drei Leute, Nehmer, der AR-Vorsitzende und ich. Jetzt sind es mit Ihnen vier. Das Ganze sollten Sie als eine Art Sicherheitspuffer betrachten, falls diese Bank einmal, was wir alle nicht hoffen, in Schwierigkeiten kommen sollte. Peter Nehmer ist ein sehr weitsichtiger und vorausschauender Bankier und es war seine Idee, die wir hier umgesetzt haben. Weitere Details können Sie nur von ihm erfahren, ich habe eigentlich schon zu viel gesagt. Guten Tag, Herr Kollege.«

Mit diesen Worten stand Horst Kaiser auf und reichte Niels Werner die Hand. Dieser ergriff sie einigermaßen verdattert ob dieser abrupten Beendigung des Gespräches. Aber er war ja vorgewarnt, der Finanzchef der Wertebank war bekannt für sein schlechtes Benehmen. Niels Werner verließ dessen Büro und machte sich auf den Weg zu seinem Bereich. Zwischen den beiden Gebäudekomplexen setzte er sich einen Moment auf die kleine Steinmauer, die das von ihm immer mit Freude betrachtete Blumenbeet umsäumte.

Zum ersten Mal seit Jahren überkam ihn das Verlangen, mal wieder eine Zigarette zu rauchen. Was war das denn jetzt gerade? Er schüttelte leicht den Kopf. Die Wertebank hatte offenbar ein enormes Vermögen bei einer Adresse im Mittleren Osten liegen, und das in Zeiten erhöhter Eigenkapitalanforderungen für Banken und Bankgeschäfte. Und offenbar war diese ganze Sache strikt geheim, sogar die Damen und Herren des Aufsichtsrates waren nicht informiert. Er fragte sich, ob jemand im Bundesamt für Finanzaufsicht davon wusste. Vermutlich nicht. Na gut, er würde heute Abend versuchen, der Sache auf den Grund zu gehen. Jedenfalls war nicht die niedrige Rendite seines Bereiches das Problem, sondern

das durch die fraglichen fünf Milliarden aufgeblähte Eigenkapital.
Seine Gedanken wurden durch das Läuten seines Handys unterbunden. Er brauchte gar nicht auf das Display zu sehen, um zu wissen, wer ihn da kontaktierte. »Frau Stigel?«
»Hallo, Herr Werner, Ihre Kooperationspartner aus Edinburgh sind schon hier und Dr. Klos schwitzt Blut und Wasser, weil er die Herrschaften unterhalten muss. Und das in Englisch. Er hat schon dreimal nach Ihnen gefragt.«
Niels Werner lachte lautlos. Der arme Klos, sein stark bayerisch eingefärbtes Englisch musste eine Pein für seine Gäste sein.
»Er soll sich entspannen, das Meeting mit Kaiser hat doch etwas länger gedauert. Ich bin gleich da. In welchem Besprechungszimmer sitzen die Schotten?«
»Na, die sind hier mit fast zehn Leuten anmarschiert. Ich bin froh, dass ich den Superraum bekommen habe. Das Kasino schlägt auch schon Rad. Wir hatten acht Leute zum Essen angemeldet und jetzt sind es doppelt so viele.«
»Die werden das schon hinbekommen, Stigelchen. Also bis gleich.«

SPANNEND

Das Meeting mit der Kommerz Versicherung war erfreulich kurz gewesen. Dieser langjährige Kunde war überaus zufrieden, auch wenn Niels Werner sich während der Schilderung der diversen Investmententscheidungen durch seinen Mitarbeiter nicht des Eindrucks hatte erwehren können, dass eigentlich eine noch viel bessere Performance möglich gewesen wäre. Aber wie immer wurde die Frage nach Opportunitätskosten, wenn überhaupt, nur halbherzig gestellt. Egal, ihm konnte es in diesem Fall recht sein, auch wenn er sich vornahm, mit dem Portfoliomanager in den nächsten Tagen ein intensives Gespräch über verpasste Möglichkeiten zu führen. Aber zunächst galt wie immer das Motto, wenn der Kunde kein Problem hat, habe ich, zumindest nach außen, auch keines.

Zurück in seinem Büro fand er noch eine kurze Notiz von Frau Stigel, in der sie ihn über den Anruf eines Herrn Peer Gynt informierte. Niels Werner brauchte keinen Blick auf die Telefonnummer zu werfen, er wusste, wer sich dahinter verbarg. Vor vielen Jahren hatte er mit Gerd Brauner in der Alten Oper in Frankfurt ein Konzert gesehen, in dem die Musik Peer Gynt Suite von Edvard Grieg das Hauptthema war. Danach war der gute Gerd ganz begeistert gewesen und hatte Peer Gynt zu seinem Pseudonym erkoren. Soso, der Gute wurde also langsam ungeduldig. Er konnte es ihm nicht verdenken, hatte er sich doch in den letzten Monaten überhaupt nicht bei ihm gemeldet. Niels Werner seufzte vor sich hin, es wurde Zeit, reinen Tisch zu machen.

Bevor er das Büro verließ, ging er noch in das Großraumbüro seiner Portfoliomanager, um mit ihnen die letzten Finanzmel-

dungen auszuwerten. So wie es aussah, hatten die Märkte aber für heute mal keine Überraschungen parat und er konnte sich getrost auf den Weg nach Nymphenburg machen.
Er verließ die U-Bahn am Romanplatz und kaufte noch schnell ein paar Gladiolen. Das waren, soweit er sich erinnern konnte, früher Claires Lieblingsblumen. Die Häuser in der Hubertusstraße hoben sich wohltuend von den eher bombastischen Patrizierhäusern in den anderen Straßen ab. Sie waren eher unscheinbar, das galt auch für das Haus seines Chefs, das eigentlich nur dadurch auffiel, dass es offensichtlich jüngeren Datums war. Da er den Hintergrund des Besitzers kannte, war beim Bau dieses Hauses ein erhebliches Understatement verfolgt worden. Er war gespannt, wie es innen aussehen würde. Die von ihm betätigte Türklingel war dem Vernehmen nach ebenfalls sehr dezent.
Die Geräusche hinter der Tür dagegen waren alles andere als dezent, es handelte sich mehr um ein Trampeln. Dann wurde die Tür aufgerissen und ein ungefähr 10jähriger Junge sah ihn kritisch an. »Bist du der Mann von Papas Bank?«
Bevor Niels Werner etwas entgegnen konnte, näherten sich leichte Schritte und die ihm so bekannte, in seinen Augen immer noch hocherotische Stimme, sagte: »Aber Tobias, so begrüßt man doch keine Gäste. Lass meinen alten Freund Niels doch erst einmal ins Haus.«
Als Niels Werner einen Schritt auf Claire Dubious zuging, fiel sie ihm auch gleich um den Hals und sagte mit einer seltsam belegten Stimme: »Hallo, Niels, es ist verdammt lang her, viel zu lang. Ich freue mich wahnsinnig, dich wieder zu sehen. «
Dabei drückte sie sich dermaßen eng an ihn, dass Niels Werner vorsichtshalber erst einmal einen Schritt zurücktrat.
»Du siehst großartig aus, Claire. Nicht, dass das etwas Neues wäre, aber ich finde, du bist noch hübscher geworden. Die

Jahre haben es gut mit dir gemeint.« Mit diesen Worten überreichte Niels Werner seinen Blumenstrauß.
»Oh danke, Niels, du hast meine Vorliebe für Gladiolen nicht vergessen. Wie lieb von dir. Aber jetzt komm erst einmal wirklich herein. Wir können einen Drink nehmen und uns gegenseitig auf den neuesten Stand bringen. Peter wird noch eine Weile brauchen, bis er hier ist. Wieso bist du eigentlich pünktlich?«
»Ich habe mich doch gegen das Auto entschieden und die U-Bahn genommen, Claire. Und dieser junge Mann hier ist dein Sohn?«
Claire Dubious schüttelte unmerklich den Kopf. Natürlich war ihm die Ähnlichkeit mit Gerd Brauner sofort aufgefallen.
»Ja, Niels, das ist Tobias, unser Ältester. Tobias, warum holst du nicht Sebastian, Niels möchte bestimmt deinen Bruder auch kennenlernen«, und nachdem Tobias in den anderen Räumen verschwunden war, »was du sicherlich vermutest, ist in der Tat so. Und um den Dingen gleich vorweg zu greifen, Peter weiß Bescheid und hat alles akzeptiert.«
»Claire, die Ähnlichkeit ist einfach zu frappierend. Aber es ist nicht an mir zu richten. Ich habe es nur nicht gewusst und bin leicht geschockt gewesen, als dein Junge mir die Tür öffnete. Er ist Gerd ja wie aus dem Gesicht geschnitten.«
»Ja, Niels, das ist richtig, aber Gerd weiß es nicht und Peter und ich haben unseren Frieden mit der Situation und vor allem miteinander gemacht. Und ich gehe davon aus, dass du unseren Wunsch respektieren wirst, niemandem«, Claire Dubious sah ihn nachdrücklich an, »wirklich niemandem, schon gar nicht Gerd, diesbezüglich etwas zu sagen.«
Niels Werner nahm sie in den Arm, wobei er die Spannung in ihrem Körper spürte. »Claire, verlass dich auf mich, ich weiß gar nicht, wovon du gerade geredet hast.«

»Danke, Niels, und jetzt lass uns endlich einen Drink nehmen. Wie wäre es mit einem Prosecco?«
Niels Werner konnte nur zustimmend nicken, denn nun kamen auf einmal zwei Jungen auf ihn zugestürmt. Der jüngere, offensichtlich Sebastian, sah ihn allerdings ebenso kritisch an wie das sein älterer Bruder vorhin an der Haustür getan hatte.
»Verstehst du etwas von Fußball?«, fragte er.
»Nun, ich habe mal in der Landesliga gespielt, aber das ist lange her. Seitdem hat sich das Spiel enorm weiterentwickelt. Es ist viel schneller geworden und heute werden die Räume von der gegnerischen Mannschaft brutalst zugestellt. Aber wenn der eigentliche Sinn deiner Frage darin liegt, ob heute Abend die Bayern gegen Arsenal London gewinnen, dann ist meine Antwort, ich denke ja. Bayern spielt den mit Abstand besseren Fußball.«
Das Strahlen des Jungen sprach Bände. »Schaust du dir das Spiel im Fernsehen an. Ja? Na, das wird ja dann ziemlich spät heute Abend für dich. Musst du nicht morgen früh in die Schule?«
Wieder dieses strahlende Jungengesicht. »Wir brauchen erst zur dritten Stunde da sein. Mathe fällt morgen aus und Tobias fängt sogar erst in der vierten Stunde an.«
»Na, eure Lehrer scheinen ja allesamt Bayernfans zu sein.«
»Das kann man wohl sagen«, warf Claire Dubois ein, »aber ich gönne es den Jungen, die haben sich so auf das Spiel gefreut. So, Sebastian, nun lass uns mal wieder allein, Niels und ich haben uns eine Menge zu erzählen.«
Während Sebastian mit Tobias im Schlepptau in Richtung Fernsehzimmer verschwand, reichte Claire Niels das Glas Prosecco.
»Auf uns, Niels, und auf die wunderbare, gemeinsame Zeit an der Uni. Ich muss sagen, auch wenn München eine tolle Stadt

mit wunderbaren Menschen ist, ich vermisse Freiburg doch sehr und natürlich meine Heimatstadt Colmar. Wie geht es dir? Du musst doch deinen Berghof schrecklich vermissen.«

»Ja, das stimmt schon, aber auf die Dauer war ich das Eremitendasein, so hat Gabi es jedenfalls genannt, dann doch Leid. Du hast sie ja besucht und weißt daher, wie abgeschieden man dort lebt.«

»Ja, Niels, Gabi hat mir von deiner privaten Misere erzählt. Das tut mir leid für dich. Mich wundert nur, dass du immer noch allein bist. So schlecht siehst du doch gar nicht aus.«

Niels Werner konnte auf ihr spitzbübisches Lächeln gar nicht eingehen, denn in diesem Moment kam Peter Nehmer durch die Tür und wurde von seinen Jungen stürmisch begrüßt.

»Papa, Niels hat gesagt, dass die Bayern heute Abend gewinnen.«

»So, hat er das«, Peter Nehmer warf Niels Werner einen verstehenden Blick zu, »dann kann ja gar nichts mehr schiefgehen. Er muss es ja wissen, denn er war nämlich früher ein ziemlich guter Fußballer, jedenfalls weit besser, als ich es jemals war. Auf alle Fälle muss ich mich aber jetzt um unseren Gast kümmern und euch will ich erst wieder hören, wenn die Bayern ein Tor schießen.«

Nachdem die Jungen wieder mal das Feld geräumt hatten, nahm Peter Nehmer seine Frau Claire in den Arm und begrüßte anschließend Niels Werner.

»Hallo, Herr Werner, willkommen in meinem Haus. Wie ich sehe, hat Claire Ihnen schon etwas zu trinken angeboten«, und an seine Frau gewandt, »habt ihr denn noch ein wenig Prosecco für mich übrig?«

»Aber ja, Peter, wir haben doch bloß einen ersten Schluck genommen. Hier, mein Lieber. Mich müsst ihr aber jetzt erst einmal entschuldigen, ich muss dem Szegediner Gulasch den

letzten Schliff geben. Ihr zwei habt ja sicher jede Menge zu besprechen.«
Mit diesen Worten entschwand sie in Richtung Küche, wobei beide Männer ihr versonnen nachsahen. Schließlich ergriff Niels Werner das Wort.
»Die gute Claire, ich kenne keinen Menschen, der sich so harmonisch bewegt. Und als Mensch ist sie ohnehin unschlagbar. An der Universität war sie der Hit, alle männlichen Kommilitonen waren hin und weg.«
»Sie auch, Herr Werner?«
»Ich auch, Herr Nehmer.«
»Na, lassen wir einmal die Jugendsünden beiseite, ich habe heute Ihre Quartalszahlen gesehen. Sehr beeindruckend, was Sie da in drei Monaten auf die Beine gestellt haben.«
»Ach, Herr Nehmer, Sie wissen doch, da gehört auch Glück dazu. Ein paar Entscheidungen, die sich als richtig herausgestellt haben, aber das hätte auch genauso gut anders herum ausgehen können. Das darf den Blick nicht für die nach wie vor gegebenen Problemzonen verdecken. Zum Beispiel ist die Qualität unserer Fondsmanager nicht gut genug und es ist sehr schwer, gute Leute aus Frankfurt oder London nach München zu lotsen.«
»Ich weiß, darüber hat Hakim auch immer geklagt. Wir müssen halt das Beste aus dem machen, was wir haben und die Ausbildung unserer Mitarbeiter massiv vorantreiben. Ich habe mit Interesse von Ihrem Plan gehört, Mitarbeiter für einige Monate an englische oder amerikanische Topfirmen auszuleihen, um sie dort hospitieren zu lassen. Das passt auch bestens in meine künftigen Strukturpläne für unsere Bank. Weltweite Kooperationen und ein weltweiter Austausch von Know-how unter unseren Partnern. Das wird uns voranbringen und, so hoffe ich, Wettbewerbsvorteile sichern.«

Peter Nehmers Enthusiasmus war ansteckend. So ähnlich hatte er wohl seinen Aufsichtsrat von dem Plan überzeugt. Erneut fühlte sich Niels Werner in seinen Bann gezogen, er hoffte nur, dass die bei Kooperationen mit Sicherheit zu erwartenden Reibungsverluste nicht zu hoch, sondern beherrschbar waren.

»Übrigens, vielen Dank, dass Sie auf das Fußballspiel verzichten, meine Sekretärin hat mir erzählt, dass Sie Ihre Karte an Frau Stigel weitergereicht haben.«

Auf Niels Werners fragenden Blick fuhr Peter Nehmer fort: »Die beiden sind eng befreundet, müssen Sie wissen, ich glaube sogar auch irgendwie über drei Ecken verwandt.«

Niels Werner machte sich eine mentale Notiz. Erstens: Die Stigel ist irgendwie mit der Sekretärin vom Chef verbandelt. Zweitens: Sie quatschen miteinander. Wer weiß über was alles. Aber egal, das könnte ja mal nützlich sein, wenn er etwas lancieren wollte.

»Auf alle Fälle bin ich etwas in Zeitdruck. Ich bin nächste Woche auf Geschäftsreise und bis dahin versinke ich über beide Ohren in Arbeit. Ich muss aber unbedingt vor meiner Abreise mit Ihnen sprechen, eventuell müssen Sie mich sogar begleiten.«

Bevor Niels Werner etwas erwidern konnte, bat Claire Dubois die beiden Männer in das Esszimmer. Dort hatte sie den Tisch gedeckt und offenbar war das Szegediner Goulasch auch fertig, denn es duftete verführerisch.

»Also, ihr zwei, dann greift zu, den Jungens habe ich eine Kleinigkeit ins Fernsehzimmer gebracht, auf diese Weise werden wir nicht ständig gestört.«

Auf Peter Nehmers fragenden Blick fügte sie hinzu: »Bockwurst und Kartoffelsalat, ihr Lieblingsessen.«

»Und ich wette, jede Menge Chips«, knurrte Peter Nehmer hinterher.

Niels Werner spürte die aufkommende Spannung, wenn auch der Grund dafür ihm nicht ganz klar war, und sprang schleunigst in die Bresche.
»Claire, dein Goulasch ist vorzüglich. Ich sehe, du bist eine noch bessere Köchin geworden als du ohnehin schon warst.«
»Niels, unser Schmeichler. Ich kenne niemanden, dessen Komplimente so prompt kommen. Erzähle uns mal, wie du in München zurechtkommst, wir haben dieses Thema vorhin ja nicht erschöpfend behandeln können. Peter und ich sind, wie du weißt, auch keine Münchner und wir wissen, dass es nicht leicht ist, sich in dieser Stadt einzuleben.«
Niels Werner lächelte in sich hinein. »Ach, München ist schon eine schöne Stadt, die Leute sind nur etwas eigenartig. Ich denke, es gibt hier drei Gruppierungen. Da sind zunächst einmal die Urmünchner, die mögen keine Fremden. Wenn du nur aus Augsburg oder Ingolstadt kommst, wirst du schon schief angesehen. Dann ist da noch die Schickimicki. Die bleibt ohnehin unter sich und ignoriert alle anderen. Und dann gibt es da noch die Zugereisten. Die kriechen am Wochenende in ihren Autos aus der Stadt heraus, um die wunderschöne Umgebung zu genießen oder zu pendeln und versuchen dann am Ende des Wochenendes wieder nach München hinein zu kommen. Aufgrund des Verkehrsaufkommens ein meist aussichtsloses Unterfangen. In Kurzform: Wer keine Weißwurst mag, keinen Münchner Dialekt spricht, vom Oktoberfest nur angeödet ist und sich nicht wirklich als reich und berühmt bezeichnen kann, hat es schwer in dieser Stadt. Natürlich gilt das auch für mich, aber ich komme hier zurecht.«
»Das ist eine ziemlich präzise Beschreibung dessen, was wir hier vorgefunden haben«, lachte Peter Nehmer, »analytisch genau auf den Punkt gebracht. Aber nach mittlerweile gut 12 Jahren

haben wir uns hier schon eingelebt, und Claire, ich glaube, wir fühlen uns nun als Münchner, nicht wahr?«

»Ja, ich glaube, das kann man sagen.«

»Und fühlen Sie sich in unserer Bank mittlerweile wohl, vielleicht sogar heimisch?«

»Es ist eine gute Bank, Herr Nehmer, mit einem gesunden Selbstvertrauen und einsatzbereiten Mitarbeitern. Ich bin aber noch dabei zu lernen, wie auf dem Klavier gespielt werden muss. Die Rollen, die einige meiner Kollegen in der Direktionsebene, insbesondere in den Zentralbereichen, spielen, sind mir noch nicht so geläufig. Ich hatte erst einmal alle Hände voll zu tun, um das Personal in den Griff zu bekommen.«

Peter Nehmer hob leicht die linke Augenbraue und sah ihn schräg an. Offenbar hatte er die versteckte Botschaft verstanden. Und auch Claire Dubois witterte etwas, denn sie intervenierte sofort.

»Ihr zwei habt nachher noch genug Gelegenheit, euch auszutauschen. Jetzt möchte ich erst einmal unser Wiedersehen genießen, Niels. Ich denke, wir haben uns viel zu erzählen.«

Der weitere Verlauf des Abendessens verlief sehr angeregt. Claire Dubois und Niels Werner unterhielten sich über alte Zeiten und die Lücken, welche sich in dem Wissen über den jeweils anderen in den letzten Jahren aufgetan hatten. Niels Werner kam natürlich nicht umhin, über seine misslungene Ehe und die Scheidung zu reden, aber er vermied jegliche Anschuldigungen gegenüber seiner ehemaligen Frau. Peter Nehmer lauschte all dem sehr aufmerksam und irgendwie beschlich Niels Werner das unbehagliche Gefühl, dass sein Chef in ihrem Zwiegespräch nach Informationsfetzen über ein gänzlich anderes Thema fahndete. Gemeinsame Unternehmungen während der Freiburger Zeit fanden ganz offensicht-

lich sein besonderes Interesse. Aufgrund seiner Nachfragen konnte er sich auch gut vorstellen, was dieses Thema war.
Nach dem Essen bestand Claire Dubois darauf, die beiden Männer von der Hausarbeit zu befreien, so dass Peter Nehmer und Niels Werner sich in die Bibliothek zurückziehen konnten. Auch diese war, wie das ganze Haus, zumindest der Teil, den Niels Werner bisher gesehen hatte, dezent, aber mit einem erlesenen Geschmack eingerichtet. Peter Nehmer öffnete die in einem Bücherregal versteckte Hausbar und sah ihn fragend an.
»Wenn Sie einen guten Speyside Whisky haben, nehme ich den, mit etwas stillem Wasser bitte.«
Peter Nehmer ging noch einmal in die Küche und anschließend kurz in das Fernsehzimmer und Niels Werner konnte durch die offene Tür die Geräusche des Bayernspiels hören. Offenbar stand es noch null zu null, was Peter Nehmer nach seiner Rückkehr auch bestätigte.
»Laut den Jungen tun sich die Bayern noch schwer. Hier ist Ihr Whisky und Ihr Wasser. Zum Wohl und lassen Sie uns auf das Wohl unserer Bank trinken. Wir haben jede Menge Arbeit vor uns und ich hoffe, es klappt alles, wie wir uns das so vorstellen.«
Während die beiden Männer sich zuprosteten, sah Peter Nehmer Niels Werner nachdenklich an. »Erzählen Sie mir von Gerd Brauner. Was ist er für ein Mensch? Berechenbar, unberechenbar, vertrauenswürdig oder nicht, plant er lange voraus oder ist er eher spontan, anständig oder eher nicht, und so weiter. Wie ist Ihr Verhältnis zu ihm und vor allem, was wissen Sie über sein Verhältnis zu Claire?«
Rums, die gleiche Taktik, die Gerd Brauner bei ihm angewandt hatte. Direkt auf den Punkt mit einer überraschenden Themeneröffnung. Jetzt bloß keinen Fehler machen. Niels Werner ließ sich mit seiner Antwort Zeit.

»Tja, Herr Nehmer, vor einigen Jahren wäre meine Antwort vermutlich sehr unterschiedlich von der heutigen ausgefallen. Gerd Brauner hat sich verändert, vielleicht hat das sein Job als Chef der Meinebank mit sich gebracht oder aber andere Dinge haben ihn umgeformt. Ich kenne Gerd aus unserer Studentenzeit als äußerst intelligenten und witzigen Freund, der sich um die, die er in sein Herz geschlossen hatte. kümmerte. Er sorgte sich stets um das Gemeinwohl, seine politischen Ansichten waren teilweise stark sozialistisch geprägt. Alle Menschen sind gleich, Reichtum ist ungleichmäßig verteilt und so weiter, Sie wissen schon, wir waren ja alle irgendwie links geprägt. Im Lauf der Jahre ist er dann allerdings zu einem knallharten Geschäftsmann mutiert, der, ich denke schon, notfalls auch über Leichen geht. Er kennt heutzutage nur seinen Vorteil und ist mit Vorsicht zu genießen. Sein Verhältnis zu Claire war an der Universität so wie zu uns allen. Er war mit ihr befreundet, so wie mit uns auch. Wie weit diese Freundschaft letztendlich ging, weiß ich nicht. Wenn da mehr gewesen sein sollte, dann waren sie sehr diskret. Mir ist jedenfalls nichts aufgefallen.«

Peter Nehmer ließ seine Worte auf sich wirken, seinem Gesicht war nicht anzusehen, was er dachte.

»Herr Werner, wie ist Ihr Verhältnis zu Gerd Brauner heute?«

Wieder einmal direkt auf den Punkt. Niels Werner beschloss, so dicht wie möglich an der Wahrheit zu bleiben, damit kam er wohl am ehesten durch.

»Distanziert angesichts meiner mit ihm gemachten Erfahrungen in der Vergangenheit. Er hatte mich im Schwarzwald aufgesucht, um mir einen Job anzubieten. Ich habe nicht rundweg abgelehnt, das muss ich noch tun. Aber angesichts der Tatsache, dass ich hier in der Wertebank angeheuert habe, dürfte das keine Überraschung für ihn mehr sein. Da er

Niederlagen schwerlich verkraften kann, dürfte das unser jetziges Verhältnis weiter eintrüben.«

»Wissen Sie, was eine erfolgreiche Bank auszeichnet, Herr Werner?«

»Ich denke, dass ein gutes Management der entscheidende Faktor für unternehmerischen Erfolg oder Misserfolg ist. Das gilt nach meiner Auffassung übrigens für jedes Unternehmen.«

»Genauso ist es. Als Chef einer Bank kann man nur erfolgreich sein, wenn die anderen Vorstände und die Leute auf den verschiedenen Führungsebenen ihr Handwerk verstehen. Aber es gibt noch einen weiteren Punkt, Herr Werner. Ich muss mich auf die Loyalität meiner Kollegen und Mitarbeiter verlassen können. Damit bin ich bei Ihnen. Kann ich mich auch auf Sie verlassen? Ich weiß, ich weiß, Sie haben bis jetzt einen Spitzenjob abgeliefert. Aber was ist, wenn es hart auf hart geht, was ist, wenn es gegen Gerd Brauner geht? Ist es wirklich nur Zufall, dass nach dem Tod von Hakim Sailer Sie aus der Versenkung auftauchten und dass Gerd Brauner bei unserem überraschenden Treffen in Frankfurt sich in Andeutungen über eine unfreundliche Übernahme der Wertebank durch die Meinebank ergeht?«

»Hat er das tatsächlich gesagt?«

»Nicht direkt, eher so allgemein gehalten. Aber Sie kennen ja seine Art. Man hat dann schon den Eindruck, er meint ganz andere Dinge.«

»Also, was immer er gesagt hat, ich würde es ernst nehmen. Wenn er versteckte Andeutungen macht, ist es besonders gefährlich. Ich darf Ihnen auch aus meiner Erkenntnis früherer Gespräche sagen, dass ich immer den Eindruck hatte, er schielt auf die Wertebank.«

Als Peter Nehmer ihn plötzlich anlächelte, wusste Niels Werner, dass er den Test bestanden hatte. Er atmete innerlich aus und seine innere Anspannung ließ ein wenig nach. Der Torjubel aus dem Fernsehzimmer trug ein Übriges zum Entkrampfen der Situation bei. Beide Männer langten daraufhin beim Whisky ein weiteres Mal zu.

»Vergessen Sie mein vorhin Gesagtes, ich bin derzeit ein wenig paranoid. Sie haben ja vorhin Tobias gesehen und Ihnen wird auch die große Ähnlichkeit zwischen ihm und Gerd Brauner aufgefallen sein. Er bleibt trotzdem mein Sohn und ich habe mich auch mit Claire ausgesprochen, aber ich habe mich schon gefragt, ob ich als Fliege nicht längst im Netz der Spinne Gerd Brauner zappele. Wenn Sie mir versichern, dass Sie mir und der Wertebank gegenüber absolut loyal sind, dann beruhigt mich das ungemein.«

»Herr Nehmer, ich dachte, das wüssten Sie. Ich werde alles tun, um Ihnen und der Wertebank zum Erfolg zu verhelfen. Aber ich fände es gut, wenn ich dazu alle nötigen Informationen bekäme. Mein heutiges Gespräch mit Herrn Kaiser hat mich beispielsweise mit interessanten Fragen zurückgelassen, die einer Antwort bedürfen.«

Peter Nehmer nickte vor sich hin und schmunzelte. Er griff erneut zur Whiskyflasche und schenkte die Gläser nochmal voll. Niels Werner beglückwünschte sich zu seiner Entscheidung, sein Auto in der Firma stehen gelassen zu haben. Wenn das so weiterging, würde er selbst mit dem Taxi Schwierigkeiten haben nach Hause zu kommen.

»Ich gehe davon aus, Sie meinen die Eigenkapitalzuordnung in Ihrem Bereich?«

Niels Werner konnte nur erneut die direkte Art seines Chefs bewundern und eine Geste der Zustimmung machen.

»Das, lieber Herr Werner, ist die Lebensversicherung der Bank und, wenn Sie so wollen, auch meine Lebensversicherung. Es ist vielleicht sogar noch viel mehr, wenn wir das sich dahinter

verbergende Investment intelligent einsetzen. Diese fünf Milliarden sind an die Bahrein Investment geflossen, die vom Bruder Hakim Sailers gemanagt wird. Wie Sie wissen, geht bei den Arabern nur über die Familienbande etwas und Hakim ist zwar seinerzeit als libanesisches Flüchtlingskind in Deutschland adoptiert worden, hat aber den Kontakt zu seiner arabischen Familie mit Billigung seiner deutschen Adoptiveltern nie abreißen lassen. Hakims Bruder Omar, ein äußerst erfolgreicher Asset Manager, hat diese fünf Milliarden an eine staatliche chinesische Investmentfirma weitergeleitet und diese hat dann über malayische Mittelmänner die«, hier machte Peter Nehmer eine Pause, »Wandelanleihe der Meinebank gekauft.«
Das saß. Niels Werner war wie betäubt und griff nun seinerseits zur Whiskyflasche. Da hatte er und auch die halbe Meinebank an alle möglichen Investoren gedacht, die die Wandelanleihe gezeichnet haben könnten, und dabei war dieser Investor die einzige ernsthafte Bankenkonkurrenz in Deutschland.
»Das muss ich erst einmal verdauen, Herr Nehmer. Das bedeutet ja, Sie sind gegenüber einer unfreundlichen Übernahme durch Gerd Brauner weitgehend gefeit und können sogar, wenn Sie die Anleihe in Aktien wandeln, die Geschicke der Meinebank über den Aufsichtsrat bestimmen und als neuer Aufsichtsratsvorsitzender dann Gerd Brauner an die Luft setzen. Donnerwetter. Wie sind Sie denn damals nur auf die Idee gekommen, diese Anleihe zu erwerben und woher hatten Sie in der Mitte der Bankenkrise die Mittel?«
»Die Mittel hatten wir, weil wir Ihrer damaligen kritischen Einschätzung der Finanzmärkte gefolgt sind. Ich sagte Ihnen ja schon einmal, dass Hakim Sailer Ihre Ansichten konsequent in unserer Investmentstrategie umgesetzt hat. Die Wandelanleihe zu zeichnen? Manchmal hat man so ein Gefühl im Bauch, und ich bin dem gefolgt. Vernünftige Alternativen, um Geld zu in-

vestieren, gab es nicht und die potentielle Übernahme eines Bankkonkurrenten war schon reizvoll. Nicht nur Gerd Brauner hat diese Idee, ich habe damals auch mit ihr geliebäugelt. Aber wie wir wissen, ist Größe nicht immer gleichbedeutend mit dem Bessersein, deswegen habe ich damals gedacht: Wer weiß, was noch kommt und wie die Welt in vier bis fünf Jahren aussieht. So haben Hakim, Kaiser und ich das in aller Stille durchgezogen und lediglich den Aufsichtsratsvorsitzenden eingeweiht. Die anderen Aufsichtsratsmitglieder wissen nur von einem lukrativen Investment in Asien. Und was Ihre andere Frage angeht …«

Peter Nehmer sprach nicht weiter, denn erneut war der Torjubel aus dem Fernsehzimmer zu hören, offenbar lief das Spiel nach dem Geschmack der Jungen.

»Also zurück zu Ihrer unausgesprochenen Frage, natürlich werden wir wandeln. Deswegen fliege ich nächste Woche in die Emirate, um die Details unseres weiteren Vorgehens mit Omar Moussa zu besprechen. Tja, und was dann passiert, wenn wir uns zu erkennen geben und die Wandlung ankündigen, werden wir sehen. Nach Ihrer Schilderung der Persönlichkeit von Gerd Brauner, die ich übrigens voll teile, müssen wir uns auf einiges einstellen.«

»So ist es, Herr Nehmer. Der gute Gerd schlägt um sich, wenn er in die Enge getrieben wird und seinen Willen nicht bekommt. Das war schon immer so.«

In nächsten Moment stürmten die beiden Jungen mit leuchtenden Augen in die Bibliothek, um von dem Ende des Fußballspiels zu berichten. Die Bayern hatten zwei zu null gewonnen und vor allem Sebastian sprudelte im Telegrammstil den Verlauf der Partie heraus. Als dann auch Tobias zu einem Wortschwall ansetzte, beendete Peter Nehmer den Monolog relative rüde.

»Okay, und jetzt ist Schluss, ihr zwei. Ab ins Bett, ansonsten war es das letzte Mal, dass ihr euch so spät abends noch ein Fußballspiel ansehen dürft. Sagt brav Herrn Werner gute Nacht und dann will ich nichts mehr von euch hören.«

Nachdem die Jungen sich getrollt hatten, fixierte Peter Nehmer wieder sein Gegenüber. »Herr Werner, ich hoffe, Sie haben begriffen, worauf es mir ankommt. Es wird Krieg zwischen der Wertebank und der Meinebank geben. Ich muss mich hierbei hundertprozentig auf Sie verlassen können. Der Gegner ist Gerd Brauner, Ihr alter Kumpel. Sind Sie mental dafür bereit?«

»Wie ich schon sagte, Herr Nehmer, Sie können sich auf mich verlassen. Warum haben Sie mir das mit der Wandelanleihe überhaupt erzählt, wenn Sie Bedenken bezüglich meiner wahren Loyalität haben?«

Peter Nehmers Antwort war brutal ehrlich. »Das ist auch ein Test. Seit nahezu fünf Jahren wissen drei Leute von diesem Deal, nicht mehr. Andere wissen nur auf der Need-to-know Basis kleine Bruchstücke, aber nicht das Ganze. In dieser Zeit hat Gerd Brauner nichts erfahren, was die wahre Identität des Wandelanleihe-Investors angeht. Wir wissen das daher, weil seine Leute wieder und wieder versuchen, in China, wir haben ja mit Absicht die Spur dorthin weisen lassen, an diesbezügliche Informationen zu kommen. Sollte er auf einmal aber Bescheid wissen, kann das nur über Sie geschehen sein. In diesem Fall müssten wir unsere Zusammenarbeit natürlich sofort beenden.«

Wow, dieser Typ ihm gegenüber war ja aus ganz hartem Holz geschnitzt. Der gute Gerd hatte offenbar keine Ahnung, mit wem er sich auf ein Übernahmetänzchen eingelassen hatte. Peter Nehmer war mitnichten ein selbstverliebter Bankier, der mal so mir nichts dir nichts übernommen werden konnte. Sein

Chef war im Gegenteil ein knallharter, strategisch und logisch denkender Bankchef und Gerd Brauner mehr als nur ebenbürtiger Gegner. Das würde ja äußerst spannend werden. Niels Werner trank den Rest von seinem Whisky aus. Es wurde Zeit für ihn, sich auf den Weg zu machen. »Herr Nehmer, ich danke Ihnen für Ihre Offenheit. Sie werden keinen Grund haben, an mir zu zweifeln. Ich werde nach bestem Vermögen Ihnen zur Seite stehen. Das gilt für die Umstrukturierung der Bank, die Auseinandersetzung mit Gerd Brauner sowie die nachhaltige Verbesserung der Ertragsbasis im Vermögensmanagement und für alles, was da sonst noch kommen mag.«
Peter Nehmer stand auf und reichte ihm die Hand, die Niels Werner zügig ergriff. »Ich hatte gehofft, dass Sie das sagen würden. Ich denke, wir passen ganz gut zusammen. Vielleicht überprüfen Sie mal Ihren Terminkalender. Es wäre gut, wenn Sie am Montag mitfliegen würden«, und mit einem breiten Grinsen, »schließlich ist es Ihr Eigenkapital, über das dort gesprochen wird. Ich lasse Ihnen den Flugplan zukommen.«
Niels Werner konnte nur noch zustimmend nicken, denn nun kam eine müde Claire Dubois herein. Nach etlichen Dankesworten seinerseits, Umarmungen und dem Versprechen, bald wieder zu kommen, schaffte er es sich zu verabschieden. An der frischen Luft merkte er erst den Alkohol in seinem Blut und nahm dankend den offerierten Service des Fahrers von Peter Nehmer an, zumal er auch schon gestern Abend whiskymäßig tätig gewesen war. Heute Nacht würde er jedenfalls hervorragend schlafen. Daran war nicht nur der Alkoholpegel schuld, sondern auch seine mentale Verfassung war völlig im Gleichgewicht. Er wusste jetzt, wo er hingehörte.

VORFÜHLEN

Der Taxifahrer war ob der kurzen Fahrt zwar ein wenig verschnupft, aber Gerd Brauner ließ sich dadurch nicht beeindrucken. Er konnte ja schließlich nichts dafür, dass das Restaurant relativ nah am Brüsseler Gare Central lag. Außerdem hatte er keine Lust, bei dem Sauwetter zu Fuß zu gehen und sich vom Regen seinen Anzug ruinieren zu lassen. Am Restaurant angekommen, legte er den Weg vom Taxi in das Gasthaus angesichts des Wetters in rekordverdächtiger Zeit zurück. Er hatte noch eine Stunde Zeit bis zu seinem Treffen und er gedachte, diese sinnvoll zu nutzen. Die Lehmann hatte ihm ein Dossier über den Wettbewerbskommissar Hans Blogner zusammenstellen lassen. Es war immer gut, sein Gegenüber etwas näher zu kennen.

Blogner stammte aus dem deutschen Teil von Luxemburg und wies die typischen Merkmale eines Karrierediplomaten auf. Nach dem Studium an der Sorbonne und mehreren Jahren im gehobenen diplomatischen Dienst Luxemburgs Ernennung zum Staatssekretär im Wirtschaftsministerium seines Landes. Vor zwei Jahren dann der Wechsel als EU-Wettbewerbskommissar nach Brüssel. Ein Schritt, der nachdrücklich von Deutschland unterstützt wurde. Offenbar hatte Blogner beste Kontakte in höchste politische Kreise in Berlin. Galt als Verfechter marktwirtschaftlicher Prinzipien, hatte sich aber auch des Öfteren positiv zu eher sozialistischen Themen wie Vermögenssteuern geäußert. Trat vehement für Frauenquoten in wirtschaftlichen sowie politischen Gremien ein. Hatte in der Vergangenheit aber auch die für Politiker typischen, flexiblen Positionswechsel an den Tag gelegt. Ihm wurden außerdem

Ambitionen für den Posten des EU-Ratspräsidenten nachgesagt.
»Interessant«, dachte Gerd Brauner, »gute Beziehungen und Ehrgeiz, eine vielversprechende Mischung. Und er ist offenbar den sinnlichen Genüssen des Lebens nicht abgeneigt. Schließlich war es sein Wunsch, unser Treffen in diesem Nobelrestaurant abzuhalten.«
In diesem Moment betrat ein weiterer Gast das Restaurant, sah sich suchend um und kam dann, das perfekt joviale Politikerlächeln im Gesicht, mit ausgestreckter Hand auf ihn zu.
»Ah, der deutsche Bankenpräsident. Ich freue mich, Sie in Brüssel willkommen zu heißen. Hans Blogner ist mein Name. Ich hoffe, Sie hatten eine angenehme Anreise, Herr Brauner?«
Gerd Brauner erhob sich und ergriff die ihm angebotene Hand, die überraschend kräftig zudrückte.
»Das Vergnügen ist ganz meinerseits, zumal in dieser illustren Umgebung. Dieses Restaurant scheint ja ein wahrer Gourmettempel zu sein. Die Karte ist jedenfalls sehr beeindruckend.« Und mit einem entschuldigenden Lächeln: »Ich war so frei, sie schon einmal vorab zu studieren.«
»Selbstverständlich, selbstverständlich. Ich hoffe, Sie sind mit mir zufrieden. Ich habe natürlich diesen Ort vor allem aus Gründen der Diskretion gewählt. Ich denke, das ist auch in Ihrem Sinn. Wir müssen die vor meinem Dienstgebäude stets herumlungernden Journalisten ja nicht mit der Nase auf unser Zusammentreffen stoßen.«
Hans Blogner schob genüsslich eine der zwischenzeitlich gereichten Oliven in den Mund und lächelte selbstgefällig.
»Glücklicherweise handelt es sich bei diesem Ort gleichzeitig um das am besten gerankte Restaurant in Brüssel. Wir haben also gewissermaßen eine Win-Win-Situation.« Gerd Brauner

unterdrückte die sarkastische Bemerkung, die ihm auf der Zunge lag und lächelte pflichtschuldigst.

»Ich bin sehr dankbar für die Gelegenheit, mich mit Ihnen über die Europäische Union im Allgemeinen und die Bankenbranche im Besonderen austauschen zu dürfen. Derartige informelle Gespräche zwischen Politik und Wirtschaft finden leider viel zu selten statt. Dabei könnten doch beide Seiten von derartigen Treffen viel voneinander profitieren.«

»Ganz meine Meinung, Herr Brauner, aber lassen Sie uns zunächst unsere Bestellung aufgeben. Wie bei allen Gourmetköchen dauert es hier eine Weile, bis das Essen kommt.«

Nachdem der Kellner die Bestellungen aufgenommen hatte, ergriff Hans Blogner wieder das Wort. »Ja, also die Europäische Union im Allgemeinen, schwierig, schwierig. Sie wissen ja selbst, die enormen wirtschaftlichen Ungleichgewichte in Europa gefährden den sozialen Frieden auf unserem Kontinent. Denken Sie nur an die entsetzliche Arbeitslosigkeit in Südeuropa. Insbesondere die Jugend ist davon betroffen, dabei repräsentiert sie doch unsere Zukunft. Wir in der Kommission fordern daher seit langem einen EU-Finanzhaushalt, um mit öffentlichen Investitionen gegensteuern zu können. Unglücklicherweise existieren aber diesbezüglich erhebliche Widerstände bei den Mitgliedsstaaten, die eifersüchtig ihre Finanzhoheit hüten. Deutschland ist da in erster Linie zu nennen. Jede Aufgabe nationaler Souveränität wird von Ihrem Land massiv bekämpft. Dabei bedrohen gerade die exorbitant hohen deutschen Exportüberschüsse das wirtschaftliche Gleichgewicht nicht nur in Europa, sondern auch weltweit.«

»Herr Blogner, ich hoffe, Sie sehen es mir nach, wenn ich bei diesem Thema eine andere Meinung habe?« Nach einem kurzen Nicken und einer einladenden Handbewegung Blogners fuhr Gerd Brauner fort: »Wäre die Erde ein einheitlicher Wirtschaftsraum, wären mit Sicherheit an einigen Orten wirtschaftliche Aktivitäten intensiver als an anderen. Ich will damit sagen, Herr Blogner, es würden sich verschiedene Produktionszentren herausbilden. Sei es aufgrund von vorkommenden Bodenschätzen, sei es wegen natürlicher Verkehrswege wie Flüssen, sei es aufgrund einer überdurchschnittlich intelligenten, fleißigen oder ausgebildeten Arbeitnehmerschaft. Selbstverständlich würden diese Leistungszentren jede Menge Vorprodukte und Kapital ansaugen und aus ihnen würden alle möglichen Fertigprodukte ausgeliefert. Niemand käme in diesem Fall auf die Idee, eine dadurch entstehende mögliche Unwucht bei den Güter- und Kapitalströmen zu verdammen oder einzudämmen. Erst durch die Existenz von rund 200 künstlich errichteten Staaten, an deren Grenzen wir akribisch, und ich möchte betonen, vor allem willkürlich, diesen Vorgang messen, wird der gleiche Sachverhalt auf einmal problematisch. Ich denke daher, wir haben es hier nicht mit einem wirtschaftlichen, sondern mit einem politischen Problem zu tun.«

»Eine typisch deutsche Argumentation«, warf Hans Blogner ein.

Gerd Brauner fuhr unbeirrt fort: »Deswegen muss sie ja nicht falsch sein, Herr Kommissar. Im Übrigen ist der Ruf nach wirtschaftlichen Gleichgewichten eine volkswirtschaftliche Schimäre. In der Wirtschaft ist nichts im Gleichgewicht, ständig wird um Vorteile gerungen, jeder versucht besser zu sein als der Andere. Gerade das macht den Wettbewerb in einer Marktwirtschaft aus, ›Survival oft he fittest‹, wie die Amerikaner sagen. Wer wüsste das besser als Sie, der für Wettbewerb zuständige Kommissar.«

Hans Blogner wand sich etwas auf seinem Stuhl. »Nun ja, nun ja, mein lieber Brauner, so ganz unrecht haben Sie da nicht.

Aber was zu viel ist, ist zu viel. Die Menschen brauchen auch Sicherheit, verlässliche Verhältnisse und Umstände. Zu starke Schwankungen bei wirtschaftlichen Daten und Sachverhalten erzeugen Unsicherheit und dämpfen das Ausgabeverhalten der Konsumenten. Darunter leidet dann die wirtschaftliche Entwicklung. Die Menschen möchten Garantien für die Zukunft. Jemand, der beispielsweise sein Geld zu einer Bank bringt, möchte es, zumindest nach einer gewissen Zeit, auch wieder haben. Womit wir bei Ihrer Branche wären. Wir haben ja vor einigen Jahren in der Finanzmarktkrise gesehen, wohin es führt, wenn dem freien Spiel der Kräfte zu viel Raum eingeräumt wird. Schließlich standen wir ganz kurz vor einem Kollaps des Finanzsystems.«

Nach einem Schluck Wein fuhr Blogner fort: »Ich bin zutiefst davon überzeugt, dass ein völlig freier Markt sich nicht selbst reguliert. Es braucht Leitplanken, innerhalb derer er sich frei bewegen kann. Aus diesem Grund haben wir für die Banken einen eigenen Rettungsfonds geschaffen, der notfalls noch um den Euro Rettungsschirm ESM verstärkt wird. Nebenbei bemerkt waren derartige Maßnahmen für andere Industrien nicht nötig. Und, Herr Brauner, auch weitergehende Forderungen, zum Beispiel nach einem Einlagensicherungsfonds zum Ziele der Absicherung der Sparer in Europa, haben nach meiner Auffassung durchaus ihre Berechtigung. Das gilt ebenfalls für die Schaffung einer Bankenunion, die dann einheitlichen Regulierungen unterliegt.«

Das war das Stichwort für Gerd Brauner. »Dann sind große, international wettbewerbsfähige Banken in der EU ja durchaus erwünscht. Sie stabilisieren ja bekanntlich die Finanzmärkte.«

»Ganz so einfach ist das nicht, Herr Brauner, große Banken stellen schon auch ein erhebliches Risiko für den Steuerzahler dar, der ja im Insolvenzfall diese Bank retten müsste, allein auf-

grund der Bedeutung großer Banken für die Finanzmärkte. Aber im Prinzip haben Sie trotzdem Recht. Im Extremfall wäre in Europa eine einzige Bank wünschenswert. Dann würden wir diese streng regulieren und uns die ganzen Rettungsfonds und schlaflosen Nächte sparen. Verstehen Sie mich nicht falsch, Herr Brauner, das ist natürlich eine rein theoretische Überlegung und keinesfalls Teil einer offiziellen Politik der EU. Wir wären ja schon froh, wenn das Gejammer aus Berlin über die niedrigen Zinsen, die angeblich den deutschen Sparer ruinieren, aufhören würde. Vielleicht könnten Sie als Bankenpräsident diesbezüglich mal ein paar Worte fallen lassen. Die europäische Zentralbank kann angesichts der hohen Verschuldung der Staatshaushalte die Zinsen gar nicht anheben. Es wäre ja mal interessant, den immer ins Feld geführten Verlust des Sparers mit der Ersparnis Ihres Finanzministers zu vergleichen. Ich wette, unter dem Strich profitiert Deutschland als Ganzes von der expansiven Politik der europäischen Notenbank.«
Gerd Brauner verspürte keinerlei Lust, sich auf diesen Nebenkriegsschauplatz lenken zu lassen. Schließlich hatte er das Gespräch aus anderen Gründen gesucht. »Da könnten Sie durchaus Recht haben, Herr Blogner. Aber ich möchte doch auf meine Frage von vorhin zurückkommen. Sie, das heißt die EU, müssten doch Zusammenschlüssen von Banken positiv gegenüberstehen.«
Hans Blogner musterte ihn nachdenklich. »Ja, das tun wir auch, insbesondere wenn derartige Zusammenschlüsse grenzübergreifend stattfinden. Wenn der Bankenmarkt zusammenwächst, wachsen auch die Finanzmärkte und damit letztendlich auch die europäischen Staaten zusammen. Aber auch nationale Fusionen als Vorstufe sind durchaus willkommen. Hegen Sie diesbezüglich Pläne, Herr Brauner?«

»Nun, sagen wir mal, derartige Gedankenspiele finden in meiner Bank durchaus statt, genauso wie andere Banken vermutlich ähnliche Überlegungen anstellen. Bei unseren Bankentreffen ist das derzeit das populärste Thema.«

»Also, wenn Sie derartige Pläne haben, muss natürlich im konkreten Einzelfall darüber befunden werden. Da geht es dann um die Frage, ob die fusionierenden Banken komplementär oder substitutiv sind. Wenn sie sich ergänzen, dürfte es für die Wettbewerbskommission kaum Probleme geben. Wenn sie gleiche bis ähnliche Strukturen haben, sähe die Sache schon anders aus. Dann müssten wir vermutlich verlangen, dass Teilbereiche aufgrund von dann gegebenen marktbeherrschenden Stellungen zurückgestutzt werden, wodurch natürlich Fragen nach Arbeitsplätzen aufkommen würden. Auch die jeweilige Größe der fusionierenden Banken würde natürlich bei allen Wettbewerbsentscheidungen eine Rolle spielen. Eventuell müssten Sie sogar einzelne Bereiche komplett veräußern.«

Hans Blogner machte in Erwartung der Antwort Brauners ein betont unbeteiligtes Gesicht und widmete sich auffällig seinem gerade servierten Hauptgericht.

»Wie gesagt, es sind derzeit nur Gedankenspiele. Aber ich dachte, es wäre gut, dazu einmal die grundsätzliche Position der EU zu erfahren.«

»Nun, Herr Brauner, ich nehme an, Sie haben schon ähnliche Gespräche bei den Kollegen in Berlin geführt. Die müssten ja auch ihr Plazet geben. Welche Bank haben Sie denn ins Auge gefasst?«

Gerd Brauner hob abwehrend die Hände. »Da gibt es, wie gesagt, noch nichts Konkretes. Aber es sollte, wenn schon, eine größere Bank sein, sonst würde aus einem derartigen Zusammenschluss ja kein nationaler Champion entstehen, der dann ja auch über die Grenzen hinaus weiter expandieren könnte.«

Hans Blogner schmunzelte. »Und diese, noch nicht konkrete Bank, teilt Ihre Gedankenspiele?«
Gerd Brauner rutschte leicht auf seinem Stuhl hin und her. »Derzeit noch nicht, da es sich, wie gesagt, um rein interne Planspiele handelt.«
Hans Blogner verlor jetzt die Geduld. »Mein lieber Bankenpräsident, was ich jetzt sage, ist natürlich nicht offiziell, wie überhaupt unser ganzes Gespräch nie stattgefunden hat. Sollten Sie, was ich vermute, nicht nur hypothetisch gesprochen haben, sondern eine Bankenübernahme planen, würden wir in der Wettbewerbskommission dies sehr wohlwollend prüfen. Insbesondere, wenn es sich um eine Fusion in Deutschland handelt, dessen Bankenmarkt dringend einer Konsolidierung bedarf. Das gilt insbesondere im Fall einer im gegenseitigen Einverständnis stattfindenden Fusion.«
An dieser Stelle war es an Gerd Brauner, einen tiefen Schluck aus seinem Weinglas zu nehmen. »Jetzt sehr hypothetisch, Herr Blogner, was wäre bei einer unfreundlichen Übernahme?«
»Oha, eine Schlacht in der deutschen Bankenwelt. Das wäre ja mal etwas völlig Neues.«
Hans Blogner schaut Gerd Brauner direkt an und hob sein Glas. »In diesem Fall wäre unsere Position wohl weniger wohlwollend«, und nach einer Pause, »aber immer noch wohlwollend.«

WEGBEREITUNG

Der TGV war die beste Möglichkeit von Brüssel nach Paris zu kommen. Gerd Brauner nutzte die gut einstündige Fahrt, um sein längeres Meeting mit dem Wettbewerbskommissar zu reflektieren. Er liebte Gespräche mit Politikern zwar generell nicht, denn diese lebten in einer eigenen Welt, quasi in einer Art Käseglocke, welche sie von den Realitäten des Lebens der Bürger fernhielt, aber in diesem Fall hatte er in den sauren Apfel beißen müssen.
Ob das Gespräch ein Erfolg war, ließ sich schwer sagen, aber zumindest war es kein Misserfolg. Immerhin hatte Hans Blogner konstatiert, dass Deutschland zu viele Banken hatte und eine Bereinigung der Bankenlandschaft in diesem Land sinnvoll wäre. Das eigentliche Sahnestück war aber die Erkenntnis, dass die EU-Kommission Bankenfusionen generell begrüßen würde und das sogar im Fall einer unfreundlichen Übernahme. Natürlich hatte er aus Sicherheitsgründen den Namen der Wertebank nicht explizit genannt. Immerhin hatte er aber bei der gegenseitigen Verabschiedung noch angedeutet, dass das Ziel seiner Begierde in etwa die gleiche Größe wie die Meinebank hatte. Wenn es denn so weit war, konnte er immer wieder auf dieses Gespräch zurückgreifen und auf den positiven Grundton dieses Treffens verweisen.
Wenn es denn so weit war ... Gerd Brauner hatte unangenehmerweise ein komisches Gefühl in der Magengegend. Irgendwie kam es ihm so vor, als ob er nicht mehr unbedingt der Herr des Verfahrens war. Das lag natürlich vor allem daran, dass der Mistkerl von Niels Werner nichts von sich hören ließ. Der war zwar noch nie eine Plaudertasche gewesen, früher,

während dessen Tätigkeit bei ihm hatte der sich nur gemeldet, wenn es Schwierigkeiten gab, und das war praktisch ja nie der Fall bis zu dem Tag, an dem es zwischen ihnen knallte. Aber irgendwie wäre es langsam an der Zeit für Niels, ihn anzurufen. Von seinen eigenen Vermögensverwaltern wusste er, dass die Konkurrenz durch die Wertebank in den letzten Monaten mörderisch war und die besseren Anlageergebnisse durchweg auf deren Seite lagen. Ja, ja, der gute Niels hatte offensichtlich nichts verlernt.

Während er ein inzwischen serviertes Essen genüsslich verzehrte, ein Steak Tartare konnten eigentlich nur die Franzosen machen, richtete er seine Aufmerksamkeit auf die bevorstehende kleine Konferenz in seinem Lieblingshotel am Place de la Concorde. Seine Gesprächsteilnehmer waren allesamt Repräsentanten der Finanzindustrie und natürlich langjährige Mitglieder bei den *Mes amies*. Sie hatten mit ihm gemeinsam schon mehrere, auch äußerst delikate, Projekte in der Finanzindustrie durchgeführt, das spektakulärste war wohl der gezielte Ruin des Investment Fonds Diamant Invest in New York gewesen. Es war gut zu wissen, dass er sich auf seine Partner verlassen konnte, denn ein Selbstläufer würde die Übernahme der Wertebank nicht werden.

Der auf den ersten Blick Wichtigste war zunächst Luke Donaldson vom 100 Milliarden schweren Hedgefonds True Investor in London. Die TRIN war berüchtigt in ganz Europa als ein sehr aggressiver Shareholder, der auf Hauptversammlungen schon einige Vorstände und Aufsichtsratsvorsitzende ins Schwitzen gebracht hatte. Dann war da noch Steve Burner vom Pensionsfonds Relax aus New York. Auch er herrschte über circa 100 Milliarden, genau wusste das nur er selbst, und hatte sich ebenfalls ein Rabaukenimage im Umgang mit Unternehmen erarbeitet. Francois Monterrin von der französischen Privatbank

Claron war da eher ein Mann der leisen Töne, aber auch er setzte knochenhart seine Interessen und die des Bankhauses durch. Gerd Brauner hatte in der Vergangenheit aber schon öfter erlebt, dass beides nicht immer deckungsgleich war.
Da seine Gesprächspartner untereinander durchaus Animositäten pflegten, jeder war auf seine Art eine Diva, war ihm klar, dass das bevorstehende Meeting nicht so ganz spannungsfrei verlaufen würde. Er hoffte nur, dass alle weiterhin bei seinem Versuch, die Wertebank zu übernehmen, auf seiner Seite waren. Denkbar wäre ja auch bei dem Einen oder Anderen ein Ausscheren aus dem Übernahmeklub, um selbst noch mehr Vorteile für sich zu generieren. Er konnte sich das im Moment zwar nicht vorstellen, aber die Erfahrungen der letzten Jahre hatten ihn gelehrt, dass letztendlich auf niemanden vollständig Verlass war. Selbst der gute Niels hatte sich ihm verweigert, als er ihn dringend gebraucht hatte. Nicht auszudenken, wenn niemand die Wandelanleihe gezeichnet hätte.
Die Ankündigung des Eintreffens am Gare du Nord riss ihn aus seinen Überlegungen. Soviel zum eigentlich geplanten Nickerchen, dachte er. Na gut, er würde heute Abend aller Voraussicht nach ohnehin früh im Bett sein, angesichts der gemeinsamen Interessenlage dürfte die Besprechung nicht allzu lange dauern, es ging eigentlich mehr um ein Feintuning.
Im Bahnhof angekommen drängelte er sich zum Ausgang des Zuges und steuerte zügig den Taxistand an. Natürlich würde die Fahrt zum Hotel im Abendverkehr von Paris eine mittlere Katastrophe sein, aber er war doch froh, dass seine Gesprächspartner, seiner Flugangst Rechnung tragend, Paris als Treffpunkt akzeptiert hatten. Außerdem wäre der Verkehr im alternativen London auch ein Albtraum gewesen.
Während das Taxi sich mit viel Hupen und Blinken seinen Weg zum Hotel erkämpfte, rekapitulierte Gerd Brauner noch einmal

die zu besprechenden Punkte. Zunächst galt es genaue Kenntnis darüber zu erlangen, wieviel Prozent des Aktienkapitals der Wertebank seine Gesprächspartner schon eingesammelt hatten. Dann musste der Zeitplan für die notwendigerweise einzuberufende außerordentliche Aufsichtsratssitzung und daran anschließend die Hauptversammlung abgestimmt werden. Es war außerdem die Frage zu erörtern, ob noch weitere Aktienzukäufe erfolgen sollten. Darüber hinaus würde er alle Hände voll zu tun haben, um die unterschiedlichen Charaktere zu managen.

Erstaunlicherweise hatte es der Taxifahrer bereits bis zum Hotel geschafft und Brauner sprang zügig aus dem Gefährt, nicht ohne den Fahrer wie versprochen fürstlich entlohnt zu haben. An der Rezeption bekam er erst einmal ein Upgrade zu einer Suite verpasst, die gute Lehmann hatte da wohl im Vorfeld an einigen Strippen gezogen. Auf seine Nachfrage wurde ihm versichert, dass ab 18 Uhr der Salon Mes amies, wie passend, reserviert sei, und von seinen drei Gästen bereits zwei im Hotel eingecheckt hätten. Das Servieren des Dinners sei auch kein Problem, er solle einfach das Startzeichen geben und in kürzester Zeit würde dann à la carte serviert werden. Na, das klappte ja alles vortrefflich. Auf dem Weg zum Fahrstuhl warf er einen Blick in die Hotelbar und sah Steve Burner dort sitzen. Spontan steuerte auch Gerd Brauner die Bar an.

Er sprach ihn auf Englisch an, obwohl er wusste, dass der gute Steve ausgezeichnet deutsch sprach. Aber sie hatten sich in der Vergangenheit auf Englisch als Konferenzsprache geeinigt, sogar der gute Francois hatte dem, wenn auch zähneknirschend zugestimmt.

»Hi Steve, es ist gut, dich mal wieder zu sehen«, und mit einem Nicken in Richtung Glas, »wie ich sehe, stimmst du dich schon auf unser nachheriges Meeting ein.«

»Hey Gerd, alter Junge, ich freue mich, dich zu sehen. Willst du mir nicht beim Trinken Gesellschaft leisten? Eine Bloody Mary würde auch bei dir etwas Farbe in dein blasses Gesicht zaubern.«

Gerd Brauner musterte ihn leicht besorgt, aber er konnte eigentlich keine Anzeichen von Trunkenheit beim guten Steve erkennen. Diese Amerikaner, saufen bei jeder Gelegenheit dieses schreckliche Getränk und vertragen das auch noch gut. Na ja, das Gleiche sagen sie ja auch über uns Deutsche in Bezug auf unseren Bierkonsum.

»Danke, Steve, aber die Bloody Mary ist nicht für mich gemacht, da nehme ich lieber eine richtige Mary. Wie war dein Flug? Alles bestens? Was macht dein Jetlag?«

»Alles gut, ich bin ja schon einige Tage in Paris und habe an der Asset Management Konferenz der Société Unique teilgenommen. Der Jetlag ist kein Problem mehr. Wann treffen wir uns?«

»Unser Meeting beginnt um 18.30 Uhr, aber der Salon *Mes amies* ist für uns ab 18 Uhr geöffnet.«

Bei der Nennung des Salonnamens kicherte sein Gegenüber leicht vor sich hin und prostete ihm anschließend zu. »Heißt der wirklich so oder hast du ihn kurzerhand umbenannt? Aber egal, das gefällt mir. Dann gehe ich jetzt mal auf mein Zimmer und mache mich ein wenig frisch. Und du brauchst dir keine Sorgen zu machen, ich werde bei unserem Treffen taufrisch sein. Bis dann, mein Lieber.«

Mit diesen Worten erhob sich Steve Burner aus seinem Sessel und marschierte Richtung Fahrstuhl. Gerd Brauner folgte ihm einige Minuten später, er wollte im Fahrstuhl allein sein, und steuerte dann seine Suite an. Eine Dusche würde auch ihm guttun und unter dem heißen Wasserstrahl würde er seine Gedanken noch einmal ordnen können. Aber zuallererst würde er

Luke Donaldson anrufen, er hoffte, der wäre auf seinem Zimmer, um sich auch von ihm ein erstes Bild zu machen. Er wusste, wie wichtig Luke war und es würde gut sein, auch über dessen Stimmung einen Eindruck zu bekommen.

Eine gute Stunde später ging er zusammen mit Luke Donaldson zu den im ersten Stock des Hilton Hotels sich befindenden Besprechungszimmern. Er und Luke hatten bei ihrem Telefonat verabredet, gemeinsam zum Treffen zu gehen, um so etwas wie Zusammengehörigkeit zu demonstrieren.

»Da hinten ist der Meetingroom, Gerd«, das hochgestochene, leicht näselnde Posh-Englisch stand wie immer in krassem Gegensatz zu der athletischen Gestalt des Engländers, »der heißt ja wirklich *Mes amies*. Wie passend. Oder hast du auch da nachgeholfen?«

Über die letzte Bemerkung war Gerd Brauner zwar weniger amüsiert, aber bevor er zu einer Replik ansetzen konnte, erklang die kultivierte Stimme von Francois Monterrin hinter ihnen: »Aahh, mes amies.«

»Bei dem Thema waren wir schon, Francois. Schön, dass du auch mal pünktlich bist.«

»Aber Gerd, ich bin dir doch immer zu Diensten. Und dir, Luke, muss es jetzt doch wunderbar gehen, wo du deine kleine graue Insel hinter dir gelassen hast, um in die Zivilisation einzutauchen.«

Francois Monterrin sah wie immer wie der typische französische Beau aus, mit perfekten Manieren und einem noch perfekteren Lächeln. Aber Gerd Brauner wusste aus der Erfahrung nur zu gut, dass Francois knallhart im Vertreten seiner Interessen war. Das galt natürlich auch für den leicht übergewichtigen Steve Burner, welcher soeben sich zu ihnen gesellte und Luke Donaldson mit einem knappen Schulterklopfen und den Franzosen mit einem noch knapperen Kopfnicken begrüßte. Gerd Brauner wunderte sich nicht zum ersten Mal, was zwischen dem Amerikaner und dem Franzosen das Problem war. Er wusste nur, dass es in der gemeinsamen New Yorker Zeit zwischen den beiden mal ordentlich geknirscht hatte. Aber heute hatte er wichtigeres zu tun, als über Animositäten zwischen seinen Partnern nachzudenken.

»Also, ihr Lieben, da wir erfreulicherweise schon vollzählig sind, denke ich, wir sollten zur Begrüßung erst einmal ein Glas Champagner trinken. Hier im Mes amies sind die Mes amies ganz ungestört. Für das Essen habe ich à la carte vorgesehen. Das Meeting ist natürlich ein open end event, aber es dürfte in unser aller Interesse sein, wenn wir, so schnell es geht, unser gemeinsames Projekt abhaken.«

Mit diesen Worten hob Gerd Brauner das mittlerweile gefüllte Glas und prostete in die Runde. Die Bedienung nahm derweil die Bestellungen auf. Nachdem der Kellner den Raum verlassen hatte, ergriff Brauner wieder das Wort, wobei er erst einmal die politische Seite ansprechen wollte.

»Also, Freunde, wie ihr wisst, plane ich die Wertebank zu übernehmen. Diese Idee habe ich auch mittlerweile bei meinem Aufsichtsratsvorsitzenden platziert«, ein wenig übertreiben konnte nicht schaden. »Er muss sich allerdings erst noch an den Gedanken gewöhnen, dass das Ganze unfreundlich erfolgen soll. Er ist der typisch deutsche Konsensheini. Aber ich denke, er wird Gefallen an meiner Vision finden. Heute Vormittag war ich dann in Brüssel und habe den zuständigen Wettbewerbskommissar ins Boot geholt. Er stimmt mir zu, dass Deutschland overbanked ist und eine Marktbereinigung wünschenswert wäre. Ich habe ihm ebenfalls angedeutet, dass das Objekt meiner Begierde in etwa die Größe der Meinebank hat. Er hat dabei mit keiner Wimper gezuckt. Von der politischen Seite dürften somit nach meiner Ansicht keine Quer-

schüsse zu erwarten sein, zumal die deutschen Kartellbehörden, wie mir der Kommissar versicherte, in einer solchen Frage Brüssel das Privileg der Entscheidung überlassen würden.«
An dieser Stelle stoppte Gerd Brauner, um dem zurückgekehrten Kellner das Servieren der Zwiebelsuppe zu ermöglichen. In den folgenden Minuten waren alle erst einmal damit beschäftigt, die heiße Zwiebelsuppe zu essen, ohne sich den Gaumen zu verbrennen. Währenddessen musterte er die Gesichter seiner Gesprächspartner Nach seinem Eindruck waren seine Worte gut aufgenommen worden. Lediglich Steve Burner schaute etwas bekümmert, oder bildete er sich das nur ein? Vielleicht kaute der aber immer noch an der Tatsache herum, Tischnachbar vom guten Francois zu sein. Bevor er seine Rede fortsetzen konnte, ergriff Francois Monterrin das Wort: »Es ist sehr gut, dass du bereits mit Brüssel gesprochen hast, Gerd, aber ich hoffe, du hast den Namen Wertebank nicht erwähnt. Brüssel ist nämlich ein einziges Nest von Plaudertaschen. Ich habe da so meine Erfahrungen gemacht. Und wie verbindlich sind denn die dir gemachten Zusagen?«
»Also, Francois, von Zusagen kann natürlich keine Rede sein. Das war ja auch ein eher informelles Treffen, in dem wir beiderseitige Gedanken ausgetauscht haben. Und was deinen ersten Punkt angeht, nein, ich habe die Wertebank nicht erwähnt und ich habe darauf gedrängt, dass bei dem Gespräch niemand sonst anwesend war.«
»Gerd«, das war unverkennbar Luke Donaldson, »wie war denn die Reaktion deines Aufsichtsratsvorsitzenden? Du sagst ja selbst, das ist ein Konsensheini. Wird der mitmachen? Und was ist mit den anderen Aufsichtsratsmitgliedern? Wann werden die informiert und wie wird deren Reaktion ausfallen? Trauen die sich eine unfreundliche Übernahme in der deutschen heilen Wirtschaftswelt, dem corporate Germany, zu?«

»Tja, Luke, da hast du natürlich einen Punkt. Also, der Weise, denke ich, wird schon letztendlich mitmachen. Er will schließlich in den Olymp der Bankenaufseher einziehen. Bei deinem Landsmann, Sir Grey, bin ich da schon skeptischer. Aber auch er wird für Ruhm und Ehre wohl letztendlich in den Kampf ziehen. Ich hatte eigentlich gedacht, im nächsten Monat eine außerordentliche Sitzung des Aufsichtsrates einzuberufen. Dummerweise habe ich gerade eine Steuerprüfung im Haus, die erhebliche Kapazitäten meiner Mitarbeiter beansprucht. Es könnte also durchaus noch zwei Monate bis zur Sitzung dauern. Danach wäre dann eine außerordentliche Hauptversammlung einzuberufen, um die Genehmigung zur Kapitalerhöhung zwecks Finanzierung der Übernahme zu erhalten. Dies sehe ich angesichts des weltweit vagabundierenden, nach Anlagemöglichkeiten suchenden, Kapitals aber als das geringste Problem an.«
Erneut stockte die Unterhaltung an dieser Stelle, denn nun wurde der Hauptgang serviert. Kaum aber hatte der Kellner den Raum wieder verlassen, meldete sich erneut Luke Donaldson zu Wort: »Gerd, hast du irgendetwas über deine Wandelanleihe herausfinden können? Wer hat die erworben und wo liegt sie? Kann die uns noch die Suppe versalzen?«
»Luke, das Einzige, was wir wissen, ist, dass sie in China liegt. Offenbar bei einem staatlich gelenkten Fonds und wir haben keinerlei Indikationen, was die dortigen Absichten betrifft. Ich habe aber Hinweise, dass keine Wandlung in Aktien beabsichtigt ist«, seine professionelle Tonlage verbarg seine innere Anspannung gut. »Ich denke, wir werden in knapp 12 Monaten diese Anleihe zurückzahlen, und wenn die Übernahme bis dahin geklappt hat, können wir sogar die Cash-Bestände der Wertebank dafür nehmen.«

Innerlich klopfte sich Gerd Brauner ob dieser ihm gerade eben eingefallenen Idee auf die Schulter. Sie war auch bei seinen Partnern gut angekommen, lediglich Steve Burner zeigte immer noch diesen sauertöpfischen Gesichtsausdruck. Was zum Teufel war nur los mit dem Kerl? Aber egal, weiter ging es.
»In diesem Zusammenhang sollten wir uns doch mal über die aktuellen Zahlen austauschen. Wieviel Prozent hat jeder von euch vom Aktienkapital der Wertebank erworben? Wir waren uns ja einig, dass derartige Aktienpakete die geplante Übernahme erheblich erleichtern würden.«
Die Stille, die nun folgte, wurde schließlich von Luke Donaldson unterbrochen: »Gerd, du weißt, auch wir haben unser Aufsichtsorgane. Und denen ist ein massives Engagement im deutschen Bankenmarkt schwer zu verkaufen. Du hast selbst gesagt, ihr seid overbanked, und das weiß auch in England jeder. Investments in ein low marging business sind schwer zu rechtfertigen. Also, wir besitzen, und dafür habe ich meine Befugnisse auf das Äußerste strapaziert, 2,2 Prozent der Wertebank, mehr war nicht drin.«
Gerd Brauner musste erst einmal seinen Ärger mit einem Schluck Wein herunterspülen. Das war viel zu wenig. Und auch Francois mit 1,8 Prozent war weit unter dem avisierten Ziel geblieben. Da half es wenig, dass ausgerechnet Steve Burner mit 3 Prozent den höchsten Aktienanteil der Wertebank erworben hatte. Er hatte gehofft, durch Investitionen seiner Partner mindestens auf 15 Prozent zurückgreifen zu können. So war es auch ursprünglich abgesprochen gewesen. Insgesamt 7 Prozent waren viel zu wenig, um im Vorfeld der geplanten Offerte Druck auf das Management der Wertebank ausüben zu können.
»Meine Freunde, wir waren uns doch einig. Ihr drei erwerbt heimlich, um nicht meldepflichtig zu werden, über Stroh-

firmen jeweils knapp unter fünf Prozent der Wertebank, um dann auf mein Signal die Fünf-Prozent-Hürde zu überschreiten. Dann meldet ihr, wie gesetzlich verlangt, eure Beteiligung an. Gleichzeitig mache ich meine Übernahmeofferte. Ihr, als dann Großaktionäre, verlangt vom Management der Wertebank, dieses Angebot anzunehmen und sprecht euch in öffentlichen Statements und Presseabteilungen positiv zum geplanten Zusammenschluss aus. Nur so können wir den Übernahmepreis in vernünftigen Höhen halten. Andernfalls muss ich Aufbesserungen des Übernahmepreises anbieten, um die zu erwartende Ablehnung durch das Management bei den Aktionären ins Leere laufen zu lassen.«

»Gerd, lass uns doch noch einmal zum Ausgangspunkt zurückkehren. Warum sollten wir das eigentlich tun? Was hindert uns daran, deine, wie du sagst, mehrmaligen Aufbesserungen des Kaufpreises selbst mitzunehmen und so einen besseren Return-of-Investment zu erzielen.«

Diese Ratte von Francois Monterrin! Das hätte er sich ja denken können, dass der mal wieder nur seinen eigenen Vorteil sah.

Die etwas überlaute Stimme von Steve Burner riss ihn aus seinen Gedanken. »Gerd, wer zum Teufel kauft deine Aktien?«

Gerd Brauners Hand, die mit dem Weinglas auf dem Weg zu seinem Mund war, blieb mitten in der Luft stehen. Er hatte sich doch wohl gerade verhört, oder Steve Burner hatte zu viele Bloody Marys getrunken und verwechselte beide Banken. Vorsichtig setzte er sein Glas wieder ab. »Steve, wovon bitte schön redest du?«

»Ich rede davon, dass seit ungefähr vier Wochen ständig Aktien der Meinebank aus dem Markt genommen werden. Das passiert meistens gegen Handelsende und wird ziemlich geschickt orchestriert. Ist die Grundstimmung am Aktienmarkt ohnehin positiv, bleiben die Orders aus, an schwachen Tagen dagegen stützen sie gegen den Trend den Kurs deiner Bank. Das hat nichts mit irgendwelchen positiven Geschäftsentwicklungen zu tun, wie du dir vielleicht einbildest. Dieses Handelsmuster habe ich schon zu oft gesehen, und das spricht eindeutig für Interessenskäufe. Wie mir meine Leute auf dem Frankfurter Parkett melden, erfolgen sie stets über den Makler Kampmann & Söhne, und der hat, wie wir alle wissen, gute Geschäftsverbindungen nach Asien. Und, Gerd, ich frage dich noch einmal, wer kann dahinterstecken? Es kann ja wohl nicht sein, dass deine Handelsabteilung nichts davon mitbekommen hat. Und wenn doch, dann lass dir sagen, ich hasse es, mit Amateuren zusammenzuarbeiten. Irgendjemand will dir, oder vielleicht sogar uns, in die Suppe spucken. Ich überlege ernsthaft, aus der ganzen Sache auszusteigen.«

Gerd Brauner hatte zwar immer gedacht, dass er unter Druck am besten war, und hatte das auch in der Vergangenheit bei verschiedensten Anlässen unter Beweis gestellt, aber jetzt war er doch in seinen Grundfesten erschüttert. Was war das denn? Jemand kaufte sich einen Anteil an seiner Bank zusammen? Und wozu? Er hatte sich zwar auch über die insgesamt positive Entwicklung seines Aktienkurses gewundert, sie aber doch irgendwie auf die gute Geschäftsentwicklung seines Hauses geschoben. Wieso hatten seine Leute munter vor sich hin geschlafen? Dieses verdammte Geschäftsessen drohte so langsam aus dem Ruder zu laufen. Er musste schleunigst die Fäden wieder in die Hand bekommen.

»Aber Steve, natürlich haben auch meine Leute an der Börse dieses, wie du sagst, Handelsmuster registriert. Wir wissen allerdings genauso wenig wie du, wo die Quelle dieser Aufträge liegt. Ich habe daher mehrere Leute auf das Personal von Kampmann ansetzen lassen, um an Informationen zu kommen.« Die wievielte Lüge war das eigentlich heute? »Du weißt schon, wie man das macht, in deiner Sprache nennt man das seducing people. Aber im Grunde können wir doch alle froh sein, dass es diese Käufe gibt. Je höher mein Aktienkurs, desto höher kann das Aufgeld bei meiner Kapitalerhöhung sein, desto leichter fällt mir die Finanzierung bei der Übernahme der Wertebank.«

Zum ersten Mal bei diesem Treffen entspannte sich das Gesicht von Steve Burner etwas. Eigentlich wahr. Egal, was passierte, er würde davon profitieren. Um diesbezüglich ganz sicher zu gehen, würde er ebenfalls Aktien der Meinebank einsammeln lassen. Man konnte ja nie wissen. Mit feinem Gespür registrierte Gerd Brauner die sich zum Positiven drehende Stimmung am Tisch. Es wäre gut, dieses Sentiment zu konservieren. Dazu musste er nun den Macher herauskehren.

»Also, Freunde, ich fasse noch einmal zusammen. Im politischen Umfeld habe ich den Grundstein gelegt. Ich denke, wir müssen nicht mit einem Aufschrei der Wettbewerbshüter rechnen, wenn es zum Showdown kommt. Bei meinem Aufsichtsratsvorsitzenden sehe ich kein Problem, den Weise habe ich im Griff. Zwecks Überzeugung der restlichen Aufsichtsräte wäre es gut, wenn du, Luke, mit Sir Edmund Grey ein Gespräch führst, so von Engländer zu Engländer. Ich versuche, die Quelle der Kauforders ausfindig zu machen, sobald ich etwas weiß, informiere ich euch. Das Gleiche gilt natürlich auch für die Wandelanleihe, ich gehe bis jetzt nicht davon aus, dass sie gewandelt wird. Es wäre trotz allem gut, wenn ihr noch weitere Aktien an der Wertebank erwerben könntet. Zur Begründung könnt ihr ja auf die durch die dortige Umstrukturierung verbesserten Geschäftsperspektiven verweisen. Sobald sich der Termin für meine außerordentliche Hauptversammlung abzeichnet, gebe ich euch das Signal, eure Beteiligungen öffentlich zu machen.«

An dem beifälligen Nicken der Beteiligten schloss er auf eine positive Resonanz seiner Worte. Er hob noch einmal sein Glas und prostete allen zu. Mit einem »Habt eine gute Heimreise, mes amies«, schloss er die Sitzung und schüttelte jedem die Hand. Dann machte sich Gerd Brauner schnurstracks auf den Weg in sein Hotelzimmer. Er würde umgehend eine Mail an die Lehmann und den Leist losjagen. Der Leist sollte noch in der Nacht nach Paris fahren und ihn am nächsten Morgen mit dem Auto abholen. Er hatte zwar ursprünglich geplant, mit dem ICE zurück nach Frankfurt zu fahren, aber dort konnte man nicht ungestört arbeiten. Und er hatte einige dringende Telefonate zu führen. Zuallererst mit den Schlafmützen seiner Handelsabteilung, dann mit seinem Finanzchef Kurz, unter anderem über den Verlauf der Steuerprüfung und dann musste er beim Weise in Sachen Aufsichtsratssitzung vorfühlen. In seinem Dienstwagen konnte er ungestört telefonieren.
Wenn er ehrlich mit sich selbst war, dann musste er sich eingestehen, dass das heutige Meeting alles andere als ein Erfolg gewesen war. Erst schoss der liebe Francois quer und dann kam Steve mit heimlichen Aktienkäufen um die Ecke. Er hatte mit Müh und Not ein katastrophales Ende verhindern können, bei diesem Gedanken kam ihm noch einmal die Galle hoch. Er würde sich daher, erstmals nach vielen Jahren, einen Whisky on the rocks genehmigen.

DURCHBLICKE

Da lag es vor ihm und sah genauso aus, wie er sich immer ein orientalisches Märchenschloss aus tausendundeiner Nacht vorgestellt hatte. Nein, eigentlich viel besser, seine Phantasie hatte nicht ausgereicht sich dieses, auf einem leichten Hügel gelegene, von unzähligen kleinen Gärten umgebene und sich direkt am Meer befindliche Wunder orientalischer Architekturkunst vorzustellen. Das Crown Palace in Abu Dhabi übertraf alle Erwartungen und galt nicht umsonst als das Nonplusultra unter den Luxushotels. Als ihr Wagen die Auffahrt zum Eingang hochgefahren war und sie das Innere des Hotels betraten, war es Niels Werner, als ob er in eine andere Welt eintauchen würde. Das wurde noch verstärkt durch die arabische Kleidung des Hotelpersonals und die, für europäisches Empfinden, sehr demütige Begrüßung. Während des Eincheckrituals sah ihn Peter Nehmer leicht amüsiert an.
»Wie ich sehe, sind Sie schwer beeindruckt von dieser Hütte.«
»Schwer beeindruckt ist gar kein Ausdruck, ich bin schlicht überwältigt. Ich habe schon viele tolle Hotels gesehen, aber so etwas noch nicht.«
»Warten Sie mal ab, bis Sie Ihre Suite sehen. Übrigens stehen auf jedem Flur mindestens drei Hotelangehörige, teils auch aus Sicherheitsgründen, obwohl Abu Dhabi als sehr sicher gilt. Falls Sie also einen Wunsch haben, brauchen Sie nur Ihren Kopf aus der Tür zu strecken.«
»Sie waren offenbar schon öfter hier, Herr Nehmer.«
»Ja, ich treffe mich hier immer mit unseren Geschäftspartnern aus Bahrein. Ein Direktflug nach Bahrein würde Andere zu leicht auf die richtige Fährte setzen.«

»Deswegen sind wir also nach Dubai geflogen und nicht direkt nach Abu Dhabi?
»Empfehlung von unserem Sicherheitschef, Herr Werner. Flug nach Dubai und dann mit der Limousine nach Abu Dhabi. Das ist für Dritte kaum nachverfolgbar.«
Niels Werner musste das Gehörte erst einmal verdauen. Sein Chef verreiste also in dem Bemühen, seine wahren Reiseabsichten zu verschleiern. Das bedeutete, er ging davon aus, dass Dritte versuchten, herauszubekommen, wen er zu treffen beabsichtigte. Und was war das für ein Gerede von einem Sicherheitschef?
»Wir haben einen Sicherheitschef?«
Wieder huschte dieser leicht amüsierte Ausdruck über das Gesicht von Peter Nehmer. »In was für einer Welt leben Sie, Herr Werner? Natürlich haben wir einen Sicherheitschef. Jede Bank hat einen. Haben Sie davon bei der Meinebank nichts mitbekommen?« Peter Nehmer hob abwehrend die Hand. »Nein, ich meine nicht Samuel Leist, der ist ja mehr eine Art Bodyguard für den Brauner. Da muss es noch jemand anderes geben. Unser Sicherheitschef ist jedenfalls Herr Pair.«
»Konrad Pair? Aber der ist doch unser Chefvolkswirt.«
»Ja, und ein verdammt guter. Daneben hat er aber noch ein paar andere Qualifikationen, die wir uns zunutze machen. Lassen Sie sich von seinem harmlosen Äußeren nicht täuschen, er hat schon mehrere heikle Situationen für mich gelöst.«
Niels Werner hätte gern noch weiter nachgefragt, aber nun kam die Dame vom Check-in zu ihrer Sitzecke herüber und hatte im Schlepptau zwei junge Männer in Beduinenkleidung.
»Meine Herren, Ihre Suites sind jetzt für Sie bereit, meine Kollegen werden Sie hinaufbegleiten und sich um alle weitergehenden Wünsche bemühen. Ich darf Ihnen, auch im Namen der Direktion, einen angenehmen Aufenthalt wünschen und

Ihnen mitteilen, dass Ihre Reservierung im Moussa bestätigt ist.«

Auf Niels Werners fragenden Blick informierte ihn Peter Nehmer: »Das Moussa ist ein hervorragendes libanesisches Restaurant im Basement des Hotels. Wir treffen uns dort um 19 Uhr, also in circa drei Stunden, mit unseren Gesprächspartnern. Seien Sie pünktlich, Araber verzeihen keine Unpünktlichkeit. Richten Sie sich auch darauf ein, dass unser Dinner in etwa vier Stunden dauern wird. Das ist für die libanesische Küche das Minimum. Zumindest war das der Fall, als ich das letzte Mal dort war. Kleiderordnung ist smart casual. Bis dann.«

Mit diesen Worten entschwand Peter Nehmer mit seinem Hoteldiener im Schlepptau und ließ einen mehr als nur nachdenklichen Niels Werner zurück. So allmählich eröffnete sich eine Dimension bei seinem Chef, die er nicht für möglich gehalten hatte. Es würde ihn nicht wundern, wenn der genauso ein Schlitzohr war wie Gerd Brauner.

Irgendwie bereitete ihm dieser Gedanke großes Vergnügen. Er strahlte daher die Rezeptionsdame an und machte sich, ebenfalls von seinem Hotelschatten begleitet, auf den Weg zu seiner Suite. Auch wenn er keine Ahnung im Detail hatte, wen er heute Abend treffen sollte, versprach dieser Abend aber äußerst interessant zu werden. Das galt auch für das Essen. Vier Stunden, um Himmelswillen, was wurde denn da serviert?

Seine Suite übertraf alle Erwartungen. Allein das in Marmor gehaltene Bad war so groß wie ein normales Hotelzimmer. Hier war alles Luxus pur. Von seinem Balkon aus konnte er den gesamten, sich an das Wasser schmiegenden, halbmondförmigen hoteleigenen Strand überblicken. Wenn er nachher Zeit fand, würde er dort einen Spaziergang unternehmen. Aber zunächst musste er seine Mails überprüfen, er wartete dringend auf Informationen vom für Aktionärsbeziehungen zuständigen Investor-Relations-Menschen der Bank. Niels Werners Untersuchungen des Kursverlaufes der Wertebank hatten in der Tat den Verdacht von gezielten Käufen bestätigt. Wenn alles mit rechten Dingen zugegangen war, müssten in den Großaktionärslisten der letzten Jahre im Zeitablauf Veränderungen zu sehen sein.

Genau die fand er nun prompt in seinem Mailbriefkasten. Was er aber nicht fand, waren neue Aktionärsnamen. Lediglich bei den Aktionärsabgängen wurde er in Sachen Veränderung fündig. So hatte die in New York angesiedelte Asset Management Gesellschaft Renegate vor knapp sechs Monaten ihre gesamte Beteiligung von gut zwei Prozent verkauft. Das Geschäft musste en bloc abgewickelt worden sein, den es fanden sich keine korrespondierenden Kursbewegungen am Aktienmarkt. Über den Erwerber gab es offenbar noch keine Informationen, aber Niels Werner beschlich ein ungutes Gefühl. Es gab ja nicht allzu viele Gesellschaften in seinem Metier, die auf einmal einen solchen Brocken erwerben konnten. Und noch weniger Gesellschaften würden einen solchen Kauf vollziehen, ohne ihn ordnungsgemäß zu melden. Wie er aus früheren Jahren wusste, kam dafür eigentlich nur noch der skrupellose Steve Burner von Relax in Frage, der alte Buddy vom lieben Gerd.

Habe ich dich, mein Freund, dachte Niels Werner zufrieden. Auch wenn ihm der letztendliche Beweis fehlte, aber das Ganze roch zu sehr nach Gerd Brauners Handschrift, zumal auch andere Aktionäre ihre jeweiligen Beteiligungen abgebaut oder reduziert hatten, ohne dass irgendwelche Hinweise auf die künftigen Besitzer gegeben wurden.

In diesem Zusammenhang waren auch die im Anschluss der Tabellen erfolgenden Hinweise des Investor Relations Departments interessant. So gab es offenbar Marktgerüchte, dass bei

Aktien der Wertebank des Öfteren Käufe aus London auf dem Handelsparkett gesehen wurden. Das konnte natürlich jeder sein, aber er würde darauf wetten, dass dahinter die TRIN steckte. Luke Donaldson war also vermutlich auch im Boot. Wenn das stimmte, dürften ja wohl auch einige Aktien nach Paris zum guten Francois gewandert sein. Und in der Tat. Ein Blick auf die französischen Aktienbesitzer zeigte ihm einen verringerten Bestand der Bank Caisse de Montmartre, ohne dass irgendwo diese Aktien wieder auftauchten. Damit wäre dann die gesamte Gerd Brauner Gang aus alten Zeiten komplett und vermutlich setzten sie auch Strohfirmen ein.
Die entscheidende Frage war nun, wieviel Prozent des Grundkapitals der Wertebank die Kerle schon eingesammelt haben. Überschlägig gerechnet ergab der gesamte Schwund bei den Großaktionären ungefähr sechs Prozent. Einschließlich moderater Zukäufe bei den nicht in dieser Liste aufgeführten Kleinaktionären dürfte Gerd Brauner über knapp acht Prozent der Wertebank Aktien verfügen. Mehr als nur moderate Zukäufe waren nicht wahrscheinlich, die hätten sich in stärkeren Kursbewegungen niedergeschlagen. Niels Werner schüttelte leicht den Kopf. Acht Prozent, mein lieber Gerd, reichen dir nicht, da muss schon mehr kommen.
Erst jetzt fiel sein Blick auf einen weiteren Hinweis, der direkt von der Börsenabteilung der Wertebank kam. Danach hatten die Kollegen auch Interessenkäufe bei der Meinebank registriert, die offenbar hauptsächlich immer über den gleichen Makler, nämlich Kampmann & Söhne hereinkamen.
Offenbar gab es einen oder mehrere Aufkäufer von Meinebank-Aktien. Na, das war ja interessant, ob der gute Gerd das auch schon registriert hatte? Niels Werner kicherte in sich hinein. Wenn er jetzt nicht völlig falsch lag, hatte Gerd Brauner acht Prozent der Wertebank eingesammelt. Dann hatte er mit

seiner flapsigen Übernahmebemerkung Peter Nehmer wachgeschossen, der nicht nur im Besitz der Wandelanleihe war, sondern offenbar zusätzlich nun seinerseits Aktien der Meinebank erwerben ließ. Wer sonst sollte hinter den Zukäufen stecken? In der Tat, in der Tat, es versprach ein sehr interessanter Abend zu werden.

Aber zuerst musste er seinen Chef informieren. Er ließ sich mit dessen Suite verbinden und verabredete sich mit ihm zu einem früheren Zeitpunkt. Als Treffpunkt wählten sie die kleine Bar am Hotelstrand. Niels Werner hoffte nur, dass er sich nicht blamierte und mit seinen Überlegungen völlig daneben lag. Nach einer ausführlichen Dusche machte er sich schon einmal auf den Weg zum Strand. Ein kleiner Spaziergang würde ihm gut tun und auch helfen seine Gedanken zu ordnen. Beim Verlassen des Hotels traf ihn die Hitze wie ein Hammerschlag. Er beschloss daher, sich gleich zur Bar zu begeben. Ein Drink, vorzugsweise ein Bier, wäre jetzt genau das Richtige.

Als er die Bar ansteuerte, fiel ihm jemand auf, der ihn mit einem Lächeln ansah und, als er sich auf einen der Barhocker setzte, freundlich mit einem »Guten Tag, Herr Werner«, begrüßte. Auf Niels Werners fragenden Blick verbeugte sich der Mann, dessen Gesichtszüge und pechschwarzes, dichtes Haar auf arabische Wurzeln hindeuteten.

»Gestatten Sie, dass ich mich vorstelle, Omar Moussa, Bahrein Invest. Wir haben nachher eine Verabredung zum Essen im Restaurant meines Cousins. Hakim Sailer war mein Bruder. Er hat öfter von Ihnen gesprochen.«

»Oh, Herr Moussa, entschuldigen Sie, dass ich nicht wusste, wer Sie sind. Offenbar haben Sie sich auf unser Treffen besser vorbereitet als ich. Und das mit Hakim tut mir furchtbar leid, mein aufrichtiges Beileid. Wir alle verstehen nicht, wie das passieren konnte, er war doch ein so guter Pilot.«

»Ja, Herr Werner, das war er. Wir alle stehen irgendwie vor einem Rätsel. Aber wir, das heißt unsere Familie«, und hier wurde Moussas Stimme stählern, »haben noch nicht aufgegeben, etwas über die Ursache seines Absturzes herauszufinden. Das Problem ist aber, dass das ganze Flugzeug in Flammen aufgegangen ist, dadurch ist das Auffinden irgendwelcher Hinweise zur Absturzursache nahezu unmöglich.«
»Noch einmal, Herr Moussa, es tut mir aufrichtig leid.«
»Wollen Sie einen Drink, Herr Werner?«
»Am liebsten ein Bier, wenn die hier welches haben und ausschenken.«
»Oh ja, haben sie, Abu Dhabi ist nicht so streng, wie beispielsweise Saudi Arabien.«
Omar Moussa hob sein Glas und rief den Bartender. »Jussuf, noch einmal zwei Fosters.« Und an Niels Werner gewandt: »Ich hoffe, Sie mögen australisches Bier.«
Bevor Niels Werner antworten konnte, tauchte Peter Nehmer auf. Er und Omar Moussa umarmten sich herzlich. Jussuf brachte unaufgefordert drei Fosters, offenbar kannte er auch Peter Nehmer schon länger. Nach dem Sich-gegenseitig-Zuprosten und dem kurzen Austausch der letzten Neuigkeiten zwischen Nehmer und Moussa sprach Peter Nehmer den etwas verdutzten Niels Werner direkt an.
»Also Niels, ich denke, wir wechseln erst einmal zu den Vornamen. Prost, ich bin der Peter. Okay, nun sag mir, wo brennt die Hütte? Was gibt es Neues? Omar Moussa ist praktisch Teil der Wertebankfamilie, wir können also ganz offen reden.«
Das war zwar das erste Mal, dass Niels Werner von einer Wertebankfamilie hörte, aber gut, ihm sollte es recht sein. Er schilderte daher kurz und knapp, was er angesichts der Datenlage für Gedankenspiele angestellt hatte, nicht ohne dabei ein unbehagliches Gefühl zu haben. Schließlich war die Faktenlage

mehr als nur dünn. Seine Sorgen wurden aber schnurstracks von Omar Moussa ausgeräumt.
»Das macht alles sehr viel Sinn und ich kann bestätigen, dass die TRIN mit im Boot ist. Ein weit entfernter Verwandter«, von denen es ohne Zweifel viele gab, dachte Niels Werner, »arbeitet bei der TRIN und hat uns eine dortige rund zweiprozentige Beteiligung der TRIN an der Wertebank gemeldet.«
Nach einer längeren Pause, in der jeder die letzten Informationen erst einmal verdauen musste, klopfte Peter Nehmer Niels Werner auf die Schulter.
»Gute Arbeit, sollte ich jemals noch Zweifel in Sachen Loyalität gehabt haben, sind die jetzt verschwunden. Ich denke, es ist nunmehr Zeit, dich einzuweihen. Wir setzen uns nachher mit Omar zusammen. Bei seiner Bahrein Invest haben wir die Wandelanleihe geparkt, sie aber aus Geheimhaltungsgründen scheinbar nach China transferiert. Die Bahrein Invest hat darüber hinaus auch noch Aktien der Meinebank erworben, finanziert natürlich von uns.«
Aha, dachte Niels Werner, habe ich doch recht gehabt. Der Chef dreht an der Meinebank herum. Das wird Gerd aber gar nicht gefallen. Er realisierte aber unmittelbar, dass er zu kurz gedacht hatte.
»Wir treffen nachher auch noch Hung Qou von der Mandarin Portfolio aus Shanghai«, fuhr Peter Nehmer fort. »Er hat geholfen, die falsche Fährte bei der Wandelanleihe zu legen und kauft auch Aktien der Meinebank. Die chinesische Regierung hat dafür beträchtliche Mittel zur Verfügung gestellt. Nach dem Showdown zwischen der Meinebank und der Wertebank hoffen die Chinesen auf Teile des deutschen Bankenkuchens, der ja nach einer Fusion neu verteilt würde. Und dann sehen wir noch Salam Tschau von Malaysian Money. Er ist ein Cousin von Omar und hat ebenfalls Meinebankaktien

erworben. Darüber hinaus hat seine bloße Existenz, das heißt die Existenz seiner Firma, auch Nachfragen nach der Wandelanleihe im Sande verlaufen lassen. Hätte jemand das chinesische Rätsel geknackt, also herausgefunden, dass die Mandarin Portfolio eine staatlich subventionierte Briefkastenfirma ist, deren einzige Aufgabe im Einkassieren der Dividende aus der Meinebankanleihe ist, wäre er in Malaysia gelandet. Dorthin wurde zwar die Dividende transferiert, und von dort an die Bahrein Invest weitergeleitet, aber auch das geschah über die dortige Staatsbank. Auch hier ist die Regierung mit im Boot. Die Malayen haben nicht vergessen, dass wir wichtige Infrastrukturprojekte in ihrem Land finanziert haben, und das zu Zeiten, wo andere sich nicht engagieren wollten, weil ihnen das Risiko zu hoch war. Über wie viele Anteile wir nunmehr insgesamt an der Meinebank verfügen, werden wir nachher im Einzelnen diskutieren, aber ich schätze, wir haben mehr als zehn Prozent.«

»Nach meinem Kenntnisstand hatten wir zuletzt knapp zwölf Prozent«, warf an dieser Stelle Omar Moussa ein. »Salam hat noch einmal seinen Anteil auf nunmehr 4,5 Prozent aufgestockt. Er hätte noch mehr kaufen können, aber erstens wollte er, wie besprochen, unter der meldepflichtigen Grenze von fünf Prozent bleiben und zweitens scheint ein neuer Käufer im Markt zu sein. Er nahm daher auf den Kurs Rücksicht und wollte ihn nicht zu hochtreiben. Übrigens sollen die neuen Käufe angeblich aus New York kommen.«

»Niels, hast du hier eine Idee? Könnte das ebenfalls von der Relax stammen, die du bei unseren Aktien schon einmal erwähnt hast?«

Niels Werner legte seine Stirn in Falten und dachte angestrengt nach. »Wenn das die Relax ist, was natürlich sein kann, dann verstehe ich aber die Strategie von Brauner nicht. Der müsste doch dafür sorgen, dass alle zur Verfügung stehenden Mittel der Relax in die Wertebank fließen. Oder«, hier machte er eine nachdenkliche Pause, »oder Steve Burner spielt sein eigenes Spiel und sichert sich ab, indem er sich auch auf der anderen Seite des Zauns positioniert. Das wäre ja äußerst interessant.«

»In der Tat«, ließ sich Peter Nehmer vernehmen, »das wäre sehr interessant zu wissen. Omar, du hast nicht zufällig dort auch noch einen Cousin?«

Nachdem das schallende Gelächter der drei abgeebbt war, fuhr Peter Nehmer in seinen ursprünglichen Gedanken fort. »Jedenfalls hätten wir dann zusammen mit den aus der Anleihe gewandelten Aktien einen Anteil von rund 22 Prozent. Dagegen muss Herr Brauner erst einmal anstinken.«

Peter Nehmer konnte eine gewisse Befriedigung in seiner Stimme nicht ganz verbergen. Er hatte sich vorgenommen, Gerd Brauner zu erledigen, spätestens seit dem Ergebnis der Genprobe, und es sah so aus, als ob er auf dem richtigen Weg war. Die reinen Fakten sprachen eigentlich jetzt schon für ihn. Er musste es nur noch schaffen, Gerd Brauner aus dem Gleichgewicht zu bringen, damit dieser nicht mehr klar denken konnte. Er musste quasi Panik bei dem Herrn erzeugen. Idealerweise müsste es ihm gelingen, die Genehmigung zur Kapitalerhöhung auf der außerordentlichen Hauptversammlung der Meinebank zu verhindern. Und dafür hatte ihm die Vorsehung, Gott, wer auch immer, das richtige Instrumentarium an die Hand gegeben. Niels Werner würde der Nagel zum Sarg von Gerd Brauner sein.

»Niels, Gerd Brauner wird für seine Fusionspläne eine außerordentliche Hauptversammlung einberufen müssen, um sich die notwendige Kapitalerhöhung genehmigen zu lassen. Ich möchte, dass auf dieser Hauptversammlung du redest, unsere Stimmrechte vertrittst und die Wandlung unserer Wandelanleihe verkündest. Du kennst seine Schwachpunkte, mach ihn fertig. Mach ihn in der Öffentlichkeit fertig. Gib ihm keine Luft zum Atemholen. Sorge für eine Ablehnung der Kapitalerhöhung, dann sitzt der Herr auf dem Trockenen und ist bis auf die Knochen blamiert. Und nun lasst uns alle essen gehen, ich habe Hunger.«

SHOWDOWN 1

Heute würde sein Tag sein. Heute würde er Bankgeschichte schreiben, da war er sich ganz sicher. Gerd Brauner straffte die Schultern und zündete sich siegesgewiss ein Zigarillo an. Dabei sah er aus dem Fenster auf den sich langsam füllenden Parkplatz der Jahrhunderthalle in Frankfurt-Höchst. Die Aktionäre der Meinebank strömten zu seiner Hauptversammlung und er würde sie genauso einwickeln, wie er es mit seinem Aufsichtsrat in der die Hauptversammlung vorbereitenden Sitzung gerade gemacht hatte. Natürlich hatten einige erst einmal gezuckt und Bedenken angemeldet, schließlich war es für die meisten ein unerhörter Gedanke im Corporate Germany. Eine Bank übernehmen und das notfalls auch noch unfreundlich, also gegen den Widerstand des dortigen Managements, undenkbar.
Aber er hatte ihre Bedenken mit seinen Graphiken und Charts, welche die daraus resultierenden enormen Vorteile für die Meinebank mit entsprechenden Gewinnsteigerungen postulierten, allmählich weichgeklopft. Auch sein Hinweis auf die Größe des Unterfangens und des damit einhergehendenReputationsgewinns für das hiesige Management und des Aufsichtsrats verfehlten ihre Wirkung nicht. Als dann noch Sir Edmund Grey das Wort ergriff und die kühne unternehmerische Idee pries, sogar dem Weise blieb die Spucke weg, und den absoluten Sinn des Vorhabens lobte, Luke Donaldson hatte offenbar ganze Arbeit geleistet, war die Schlacht gewonnen. Seine Kapitalerhöhung und sein Plan zur Übernahme wurden ohne Gegenstimme genehmigt. Die Arbeitnehmervertreter enthielten sich natürlich der Stimme, weil sie einen damit verbundenen Arbeitsplatzabbau bei der Meinebank befürchteten. Was

für eine nutzlose Bande, dachte Gerd Brauner, den Mut, dagegen zu stimmen hatten die auch nicht gehabt. Na ja, ihm sollte es recht sein, seine Protokollantin hatte jedenfalls eifrig einstimmige Zustimmung notiert, was zwar nicht korrekt war, aber so würde es erst einmal im Protokoll stehen.
Gerd Brauner warf sein halbgerauchtes Zigarillo weg und machte sich auf den Weg zum Bühneneingang, um an seinem dortigen Platz noch einmal seine Hauptversammlungsrede durchzugehen. Auf dem Weg dorthin sprach er kurz mit seiner Feuerwehr, das waren die Mitarbeiter, die ihm blitzschnell Antworten auf Aktionärsfragen auf seinen Monitor zuspielen würden. Sie waren extrem wichtig, denn nur mit ihrem Input war er in der Lage, bei dem zu erwartenden Frage-und-Antwort-Spiel einen souveränen Eindruck zu hinterlassen. Danach stieg er die Treppe zur Bühne hinauf und nahm an seinem Pult Platz. Sofort schoss der sich ebenfalls schon auf der Bühne befindliche Bernd Weise auf ihn zu. Sein lieber Aufsichtsratsvorsitzender hatte offenbar die Hosen gestrichen voll und brauchte noch etwas Zuwendung.
»Also, Herr Brauner, was soll ich denn nun in meinem Eröffnungsstatement sagen, soll ich die Übernahme schon explizit erwähnen oder nur etwas vage von einem kühnen Unterfangen der Meinebank reden?«
»Herr Weise, die Übernahme erwähne ich. Es ist meine Idee, ich habe sie vorangetrieben, gegen Ihren Widerstand, wie Sie sich sicherlich erinnern«, an dieser Stelle wand sich der gute Weise etwas, »und es ist Aufgabe des Managements, dieses zu verkünden. Sie sind mit der Aufsicht des Managements betraut und sollten Zuversicht bezüglich der Ordnungsmäßigkeit und des Gelingens verströmen. Nehmen Sie einfach eine Anleihe bei Sir Edmund Grey auf, der hat das ja gerade in der Aufsichtsratssitzung wunderbar zum Ausdruck gebracht.«

Gerd Brauner lächelte bei seinen Worten boshaft. Bevor Bernd Weise etwas antworten konnte, kam Samuel Leist zügig auf die Bühne.

»Sagen Sie, Herr Brauner, was macht denn eigentlich Niels Werner auf dieser Hauptversammlung?«

Mit einer Handgranate hätte er keine größere Wirkung erzielen können. Bernd Weise bekam eine leichte Schnappatmung, nur allzu gut erinnerte sich der AR-Vorsitzende an diesen Namen. Die Krisentage von vor einigen Jahren waren ihm bestens in Erinnerung geblieben. Am bemerkenswertesten war die Veränderung bei Gerd Brauner, er war buchstäblich zur Salzsäule erstarrt. Nur mit allergrößter Mühe fand er seine Stimme wieder. »Das ist kein Irrtum, Herr Leist?«

»Ich habe ihn mit eigenen Augen gesehen. Ich war gerade im Gespräch mit dem Leiter der Sicherheit, als er hereinspaziert kam. Ich wollte ihn schon hinauswerfen, aber ich dachte mir, vielleicht hat er ja einen Grund hier zu sein und wollte daher erst einmal Sie informieren.«

»Einen Grund hat er sicherlich«, presste Gerd Brauner zwischen seinen Zähnen heraus, »die Frage ist nur, welchen. Wo ist eigentlich Schwaiger, unser nutzloser Investor-Relations-Mensch? Und wieso hat der mich nicht informiert, der muss es doch wissen. Hier kommt doch niemand herein, wenn er nicht entweder Aktionär oder Angestellter ist. Angestellter ist er sicher nicht mehr, also muss er Aktionär sein. Aahh, da kommt ja unser Nichtsnutz.«

Bernd Weise intervenierte vorsichtshalber, er kannte das cholerische Temperament von Gerd Brauner. »Darf ich vorschlagen, dass wir uns alle auf die Backstage zurückziehen. Wir wollen doch hier auf der Bühne kein Schauspiel bieten.«

Er hatte die Zeichen richtig gelesen, kaum waren sie aus dem Blickfeld der Öffentlichkeit, fuhr Gerd Brauner den armen

Horst Schwaiger an: »Sie Nichtsnutz, erst bekommen Sie nicht mit, wenn unsere Aktien aufgekauft werden und nun verschweigen Sie mir auch noch die Anwesenheit von Niels Werner. Wieso ist der eigentlich hier?«
Der leichenblasse Horst Schwaiger versuchte seine Gedanken zu sammeln. »Ich wollte Sie gerade informieren, Chef«, er wusste, dass der eitle Brauner es mochte, so angeredet zu werden, »ich habe es eben selbst erst erfahren. Die Wertebank hat ihren ursprünglich benannten Vertreter in allerletzter Minute zurückgezogen und stattdessen Herrn Werner nominiert. Herr Werner hat sich außerdem soeben auf die Rednerliste setzen lassen.«
»Das wird ja immer schöner. Wollen Sie mir damit sagen, dass die Wertebank einer unserer Aktionäre ist?«
»Sogar ein nicht unbedeutender. Sie haben vor zwei Wochen einen Besitz von 1,8 Prozent an uns angemeldet.«
»Und auch das hielten Sie nicht für erwähnenswert?« Gerd Brauners Stimme nahm einen bedrohlichen Klang an. »Macht denn hier in diesem Laden jeder, was er will? Muss ich Ihnen erst demonstrieren, wer hier der Chef ist und über alleinige Entscheidungsgewalt verfügt.«
Während Bernd Weise bei diesen Worten leicht zusammenzuckte, nahm Horst Schwaiger all seinen Mut zusammen. »Chef, ich habe Ihnen letzte Woche die neueste Aktionärserhebung zukommen lassen und im Anhang explizit auf die Wertebank als neuen Anteilseigner hingewiesen.«
Gerd Brauners aggressive Körpersprache fiel augenblicklich in sich zusammen. Verdammt, er war so mit den Vorbereitungen für die Hauptversammlung beschäftigt gewesen, dass er keine Zeit gefunden hatte, den Bericht von Investors Relations zu lesen. Verdammt, sein Fehler.

»Das nächste Mal informieren Sie mich persönlich, haben Sie verstanden, Schwaiger. Jetzt zeigen Sie mir mal die Rednerliste.«

Als Horst Schwaiger in seinen Unterlagen wühlte, wurde deutlich, dass Gerd Brauners Aggressionslevel immer noch gefährlich hoch war.

»Jetzt machen Sie schon, die Zeit drängt! Na endlich.«

Als er die Liste in seinen Händen hielt, wurde seine Laune allerdings noch schlechter. Neben den üblichen Aktionärsvertretern hatte sich nur Luke Donaldson als Redner anmelden lassen. Steve Burner hatte es vorgezogen, in New York zu bleiben und die Claron Bank hatte, wie Francois Monterrin ihm letzte Woche mit Bedauern mitgeteilt hatte, es abgelehnt, noch weiter in den deutschen Bankenmarkt zu investieren. Dafür prangten nun neue Namen auf der Liste. Ein Omar Moussa von Bahrein Invest, ein Herr Tschau vom Malaysian Money Club und ein Hung Qou von China Portfolio Management. Und natürlich sein lieber Freund Niels Werner von der Wertebank.

»Der Werner bekommt einen Platz ganz hinten auf der Rednerliste. Was immer der zu sagen hat, kann nichts Gutes sein, und ich möchte, dass die Aktionäre schon nicht mehr aufnahmefähig sind, wenn der seinen Mund aufmacht.«

Gerd Brauner starrte erneut auf die Rednerliste. Irgendwie war ihm, als ob er etwas Wichtiges übersehen hatte, aber sein Bewusstsein war zu sehr von anderen Dingen absorbiert, er musste schließlich gleich in Topform sein, denn die Anwesenheit von Niels Werner verhieß nichts Gutes. Der Judas hatte ihm ja erst vor kurzem mitgeteilt, ein Fan von Peter Nehmer zu sein.

Gerd Brauner ging zusammen mit Bernd Weise auf die Bühne zurück und siehe da, da saß sein Sonnenschein. Niels Werner lächelte sogar und winkte ihm zu. Spontan verließ Gerd

Brauner wieder die Bühne und stieg in das Auditorium herab. Bei Niels Werner angekommen, drückte er ihm die Hand sehr viel stärker als nötig und zischte ihm ins Ohr: »Was willst du hier, du Mistkerl?«

»Ich freue mich auch, dich zu sehen«, Niels Werner wiederholte mit Absicht seine Begrüßung von ihrem Treffen auf seinem Berghof. »Ich wollte dich doch an deinem großen Tag nicht allein lassen«, und dann mit einem ironischen Unterton: »Ich hoffe, es läuft alles nach deinen Vorstellungen, lieber Gerd.«

Am liebsten wäre Gerd Brauner ihm an die Gurgel gegangen. »Glaube nur nicht, dass du mit deinen mickrigen 1,8 Prozent mir in die Suppe spucken kannst.«

Mit diesen Worten drehte sich, ohne eine Antwort abzuwarten, Gerd Brauner abrupt um und stapfte zurück auf die Bühne. Nun war er sicher, dass Niels Werner eine Schweinerei plante, er konnte sich nur nicht vorstellen, welche. Aber die ganze Körpersprache von Niels Werner signalisierte ihm, dass Gefahr im Verzug war. Nun gut, dann fechten wir es eben aus. An seinem Platz angekommen, gab er Bernd Weise ein kurzes Zeichen, der daraufhin gleich neben ihm stand.

»Und? Hat er etwas gesagt?«

»Kein Wort«, knurrte Gerd Brauner, »aber ich bin sicher, der Mistkerl führt etwas im Schilde. Ich weiß nur nicht, was.«

»Ach, entspannen Sie sich«, diesmal war Bernd Weise der Gelassene. »Ich werde nachher die einzelnen Redezeiten auf jeweils zehn Minuten begrenzen. Was kann er da schon ausrichten?«

Gerd Brauner nickte zustimmend. Sollte der gute Niels sein Gift oder was auch immer, verspritzen. Die zehn Minuten würde er auch überstehen, genauso wie das Telefonat vor einiger Zeit. Nur zu gut erinnerte er sich daran, wie Niels

Werner ihm in dürren Worten erklärt hatte, dass er für seine trojanische Schweinerei nicht zur Verfügung stehe. Der Blödmann! Erst fuhr er ab auf die Idee und dann plötzlich mimte er den Moralapostel. Vom Saulus zum Paulus, und nun saß er da unten und hatte den Heiligenschein um. Na warte, Freundchen, das letzte Wort ist in dieser Angelegenheit noch nicht gesprochen.

Die sonore Stimme von Bernd Weise riss ihn aus seinen Rachegelüsten.

»Meine sehr verehrten Damen und Herren, liebe Aktionärinnen und Aktionäre, ich darf Sie zur außerordentlichen Hauptversammlung der Meinebank recht herzlich begrüßen. Ich freue mich, dass Sie unserem Ruf so zahlreich gefolgt sind ...«

Die weiteren Worte von seinem Aufsichtsratsvorsitzenden blendete er aus seinem Bewusstsein. Er wusste aus Erfahrung, der Weise würde zehn Minuten schwadronierend den Aktionären Honig ums Maul schmieren. Er selbst brauchte diese Zeit, um sein Redemanuskript noch einmal durchzugehen. Allerdings war es mit seiner vielgerühmten Konzentrationsfähigkeit heute nicht zum Besten bestellt. Immer wieder schweiften seine Gedanken ab und kreisten um die überraschende Anwesenheit von Niels Werner. Ein leises Pling auf seinem Monitor holte ihn in die Gegenwart zurück. Das war der Kurz auf der Intracom.

» Habe gerade gesehen, dass China Portfolio Management auf der Rednerliste steht. Das ist die Gesellschaft in Shanghai, an die wir die Zinsen für die Wandelanleihe überweisen. Kann mir darauf keinen Reim machen. Kurz«

Na, das wurde ja immer schöner. War denn hier alles verrückt geworden? Er tippte sofort eine Nachricht an Schwaiger.

» Wieviel Prozent hat die China Portfolio Management an unseren Aktien?«

Die Antwort kam prompt.
»4,5 Prozent, steht alles in Ihrem Bericht.«
Verdammt, fluchte er still in sich hinein. Er fing an, Fehler zu machen. Warum hatte er diesen Bericht nicht gelesen?
Erst jetzt realisierte er, dass der Weise ihn mit einem auffordernden Nicken ansah. Offenbar hatte er ihn bereits aufgerufen. Hastig stand er auf und eilte an das Rednerpult.

»Sehr geehrter Herr Weise, meine Damen und Herren, liebe Aktionärinnen und Aktionäre. Wir haben Sie hier heute zusammengerufen, um Sie über eine Kapitalerhöhung beschließen zu lassen, mit der wir einen in der deutschen Bankenlandschaft einmaligen Schritt finanzieren wollen. Doch davon später mehr. Lassen Sie mich zunächst über die Geschäftsentwicklung der Meinebank berichten. Wie Sie aus den hinter mir auf der Leinwand erscheinenden Charts ersehen können, steigerte die Meinebank in den letzten Jahren ihren Marktanteil bei Privatkunden, im Firmenkundengeschäft und im Investmentbanking kontinuierlich. Bei den Kosten, insbesondere den Personalkosten, haben wir erfolgreich die unvermeidlichen Zunahmen in Grenzen gehalten. Wir konnten aber leider einen geringfügig überproportionalen Anstieg nicht verhindern. Wie Sie wissen, meine sehr verehrten Aktionärinnen und Aktionäre, ist gutes Personal nun einmal sehr teuer, das gilt insbesondere im Investmentbanking. Wir haben es trotzdem geschafft, den Gewinn, wenn auch nur moderat, ansteigen zu lassen. Sie, meine Aktionärinnen und Aktionäre, haben in den letzten Jahren kontinuierlich an unserer in Deutschland herausragenden Performance mit einer stetig angehobenen Dividende partizipiert. Darüber hinaus hat unser Aktienkurs der soliden Entwicklung Rechnung getragen und sich insbesondere in den letzten Wochen überproportional positiv

zum DAX entwickelt. Alles in allem können wir somit auf ein erfolgreiches Jahr zurückblicken. Sie haben recht getan, in die Meinebankaktie zu investieren und wir, das Management der Meinebank, wollen sicherstellen, dass das auch so bleibt. Genau deswegen sind wir heute hier zusammengekommen, meine sehr verehrten Damen und Herren.
Sie alle wissen, dass der deutsche Bankenmarkt zu zersplittert ist. Die Banken hierzulande sind alle zu klein, um international wettbewerbsfähig zu sein. Denken Sie nur an die großen internationalen Banken, wie Citicorp, die Bank of America, aber vor allem auch an die Hongkong Shanghai Banking Corporation. Selbst die Schweizer Banken wie die UBS oder die Credit Suisse lassen uns weit hinter sich. Wir, meine Damen und Herren, wollen das ändern. Aus diesem Grund planen wir eine Fusion mit einer deutschen Bank, was uns auf einen Schlag in die Liga der großen internationalen Banken katapultieren würde. Den Namen der Bank kann ich Ihnen, aus naheliegenden Gründen, noch nicht verraten. Denn wäre er bekannt, würden sich Dritte sofort auf diese Aktien stürzen und deren Kurs in die Höhe schießen. Wir müssten dann für den Erwerb der Aktien dieser Bank deutlich höhere Mittel aufwenden. Mittel, die Sie uns zur Verfügung stellen und von denen Sie mit Recht erwarten, dass sie optimal genutzt werden. Und optimal genutzt werden sie, das kann ich Ihnen versprechen. Sie sehen auf dem Chart hinter mir die aus der Fusion resultierenden positiven Effekte, das, was wir Synergieeffekte nennen. Sie werden aus zwei wesentlichen Quellen gespeist, Kostenreduzierungen auf der einen Seite und Gewinnzunahmen aus einem Neugeschäft auf der anderen Seite. Wie Sie unschwer erkennen, belaufen sich diese Synergiegewinne auf circa eine Milliarde Euro, welche sich in einem entsprechend höheren Gewinn und einer entsprechend steigenden Dividende nieder-

schlagen werden. Meine Damen und Herren, lassen Sie mich noch einmal betonen, wie wichtig im Bankgeschäft Größenvorteile sind. Nur wenn Sie dem Kunden alles aus einer Hand, und das weltweit, anbieten, sind Sie ein gleichberechtigter Partner für unsere zwar deutsche, aber immer internationaler agierende Industrie. Nur dann können Sie auskömmliche Margen durchsetzen und damit letztendlich langfristig überleben. Und nur dann können Sie auch dem nur auf den heimischen Markt konzentrierten Kunden Angebote mit einem vernünftigen Preis-Leistungs-Verhältnis machen. Damit wir in dem derzeit schwierigen Bankenumfeld aktiv agieren und künftig erfolgreich sein können, brauchen wir Ihre Hilfe. Stimmen Sie unserem Vorschlag der Kapitalerhöhung zu und ich versichere Ihnen, Sie werden es nicht bereuen. Sie werden damit Geschichte in der deutschen Finanzwirtschaft schreiben und über Jahre hinaus an steigenden Gewinnen, Dividenden und nicht zuletzt Aktienkursen partizipieren. Lassen Sie sich von eventuellen negativen Kommentaren im weiteren Verlauf dieser Veranstaltung nicht irritieren. Dies ist eine großartige Bank, und wir werden gemeinsam sie noch großartiger machen. Ich danke Ihnen für Ihre Aufmerksamkeit.«

Donnernder Applaus begleitete seinen Abgang und auch der Weise nickte ihm anerkennend zu. Offenbar war er doch in der Lage gewesen, die Aktionäre bei ihren Emotionen zu packen. Wenn er ihre Herzen gewann, würden sie auch für sein Vorhaben stimmen. Während Bernd Weise die einzelnen Redner nach und nach aufrief, ging Gerd Brauner in den abgeschirmten hinteren Bühnenraum, um etwas für sein Nervenkostüm zu tun. Ein Bier wäre jetzt nicht schlecht, dachte er.
Während er aber genussvoll seinen ersten Schluck Binding Bräu nahm, stürmte Horst Schwaiger auf ihn zu. »Herr

Brauner, Herr Werner ist in der Rednerliste nach vorne gerutscht, da die Aktionäre aus Bahrein, Malaysia und China auf ihr Rederecht verzichtet haben. Wir haben keine Möglichkeit, das zu verhindern.«

Gerd Brauner seufzte resignierend. Na wenn schon, sollte der sein Gift eben früher verspritzen. Nach seinem schwungvollen Auftritt dürfte das keinen großen Unterschied mehr ausmachen.

»Wann ist er dran?«

»In circa 30 Minuten, Herr Brauner, das heißt, falls die anderen Redner ihre Redezeit einhalten.«

Da blieb ja Gott sei Dank noch genügend Zeit, sein Bier in Ruhe zu trinken und eine Kleinigkeit zu essen. Wenn er schon in die Schlacht ziehen sollte, dann wenigstens mit vollem Magen.

Als er auf die Bühne zurückkehrte, redete gerade Luke Donaldson. Aber Gerd Brauner wusste nach den ersten Minuten schon, dass das vergebliche Zeit und Mühe war. Erstens passte die englische, nasale Sprechweise nicht zum deutschen Publikum und zweitens war auch der Simultanübersetzer keine Leuchte. Seine Übersetzung war mit Pausen, äähhs und Wiederholungen gespickt.

Dann rief Bernd Weise als nächsten Redner Niels Werner auf. Bildete er sich das ein, oder war wirklich der ganze Raum von einer atemlosen Stille erfüllt? Niels Werner erhob sich von seinem Sitz und ging federnd zum Rednerpult. Dort schaute er erst einmal in die Runde, musterte das Auditorium, den Aufsichtsrat, den Weise und ihn. Dann erhob er seine wohltönende Stimme: »Sehr geehrter Herr Weise, sehr geehrte Damen und Herren des Aufsichtsrates und des Managements der Meinebank, meine lieben Mitaktionärinnen und Mitaktionäre.« Der

Drecksack hatte ihn bewusst ausgeklammert und nur kollektiv seine Kollegen begrüßt.

»Mein Name ist Niels Werner und ich vertrete hier heute knapp zwei Prozent des Aktienkapitals an der Meinebank, die von der Wertebank gehalten werden. Wie einige von Ihnen vielleicht noch wissen, war ich bis vor vier Jahren in leitender Position bei der Meinebank tätig. Ich kenne also beide Banken und weiß, wovon ich rede. Es war sehr interessant zu hören, wofür das Management der Meinebank eine Kapitalerhöhung benötigt. Sie wollen eine deutsche Bank übernehmen, scheuen sich aber, deren Namen zu nennen. Ich kann Ihnen sagen, um welche Bank es sich handeln soll, es ist die Wertebank in München. Nur mit ihrem Erwerb wäre die Meinebank in der Lage, in internationale Größenordnungen vorzustoßen.«

Mistkerl, damit treibt er den Kurs seiner Bank nach oben und ich muss mehr Kapital aufwenden. Gerd Brauner fühlte, wie ihm so langsam die Galle hochkam.

»Ich darf Ihnen auch sagen, dass mit dem Management der Wertebank bis heute nicht bezüglich einer Fusion oder Übernahme gesprochen wurde. Diese Details hat uns Herr Brauner leider verschwiegen. Er hat uns auch verschwiegen, was für Synergiekosten bei dieser Übernahme entstehen. Er hat lediglich wolkig über großartige Ertragsperspektiven fabuliert. Entweder ist er sich nicht über die mit einer Fusion verbundenen Kostensteigerungen im Klaren, ich denke da an die Harmonisierung der unterschiedlichen IT-Systeme, an die Schließung eines Standortes, an mit Abfindungen erfolgende Personalfreisetzungen und so weiter, oder er verschweigt sie uns bewusst. Ich weiß nicht, welche der beiden Varianten die eigentlich schlimmere ist. Liebe Mitaktionärinnen und Mitaktionäre, lassen Sie sich nicht täuschen, die Synergiekosten treten kurzfristig auf, die Synergiegewinne kommen, wenn überhaupt, erst langfristig. Sie alle werden also diese Phantasien zunächst einmal mit sinkenden Gewinnen und Dividenden, und nicht mit steigenden, wie Ihnen Herr Brauner weismachen will, nein, mit sinkenden Erträgen und Ausschüttungen bezahlen müssen.«

An dieser Stelle intervenierte der ohnehin ständig die Farbe wechselnde und unruhig hin und her rutschende Bernd Weise. »Ihre Redezeit neigt sich dem Ende zu, Herr Werner.«

Da erhob sich der Vertreter der Bahrein Investment, Omar Moussa von seinem Stuhl und rief in einem verständlichen Deutsch in den Saal: »Herr Werner kann meine Redezeit zusätzlich haben. Dadurch, dass ich nicht rede, sparen Sie ja zehn Minuten.«

Bernd Weise war die Hilflosigkeit in Person. Erst auf ein Nicken des Chefjuristen der Bank fand er seine Stimme wieder. »Fahren Sie fort, Herr Werner.«

»Liebe Mitaktionärinnen und Mitaktionäre, in diesem Zusammenhang lohnt sich auch ein Blick in die Wohlfühlcharts, die uns hier präsentiert wurden. Es kann überhaupt nicht die Rede davon sein, dass die Meinebank eine solide Geschäftsentwicklung durchlaufen hat. Seit Jahren liegt die Kapitalrendite der Bank unter den Kapitalkosten. Brutal ausgedrückt verbrennt die Bank seit Jahren Eigenkapital, Eigenkapital, welches Sie der Bank zur Verfügung gestellt haben.« An dieser Stelle war ein deutliches Raunen im Publikum zu vernehmen. »Hat Herr Brauner Sie darauf hingewiesen? Nein, natürlich nicht. Die steigende Dividende der letzten Jahre wurde aus den Reserven bezahlt, verdient wurde sie nicht. Das heißt auf Deutsch, die Risikovorsorge wurde in den letzten Jahren deutlich reduziert, und dadurch der Gewinn scheinbar verbessert, was natürlich die Bank anfälliger für Risiken aller Art werden lässt. Auch fehlt mir ein Zukunftskonzept für diese

Bank. Aus dem, was Herr Brauner uns geschildert hat, kann ich nur folgern, dass die Strategie lautet, weiter so wie bisher, nur größer.«

An dieser Stelle hätte Gerd Brauner am liebsten Niels Werner vom Rednerpult gezerrt. Sein Gesicht hatte mittlerweile eine ungesunde Färbung angenommen und seine geballten Fäuste zuckten unruhig.

»Es ist ein Irrtum, dass größere Banken infolge der Größe automatisch erfolgreicher sind. Das Gegenteil ist der Fall. Kleinere Banken sind flexibler am Markt und am Kunden unterwegs. Viele Sparkassen beweisen das jeden Tag. Aus gutem Grund hat daher die Wertebank den Weg einer Kooperationsbank eingeschlagen. Leider fehlt mir an dieser Stelle die Zeit, um darauf im Einzelnen einzugehen. Vielleicht liegt aber hier die tiefere Ursache für Herrn Brauners Egotrip. Weil ihm selbst keine Zukunftsstrategie einfällt, will er die Bank übernehmen, die diesbezüglich einen vielversprechenden Weg eingeschlagen hat.«

Gerd Brauner war nahezu am Platzen. Dieser Judas sollte ihm nur mal in die Finger geraten. Seine eigene Mutter würde ihn nicht wiedererkennen. Aber es kam noch schlimmer.

»Was Ihnen Herr Brauner ebenfalls verschwiegen hat, ist die ausstehende Wandelanleihe der Meinebank. Einige von Ihnen werden sich sicherlich noch daran erinnern, dass in Zeiten der mit der Finanzkrise verbundenen existentiellen Not der Meinebank diese, zur Sicherung ihrer Liquidität, eine Wandelanleihe begeben hat. Sollte diese gewandelt werden würde das automatisch eine Kapitalerhöhung von zehn Prozent bedeuten, oder, anders herum ausgedrückt, für Sie eine Verwässerung Ihres Anteils um eben diese zehn Prozent bedeuten. Platt gesprochen, wenn Sie heute der Meinebank einen Euro geben, besitzen Sie morgen nur noch 90 Cent. Nein, meine lieben Mitaktionäre, hier geht es nicht um irgendeine Geschichtsschreibung in Deutschland, hier geht es nicht um eine Bereinigung des deutschen Bankenmarktes, hier geht es einzig und allein um die Glorie von Gerd Brauner. Aus diesem Grund fordere ich Sie alle auf, dem vorliegenden Vorschlag zu einer Kapitalerhöhung nicht zuzustimmen. Herr Brauner hat zur Genüge bewiesen, dass er mit unserem Geld nicht sorgfältig genug umgehen kann. Er hat durch das Weglassen wichtiger Informationen in seinen Ausführungen ebenfalls verdeutlicht, es mit der Wahrheit nicht genau zu nehmen und er hat versucht, Sie, meine verehrten Mitaktionärinnen und Mitaktionäre, bewusst hinters Licht zu führen. Ich fordere Sie, Herr Brauner, daher auf, umgehend zurückzutreten und das gleiche gilt auch für Sie, Herr Weise. Ihnen ist die Kontrolle der Meinebank offenbar aus den Händen geglitten, falls Sie sie jemals in den Händen gehabt haben. Ich danke allen für Ihre Aufmerksamkeit.«

Während Niels Werner zu seinem Platz zurückging, brachen im Plenum lebhafte Diskussionen aus, wobei das Stimmengewirr immer mehr anschwoll. Gerd Brauner war, als müsse er platzen. Auch verspürte er in seiner Brust ein seltsames Stechen. Nur nicht schlappmachen, dachte er, das fehlt mir jetzt gerade noch. Er beugte sich zu Bernd Weise hinüber.
»Ich will keine Aussprache über diesen Mist, den der Werner da gerade von sich gegeben hat. Bereiten Sie der Sache ein Ende. Wie, ist mir egal.«
Seltsamerweise kam von seinem Aufsichtsratsvorsitzenden kein Lamentieren. Stattdessen beugte der sich seinerseits zum Chefjuristen der Bank und konferierte kurz mit diesem, wobei die beiden sorgfältig darauf achteten, dass die Mikrophone ausgeschaltet waren. Dann versuchte Bernd Weise, sich Gehör im

Plenum zu verschaffen, was angesichts der dortigen, aufgeladenen Stimmung und des hohen Geräuschpegels kein leichtes Unterfangen war. Nach vielem Räuspern und mehrmaligen Bitten um Aufmerksamkeit gelang es ihm jedoch, die Aktionärsversammlung wieder zur Ordnung zu rufen.
»Meine sehr geehrten Aktionärinnen und Aktionäre, ich verstehe sehr gut Ihre Erregung. Es war ja auch ziemlich heftiger Tobak, den Herr Werner da abgelassen hat. Ich denke daher, eine fünfzehnminütige Pause wird uns allen guttun. Nach Konsultation mit unserem Juristen, Dr. Ernst, bin ich auch zu der Überzeugung gelangt, aus Sicherheitsgründen diese außerordentliche Hauptversammlung abzukürzen. Angesichts der teilweise tumultartigen Szenen, die sich in den letzten Minuten abgespielt haben, können unsere Sicherheitsleute einen ordnungsgemäßen Ablauf dieser Versammlung nicht garantieren. Wir werden also keine weitere Aussprache durchführen, sondern gleich nach der Pause zur Abstimmung schreiten. Ich danke Ihnen.«
Wütende Proteste eines Teils der Aktionäre war die Reaktion. Einige riefen sogar »Schiebung« und »Manipulation«. Die überwiegende Masse aber drängte sich ins Foyer, um vom Buffet noch etwas abzubekommen. Es war wie immer, gib den Leuten etwas zu essen und zu trinken und sie werden friedlich. Gerd Brauner zwang sich angesichts der großen, schweigenden Masse unter den Aktionären zu etwas mehr Ruhe.
Das sah ja immer noch nach einem klaren Sieg aus. Insgeheim musste er auch dem Weise Tribut zollen. Der hatte mal zupackend agiert und das Hauptversammlungsrecht bis an die Grenze, nein, darüber hinaus, zu seinen Gunsten gebogen. Er selbst wusste gar nicht, ob es korrekt war, auf eine Aussprache zu verzichten. Aber egal, auf alle Fälle war es jetzt Zeit für ein weiteres Bier.

Leider war die Pause viel zu schnell vorüber und er musste wieder auf die Bühne. Einige Aktionäre kauten immer noch, als sie in das Plenum zurückströmten oder hielten ganz ungeniert ihre Bockwurst in der Hand. Bernd Weise wartete geschickterweise noch einige Minuten, bevor er wieder das Wort an die Aktionäre richtete.

»Meine sehr verehrten Damen und Herren, ich hoffe, Sie haben sich gestärkt und die Gemüter haben sich etwas beruhigt. Wir schreiten dann zur Abstimmung über den einzigen Antrag der Verwaltung für diese Hauptversammlung, nämlich die Genehmigung einer Kapitalerhöhung von 2:1 durch die Meinebank. Der Antrag ist Ihnen ordnungsgemäß zugegangen und liegt auch hier im Plenum aus. Ich kann daher darauf verzichten, ihn im Einzelnen vorzulesen. Bitte nehmen Sie Ihre Stimmkarten und stecken Sie sie in die an den Seiten dieses Plenums aufgestellten Kästen. Wir werden dann anschließend die Stimmen unter notarieller Aufsicht auszählen und Ihnen das Ergebnis mitteilen. Erfahrungsgemäß wird das in etwa eine halbe Stunde in Anspruch nehmen. Es steht Ihnen natürlich frei, nach Stimmabgabe wieder bei unseren Erfrischungen zuzugreifen.«

Während der Rede von Bernd Weise hatte Gerd Brauner das Publikum gemustert. Er konnte aber Niels Werner nicht mehr im Forum entdecken. Na, der hatte sich wohl wieder nach Hause geschlichen, wohl ahnend, wie das hier ausging. Ja, mein Lieber, so ist das, wenn man als Löwe springt, aber als Bettvorleger landet. Du hast zwar mächtig Rabatz gemacht, aber letztendlich wird die Mehrheit der Aktionäre auf meiner Seite sein. Das war immer so und wird auch heute nicht anders sein.

Gerd Brauner gesellte sich im hinteren, abgeschirmten Raum zu Bernd Weise, seinen anderen Aufsichtsräten sowie seinen Vorstandskollegen. Alle waren doch mehr oder weniger entspannt, offenbar waren nur ihm die Worte von Niels Werner an die Nieren gegangen und hatten seine Laune verdorben. Als sein Chefjustiziar Jürgen Ernst auf ihn zueilte, kam aber in ihm das Bauchgefühl einer herannahenden Katastrophe hoch.

»Und, Jürgen, haben wir schon Ergebnisse?«

»Allerdings, Gerd, ich habe aber keine guten Nachrichten.«

Ein eisiges Gefühl kroch in Gerd Brauners Brust hoch.

»Haben die Aktionäre etwa gegen unseren Vorschlag gestimmt?«

»Nein, die überwältigende Mehrheit war sogar dafür. Aber es haben nur 29 Prozent der berechtigten Aktionäre ihre Stimme abgegeben. Unsere Satzung verlangt aber ein Drittel des stimmberechtigten Kapitals. Somit waren wir nicht beschlussfähig. Das Ergebnis ist null und nichtig. Die ganzen Anstrengungen bezüglich dieser Hauptversammlung waren umsonst.«

Gerd Brauner nahm erst einmal einen tiefen Schluck aus seiner mittlerweile dritten Bierflasche. Wo war dieser verdammte Schwaiger? Ah, da kam er ja gerade um die Ecke.

»Schwaiger, was ist das für eine Geschichte? Sie haben mir doch heute Morgen die Beschlussfähigkeit der Hauptversammlung gemeldet. Und jetzt auf einmal sollen wir nicht beschlussfähig sein?«

»Ja, Chef, heute Morgen waren wir auch noch beschlussfähig. Mittlerweile haben aber mehrere Großaktionäre nach der Rede von Herr Werner die Versammlung verlassen. Unter anderem die China Portfolio Management, die Bahrein Invest, die Malaysian Money und natürlich mit Herrn Werner die Wertebank. Insgesamt waren das 14 Prozent unseres Grundkapitals.«

Gerd Brauner konnte nicht so recht glauben, was er da mitgeteilt bekam. Saßen die alle mit Niels Werner in einem Boot

oder hatte der Schweinehund sie mit seinen Tiraden auf seine Seite gezogen? Das war doch mehr als nur einen Gedanken wert. Aber nicht hier und heute.
»Jürgen, welche Möglichkeiten haben wir noch?«
»Heute keine mehr. Aber wir können die Hauptversammlung in den nächsten drei Monaten wiederholen und dann noch einmal abstimmen lassen.«
»Dann werden wir das auch tun. Ich bin noch lange nicht am Ende. Herr Weise, informieren Sie bitte die Aktionäre, das heißt die, die noch da sind.«
Während Bernd Weise pflichtschuldigst auf die Bühne zurückkehrte, griff sich Gerd Brauner sein mittlerweile viertes Bier. Dieser Mistkerl von Niels. Hatte er es doch geschafft. Wetten, dass der mit den anderen Investoren unter einer Decke steckte? Innerlich musste er den cleveren Schachzug, die Hauptversammlung zu verlassen, anerkennen. Der wusste, dass er in einer Abstimmung keine Chance hatte. Die deutschen Aktionäre waren für Revolutionen auf Hauptversammlungen einfach zu träge.
Doch was beabsichtigte er? Wollte er ihn etwa übernehmen? Oder wollte er lediglich die Übernahme der Wertebank durch ihn verhindern? Agierte er etwa für Dritte? Er würde es herausfinden. Er hatte vielleicht heute eine Schlacht verloren, aber noch lange keinen Krieg.

ATEMHOLEN

Dieser verdammte Kurs stieg nun schon seit drei Tagen. Ach, was hieß hier stieg, förmlich explodiert war er. Ab dem Moment, in dem Niels Werner verkündet hatte, dass das Objekt seiner Begierde die Wertebank war, hatten sich alle sofort auf deren Aktien gestürzt. Um satte 50 Prozent hatte sich seitdem die Börsenkapitalisierung der Wertebank erhöht.
Selbst wenn er seine Kapitalerhöhung auf der Hauptversammlung genehmigt bekommen hätte, könnte er die Wertebank damit nicht mehr gegen den Willen des dortigen Managements übernehmen.
Die Hauptversammlung. Der Gedanke an die dortige Blamage zehrte immer noch an ihm. Er war zum Gespött der Finanzwelt geworden. Und das alles hatte er dem Judas Niels Werner zu verdanken. Der wollte sich offenbar an ihm für die alte Geschichte von vor vier Jahren rächen. Gerd Brauner knirschte mit den Zähnen. Er wusste, dass er seit drei Tagen unausstehlich war und alle einen großen Bogen um ihn herum machten. Sogar die Lehmann ließ sich nur blicken, wenn sie es nicht vermeiden konnte, und der Weise war völlig abgetaucht. Sei es drum, er war schließlich auch nur ein Mensch. Sein Chefhändler Holger Korten hatte vor seinem täglichen Börsenbericht an ihn bestimmt auch schon Schweißausbrüche. Sollen sie halt alle zittern, sie hatten ihn ja auch im Regen stehen lassen. Allen voran der Schwaiger. Anstatt zu kommen und ihm persönlich Bericht zu erstatten, hatte er ihm bloß ein paar dürre Zeilen zukommen lassen. Dabei waren das existenzielle Neuigkeiten gewesen, vier neue Großaktionäre. Er hätte doch sofort zwei und zwei zusammenzählen können.

Na gut, vielleicht doch nicht so ganz, aber bestimmt hätte er versucht, weitere Informationen zu bekommen und wäre nicht so völlig auf dem falschen Fuß erwischt worden.
Das Summen seines Telefons riss ihn aus seinen brütenden Gedanken. »Herr Korten ist auf Leitung zwei.«
Die Stimme der Lehmann klang immer noch vergrätzt. Er hatte sie gestern mal in den Senkel gestellt, weil ihm ihre penetrante Fragerei nach den Vorgängen auf der Hauptversammlung auf den Geist gegangen war.
»Danke«, er drückte die Taste zwei, »Brauner.«
»Hallo Chef, Holger Korten hier. Es gibt interessante Neuigkeiten. Der Kurs der Wertebank scheint sich auszupendeln und ist heute sogar etwas zurückgegangen. Ich vermute, hier haben Gewinnmitnahmen eingesetzt. Insbesondere aus Amerika werden größere Positionen angeboten. Wie ich höre, sollen die aus New York kommen. Auch aus Paris sind Verkäufe im Markt, allerdings in kleineren Stückzahlen. Sie hatten ja auch nach London gefragt. Von dort habe ich aber noch kein Material gesehen.«
Soviel zu meinen Mes-amies-Freunden, da denkt auch nur jeder an sich selbst. Klar, die hatten an den Wertebankaktien kräftig verdient und sammelten jetzt die Gewinne ein. Immerhin hatte Steve Burner den Anstand besessen und ihn vorher per Telefon informiert. Dessen Argumentationsschiene war, typisch amerikanisch, ganz praktisch gewesen. Da er ja es nicht geschafft hatte, eine Genehmigung zur Kapitalerhöhung zu bekommen, ging er, Steve Burner davon aus, dass der alte Plan nunmehr obsolet war. Von daher würde die Relax Management jetzt erst einmal einen Teil der Gewinne glattstellen. Gerd Brauner merkte erst jetzt, wie fest er bei dem Gedanken seinen Telefonhörer umklammerte.
»Was ist mit unseren Aktien, Korten?«

»Moderate Nachfrage, Chef, nichts Außergewöhnliches.«
»Okay, halten Sie die Augen offen, obwohl ich da skeptisch bin. Sie haben schließlich auch nichts gemerkt, als andere sich Aktienpakete der Meinebank einverleibt haben. Wenn es etwas gibt, bitte sofort an mich. Haben Sie verstanden?«
»Also ehrlich, Chef, das war auch kaum zu merken. Die müssen Blocks außerhalb der Börse erworben haben. Der Schwaiger soll mal die Entwicklung der Großaktionäre verfolgen. Ich wette, da haben einige ihre Beteiligung massiv abgebaut.«
»Machen Sie kein Fingerpointing, Korten, ihr habt schlicht und einfach gepennt. Punkt. Wenn sogar jemand in New York merkt, was da an unserer Börse passiert, dann muss bei euch ja schon etwas schiefgelaufen sein. Um den Schwaiger kümmere ich mich. Also nochmal, passt mir auf, was da im Handel passiert. Ich möchte nicht noch einmal überrascht werden.«
»Wird gemacht, Chef.«
Gerd Brauner fluchte leise vor sich hin. Es war doch immer das Gleiche, um alles musste man sich selbst kümmern. Hoffentlich hatte wenigstens sein Finanzchef Kurz zusammen mit diesem nichtsnutzigen Investor-Relations-Menschen etwas gefunden, was ihm weiter helfen würde. Denn dass da ein schmutziges Spiel gespielt wurde, war ihm mittlerweile klar geworden, er wusste nur nicht, wer die Spieler waren und welche Intentionen sie hatten. Er griff wieder zum Telefon.
»Frau Lehmann«, wenn die zickig ist, bin ich auch ganz formell, dachte er, »haben sich schon der Kurz und der Schwaiger gemeldet?«
»Sie warten seit zehn Minuten im Besprechungszimmer 1, Herr Brauner.«
»Danke, bringen Sie mir dann bitte ein Kännchen Tee dorthin, grünen Tee bitte. Und ansonsten möchte ich nicht gestört werden.«

»Selbstverständlich, Herr Brauner.«
Oho, wie sind wir doch heute korrekt. Na, dann werde ich mal über den Flur gehen und mir anhören, was die zwei zu sagen haben.
»Guten Morgen die Herren. Bleiben Sie sitzen und lassen Sie uns gleich in medias res gehen, meine Zeit ist heute knapp bemessen.«
Hero Kurz räusperte sich kurz. »Guten Morgen, Herr Brauner«, er war der Einzige, der nie Chef zu ihm sagte, »wenn Sie nichts dagegen haben, werde ich zunächst die Fakten darlegen. Wir haben vier neue Großaktionäre, die Bahrein Invest, die Malaysian Money, die Wertebank und die China Portfolio Management. Letztere ist besonders pikant, da wir an diese Gesellschaft, über die übrigens so gut wie nichts bekannt ist, unsere Zinsen für die Wandelanleihe überweisen. Im Gegenzug haben mehrere bisherige Großaktionäre ihre Beteiligungen entweder ganz aufgegeben oder deutlich reduziert. Aufgegeben haben die London Invest, die Suisse Trust und die Shanghai Corporation. Reduziert haben die Nordbank, der skandinavische Staatsfonds und die Oranjebank. Von all diesen Aktienbewegungen dürfte der größte Teil außerhalb der Börse erfolgt sein. Die neuen Aktionäre scheinen auf den ersten Blick nichts miteinander zu tun zu haben, aber als auf der Hauptversammlung Niels Werner seine Rede beendet hatte und die Jahrhunderthalle verließ, sind die Chinesen, die Malayen und die Bahreiner ebenfalls gegangen und dadurch war am Ende die Versammlung nicht mehr beschlussfähig. Es drängt sich durch dieses ›acting in concert‹ der Verdacht auf, dass diese vier Aktionäre in einem Boot sitzen. Wer dieses Boot steuert, entzieht sich bis jetzt unserer Erkenntnis, aber mein Bauchgefühl sagt mir, der Steuermann sitzt in München. Irgendwie muss die Wertebank Wind von unseren Plänen bekommen haben und

holt jetzt zum Gegenschlag aus. Nach den uns vorliegenden Zahlen haben alle vier Gesellschaften zusammengenommen einen Anteil an unserer Bank von rund 14 Prozent.«

Puuh, dass musste erst einmal verdaut werden. Wenn der Kurz Recht hatte, dann hätte Peter Nehmer im Moment die eindeutig besseren Karten.

»Kurz, es muss aber einiges über die Börse gegangen sein, wie hätte sonst Steve Burner in New York davon Wind bekommen sollen?«

»Nein«, Hero Kurz schüttelte den Kopf, »schauen Sie sich an, wer Aktien abgegeben hat. Die Shanghai Corporation, eine asiatischere Bank gibt es nicht. Ich wette, die haben direkt an die China Portfolio Management abgegeben. Oder nehmen Sie die London Invest, auch die hat ein starkes Bein in Asien, insbesondere in Malaysia. Gut möglich, dass auch die direkt ein Paket an zum Beispiel Malaysian Money abgegeben haben. Ihr Herr Burner wird das über eine dieser Banken erfahren haben, vermutlich hat er dort jemanden in der Tasche. Wenn unser Korten sagt, es war am Markt kaum etwas zu sehen, dann glaube ich ihm das.«

»Okay, lassen wir Ihre Überlegungen mal als Arbeitshypothese stehen. Was machen wir jetzt? Eine neue außerordentliche Hauptversammlung abhalten und wieder in die Abstimmung gehen?«

Wieder schüttelte Hero Kurz den Kopf. »Ich kann von einem solchen Schritt nur abraten. Wir riskieren nur einen neuen Nasenstüber. Meiner Ansicht nach gibt es nur folgende Möglichkeiten. Erstens: Sie arrangieren sich irgendwie mit Peter Nehmer. Zweitens: Sie finden einen großen internationalen Geldgeber, beispielsweise ein Venture Capital Haus, das willens ist, Ihnen die Mittel, die Sie für eine Übernahme brauchen, zur Verfügung zu stellen, oder drittens: Sie vergessen die ganze Idee.«

Gerd Brauner war nicht zum ersten Mal froh, jemanden wie Hero Kurz zu haben. Sein Finanzchef hatte die Situation völlig emotionslos messerscharf analysiert und ihm knochenhart seine Meinung gesagt. Na gut, aufgeben kam für ihn überhaupt nicht in Frage, und sich mit Peter Nehmer verständigen schon gar nicht. Blieb nur die dritte Möglichkeit, und die war ein äußerst interessanter Gedanke vom Kurz. Er hatte allerdings im Moment keine zündende Idee, wen er diesbezüglich demnächst anrufen würde.

Er machte sich schon daran aufzustehen, als ihn die Stimme von Horst Schwaiger festhielt. »Da ist noch mehr, Chef. Lassen Sie uns mal einen Blick auf diese neuen Großaktionäre werfen. Die Bahrein Investment ist seit langem bekannt. Ein Staatsfonds, der weltweit immer auf der Suche nach dem schnellen Gewinn ist. Die Malaysian Money ist da schon eher ein Neuling in der Szene. Ich habe am Rand unserer HV mit deren Vertreter, einem Salam Tschau, gesprochen. Die verwalten hauptsächlich Pensionsgelder für die Staatsbediensteten und sind an langfristigen Investments, insbesondere in Europa, interessiert. Gänzlich im Nebel bewegt sich aber die China Portfolio Management. Niemand weiß etwas über die. Aber auch Sie waren mit ihrem Chef, einem Hung Qou, vertreten. Ich habe auch versucht, mit ihm zu reden, aber er hat mich absichtlich gemieden.«

»Gerüchte besagen«, jetzt hatte wieder Hero Kurz übernommen, »dass hinter dieser Fassade der chinesische Staat steckt. Das würde auch erklären, dass niemand über diese Gesellschaft sprechen will. Wenn aber diese Gerüchte stimmen, müssen wir davon ausgehen, dass sich unsere Wandelanleihe im Besitz des chinesischen Staates befindet, denn schließlich zahlen wir ja an die CPM jedes Jahr brav unsere Zinsen.«

»Warum sollten die Chinesen damals unsere Wandelanleihe gezeichnet haben? Was sollte denn deren Intention gewesen sein? Und wieso halten sie diese Tatsache geheim?«
Hero Kurz hob die Hände in einer hilflosen Geste. »Herr Brauner, da bin ich auch nur auf Vermutungen angewiesen. Aber wie wir wissen, denken Chinesen in anderen Zeiträumen. Vielleicht sahen sie damals eine gute Chance, einen Fuß in die Tür zum deutschen Bankenmarkt zu bekommen. Sie haben Ähnliches ja schon vor zehn Jahren bei dem gescheiterten Versuch, die Merklebank zu übernehmen, probiert. Vielleicht ist dies ein neuer Anlauf. Auf alle Fälle müssen wir nun mit einer Wandlung der Anleihe in Aktien rechnen, denn warum sonst hat die CPM noch zusätzlich Aktien erworben? Das macht nur Sinn, wenn die Chinesen wandeln wollen.«
Gerd Brauner zündete sich eine Zigarette an, etwas, was er sonst nie in der Bank tat. Aber diese Überlegungen von Kurz hatten es dermaßen in sich, dass er etwas brauchte, um seine Gedanken zu sortieren. Offenbar war er Teil eines viel größeren Spiels, als er gedacht hatte, und mit ganz neuen Spielern. Die chinesische Regierung, du liebe Güte. Wie sollte er da jemals dagegen anstinken? Nein, nein, hier brauchte er ganz andere Hilfe, als er sich eigentlich bisher ausgemalt hatte. Gerd Brauner drückte seine halb gerauchte Zigarette aus und fixierte seine Gegenüber. »Das hat wie immer Hand und Fuß, was Sie sagen. Aber da bleibt immer noch die Frage offen, warum alle vier unserer neuen Freunde gemeinsam unsere Hauptversammlung verlassen.«
Hero Kurz zuckte mit den Schultern. Für ihn lagen die Dinge auf der Hand und er wunderte sich ein wenig, dass sein Boss das nicht sah. Bei einer Kapitalerhöhung verringert sich entweder der Anteil eines jeden Altaktionärs oder aber er muss frisches

Geld aufwenden, sprich, an der Kapitalerhöhung teilnehmen, um seinen Anteil zu halten. Horst Schwaiger übernahm die Antwort.

»Vermutlich liegt hier eine gemeinsame Interessenlage vor, Chef. Grundsätzlich will keiner eine Kapitalerhöhung, weil dann sein Anteil sich verwässert. Das gilt insbesondere für die Chinesen, falls sie die Wandelanleihe haben. Aber der Verwässerungseffekt ist für alle Altaktionäre ein Problem. Außerdem sind nicht alle gleichzeitig gegangen, da muss ich Herrn Kurz korrigieren. Nach meinen Recherchen hat der Chinese sich wohl als erster davongemacht, nach Aussage unserer Leute wohl noch während der Rede vom Werner. Nach dem, was wir uns zusammengereimt haben, würde das auch perfekt Sinn machen. Werner hat dann wohl die Hintertür, sprich die Frage der nicht ausreichenden Präsenz, gesehen, um mit seinem Weggang die Abstimmung ad absurdum zu führen. Danach sind der Malaye und der Bahreini gemeinsam gegangen, zu diesem Zeitpunkt war schon fraglich, ob unsere Präsenz ausreichen würde, da auch einige Kleinaktionäre vor der Abstimmung gingen. Letzteres ist auch nicht ungewöhnlich. Wir beobachten das immer wieder, Kleinaktionäre schlagen sich häufig auf unseren Hauptversammlungen den Bauch am Buffet voll, trinken reichlich und gehen dann wieder, ohne an den Abstimmungen teilzunehmen. Solange die ihre Dividende bekommen, ist denen sowieso alles egal. Zusammengefasst glaube ich nicht, dass die vier in einem Boot sitzen, und zu vermuten, dass der Steuermann dieses Bootes in München sitzt, scheint mir doch sehr weit hergeholt zu sein.«

»Okay, Horst, da magst du recht haben, aber ich als Finanzchef bin von Haus aus ein worst-case-thinker. Ich bin halt von der Überlegung ausgegangen, dass die vier gemeinsam aufgetreten und dann wieder gegangen sind. Wenn du sagst, das war nicht so, dann bin ich vielleicht über das Ziel hinaus geschossen. Vielleicht bin ich in dieser verflixten Angelegenheit mittlerweile auch paranoid geworden, oder aber die Schienbeintritte von Niels Werner haben mich übersensitiv werden lassen. Ich weiß nicht, wie dir das ging, aber ich fand es schon bemerkenswert, dass der Bahreini seine Redezeit an Niels Werner abgetreten hat.«

»Das war nichts anderes als professional courtesy, die gegenseitige Wertschätzung von Anlageprofis. Das passiert ständig auf allen möglichen Hauptversammlungen. Die kennen sich doch alle von unzähligen Konferenzen, und wenn es gegen Manager von Unternehmen geht, halten die zusammen. Und einem aus ihrer Zunft das Wort zu entziehen, das geht in deren Augen gar nicht. Vielleicht wollte aber auch der Bahreini Niels Werner nur zu Ende reden lassen.«

»Gut, das sind endlich einmal Informationen und Überlegungen, mit denen ich etwas anfangen kann.« Die Laune von Gerd Brauner war immer noch im Keller. »Gute Arbeit, meine Herren. Danke. Wenn es in dieser Sache etwas Neues gibt, bitte sofort an mich. Noch eine letzte Frage, Kurz. Wenn die Anleihe gewandelt wird, brauchen wir ja eigene Aktien, um die Wandlung zu bedienen. Wie stellen wir das dar?«

»Na ja, wir haben noch aus der letzten, nein, mittlerweile vorletzten Hauptversammlung ein genehmigtes Kapital, das wir einsetzen können. Wir haben uns das damals vorsorglich genehmigen lassen, da wir ja irgendwann mit einer Wandlung rechnen mussten. Wir können daraus aus dem Stand eine Kapitalerhöhung darstellen, allerdings nicht im vollen Umfang der Wandelanleihe. In den letzten Monaten sind wir ja davon ausgegangen, von der Versammlung vor drei Tagen eine Kapitalerhöhung genehmigt zu bekommen. Deshalb glaubten wir, auf ein weiteres genehmigtes Kapital verzichten zu können. Wir hätten die Wandelanleihe dann aus der Kapitalerhöhung bedient. Jetzt werden wir daher, im Falle des Falles, noch bis zu fünf Prozent unserer Aktien am Markt zurückkaufen müssen. Die Liquidität dafür haben wir. Sie müssen allerdings darüber noch einmal mit unserem Aufsichtsratsvorsitzenden reden und er muss von den Mitgliedern des Aufsichtsrates dafür die Genehmigung einholen. Dazu reicht ein einfacher Umlaufbeschluss.«

»Aber diesen Rückkauf werden wir als aktionärsfreundliche Maßnahme verkaufen, lieber Kurz. Seht her, was wir euch Gutes tun, wir sorgen für eine Wertsteigerung eurer Aktien. Und eine zusätzliche Steigerung der Dividende stellen wir auch noch in Aussicht, auch wenn wir sie in ein paar Monaten wieder einkassieren müssen. Ich brauche aus verständlichen Gründen im Moment gut aufgelegte Aktionäre. Wer weiß, vielleicht müssen wir ja doch noch eine zweite außerordentliche Hauptversammlung abhalten.«

Beim Hinausgehen verweilte Hero Kurz bei Gerd Brauner, bis Horst Schwaiger den Raum verlassen hatte.

»Was werden Sie jetzt tun, Herr Brauner?«

Gerd Brauner sah ihn nachdenklich an. »Ehrlich gesagt, Kurz, ich weiß es noch nicht genau. Ich muss jetzt versuchen, einen sehr potenten Investor mit ins Boot zu holen. Aber wie ich das mache und wo ich den finde, also, wenn Sie da eine Idee haben …« Hero Kurz schüttelte den Kopf. »Sehen Sie, so geht es mir auch.« Gerd Brauner seufzte leise. »Übrigens, Kurz, lassen Sie sich bei der Lehmann noch einen Termin geben. Wir sollten in den nächsten Tagen über die Steuerprüfung reden. Ich hoffe, da läuft alles zufriedenstellend.«

»Na ja, wie man es nimmt. Ich melde mich bei Frau Lehmann, Herr Brauner.«

BESTANDSAUFNAHME

Er hatte es schon immer gehasst, unpünktlich zu sein, aber heute hatte es sich beim besten Willen nicht vermeiden lassen. Bei seinem Ausrutscher im Bad war er gegen die Mischbatterie geknallt und hatte sich den unteren Beckenbereich geprellt. Damit stand am frühen Morgen noch vor dem Büro erst einmal ein Besuch bei seinem Chiropraktiker auf dem Programm. Der hatte ihn mit einer Spritze wieder halbwegs beweglich werden lassen, aber die damit verbundene Zeit konnte er auch angesichts des Verkehrs in München nicht mehr aufholen. Ausgerechnet bei einer Vorstandssitzung betrat Niels Werner mit fünfminütiger Verspätung und einem entschuldigenden Handzeichen den Sitzungsraum, was ihm einen strafenden Blick von seinem Chef eintrug.

»Nun, da wir jetzt alle vollzählig sind«, Peter Nehmers Stimme triefte nur so vor Sarkasmus, »können wir ja mit den wesentlichen Dingen beginnen. Wir haben heute einige interessante und wichtige Punkte abzuarbeiten. Es gilt zunächst unsere Positionierung in unserem neuen Bankenkonzept und die aktuelle Geschäftsentwicklung zu diskutieren. Danach wird Herr Werner von der Hauptversammlung der Meinebank berichten und wir müssen uns über unser weiteres Vorgehen gegenüber der Meinebank klar werden. Hierzu werden Herr Kaiser und auch Herr Werner weitere Fakten liefern. Dann wird Herr Pair über einige Sicherheitsaspekte sprechen. Aber zunächst sollte Kollege Wohler uns bezüglich unseres Geschäftes auf den neuesten Stand bringen. Herr Kollege, ich lasse bitten.«

Sigmund Wohler, zuständig im Vorstand für das Tagesgeschäft, ergriff das Wort. Wie gewohnt umständlich und monoton

leierte er seine rein deskriptive Beschreibung der ersten sechs Monate des Geschäftsjahres herunter. Schon nach den ersten zwei Sätzen begann Niels Werners Aufmerksamkeit nachzulassen und er musterte stattdessen die versammelte Runde.
Ihm gefiel die Idee sehr gut, dass je nach Themenlage die jeweiligen Bereichsdirektoren an der Vorstandssitzung teilnahmen. Neben ihm waren da noch der Leiter Finanzen, Horst Kaiser, der Chefvolkswirt Konrad Pair, welcher ja, wie er jetzt wusste, auch gleichzeitig der Sicherheitschef war, und Bertram Bernhardt, der Personalchef. Alle vier Vorstände waren anwesend. Neben Peter Nehmer, der natürlich für Strategie und Personal zuständig war, der gerade referierende Sigmund Wohler, dann Boris Kern, zuständig für IT und Technologie und Barbara Kohler, zuständig für das Risikomanagement. Für ihn selbst war nach dem Organisationschart Sigmund Wohler zuständig, aber Niels Werner hatte bezüglich seines Geschäftes bis dato ausnahmslos an Peter Nehmer berichtet. An dieser gelebten Praxis schien sich seltsamerweise auch niemand zu stören.
Sigmund Wohler hatte seine Ausführungen offenbar beendet, denn nun ergriff Peter Nehmer das Wort. »Sehr schön, die ersten neun Monate können sich also sehen lassen, Gewinnanstieg um knapp 15 Prozent, das soll uns erst jemand nachmachen. In der Strategiefrage machen wir auch erfreuliche Fortschritte. So haben wir für Asien mit der Shanghai Corporation einen sehr renommierten Partner für unser dortiges Geschäft gefunden. Darüber hinaus werden die uns auch mit Investment-Banking-Produkten versorgen, auf die wir dann nur noch unser Label kleben. Durch die weltweite Präsenz von Shanghai Corporation können sie dies auch auf anderen Märkten darstellen. Die künftige Zusammenarbeit mit denen hat sich auch schon auf einem anderen Gebiet ausgezahlt, Herr

Werner wird darüber nachher berichten. Als Partner für unser Amerikageschäft haben wir Allamo Trust gewonnen. Die haben in den letzten 20 Jahren leise, aber stetig ihren Gewinn gesteigert und sind sehr stark im Retailgeschäft. Sie werden darüber hinaus auch weltweite Fondsprodukte für uns managen, die wir selbst nur mit unvertretbar hohem Aufwand darstellen könnten.« An dieser Stelle nickte Niels Werner heftig.

»Für Australien und den südasiatischen Raum stehen wir in sehr aussichtsreichen Gesprächen mit der Nortenbank in Sidney. Ich denke, dass wir hier bald zu einem Abschluss kommen. Dann hätten wir gleichzeitig auch noch eine spezielle Expertise für Unternehmensfinanzierungen an Bord, denn diese Bank ist darauf spezialisiert. Lediglich Südamerika ist auf unserer Landkarte noch blank, ich hoffe aber auch dort demnächst einen interessanten Ansprechpartner auftun zu können. Insgesamt sind wir mit dem Umbau unserer Bank auf einem guten Weg. Besonders erfreulich ist, dass das Ganze auch noch relativ sozialverträglich über die Bühne geht. Mein ausdrücklicher Dank geht dafür an Herrn Bernhardt und sein Team. 300 Angestellte, welche unser Farewellpaket annehmen und freiwillig ausscheiden, sind nicht selbstverständlich. Noch einmal, Herr Bernhardt, das war gute Arbeit. Bevor wir jetzt aber diese Entwicklungen diskutieren, schlage ich vor, die Berichte von Herrn Werner und Herrn Kaiser vorzuziehen, denn die werden uns zu guter Letzt wieder zu unserem Strategiethema zurückführen. Herr Werner, vielleicht berichten Sie erst einmal von der Hauptversammlung der Meinebank.«

»Ja gerne«, Niels Werner schaute in die Runde, »Frau Kohler, meine Herren Vorstände, liebe Kollegen. Die Hauptversammlung der Meinebank war in dreierlei Hinsicht bemerkenswert, zunächst einmal in ihrer Präsenz. Die Anfangspräsenz lag bei nur 47 Prozent, das ist selbst für die hiesigen Verhältnisse erschreckend wenig. Damit war uns klar, dass sehr leicht ein Passus in der Satzung der Meinebank zum Stolperstein werden kann, nämlich die Forderung, dass bei Stimmabgabe mindestens ein Drittel des Grundkapitals vertreten sein muss. Beim Verlauf der Versammlung war ungewöhnlich, dass Herr Brauner extra vom Podium herabstieg, um mir einige unfreundliche Worte an den Kopf zu werfen. Konkret sagte er unter anderem, ich könnte ihm nicht in die Suppe spucken. Welche Art Suppe, das ließ er offen.«

An dieser Stelle machte Niels Werner aus dramaturgischen Gründen eine kleine Pause. Während Barbara Kohler leise vor sich hin gluckste, sahen ihn die Anderen mit unverhohlener Spannung an.

»Die Präsentationen von Bernd Weise und auch Gerd Brauner waren passabel, wobei der Geschäftsverlauf der Meinebank in den ersten neun Monaten keinen vom Hocker riss. Da sind wir hier besser unterwegs. Auf der Rednerliste war ich fast am Ende eingestuft worden, aber durch den Verzicht einiger Redner vor mir kam ich dann doch früher dran, als Gerd Brauner offensichtlich geplant hatte. Übrigens, Herr Pair, Ihre Idee, erst jemand anderen als Redner zu benennen und mich dann in letzter Minute auf die Rednerliste setzen zu lassen, war genial. Gerd Brauner war geschockt, als ich da auftauchte.«

»Immer wieder gern, Herr Werner.«

Niels Werner und Konrad Pair sahen sich gegenseitig anerkennend an. Niels Werner fuhr fort: »Ich habe dann meine Rede gehalten, die ja in Kopie Ihnen zugegangen ist. Kritischer Punkt war dabei die Nennung der Wertebank als Ziel der Begierde von Gerd Brauner. Das haben wir vorher ausgiebig diskutiert und uns in Absprache mit Herrn Nehmer dazu entschlossen. Schlagendes Argument war dabei, neben der Verunsicherung von Gerd Brauner, der dann zu erwartende Kursanstieg unserer Aktie, welcher eine eventuelle unfreundliche Übernahme unserer Bank erheblich verteuern würde. Diese Strategie ist ja auch aufgegangen, unsere Börsenkapitalisierung ist seitdem um rund 50 Prozent gestiegen. Nach meiner Einschätzung war Gerd Brauner während meiner Rede persönlich sehr betroffen, da ich ja seine Eignung als Banker in Zweifel gezogen habe. Am überraschendsten aber war für mich, dass am Ende meiner Ausführungen im Publikum sich teilweise tumultartige Szenen und Diskussionen abspielten, so dass Herr Weise sich veranlasst sah, auf eine Aussprache zu verzichten und gleich zur Abstimmung zu schreiten. Interessant ist dabei, dass ich deutlich gesehen habe, wie Gerd Brauner ihn dazu aufgefordert hat. Ich habe dann im Anschluss an meine Rede die Hauptversammlung verlassen. Das Ergebnis der Abstimmung ist ja hinreichend bekannt. Ergänzend möchte ich noch betonen, dass ich darauf verzichtet habe, auf der Hauptversammlung die eigentliche Bombe platzen zu lassen, nämlich die von uns gezeichnete Wandelanleihe. Diesen Pfeil haben wir noch im Köcher.«

Wenn Niels Werner geglaubt hatte, mit diesen Worten seine Ausführungen beenden zu können, sah er sich nun getäuscht. Nicht umsonst sagte man Barbara Kohler die Fähigkeit nach, schnell zum Wesentlichen zu kommen.

»Herr Werner, was mich als Risikomanagerin interessiert, sind zwei Dinge. Sind wir in irgendeiner Form von diesem Abstimmungsergebnis der Meinebank tangiert? Ich will damit sagen, entstehen uns dadurch neue Probleme? Und, Sie haben des Öfteren von wir gesprochen. Können Sie mich freundlicherweise aufklären, was wir uns darunter vorzustellen haben?«

Niels Werner sah hilfesuchend zu Peter Nehmer am anderen Ende des Tisches. Der ergriff daraufhin auch sofort das Wort: »Frau Kollegin, vielleicht sollte ich diese Frage beantworten. Herr Werner bezieht sich mit seinem wir auf drei befreundete Unternehmen, mit denen wir seit geraumer Zeit zusammenarbeiten. Da ist zunächst einmal die der dortigen Herrscherfamilie gehörende Bahrein Invest, dann die Malaysian Money, ein im Staatsbesitz befindlicher Pensionsmanager. Und dann ist da noch die China Portfolio Management, welche ebenfalls dem dortigen Staat gehört. Das alles ist schon passiert, bevor Sie unserem Vorstand beigetreten sind und auch Herr Werner hat die gerade von mir beschriebene Konstellation geerbt.«

»Aber Herr Nehmer, wie soll ich ein effektives Risikomanagement betreiben, wenn ich derartige Off-Balance-Aktivitäten nicht kenne? Da sträuben sich mir ehrlich gesagt die Haare, noch dazu, wenn ich die involvierten Regierungen in Betracht ziehe. Die Malayen mögen ja noch harmlos sein, die Chinesen sind es ganz sicher nicht und auch die Bahreinis haben eine totalitäre Regierung.«

Auf ein Zeichen von Peter Nehmer ergriff nun der Finanzchef Horst Kaiser das Wort. »Ich denke, ich spreche im Sinn von Herrn Werner, Frau Kohler, wenn ich konstatiere, dass derartige Kooperationen zwischen Asset Managern durchaus nicht unüblich sind und absolut nichts mit Off-Balance-Sachverhalten zu tun haben. Im strengen Sinn könnten Sie natürlich die Existenz der von uns gezeichneten Wandelanleihe als außerhalb der Bilanz befindlich charakterisieren, aber wir haben sie sauber unter Forderungen in der Bilanz stehen. Lediglich die Zinszahlungen haben wir nicht als solche explizit ausgewiesen, sondern nur unsere Forderungsposition korrespondierend erhöht.«

Peter Nehmer schwang weiter den Dirigentenstock und nickte Niels Werner zu. Der begriff sofort, was sein Chef von ihm wollte. Lenk die Kohler ab, bevor sie anfängt, weiter zu bohren.

»Da dies nun geklärt ist, Frau Kohler, meine Herren«, Niels Werner beeilte sich, das Kollegium mit neuen Fakten zu füttern, »darf ich Ihnen nun die auf unserer Seite befindlichen Beteiligungen an der Meinebank schildern. Wenn wir die Wandelanleihe wandeln, erhalten wir ungefähr zehn Prozent des Grundkapitals der Meinebank. Darin liegt nach meiner Überzeugung auch die Motivation der Meinebank, die Wertebank zu übernehmen.«

»Wie das?«, warf Barbara Kohler ein.

»Nun, die Grundidee ist die Verwässerung dieses Zehn-Prozent-Anteils durch eine Kapitalerhöhung. Damit verhindert Gerd Brauner eine Neubesetzung in seinem Aufsichtsrat, vor allem an der Spitze des Aufsichtsrates. Aber Frau Kohler, über diesen Punkt sind wir bereits hinaus.«

Niels Werner erklärte nun Frau Kohler die Beteiligungsverhältnisse, wobei er an der gespannten Aufmerksamkeit der anderen Vorstände ablas, dass auch dort nicht jedes Detail bekannt war. Anschließend fuhr er fort: »Zusammengefasst würden wir in der Lage sein, mit der gewandelten Anleihe und eventuell weiteren Zukäufen, beispielsweise in unseren Fonds, 25 Prozent der Meinebank-Aktien zu besitzen und damit unsererseits über eine Sperrminorität an der Meinebank zu verfügen. Die Satzung der Meinebank sieht ausdrücklich die Möglichkeit einer Sperrminorität vor, wir könnten also unternehmerisch tragende Entscheidungen wie Kapitalerhöhungen, Fusionen und Übernahmen der Meinebank blockieren, denn für derartige Aktionen werden mehr als 75 Prozent der Anteile benötigt.«

In der nun folgenden Stille sah ein Sitzungsteilnehmer den anderen an, als erwarte er von ihm die Erleuchtung schlechthin. Natürlich ergriff als erstes Barbara Kohler wieder das Wort: »Das würde aber unsere neue Bankenstrategie ad absurdum führen, nicht wahr, meine Herren. Wir können ja wohl schlecht unsere eigene Bank zugunsten unserer Star Alliance für Banken abspecken und dann gleichzeitig einen Dinosaurier des traditionellen Bankgeschäftes übernehmen. Herr Nehmer, ist überhaupt der Aufsichtsrat über all dies schon informiert?«

»Nein, Frau Kollegin. Lediglich unser Aufsichtsratsvorsitzender war eingeweiht. Noch nicht einmal der Präsidialausschuss war informiert. Geheimhaltung war seinerzeit das oberste Gebot. Ich habe nicht nur Ihnen gegenüber ein schlechtes Gewissen, weil ich Sie erst in den letzten Wochen über diesen Sachverhalt informiert habe. Ich kann auch nicht sagen, dass ich dem nächsten Treffen mit dem Aufsichtsrat freudig entgegensehe.«

So leicht gab sich die Kohler aber nicht geschlagen. »Wieso eigentlich Geheimhaltung? Wir hätten die Zeichnung der Wandelanleihe doch damals ganz offen kommunizieren können.«

Diesmal ließ sich Peter Nehmer mit seiner Antwort etwas mehr Zeit, um seine Worte sorgfältig abzuwägen. »Ja, im Nachhinein hätten wir das machen können. Aber bedenken Sie, was damals für Zustände an den Finanzmärkten herrschten. Wenn andere Banken oder Investoren mitbekommen hätten, dass unsere flüssigen Mittel um fünf Milliarden geschrumpft sind, wäre sofort unsere Restliquidität und damit Kreditwürdigkeit in Zweifel gezogen worden. Das ganze Manöver war eine sehr delikate Operation, und je weniger Leute davon wussten, desto besser war es.«

»Aber warum haben wir denn die Wandelanleihe überhaupt gezeichnet? Wir hätten doch einfach auf unserer Liquidität sitzen bleiben können. Cash is King.«
»Das, Frau Kohler, hatte vor allem zwei Gründe. Erstens auf Liquidität hocken bleiben, bedeutet keine Rendite des Geldes, und die Wandelanleihe war attraktiv bepreist und gut verzinst. Wo gab es damals schon fünf Prozent Rendite? Zweitens war das auch eine Aktion, welche aus gesamtpolitischer Sicht geboten war. Wenn die Meinebank pleite gegangen wäre, und ich denke, Herr Werner kann bestätigen, dass dieser Bank das Wasser bis zum Hals stand, wenn also diese große Bank pleite gegangen wäre, wäre das Vertrauen in die Banken insgesamt futsch gewesen. Es hätten sich sofort Schlangen vor den Schalterhallen aller Banken gebildet, die Leute hätten ihr Geld komplett abheben wollen und Sie wissen selbst, was die Konsequenz gewesen wäre. Nicht nur die Banken, nein, das gesamte Wirtschaftssystem wäre kollabiert. Das galt es zu verhindern. Berlin hat das bis heute nicht begriffen, unsere Politiker denken immer noch, dass ihre kluge Politik den Crash verhindert hat. Ironischerweise können wir sie über ihren Irrtum auch nicht aufklären.«
Gut gebrüllt, Löwe, dachte Niels Werner, der sich noch gut an die damalige Zeit erinnern konnte. Bevor er aber einen zustimmenden Kommentar zu den Nehmer'schen Ausführungen machen konnte, ergriff überraschenderweise Sigmund Wohler das Wort.
»Ehrlich gesagt, liebe Kollegen, bin ich schon ein wenig beleidigt, damals im Dunkeln gelassen worden zu sein und ich könnte das sehr leicht als mangelndes Vertrauen in meine Integrität verstehen«, bei diesen Worten sah er Peter Nehmer ganz direkt an. »Aber ich denke, wir haben momentan Wichtigeres zu tun, als auf Einzelschicksale Rücksicht zu

nehmen. Ich würde aber gerne bei Gelegenheit dieses Thema mit Ihnen noch einmal unter vier Augen besprechen, Herr Nehmer. Wo befindet sich denn momentan die Wandelanleihe, Herr Kaiser? Und wie sieht die gesamte Konstruktion dieser damaligen Transaktion eigentlich aus?«

Oha, dachte Niels Werner, der Wohler ist vielleicht doch nicht zufällig im Vorstand dieser Bank. Der hat den Nehmer ja schön in den Senkel gestellt und auch noch eine verdammt gute Frage abgelassen. Er selbst war auch begierig auf die Antwort von Horst Kaiser, hatte der doch auf seine diesbezüglichen Fragen immer einen Eiertanz veranstaltet und nie eine klare Antwort gegeben. Aber nicht so heute, wie er unmittelbar danach feststellen durfte. Zum ersten Mal wurde Horst Kaiser sehr konkret.

»Die Wandelanleihe liegt immer noch bei der Bahrein Investment. Wir haben dieser Gesellschaft damals einen Kredit von fünf Milliarden gewährt mit der festen Maßgabe, das Geld für die Zeichnung der Wandelanleihe zu verwenden. Dieser Kredit ist quasi zweckgebunden und wir können ihn jederzeit zurückfordern. Die Zinscoupons dieser Wandelanleihe wurden über die Malaysian Money an die China Portfolio Management weitergereicht. Diese hat dann mittels Coupons von der Meinebank die Zinsen eingefordert und diese dann über die Malaysian Money an die Bahrein Invest weitergeleitet.«

»Sind diese Freundschaftsdienste denn irgendwie durch uns entlohnt worden, Herr Kaiser? Ich meine, in unserem Gewerbe macht doch niemand etwas aus reiner Gefälligkeit.«

»Nun, Herr Wohler, die Bahrein Investment erhält natürlich von uns eine Management Fee, die, wie ich betonen möchte, sehr gering ist. Es gibt ja auch eigentlich nichts zu managen bei dem Investment. Die Malaysian Money und die China

Portfolio Management erhalten außer dem Ersatz von Auslagen keinerlei Fees. Die Malayen haben uns aus Dankbarkeit für unsere bereits erwähnte finanzielle Unterstützung in der Vergangenheit geholfen und die Chinesen, hinter der CPM steht die chinesische Regierung, erwarten unsere Hilfe bei ihrem Versuch, in der deutschen Bankenwelt Fuß zu fassen. Diese Art von barter trade entspricht dem chinesischen Verständnis von Wirtschaftsbeziehungen.«

An dieser Stelle ergriff wieder Peter Nehmer das Wort. Es galt jetzt, das Vorstandsgremium so langsam in die von ihm gewünschte Richtung zu steuern und die Unterstützung der Kollegen für sein Vorhaben zu gewinnen. Er hatte zwar vorher nicht mit Niels Werner gesprochen, aber er war sicher, dass dieser zu gegebener Zeit das Richtige sagen würde.

»Ich möchte nun auf die Frage, Feststellung, Bemerkung, was es auch immer war, welche vorhin Kollegin Kohler gemacht hat, zurückkommen. Wollen wir wirklich versuchen, die Meinebank zu übernehmen? Das würde selbstverständlich unserer neuen Strategie zuwiderlaufen. Es sei denn, wir filetieren sie, nehmen für uns die Sahnestücke und reichen den Rest an die Chinesen weiter. Oder wollen wir nur unsere starke defensive Position gegen etwaige Übernahmegelüste der Meinebank beibehalten? Das würde bedeuten, die Anleihe zu wandeln, der Wandlungspreis wäre gemessen am gegenwärtigen Kursniveau extrem günstig, den Aufsichtsratsvorsitz durch eine Person unseres Vertrauens anzustreben und so die Bank zu kontrollieren. Zunächst möchte ich aber Herrn Werner fragen, der die Meinebank noch bestens kennt, welche Filetstücke die Meinebank hat.«

»Ich denke, die wesentliche Stärke der Meinebank liegt im Asset Management und hier speziell bei festverzinslichen Anleihen. Das gilt sowohl für Publikumsfonds als auch im institutionellen Geschäft. Letzteres ist sehr stark auf Deutschland fokussiert mit einem Kundenschwerpunkt bei Versicherungen, Pensionsfonds und Sparkassen. Das wäre für uns eine gute Ergänzung. Bei Aktienfonds gibt es eher Überschneidungen, aber die zu klären dürfte nicht allzu große Schwierigkeiten bereiten, da müssten dann halt eventuell auch harsche Entscheidungen getroffen werden. Im Firmenkundengeschäft hat die Meinebank ebenfalls eine gute Marktposition, das gilt auch auf den internationalen Märkten. Gestatten Sie mir aber auch noch einen anderen Aspekt zu erwähnen, auch wenn der hier in München nicht gerne gehört wird. Der Firmensitz in Frankfurt stellt einen großen Pluspunkt dar. In Frankfurt existiert eine Finanzwelt, deren Akteure auch nach Feierabend zusammenkommen und diskutieren. Das ist der Sud, aus dem Ideen entstehen und der Spitzenkräfte anzieht. Kurz, in Frankfurt seinen Firmensitz zu haben, das ist ein Wettbewerbsvorteil uns gegenüber.«

Peter Nehmer war zufrieden. Der Werner hatte tatsächlich das richtige Kaninchen aus dem Hut gezaubert. Wie auf Bestellung meldete sich nun Boris Kern zu Wort, mit dem er seit vielen Jahren befreundet war.

»Da hörst du es, Peter, ich sag ja schon seit Jahren, lass uns nach Frankfurt gehen. Also für mich ist die Sache klar, und ich, lieber Kollege Wohler, habe mit der damaligen Geheimhaltung überhaupt kein Problem, ganz im Gegenteil. Lasst uns nun also die Meinebank übernehmen und ausschlachten. Den Rest reichen wir schön verpackt an die Chinesen weiter.«

Typisch IT-Mensch, dachte Niels Werner. Die denken immer nur digital, entweder Schwarz oder Weiß. Als ob gerade eine Gedankenübertragung stattgefunden hätte, meldete sich Barbara Kohler zu Wort.

»Die Welt lässt sich leider nicht so einfach darstellen, Herr Kollege. Ich möchte an dieser Stelle doch daran erinnern, dass unsere Bank gerade mit einem massiven Umbau ihrer Strukturen beschäftigt ist. Das zerrt an den Nerven eines jeden Mitarbeiters und erfordert all unsere Managementkapazitäten. Und in dieser Lage wollen Sie mal so eben die Meinebank übernehmen? Da kann ich den hier Anwesenden nur viel Vergnügen wünschen«, ihr Ton wurde immer giftiger. »Im Übrigen möchte ich darauf hinweisen, dass wir durch die von Herrn Kaiser geschilderte Konstruktion, welche mir bis dato nicht bekannt war, uns zusätzliche Risiken aufgeladen haben. Diese sind zwar keine klassischen Kontrahentenrisiken, aber doch so etwas Ähnliches. Wer garantiert denn, dass sich unsere sogenannten Partner in Asien an die getroffenen Absprachen halten? Sind diese Absprachen überhaupt schriftlich fixiert, oder«, und hier gab sie ein verächtliches Schnauben von sich, »basieren sie auf dem schönen Prinzip ein Mann, ein Wort? Und das bringt mich gleich zu der nächsten Frage. Was wissen wir denn über die Meinebank? Wie sieht die finanzielle Situation dort aus, welche Off-Balance-Aktivitäten haben die, welche potentiellen Leichen haben die im Keller?«
Mein Gott, die war ja jetzt richtig in Fahrt. Auf ein Zeichen von Peter Nehmer sprang Horst Kaiser in den Ring. »Frau Kohler, wir kennen die Finanzen der Meinebank relativ gut. Bis auf die Tatsache, dass seit einigen Jahren die Kapitalerträge unter den Kapitalkosten liegen, den Umstand hat Herr Werner in seiner HV-Rede ja schon thematisiert, sind sie sauber durchfinanziert. Von Off-Balance-Aktivitäten ist uns nichts bekannt, da könnten aber in der Tat Überraschungen lauern.« Barbara Kohler nickte zufrieden. »Jedoch dürften sie nach unserer Einschätzung, wenn überhaupt vorhanden, überschaubar sein. Mein Gegenspieler bei der Meinebank, Hero

Kurz, hat seinen Laden bestens im Griff. Wir wissen außerdem, dass dort gerade eine Steuerprüfung stattfindet. Falls da also Leichen im Keller liegen, werden die jetzt gefunden. Was die Absprachen mit den Partnern betrifft, sind die natürlich schriftlich fixiert worden. Was die Durchsetzbarkeit von Ansprüchen gegenüber den Malayen und den Chinesen bei einer Verletzung dieser schriftlichen Absprachen angeht, habe ich auch so meine Zweifel.« Barbara Kohler war noch zufriedener mit sich selbst. »Aber bis heute haben beide Partner ihren Teil der Absprachen peinlichst eingehalten. Mit den Bahreinis besteht der übliche Asset-Management-Kontrakt, er kann notfalls vor dem internationalen Gerichtshof eingeklagt werden. Aber glauben Sie mir, den Arabern sind Verträge heilig. Außerdem haben wir es hier mit Hakim Sailers Bruder zu tun und der Leiter der Malaysian Money ist sein Cousin. Familienbande sind in den arabischen Ländern heilig. Schwierig einzuschätzen sind natürlich immer die Chinesen. Einen anderen interessanten Aspekt sollten wir nicht übersehen. Die Meinebank wird die Wandlung der Anleihe in Aktien nicht mit ihrem genehmigten Kapital darstellen können, sie werden am Markt Aktien zurückkaufen müssen, was natürlich den Kurs der Meinebankaktie nach oben treiben wird.«

Du raffinierter Hundesohn, dachte Niels Werner anerkennend. Du gibst der Kohler mehrmals scheinbar Recht, um sie dann doch auf ein ganz anderes Pferd zu heben. Er ergriff das Wort.

»Ich darf an dieser Stelle vielleicht anfügen, dass aus meiner Zeit bei der Meinebank mir nichts über Aktivitäten außerhalb der Bilanz bekannt ist.«

Nun machte zum ersten Mal Konrad Pair den Mund auf. »Es ist ja immer gut, sich die Sicht des Gegners zueigen zu machen. Was also plant die Meinebank nach dieser legendären Hauptversammlung? Gerd Brauner ist erst einmal blamiert. Wie wird er reagieren, welche Optionen zur Übernahme unserer Bank bleiben ihm denn noch? Eine zweite außerordentliche Hauptversammlung, um doch noch seine Kapitalerhöhung genehmigt zu bekommen? In meinen Augen eher unwahrscheinlich. Damit bleibt ihm nur noch, einen potenten Investor aufzutreiben, mit dem er gemeinsam zur Tat schreiten kann. In diesem Zusammenhang stellt sich mir die Frage, Herr Werner, ob die Meinebank noch ahnungslos ist oder angesichts der Präsenz von Ihnen und Ihrer Partner auf der Hauptversammlung, und Sie sind ja gemeinsam gegangen, nicht inzwischen schon Lunte gerochen hat. Die müssen ja auch registriert haben, dass die China Portfolio Management, die Gesellschaft, an die sie bisher die Zinsen überwiesen haben, nun plötzlich auch als Aktionär auftritt.«

Niels Werner nickte bedächtig. »Ja, es ist durchaus möglich, dass die Meinebank ahnt, was eventuell auf sie zukommt. Es ließ sich leider nicht vermeiden, dass wir gemeinsam dort auftreten bzw. gehen. Vermutlich hat auch der Verzicht der Partner auf ihren Platz auf der Rednerliste und das Übertragen der Redezeit der Bahreinis auf mich dazu beigetragen. Hero Kurz ist viel zu schlau, um Derartiges zu übersehen. Ob aber auch unsere Verbindung zur Wandelanleihe gesehen wird, wage ich mal zu bezweifeln.«

Konrad Pair nickte langsam. »Genau, wie ich es mir dachte. Nehmen wir also an, die Meinebank glaubt, die chinesische Regierung ist im Besitz der Wandelanleihe. Dass CPM eine Firma der Regierung ist, dürften die Damen und Herren der Meinebank ja mittlerweile wissen. Damit wird Gerd Brauner annehmen, dass die Chinesen ihn übernehmen wollen. Will er das verhindern, bleibt ihm eigentlich nur noch eine Option. Er muss einen Partner finden, der es wagt und die Mittel hat, sich mit den Chinesen anzulegen. Und wo findet er den?« Konrad Pair machte eine effekthaschende Pause. »Natürlich in den USA. Da gibt es eigentlich nur eine Gesellschaft, die dazu in der Lage wäre und die, ich drücke mich mal vorsichtig aus, einen ausgezeichneten Draht zur amerikanischen Regierung hat.«

Alle wussten, von wem er redete, aber keiner sprach den Namen aus. Silberstein und Partner. Viele Marktteilnehmer behaupteten, diese Gesellschaft würde zum CIA gehören, aber keiner wusste etwas Genaues. Auffällig war nur, wie genau diese Firma immer informiert war und wie korrekt ihre Prognosen über künftige Aktionen der US-Regierung waren.

»Wir könnten damit in einen Wirtschaftskrieg zwischen China und den USA geraten«, Konrad Pairs Stimme war immer noch völlig unaufgeregt, »ich rate daher bei dem, was immer wir tun, zur Eile. Denn dass Gerd Brauner aufgibt, liegt nicht in seiner Persönlichkeitsstruktur. Er wird alles versuchen, uns in seine Finger zu bekommen und die einzige Möglichkeit, ihn zu stoppen, besteht nach meiner Auffassung darin, ihm zuvorzukommen. Ab wann können wir denn wandeln, Horst?«

Horst Kaiser brauchte zur Antwort keinen Blick in seine Unterlagen zu werfen. »Praktisch ab sofort. Wir müssten nur die Anleihe von den Bahreinis zurückholen. Das dürfte ungefähr eine Woche beanspruchen.«

»Gut«, Peter Nehmer hatte wieder das Kommando übernommen, »dann sollten wir diesbezüglich auch alles in die Wege leiten. Horst, du übernimmst die Überleitung der Wandelanleihe und kündigst bei der Meinebank auch die Wandlung an.«

An dieser Stelle ergriff noch einmal Konrad Pair, der Sicherheitschef, das Wort. »Ich bitte um Entschuldigung, Herr Nehmer, dass ich Ihnen praktisch ins Wort falle. Aber ich hätte da einen anderen Vorschlag zu machen.«

»Nur los, Herr Pair, gute Vorschläge sind immer willkommen.«
»Herr Nehmer, Frau Kohler, meine Herren, ich würde zum jetzigen Zeitpunkt die Katze noch nicht vollständig aus dem Sack lassen. Warum sollen wir bereits jetzt den Brauner mit der Nase darauf stoßen, dass die Wandelanleihe faktisch bei uns liegt? Ich halte es für klüger, zunächst die Bahrein Invest die Wandlung ankündigen zu lassen. Die Bombe können wir ja immer noch hochgehen lassen, je nachdem, mit welchen Ideen Herr Brauner um die Ecke kommt.«
An dieser Stelle nickte der Finanzchef Kaiser beifällig. »Eventuell sollten wir die Bahreinis sogar die Wandlung durchführen lassen. Dadurch, dass wir dann ihnen liquide Mittel für den Wandlungspreis zur Verfügung stellen, gehen wir dem negativen Zinseffekt auf unsere bestehenden liquiden Mittel in der Bilanz ein gutes Stück aus dem Weg. Eine nach der Wandlung erfolgende Übertragung der Meinebankaktien von Bahrein zu uns würde sich völlig problemlos gestalten lassen. Und wir würden gleichzeitig den ansonsten drohenden Meldepflichten vorübergehend aus dem Weg gehen.«
Nun war es an Peter Nehmer, beifällig zu nicken, und wie ihm ein Blick auf seine Vorstandskollegen verriet, war dieser Vorschlag auch bei denen gut angekommen.
»Guter Vorschlag, meine Herren, gibt es von irgendeiner Seite irgendwelche Einwände?« Er schaute in die Runde, registrierte aber nur Zustimmung, sogar bei der Kohler. »Gut, dann machen wir das auch so. Kommen wir nun abschließend zu unserer Strategie der Meinebank gegenüber. Die Frage ist ja durchaus diskussionswürdig, wie insbesondere Frau Kohler deutlich gemacht hat, wie sieht die aus? Vielleicht frage ich einfach mal in der Runde die Meinungen ab. Zunächst du, Boris, dann Herr Wohler und dann Frau Kohler.«

»Peter, meine Meinung habe ich schon gesagt. Übernehmen und filetieren.«
»Herr Wohler.«
»Also, ich bin dafür, zunächst einmal das Gespräch mit Herrn Brauner zu suchen. Mir sind doch in der ganzen Diskussion zu viele Vermutungen im Spiel, ich hätte da gern mehr Klarheit.«
Typisch Wohler, dachte Niels Werner, nur nicht festlegen. Irgendwie hatte er aber trotzdem das Gefühl, einem gut aufgeführten Theaterstück beizuwohnen. Insbesondere das Zusammenspiel Nehmer, Pair und Kaiser sah ihm doch sehr einstudiert aus.
»Frau Kohler?«
»Ich bin gegen eine Übernahme, und ich möchte, dass das so auch im Protokoll steht. Wir würden unsere Ressourcen zu sehr überfordern und unsere eigene Umstrukturierung ad absurdum führen. Lassen Sie uns wandeln, auf welchem Weg auch immer, mit den dann uns gehörenden zehn Prozent den Aufsichtsratsvorsitz der Meinebank reklamieren und die bestehenden Aktienpakete entweder, falls der Kurs tatsächlich anfängt zu steigen, an der Börse verkaufen oder an die Chinesen mit einem angemessenen Aufschlag weiterreichen. Dann sind die nicht sauer auf uns und können ihrerseits Schritte in Richtung deutschem Bankenmarkt unternehmen. Und wir geraten nicht beim Krieg zwischen den USA und China zwischen die Fronten.«
»Was sagen die Bereichsleiter?«
Bereitwillig stimmten alle dem Vorschlag von Frau Kohler zu, so bereitwillig, dass Niels Werner den Verdacht nicht loswurde, dass diese Lösung von Anfang an das Ziel dieser Sitzung war und Peter Nehmer die Übernahme nur als Ablenkung ins Spiel gebracht hatte. Schließlich hätte ihm die Kohler bei den Aufsichtsbehörden ziemlich viel Ärger einbrocken können, von

wegen der Behinderung eines effektiven Risikomanagements bei der Wertebank durch das Verschweigen wesentlicher Risikosachverhalte. Nun hatte er die Vorstände auf seiner Seite, insbesondere die Risikomanagerin der Bank, und konnte an die Demontage von Gerd Brauner gehen. Denn natürlich war nicht die Meinebank das Ziel, sondern der nun auch aus persönlichen Gründen verhasste Gerd Brauner. Entsprechend zufrieden klang denn auch Peter Nehmer.

»Gut, ich denke, wir folgen erst einmal dem Vorschlag von Frau Kohler und dann sehen wir weiter. Vielleicht ergeben sich ja irgendwann neue Gesichtspunkte, dann müssten wir uns halt noch einmal mit dem Thema befassen. Ich danke allen für die lebhafte und sehr informative Diskussion. Die Bereichsleiter können nun die Sitzung verlassen, das heißt, bis auf den Personalchef. Wir vom Vorstand haben dagegen noch einiges an Personalfragen zu diskutieren. Nochmals vielen Dank an alle.«

VERBÜNDETENSUCHE

Die Nachrichten aus Deutschland waren zwar noch nicht besorgniserregend, aber doch alles andere als gut. Wie ihn der Kurz heute Morgen informierte, machte der Steuerprüfer einige Zicken. War ihm doch aufgefallen, dass vor vier Jahren, in der Mitte der Finanzkrise, das Grundkapital der Meinebank für eine gewisse Zeit weniger als drei Prozent der Kundeneinlagen ausgemacht hatte. Nach Meinung des Herrn wäre das ein konkursrelevanter Sachverhalt und die Meinebank hätte die Türen schließen müssen.

Der Blödmann, dachte Gerd Brauner, das Erklären einer Bankeninsolvenz war ausschließlich durch die Finanzaufsicht möglich, und die hatten in der Finanzkrise weiß Gott anderes zu tun, als noch Öl ins Feuer zu gießen. Außerdem war das von ihm angeführte Kriterium kein gesetzlich zwingendes, sondern nur in der Praxis eines normalen Bankgeschäftes von den Bankern akzeptiertes Alarmsignal und, das würde er im Zweifelsfall immer behaupten, hatte er ja mit der Zeichnung der Wandelanleihe fest gerechnet.

Damit war ein eventuelles Liquiditätsproblem ohnehin nur ein vorübergehendes. Der Kurz hatte ihm aber schon signalisiert, dass insbesondere diesen Punkt der Steuerprüfer bezweifelte und auch keinerlei Belege für die Berechtigung dieser Erwartung existierten. Na, wenn schon, es waren halt damals keine normalen Zeiten gewesen. Ironischerweise könnte er jetzt Niels Werner gut gebrauchen, der könnte dem Prüfer bestätigen, wie das damals alles war. Aber der Judas hatte sich ja auf die Seite vom Nehmer geschlagen, wie er auf der Hauptversammlung eindeutig demonstriert hatte. Bei dem Gedanken daran kam ihm immer noch die Galle hoch, insbesondere wurmten ihn nach wie vor dessen geäußerte Zweifel an seiner Eignung als guter Bankenchef.

Gerd Brauner war so in seine Gedanken verstrickt gewesen, dass er erst jetzt bemerkte, dass er den Telefonhörer immer noch in der Hand hielt, obwohl sein Finanzchef das Telefonat längst beendet hatte. Er quälte sich so langsam aus dem Bett, setzte sich auf die Bettkante und stützte seinen Kopf in beide Hände. Seine innere Uhr hatte sich immer noch nicht an die Zeitverschiebung gewöhnt, obwohl er nun schon den zweiten Tag in New York war. Außerdem konnte er in diesen verdammten Hotelbetten ohnehin nicht richtig schlafen. Aber egal, heute musste er unbedingt fit sein, schließlich stand das Treffen mit den Leuten von Silberstein und Partner an.

Unter der Dusche kehrten seine Gedanken zum Telefonat mit Hero Kurz zurück. Der hatte ihm ja auch noch mitgeteilt, dass offenbar am Markt immer noch Interesse an Meinebankaktien bestand. Und der rege Handel ließ auf mehrere Interessenten schließen. Das war ihm zwar einerseits recht, da dadurch der Börsenwert seiner Bank stieg, was bei einer Fusion sich zu seinen Gunsten auf die Fusionsanteile der beiden Partner auswirkte, andererseits bedeutete das aber auch, dass er selbst mehr Mittel zum Erwerb seiner Aktien aufwenden musste, um die aus der Wandlung der Wandelanleihe bestehenden Ansprüche befriedigen zu können. Und die Wandlung würde kommen, da machte er sich keine Illusionen.

Irgendwie signalisierte ihm sein Bauchgefühl ein drohendes Unheil, er konnte nicht unbedingt den Finger darauflegen, aber in letzter Zeit war einfach zu viel schiefgelaufen. Die desaströse Hauptversammlung war da nur ein, der Seitenwechsel von Niels Werner ein anderes Beispiel. Er musste unbedingt das Gesetz des Handelns wieder in seine Hände bekommen. Nach dem Ankleiden warf er nur einen kurzen Blick in den Spiegel, er sah für seine Begriffe zu lässig aus. Aber Steve Burner hatte ihn in seiner unverblümten Art wissen lassen, dass die Amerikaner es nicht schätzten, wenn jemand zu geschniegelt daherkäme. Banausen, dachte er, diese Amerikaner, einfach nur Banausen.

Gerd Brauner machte sich auf den Weg in den Frühstücksraum, wo der gute Steve bestimmt schon auf ihn wartete. Als er sein Hotelzimmer verließ, tauchte wie ein Geist Samuel Leist neben ihm auf. Na, dachte er, der nimmt ja seinen Job, auf mich aufzupassen, erfreulich ernst. Es wäre mal interessant zu wissen, wie lange der schon auf dem Flur herumgelungert hat. Am Fahrstuhl gab es den üblichen Stau, das Welcome am Times Square war nur mit wenigen Fahrstühlen ausgestattet. Aber er zog dieses Hotel den bekannteren und größeren Adressen vor, denn es war verschwiegen. Er wollte nicht in anderen Hotels irgendwelchen deutschen Industriekapitänen über den Weg laufen und dadurch riskieren, dass seine Anwesenheit in New York nach Deutschland durchsickerte. In diesem Haus waren in der Regel nur Touristen, vorwiegend asiatische.

Wie erwartet hatte sich der gute Steve schon im Frühstücksraum breit gemacht und winkte ihm heftig zu. »Hallo, Gerd, alles fröhlich? Hast du gut geschlafen?«

Gerd Brauner setzte sich neben ihn und signalisierte Samuel Leist, sich an den Nebentisch zu setzen.

»Guten Morgen, Steve. Gut geschlafen ist etwas anderes, aber es geht. Gibt es etwas Neues?«

»Na ja, wie man es nimmt. Unser Meeting mit Silberstein findet eine Stunde später als geplant statt, sie warten noch auf einen Teilnehmer aus Washington. Keine Ahnung, wer das ist, aber offenbar ist sein Flug verspätet. Die Finanzmärkte sind ruhig, allerdings ist der Euro merkwürdigerweise überraschend stark. Ja, und deine Aktien erfreuen sich weiter großer Beliebtheit.«

»Ja, ich weiß«, knurrte Gerd Brauner, »das hat mir der Kurz heute Morgen auch schon erzählt.«

»Ja, und? Macht dich das nicht nervös? Ich habe dir schon in Paris gesagt, dass nach meiner Lesart jemand sich ein Paket an deiner Bank zusammenkauft. Irgendetwas ist da im Gange, auch wenn ich noch nicht genau weiß, was es ist.«

»Tja, da magst du Recht haben, aber im Moment hat es keinen Sinn, sich deswegen einen Kopf zu machen. Mich interessiert jetzt vielmehr die Verschiebung des Termins. Was ist an dem Typen aus Washington so wichtig und seit wann haben die Silbersteins ein Büro in Washington?«

»Die haben auch kein Büro in Washington, ich weiß auch nicht, was das bedeuten soll. Vielleicht ist das ja ein Angestellter aus dem hiesigen Büro, der nur zu einem anderen Termin in die Hauptstadt gereist ist und jetzt Schwierigkeiten hat, zurückzukommen. Wir werden ja sehen.«

»Ja, das werden wir«, Gerd Brauner signalisierte Samuel Leist, sich zu ihm zu gesellen. »Samuel, sagen Sie Herrn Richter Bescheid bezüglich der Terminverschiebung.«

Als Samuel Leist sein Handy nahm und den Frühstücksraum verließ, nicht ohne danach durch die gläserne Eingangstür weiterhin alles im Blick zu haben, wandte er sich wieder an Steve Burner, der ihn fragend ansah.

»Klaus Richter, mein Vorstandsassistent. Er ist in unserer hiesigen Filiale, um noch letzte Hand an unsere Präsentation zu legen. Er wird sie auch im Meeting vortragen«, Gerd Brauner hob abwehrend die Hand, »spar dir deine Worte, er hat eine amerikanische Mutter und ist zweisprachig aufgewachsen. Er spricht englisch ohne jeden Akzent.«

»Ich wollte doch gar nichts sagen, Gerd, schließlich ist das deine Show. Ich bin nur der Grüßgottonkel, stelle den Kontakt her und verziehe mich dann«, nun war es an Steve Burner, abwehrend die Hände zu heben, um Gerd Brauner zuvorzukommen. »Du kannst sicher sein, dass mich die Silbersteins andernfalls hinauskomplimentieren würden. Sie wollen mit dir reden und nur mit dir. Es würde mich auch nicht wundern, wenn sie den Richter und deinen Leist auch hinausschicken, wenn es ans Eingemachte geht.« Und nach einer kleinen Pause: »Übrigens spricht der Leist auch fehlerfrei englisch.«

»Was willst du denn damit sagen?«

»Nichts, aber es ist selten, dass ein Deutscher so ohne jeden Akzent meine Muttersprache spricht. Bist du sicher, du weißt alles über ihn? Übrigens führt er gerade ein zweites Telefonat.«

Gerd Brauner schnaubte verächtlich durch die Nase. »Jetzt wirst du wohl so langsam paranoid. Warum soll er nicht noch einmal telefonieren? Vielleicht hat er nur beim ersten Mal vergessen, dem Richter etwas zu sagen.«

»Vielleicht«, Steve Burner klang nicht überzeugt, »ich sage dir nur, ich würde ihm nicht über den Weg trauen. Der ist zu perfekt, das ist bei ihm alles antrainiert. Ich kenne solche Typen, und ich habe noch nie gute Erfahrungen mit ihnen gemacht, am Ende kennen die nur sich.«

Gerd Brauner wurde einer Antwort enthoben, denn Samuel Leist kehrte an seinen Platz zurück. »Alles in Ordnung«, rief er zu ihnen hinüber, »der Richter weiß Bescheid und trifft uns in einer halben Stunde am Rockefeller Plaza. Das ist für ihn der kürzeste Weg. Ich habe ihn extra noch einmal angerufen, um da sicherzugehen.«

Na, siehst du, Steve, dachte Gerd Brauner, wie ich vermutet hatte. Du hast mal wieder Gespenster gesehen, das scheint bei euch Anlageprofis ja so üblich zu sein. Niels Werner war genau so, der hat dem Leist auch nie über den Weg getraut. Na, mir soll es egal sein, der Samuel hat mir schon unschätzbare Dienste geleistet. Auf alle Fälle muss ich mich jetzt dann doch auf einmal mit meinem Frühstück sputen, wenn wir in 30 Minuten am Plaza sein wollen. Nur schwätzen, Kaffee trinken und mich mit Paranoia auseinandersetzen reicht nicht als körperliche Grundlage für das für mich nahezu überlebenswichtige Meeting mit den Silbersteins. Ich bin ohnehin gespannt, was da auf mich zukommt.

Exakt 30 Minuten später kam ihnen am Rockefeller Plaza ein etwas aufgelöster Klaus Richter entgegengeschossen.

»Alles fertig, Herr Brauner, alle Charts sind auf dem neuesten Stand. Ich habe auch noch die letzten Zahlen aus unserem Rechnungswesen erhalten und kann verbal während der Präsentation noch einige Erläuterungen hinzufügen. Wollen Sie da vorn bei den Stehtischen vom kleinen Imbiss noch einmal alles durchgehen?«

»Nein, Herr Richter, das macht hier keinen Sinn. Sie werden das schon alles perfekt vorbereitet haben. Ich denke, wir gehen jetzt erst einmal zu den Silbersteins. Lieber einige Minuten zu früh, als zu spät.«

Gerd Brauner wollte sich schon in Richtung Rockefeller Center in Bewegung setzen, als ihn die Stimme Klaus Richters aufhielt. »Ach ja, Herr Brauner, wie mir mein Gesprächspartner im Rechnungswesen noch mitteilte, hat wohl Herr Kurz noch einmal versucht, Sie telefonisch zu erreichen. Er konnte mir nicht sagen, um was es ging, aber es schien wohl wichtig zu sein.«

Der Kurz noch einmal? Gab es noch mehr Ärger mit der Steuer? Er checkte sein Handy, verdammt, ja, er hatte es stumm geschaltet in Vorbereitung auf das kommende Meeting. Das Display zeigte den versuchten Anruf von Kurz vor zehn

Minuten an. Er schaute zu Steve Burner hinüber, der ihn ungeduldig ansah.

»Komm schon, Gerd, wir müssen los. Der Kurz muss halt bis nach dem Meeting warten.«

»Steve, wenn der Kurz versucht, mich anzurufen, obwohl er weiß, dass ich eventuell schon in dem Meeting bin, dann ist es wichtig, glaube mir. Ich rufe ihn zurück und ich mache schnell, ich verspreche es dir.«

Gerd Brauner gab nach dem dritten Mal seine Anrufversuche auf und rief die Sekretärin von Hero Kurz an. Aber auch da war besetzt. Dann versuchte er es auch auf dem Handy seines Finanzchefs und schnaufte wütend, als ihn die Stimme der Telekom informierte, dass der gewünschte Teilnehmer nicht zu erreichen sei. Immerhin konnte er noch eine Nachricht hinterlassen.

»Kurz, hier ist Brauner. Ich gehe jetzt in das Meeting mit Silberstein und Partner. Danach sind Sie hoffentlich zu erreichen.«

Gerd Brauner nickte seiner Mannschaft zu und setzte sich in Richtung Rockefeller Center in Marsch. Er schaute sich nicht um, es war ja völlig klar, dass sie ihm folgten. Vor dem Eingang zum Center hielt ihn Steve Burner noch einmal an, winkte aber den anderen beiden, weiterzugehen. Erst als sie außer Hörweite waren, legte er los: »Gerd, ich weiß, du bist gerade nicht gut drauf, aber denke bitte daran, hier in New York bist du nicht der große, dem Olymp nahestehende Banker. So leid es mir tut, aber hier bist du fast ein Niemand. Also bitte, fass dich ein wenig in Demut, zügele dein häufig überbordendes Temperament und denke daran, du bist der Bittsteller. Denke vor allem daran, was für dich auf dem Spiel steht, unsere Gesprächspartner haben ohnehin an dem Thema kein allzu großes Interesse. Es war schwer genug für mich, überhaupt einen

Termin zu bekommen, und wenn du polterst, fällt das auch auf mich zurück.«
Gerd Brauner lag schon eine heftige Erwiderung auf der Zunge, aber er fasste sich. Steve hatte ja Recht und er meinte es gut. Er klopfte ihm beruhigend auf die Schulter und folgte seinen Mitarbeitern in das Center. Die hatten dem Mann am Empfang schon ihr Anliegen kommuniziert und nach dessen Rückversicherung die Erlaubnis zum Betreten eines bestimmten, vom Empfangspult aus gesteuerten Fahrstuhls erhalten. Dieser katapultierte seine Fahrgäste mit atemberaubender Geschwindigkeit auf den einzigen für ihn vorgesehenen Flur.
Als die Fahrstuhltür sich öffnete, standen sie einem Ein-Personen-Empfangskomitee gegenüber. Auch ohne Vorstellung wusste Gerd Brauner sofort, dass dieser distinguierte, weißhaarige Mann die Investmentlegende Ilan Silberstein war, von dem nur wenige sich rühmen konnten, ihn jemals zu Gesicht bekommen zu haben. Seine Begrüßung konnte aber durchaus als leutselig bezeichnet werden.
»Herr Brauner, nehme ich an«, Ilan Silberstein hatte einen festen Händedruck. »Steve, es ist gut, dich mal wiederzusehen, es ist schließlich schon eine Weile her. Dir und deiner Familie geht es gut?« Und ohne eine Antwort abzuwarten: »Ich hoffe, Herr Brauner, Sie hatten keine Unannehmlichkeiten durch unseren Wunsch nach einer Verschiebung unseres Meetings.« Erneut erwartete er offensichtlich keine Antwort. »Ich nehme an, diese beiden Herren sind Ihre Mitarbeiter?«
Ein Profi, dachte Gerd Brauner. Die lässige Kleidung betonte seine schlanke Gestalt, leicht sonnengebräunter Teint, das joviale Lächeln nicht bis zu den Augen reichend, gute Manieren, eine stählerne Aura und das Charisma eines Leaders.
»Herr Silberstein, es ist mir eine Ehre, Sie kennenzulernen. Ich

darf mich insbesondere für die kurzfristige Ermöglichung unseres Treffens bedanken. Das hier ist mein Assistent Klaus Richter, er wird nachher auch unseren Case präsentieren und dieser Herr ist Samuel Leist, er ist für meine Sicherheit verantwortlich.«

»Nun«, Ilan Silberstein lächelte immer noch, »hier sind wir für Ihre Sicherheit verantwortlich. Ich denke, Herr Leist wird das akzeptieren. Herr Richter darf natürlich Ihren case präsentieren, danach, wenn es an das sogenannte Eingemachte geht, würden wir es vorziehen, mit Ihnen, Herr Brauner, allein zu reden. Steve, es tut mir leid, du kennst die Regeln.«

»Kein Problem, Ilan, ich habe Gerd Derartiges schon angedeutet.«

»Sehr schön. Herr Brauner, Ihnen wird aufgefallen sein, dass ich von wir gesprochen habe? Gut, ein langjähriger business associate aus Washington wird zu uns stoßen. Er war auch der Grund für die Verschiebung unseres Meetings, da sein Flug Verspätung hatte. Ich hoffe, Sie haben gegen eine Dreierrunde nichts einzuwenden.«

Gerd Brauner blieb gar nichts anderes übrig, als zustimmend zu nicken. Während Samuel Leist und Steve Burner wieder in den Aufzug zurückkehrten, welcher sich auch sofort wie von Zauberhand geführt in Bewegung setzte, wurden er und Klaus Richter von Ilan Silberstein durch den Flur zu einem kleinen Besprechungszimmer dirigiert. Dort wurden sie von einem Mann mit unauffälligem Äußeren erwartet, der bei ihrem Eintreten von seinem Sitz aufstand und sich mit einem kurzen »Max Snyder, sehr erfreut, Sie kennen zu lernen« vorstellte. Er streckte dabei nicht seine Hand aus und setzte sich auch gleich wieder, ohne auf eine Erwiderung seiner Vorstellung zu warten.

Gerd Brauner war einigermaßen irritiert, und wie ihm ein kurzer Seitenblick bestätigte, war auch Klaus Richter durch diesen offensichtlichen Mangel an gutem Benehmen unangenehm berührt. Nun gut, dachte er, so sei es dann eben und erwiderte dem Mann aus Washington genauso kurz und trocken: »Gerd Brauner und neben mir, das ist Klaus Richter.«
Es schien ihm fast so, als ob ein unmerkliches Lächeln den Mund von Snyder umspielte, aber das konnte auch seine Einbildung sein. Überhaupt erinnerte er ihn seltsamerweise an Samuel Leist, dieselbe unauffällige Gestalt, ein eher nicht einprägsames Gesicht, dezente Kleidung und sogar die Stimme war total durchschnittlich. Aber gut, dachte er, jedem das Seine.
Nachdem sich alle mit Getränken vom Sideboard versorgt hatten, schaute Ilan Silberstein, dessen joviales Lächeln in sein Gesicht gemeißelt zu sein schien, Gerd Brauner auffordernd an: »Sie haben das Wort, Herr Brauner.«
»Herr Silberstein, Herr Snyder, wir sind heute hier, um Ihr Interesse an meinem Vorhaben, den deutschen Bankenmarkt zu konsolidieren, zu wecken. Deutschland ist bekanntermaßen overbanked, und das drückt dermaßen auf die Margen, dass bei einzelnen Banken ein auskömmliches Gewinnniveau kaum noch erzielbar ist. Insbesondere bei Banken mit internationalen Ambitionen ist das nicht hinnehmbar, diese brauchen eine starke Heimatbasis, um auch international im Wettbewerb bestehen zu können. Aus diesem Grund habe ich den Plan entwickelt, die Wertebank in München zu übernehmen, notfalls auch unfreundlich. Es versteht sich von selbst, dass dies nur ein erster Schritt bei der von mir beschworenen Bankenkonsolidierung in Deutschland ist. Aber dieser erste Schritt verspricht ausgesprochen lukrativ zu werden, wie Ihnen Herr Richter jetzt gleich demonstrieren wird. Da ich weiß, dass Ihre Zeit knapp bemessen ist, denke ich, Herr Richter sollte auch

gleich beginnen. Ich darf aber noch vorher daran erinnern, dass nichts von dem, was Sie gleich hören werden, diesen Raum verlassen darf.«

»Wir sind nicht erst seit gestern im Geschäft, Herr Brauner.« Der Ton von Ilan Silberstein war immer noch freundlich, allerdings war das joviale Lächeln wie weggewischt.

Klaus Richter war erfahren genug, um der aufkommenden leichten Spannung durch das Verteilen seines Handouts und den Beginn seines Vortrages sofort die Spitze zu nehmen. Währenddessen musterte Gerd Brauner seine Gegenüber. Er war zwar mit seinen einleitenden Worten nicht zufrieden gewesen, zu viel Gefasel und Empathie, zu wenig Substanz, aber er hatte auch überhaupt nicht den Eindruck gehabt, dass ihm irgendjemand zugehört hätte. So etwas von Missachtung hatte er jedenfalls noch nicht erlebt.

Auch jetzt konnte er bei diesem Snyder keinerlei Interesse an Richters Vortrag erkennen, der wartete offenbar nur auf das Ende des Wortschwalls. Silberstein zumindest vermittelte den Eindruck von Interesse, aber das konnte auch nur geheuchelt sein. Ihn überkam so langsam das Gefühl, dieser Trip nach New York war eine reine Zeitverschwendung. Die Frage war dann nur für ihn, wie er weitermachen sollte. Gerd Brauner war so tief in seine Gedanken verstrickt, dass er das Ende von Richters Vortrag beinahe verpasst hätte.

»Vielen Dank, Herr Richter«, Silberstein hatte wieder sein Lächeln im Gesicht, »das war sehr informativ und aufschlussreich. Ich darf auch Sie nun bitten, uns für den Fortgang des Gespräches mit Ihrem Chef zu verlassen.«

Nachdem Klaus Richter seine Unterlagen wieder eingesammelt und den Raum verlassen hatte, wandte sich Ilan Silberstein direkt an ihn. »Das waren jetzt 60 Seiten Wohlfühlcharts, Herr Brauner. Synergiegewinne, Win-win-Situationen, stets nach oben verlaufende Gewinnkurven und so weiter. Ich habe da etwas die Gedanken vermisst, was dabei alles schiefgehen kann. Wie wir ja aus Erfahrung wissen, entstehen bei Fusionen erst einmal Synergiekosten. Davon war in Ihrer Präsentation überhaupt nicht die Rede. Dabei ist der Abbau von Mitarbeitern und das Schließen von Standorten extrem teuer. Von eventuellen kartellrechtlichen Problemen habe ich leider auch nichts gehört.«

Bevor Gerd Brauner sich zu einer Antwort gesammelt hatte, ergriff zu seiner Überraschung Max Snyder das Wort. Noch mehr überraschte ihn aber, was er zu sagen hatte.

»Ach, lass das doch, Ilan, das lenkt doch nur von unserem eigentlichen Thema ab. Wir wissen doch, dass all diese Businesscases mehr oder weniger Wunschdenken sind. Warum sollte das hier anders sein. Wir vergeuden mit diesen Dingen nur unsere Zeit. Was mich viel mehr interessiert«, und nun wandte er sich direkt an Gerd Brauner, »ist, ob Sie diese Wertebank tatsächlich übernehmen wollen, um eine künftige Wertsteigerung zu erzielen, oder wollen Sie sich nur an deren CEO rächen, weil der Ihre frühere Geliebte geheiratet hat.«

Gerd Brauner war erst einmal sprachlos, dann stammelte er los: »Woher wissen Sie, ich meine …«

Max Snyders unscheinbares Äußeres strahlte auf einmal eine kalte Mitleidslosigkeit aus, als seine grauen Augen ihn musterten. Sein Tonfall war hingegen immer noch neutral.

»Gehen Sie mal davon aus, dass wir alles über Sie wissen, Herr Brauner. Wir wissen von Ihrer ausstehenden Wandelanleihe, die mit Sicherheit gewandelt wird. Eine Tatsache, welche in Ihrer Präsentation keine Erwähnung wert war. Wir wissen außerdem von dem doch sehr gelegen gekommenen Absturz von Hakim Sailer, der dann zu Ihrer kleinen Charade mit Ihrem alten Kumpel Niels Werner geführt hat. Nach unserem

Kenntnisstand scheint da aber so einiges schief zu laufen. Wir wissen auch, dass Ihre Bank mittlerweile vier neue Großaktionäre hat. Da wäre zunächst unser Freund Hung Qou von der China Portfolio Management, da sind die Malayen, die zugegebenermaßen für uns ein unbeschriebenes Blatt sind. Und da sind die Bahreinis mit ihrem Staatsfonds Bahrein Invest, der von Omar Moussa, einem Bruder von Hakim Sailer geleitet wird. Außerdem hat das Objekt Ihrer Begierde, die Wertebank, ebenfalls mittlerweile eine mehr als dreiprozentige Beteiligung an Ihrer Bank aufgebaut.«

In der nun folgenden Stille betrachtete Ilan Silberstein angelegentlich seine Fingernägel und Max Snyder war damit beschäftigt, in dem Handout der Meinebank zu blättern, dem er vorher nicht einen Blick geschenkt hatte. Gerd Brauner war wie vom Donner gerührt und versuchte verzweifelt, wieder Boden unter seine Füße zu bekommen. »Ich muss dann noch einmal fragen, woher wissen Sie das alles?«

»Wir haben hervorragende Leute in unserer Organisation«, Max Snyder lächelte, »und Samuel Leist ist einer unserer Besten.«

»Was«, Gerd Brauners Temperament explodierte trotz aller guten Vorsätze, »ich schmeiß ihn sofort raus.«

»Das, Herr Brauner«, Max Snyders Stimme war immer noch völlig ungerührt, »würden wir als äußerst unfreundlichen Akt einstufen, und meine Organisation würde sofort jegliche Zusammenarbeit einstellen, zu der wir andernfalls bereit wären.«

Zusammenarbeit, das war das Zauberwort für Gerd Brauner. Offenbar waren seine Gegenüber durchaus willig, ihn zu unterstützen. Er musste nur noch herausbekommen, mit wem er sich da einlassen würde.

»Und welche Organisation wäre das und von welcher Form der Zusammenarbeit reden wir?«

»Herr Brauner, nun ist es an mir, von Ihnen Stillschweigen über das Gesprochene zu fordern. Keine einzige Andeutung von Ihnen über das hier Vorgefallene, andernfalls ist es um Ihre Bank geschehen und vermutlich um Sie auch.«
Max Snyder machte eine Pause, um das eben gesagte bei Gerd Brauner sacken zu lassen. Als dieser zustimmend nickte, fuhr er fort: »Unsere Organisation nimmt die wirtschaftspolitischen Interessen der Vereinigten Staaten von Amerika wahr. Wir finanzieren und begleiten Projekte weltweit, die den USA zugutekommen. Die Welt von heute hat sich geändert. Nicht mehr militärische Auseinandersetzungen spielen die Hauptrolle im ewigen Wettstreit der Großmächte, heute finden die Kämpfe im Weltraum, Internet und in der Finanzwelt statt. Mit letzterem sind wir bei Ihnen. Die Chinesen versuchen seit Jahren, die globale Finanzwelt zu dominieren, was katastrophale Auswirkungen auf unsere westliche Wirtschaftskraft und damit auch unser globales Gewicht hätte. China könnte uns quasi am Gängelband durch die Finanzmanege führen, hätte über Kreditvergaben und Bankdienstleistungen Zugang zu allen Unternehmen und deren Know-how. Die weltweit dominierende Rolle des US-Dollars wäre damit auch in Gefahr. Das darf auf keinen Fall passieren. Wir haben nun Grund zu der Annahme, dass China Ihren Takeover-Versuch nutzen will, um zumindest einen Fuß in den deutschen Bankenmarkt zu bekommen, mit der Option, diesen Fuß danach europäisch werden zu lassen. Das ist wohl auch der tiefere Grund, warum die CPM nicht nur eine Beteiligung an Ihrer Bank, sondern auch an der Wertebank erworben hat. Und genau das ist der Grund, warum wir bereit sind, Ihnen zu helfen. Uns ist Ihr Businesscase völlig egal. Ihre Fusionsabsichten müssen erfolgreich verlaufen, unabhängig vom wirtschaftlichen Ergebnis. Nur so können wir die Chinesen aus

Deutschland heraushalten, denn in einer fusionierten Bank werden deren Beteiligungen nur eine marginale Rolle spielen.«
Gerd Brauner begriff langsam, was hier gespielt wurde. Er war nicht der Bittsteller, sondern er wurde benutzt. Benutzt von Silberstein, irgendeiner regierungsnahen Organisation in Washington und weiß Gott von wem sonst noch. Er war offensichtlich nur ein Mitläufer in einem Spiel, dessen Dimensionen er immer noch nicht völlig begriff. Aber, so sagte er sich, letztendlich konnte ihm das ja auch egal sein. Hier war die Chance, einen mächtigen Bundesgenossen zu bekommen. Um sich die Wertebank unter den Nagel zu reißen und es diesem Nehmer zu zeigen, hätte er sich selbst mit dem Teufel verbündet.
Diesmal war es Ilan Silberstein, der die nun doch schon länger anhaltende Stille unterbrach: »Wir wären in der Lage, Ihnen die für Ihren unfreundlichen Übernahmeversuch benötigten Mittel zur Verfügung zu stellen. Das könnte auf mehreren Wegen geschehen. Zunächst einmal könnten wir Ihnen einen zinslosen Kredit einräumen und zusätzlich gäbe es noch die Möglichkeit, dass Silberstein eine Beteiligung an der Wertebank erwirbt. Marktschonend natürlich, um deren Kurs nicht zu sehr zu treiben. Wir würden uns dabei bemühen, bereits existierenden Großaktionären der Wertebank deren Aktienpakete mit einem Aufschlag abzukaufen. Die Einzelheiten können ja unsere beiderseitigen Experten noch aushandeln. Was wir hier heute von Ihnen benötigen, ist ein schlichtes Ja. Kein Unterzeichnen irgendwelcher Papiere, die irgendwann in die falschen Hände geraten könnten. Wir sind ein sehr altmodischer Verein und haben das Motto: ein Mann, ein Wort.«
Gerd Brauner atmete innerlich aus und sandte ein Dankesgebet zum Himmel. Seine guten Geister hatten ihn offensichtlich doch noch nicht verlassen. Er hatte erreicht, was er wollte, wenn auch auf ein wenig kuriose Art und Weise.

»Meine Herren, gehen Sie davon aus, dass ich Ja zu unserer Partnerschaft sage.«
Max Snyders Gesicht verzog sich zu einem dünnen, angedeuteten Lächeln bei dem Wort Partnerschaft und stand auf.
»Herr Brauner, es ist Ihnen hoffentlich klar, dass Sie mit diesem Deal uns gehören. Sie sind nun Mitglied einer weltumspannenden, mächtigen Organisation, deren größter Teil Ihnen zwar für immer verborgen bleiben wird, aus der es aber vor allem keinen Exit gibt. Und seien Sie nett zu Samuel Leist, er hat Ihnen bisher gute Dienste geleistet und wird das auch weiterhin tun. Ihr Kontakt in unserer Angelegenheit bleibt Ilan Silberstein, mich werden Sie nur wiedersehen, wenn etwas schiefläuft.«
Mit dieser kaum verhüllten Drohung drehte er sich um und verließ den Raum. Ilan Silberstein lächelte entschuldigend.
»Sehr schön, Herr Brauner, wir sind uns also einig. Ich nehme an, unsere beiderseitigen Experten kommen in Kürze zusammen, um die Einzelheiten unseres Vorgehens abzustimmen. Rufen Sie mich einfach an. Ich darf mich für Ihren Besuch bedanken und wünsche Ihnen noch einen angenehmen Aufenthalt in unserer schönen Stadt.«
Er reichte ihm die Hand und ehe sich Gerd Brauner versah, war er wieder im Fahrstuhl. In der Lobby angekommen musste er erst einmal verschnaufen.
Unglaublich, wie die mit Ihm umgesprungen waren. Als ob er ein dummer Junge wäre. Ehrlicherweise musste er sich aber eingestehen, dass er sich zeitweise auch so vorgekommen war. Aber egal, das wusste ja niemand außer ihm und das würde auch so bleiben. In den Augen der Anderen war er erfolgreich gewesen, und das war das Einzige, was zählte.

Wie auf Bestellung stand auf einmal Steve Burner vor ihm und sah ihn fragend an. Gerd Brauner nickte nur, worauf er ein krachendes Schulterklopfen erntete. »Gerd, du bist der Größte.«

»Danke, aber ehrlich gesagt bin ich ein wenig geschafft. Hast du Leist und Richter gesehen? Ich könnte übrigens gut einen Drink gebrauchen.«

»Sie warten draußen am Imbissstand. Ich kenne hier eine kleine Bar um die Ecke.«

Gerd Brauner versuchte, sich immer noch an etwas zu erinnern, was dieser Snyder, falls das überhaupt sein richtiger Name war, gesagt hatte, was aber in der Flut von Informationen ihm irgendwie entgangen war.

In der Bar angekommen, bestellte er sich eine Bloody Mary. Während des ersten Schluckes vibrierte sein Handy, er hatte es immer noch auf stumm stehen. Das Display zeigte ihm die Nummer von Hero Kurz, verdammt, den hatte er ja völlig vergessen.

»Herr Kurz.«

»Herr Brauner, gut, dass ich Sie erreiche. Ich nehme an, das Gespräch mit den Silbersteins war erfolgreich.« Nach Gerd Brauners zustimmendem Knurren fuhr er fort: »Ich wollte Sie informieren, dass wir heute von der Bahrein Invest die Mitteilung bekommen haben, dass sie im Besitz unserer Wandelanleihe sind und dass sie fristgerecht in drei Monaten wandeln wollen.«

Das war es, jetzt wusste er es wieder.

»Kurz, wer leitet die Bahrein Invest?«

»Der Chef ist Omar Moussa.«

Das hatte Snyder gesagt, Omar Moussa, ein Bruder von Hakim Sailer. Was für eine Schlinge zog sich denn hier zusammen? Und Snyder hatte außerdem von einer Beteiligung der Bahreinis an seiner Bank geredet. Dabei hatte er ja wohl nicht die Wandelanleihe gemeint, denn er hatte ja offenbar nicht gewusst, dass die bei den Bahreinis lag. Das bedeutete aber, die Bahrein Invest würde nach Wandlung über mehr als 10 Prozent an seiner Bank verfügen. Gerd Brauner fluchte leise vor sich hin und beendete abrupt das Telefonat mit seinem Finanzchef. Er würde heute wohl noch einige Bloody Marys benötigen.

SHOWDOWN 2

Sie hatten sich in Berlin, quasi auf neutralem Boden, in der Bayerischen Landesvertretung verabredet, da keiner in die jeweilige Firmenzentrale des Anderen kommen wollte und die Hessische Landesvertretung wegen Renovierung nicht in Betracht kam. Die Delegation der Wertebank, unter der Leitung von Peter Nehmer, war bereits eingetroffen und hatte sich mit den Örtlichkeiten schon vertraut gemacht. Der zur Verfügung stehende Sitzungsraum war mit allem ausgerüstet, was für Konferenzen und Präsentationen nötig war, und auch das kulinarische Angebot ließ keine Wünsche offen. Die Bayerische Landesregierung hatte alles für eine entspannte Atmosphäre getan, es war ja auch in ihrem ureigenen Interesse, die Wertebank als Powerhaus des deutschen Bankensektors zu erhalten. Schließlich ging es ja um mehrere tausend Arbeitsplätze in der Landeshauptstadt.

Peter Nehmer unterhielt sich diesbezüglich angeregt mit ihrem Gastgeber, dem bayerischen Wirtschaftsminister, der eben um diese Arbeitsplätze in großer Sorge war. Dieser wollte eigentlich auch an dem Gespräch mit der Meinebank teilnehmen, aber nach einer kleinen Diskussion mit Peter Nehmer hielt er es dann doch für besser, wenn die beiden Banken unter sich blieben. Die Politik könnte später, wenn sie gebraucht würde, immer noch hinzugezogen werden. Zunächst ging es jedoch nicht um rein wirtschaftliche Fakten, sondern um Machtfragen. Es war vielleicht besser, der Wirtschaftsminister würde nicht mitbekommen, welche nicht immer feinen Methoden von den jeweiligen Kontrahenten im Vorfeld angewandt wurden. Außerdem konnte er hinterher immer noch, falls nötig, das Unschuldslamm spielen, eine Rolle, die Politiker nur zu gern einnahmen.

Als ihm Horst Kaiser, der den Konferenzraum zwischenzeitlich verlassen hatte, bei seiner Rückkehr kurz zunickte, umspielte ein schmales Lächeln die Lippen von Peter Nehmer. Er wusste nun, dass die Finanzaufsichtsbehörde darüber informiert war, dass die Wertebank im Besitz der durch die Wandlung der Wandelanleihe ausgegebenen Aktien an der Meinebank war. Das bedeutete, sie wussten auch, dass mit den an der Börse zugekauften Aktien sein Anteilsbesitz bei knapp 14 Prozent lag. Das dürfte für den guten Gerd Brauner ein kleiner Schock sein. Aber er durfte seinen Kontrahenten nicht unterschätzen. Der war bestimmt nicht untätig geblieben, und die Tatsache dieses Terminvorschlags durch die Meinebank sagte ihm auch, dass der sich irgendwie stark fühlte. Sein Trip nach New York, von dem sie natürlich aufgrund des ständigen Wisperns in der Branche erfahren hatten, war wohl von Erfolg gekrönt gewesen. Vermutlich hatte er die Silbersteins auf seine Seite gezogen und verfügte nun über zusätzliche Mittel. Damit allerdings wäre eine massive Auseinandersetzung vorprogrammiert. Bei dem Gedanken fröstelte ihn leicht und er war im Nachhinein froh, dass seine Risikokollegin Kohler wegen Krankheit nicht an dem heutigen Termin teilnehmen konnte.

Er musterte seine kleine Delegation. Sein Aufsichtsratsvorsitzender, Benjamin Fieber, ein in der Versicherungsbranche großgewordener, stets um Ausgleich bemühtes Weichei. Dann Horst Kaiser, sein Finanzchef. Mit ihm hatte er schon viele Schlachten geschlagen und er vertraute ihm restlos. Konrad Pair, sein Sicherheitschef, mit unbezahlbaren Verbindungen abseits der offiziellen Bankenwelt. Und zu guter Letzt der Neuling im Bunde, Niels Werner, der zwar bis dato einen Superjob hingelegt hatte, aber seinen Lackmustest trotz des blendenden Auftritts auf der Hauptversammlung der Meinebank noch vor sich hatte. Für ihn speziell hatte er heute noch eine Überraschung parat, bei dem Gedanken musste er wieder lächeln, die Überraschung würde für Gerd Brauner allerdings noch größer sein.

Wie auf Bestellung erschien am Eingang die Delegation der Meinebank und stieg die langgezogene Treppe zur Ebene der Sitzungsräume hinauf. Vorneweg natürlich Gerd Brauner, der wieder mal so aussah, als ob er einem Modejournal entsprungen wäre. Unwillkürlich musterte Peter Nehmer dessen Schuhe. Niels Werner hatte ihm erzählt, Brauner kaufe seine Schuhe extra handgefertigt in London, obwohl er für die gleiche Arbeit in Budapest ein gutes Drittel weniger bezahlen würde.

Hinter Brauner erklomm ein relativ kleiner Mann mit einem Pilotenkoffer in der Hand die Treppe. Nach der Beschreibung Horst Kaisers musste das Hero Kurz, der Finanzchef der Meinebank sein. Den dritten im Bunde kannte er selbst, das war Bernd Weise, der Aufsichtsratschef der Meinebank. Der vierte und der fünfte Mann sagten ihm dagegen nichts.

Gerd Brauner ergriff nach einer kurzen Pause der gegenseitigen Musterung als erster das Wort: »Hochverehrter Herr Kollege Nehmer«, Gerd Brauners Stimme hatte einen betont herzlichen Unterton, »ich freue mich, dass Sie meiner Einladung gefolgt sind. Ich denke, wir haben großartige Dinge zu beiderseitigem Nutzen zu besprechen und es zeugt von Ihrer Klugheit, dass Sie sich diesem Gespräch nicht verweigern. Ich denke, wir setzen uns erst einmal und stellen unsere Teams gegenseitig vor, damit wir jeweils wissen, mit wem wir es zu tun haben. Das heißt«, und hier warf Gerd Brauner Niels Werner einen giftigen Blick zu, »den einen oder anderen kenne ich ja bereits.«

Nachdem die ansonsten obligatorischen, gegenseitigen Begrüßungen und Händeschütteleien damit rüde von Gerd Brauner ad acta gelegt wurden, ließen sich alle an dem ovalen Sitzungstisch nieder. Entsprechend der Logik des Anlasses saßen die Teams auf verschiedenen Seiten des Tisches.
Und wieder ergriff ein offensichtlich aufgekratzter Gerd Brauner das Wort. Peter Nehmer ließ ihn gewähren. Dadurch, dass sein Gegenüber ständig die Initiative haben wollte, konnte er ihn in aller Ruhe studieren und seine eigene Taktik festlegen. Auf alle Fälle war aber eines schon klar: Gerd Brauner war entweder sehr siegesgewiss oder aber tief in seinem Inneren verunsichert.
»Links neben mir sitzt mein Aufsichtsratsvorsitzender, Herr Bernd Weise, zu meiner Rechten sehen Sie meinen Finanzchef, Herrn Hero Kurz. Neben ihm hat sich Samuel Leist, mein persönlicher Assistant niedergelassen und neben Herrn Weise sehen Sie Herrn Klaus Richter, meinen Vorstandsassistenten. Er ist derjenige, der dann auch nachher unsere kleine Präsentation vortragen wird, aus der hervorgeht, dass eine Fusion der Meinebank mit der Wertebank für alle eine Win-win-Situation ist.«
Peter Nehmer lächelte leicht süffisant und stellte nun seine Mannschaft vor. Gerd Brauner nahm dabei die Erwähnung Niels Werners ohne Kommentar hin, wunderte sich aber über eine andere Personalie.
»Kollege Nehmer, ich bin doch etwas erstaunt, dass Sie zu unserem Treffen Ihren Chefvolkswirt, Herrn Konrad Pair, mitbringen. Ich wäre nie auf die Idee gekommen, unseren Chefökonomen zu einem Treffen mit einer derartigen strategischen und unternehmerischen Reichweite mitzunehmen.«

»Tja, lieber Herr Brauner, so setzt jeder unterschiedliche Prioritäten. Herr Pair kennt unsere Bank in- und auswendig und ist in unserem Kollegenkreis ein hochgeschätzter Gesprächspartner und Ratgeber.«

Wieder einmal musste Niels Werner seinen Chef bewundern. Wie der gerade ganz elegant den guten Gerd abgebügelt und sogar in seine Schranken verwiesen hatte, war große Klasse. Dabei hatte er noch nicht einmal gelogen. Das fehlte ja wohl noch, dass Brauner die Zusammensetzung des Wertebankteams mitbestimmen wollte.

Mit einem Räuspern ergriff nun Bernd Weise das Wort. »Nun, ich denke, Herr Nehmer, niemand von uns und am allerwenigsten Herr Brauner kritisiert die Zusammensetzung Ihres Teams. Das bleibt selbstverständlich Ihnen überlassen, wen Sie zu solch einem Meeting mitbringen«, an dieser Stelle ließ Benjamin Fieber ein deutliches »sehr richtig« vernehmen. »Ich schlage nun vor, dass Herr Fischer mit seiner Präsentation beginnt und wir daran anschließend in eine, vermutlich angeregte, Diskussion eintreten.«

Gerd Brauner überging achselzuckend den Versuch Bernd Weises, sich als moderierender Aufsichtsratsvorsitzender der Meinebank in den Vordergrund zu spielen, er konnte ihm ja schlecht hier vor allen klar machen, dass er der Chef der Bank war und es an ihm lag, den Verlauf dieses Meetings zu gestalten, und nickte Klaus Fischer zu. Dieser hatte sich im Handumdrehen mit der zur Verfügung stehenden Technik vertraut gemacht und begann mit seiner, mit Hilfe der Silbersteins, überarbeiteten Präsentation.

Während des Vortrages musterte Niels Werner die anderen Teilnehmer. Sein Chef war offenbar relativ entspannt, Horst Kaiser sowieso, er würde ja auch nachher die Bombe zünden. Konrad Pair war aber leicht angespannt, vermutlich machte

ihm die Anwesenheit von Samuel Leist zu schaffen, er witterte wohl die unbestimmte Bedrohung, die von dem ausging. Jedenfalls musterte er ihn ständig. Leist selbst machte wie immer einen völlig nichtssagenden Eindruck. Die beiden AR-Vorsitzenden Fieber und Weise folgten konzentriert den Ausführungen Fischers. Hero Kurz war auch relaxed, aber das würde sich nachher vermutlich ändern.
Gerd Brauner war interessant zu beobachten. Er machte den Eindruck, als ob ihm der Vortrag viel zu lange dauern würde und er am liebsten sofort zum eigentlichen Thema käme. Du hast etwas in petto, lieber Gerd, du willst wohl auch eine Bombe zünden. Fragt sich nur, welche Bombe die größere ist.
An dieser Stelle bemerkte Gerd Brauner seine Musterung und schoss ihm erneut einen giftigen Blick über den Tisch zu.
Als die Präsentation endlich ihr Ende fand, herrschte zunächst einmal Stille in dem Raum. Und wieder preschte der Tatmensch Gerd Brauner vor und ergriff das Wort: »Kollege Nehmer, meine Herren, ich denke, die Präsentation von Herrn Fischer spricht für sich selbst. Eine Fusion unserer Häuser würde einen nationalen Champion mit internationalem Zuschnitt in der Bankenwelt kreieren. Die damit möglichen Synergieeffekte bewegen sich im zweistelligen Milliardenbereich und kämen uns allen, den Mitarbeitern sowie den Aktionären zugute. Als verantwortungsbewusste Unternehmer müssen wir einfach diese Chance, den deutschen Bankenmarkt zu konsolidieren, ergreifen.«
Gerd Brauner wollte eigentlich fortfahren, aber Peter Nehmer hob abwehrend die Hand. »Herr Brauner, die Präsentation war zugegebenermaßen gut gemacht, sehr amerikanisch, wie ich finde«, wieder gestattete sich Peter Nehmer ein boshaftes Lächeln, »aber in der Realität sieht das Leben doch etwas anders aus als auf dem Papier. Wenn Sie in Ihrer Präsentation die

Meinebank mit der Wertebank vergleichen, vergleichen Sie im Grunde Äpfel mit Birnen. Die Wertebank hat in den letzten neun Monaten ihr Gesicht entscheidend verändert. Wir sind keine Universalbank mehr, sondern eine im internationalen Verbund als Teil der Bank Alliance verankerte Spezialbank. Hingegen verharrt bekanntermaßen Ihre Meinebank im althergebrachten Universalbankenstatus. Das passt von der Logik her nicht zusammen und würde bei einer Fusion enorme Friktionen auslösen. Die in Ihren Ausführungen als möglich erachteten Synergiekosten von einer Milliarde Euro dürften damit bei weitem nicht ausreichen. Auch ignoriert Ihre Vorlage die Tatsache von zwei Bankenstandorten. München und Frankfurt harmonieren schlecht zusammen, wie wir wissen. Insgesamt ist daher meine Haltung zunächst einmal skeptisch, um nicht zu sagen negativ.«

Die Strategie, Gerd Brauner persönlich anzugreifen und damit verletzlich zu machen, hatte ja schon auf der mittlerweile in Fachkreisen als legendär bezeichneten Hauptversammlung der Meinebank funktioniert. Die Finanzzeitungen ergötzten sich in ihren Leitartikeln immer noch über die nicht stattgefundene Aussprache und schrieben das einem nicht souveränen Gerd Brauner zu. Deshalb ergänzte nun Niels Werner: »Und was die zu vielen Banken in Deutschland angeht, hat ja gerade die Wertebank mit ihrer zukunftsweisenden Strategie das ihre zur Lösung dieses Problems beigetragen. Die Meinebank jedoch hat diesbezüglich ja bisher nichts auf die Beine gestellt.« Gerd Brauners Gesichtszüge waren wie aus Stein gemeißelt. »Sie folgt ja eher dem Auslaufmodell der Universalbank und das, obwohl der Bankenbranche ein massiver Umbruch droht durch neue Finanzdienstleister wie Wirecard oder N26. Zusätzlich übernehmen elektronische Bezahldienste wie Google pay oder Apple pay immer mehr vom traditionellen Bankgeschäft. Dann ist es doch nur eine Frage der Zeit, bis eine extrem filiallastige Meinebank vom Markt gefegt wird. Übernahmephantasien sind ja ganz nett, aber sie müssen letztendlich auch geschäftlich einen Sinn ergeben. Bloße Großmannssucht hilft da nicht weiter. Und so ganz nebenbei gesagt, muss ja wohl die Ansicht, dass eine größere Bank auch eine bessere ist, stark angezweifelt werden. Die Praxis liefert da eigentlich eher gegenteilige Beispiele.«

Gerd Brauners Temperament geriet so allmählich in Wallung. Schlimm genug, die belehrenden Worte von Peter Nehmer zu ertragen, aber dass sein alter Studienfreund, der nie eine Bank geleitet hatte, ihm nun auch noch erklärte, wie die Bankenwelt aussah, schlug ja wohl dem Fass den Boden aus. Es wurde Zeit, der anderen Seite klarzumachen, wie die Dinge standen und wer hier das Sagen hatte. Freundlichkeiten würden hier nicht weiterhelfen.

»Meine Herren, ich weiß nicht, ob Sie sich über Ihre Situation im Klaren sind«, aus den Augenwinkeln sah Gerd Brauner, wie sein stets auf Konsens bedachter Aufsichtsratschef angesichts seines frostigen Tons, zusammenzuckte. »Fakt ist, dass die Meinebank bereits knapp fünf Prozent an der Wertebank hält und diesen Anteil sehr schnell über befreundete Institutionen auf über zehn Prozent steigern kann. Ich darf Sie außerdem darüber informieren, dass ich über mehr als nur die nötigen Mittel verfüge, jederzeit ein Übernahmeangebot an Ihre freien Aktionäre zu richten. Sie würden gut daran tun, sich mit mir auf eine freundliche Fusion zu einigen. Die Alternative einer unfreundlichen Übernahme ist für beide Seiten nicht sehr erbaulich. Aber wenn Sie das so wollen, mir soll es recht sein.«

Na, dachte, Niels Werner, jetzt wurde es ja so langsam lustig. Deutlicher hätte der gute Gerd nicht werden können. Er hatte doch gar kein Interesse daran, eine freundliche, in beiderseitigem Einvernehmen und einer gemeinsamen Strategie erfolgende Übernahme durchzuführen. Sich ständig gegenseitig abstimmen und Rücksicht auf die Interessen anderer zu nehmen – das war wirklich nicht sein Ding. Er wollte die Alleinherrschaft, nur das würde seinem Machtanspruch genügen. Ein Blick in die Runde zeigte ihm die aufkommende Spannung. Gerd Brauners Gesichtsausdruck konnte man nur mit gierig beschreiben, Leist und Fischer hingen an seinen Lippen, der Kurz fühlte sich offensichtlich nicht so wohl in seiner Haut, Weise und Fieber sahen sich unangenehm berührt an, Pair und Kaiser waren amüsiert und Peter Nehmers Augen funkelten etwas boshaft.

Er ließ sich aber Zeit mit seiner Antwort. Fast schon genüsslich registrierte er das leicht unruhige Zappeln seines Gegenübers. Glaubte Gerd Brauner wirklich, ihn so leicht überfahren zu können?

»Lieber Kollege Brauner«, nun triefte Peter Nehmers Stimme vor geheuchelter Höflichkeit, »ich verstehe Ihren Wunsch, uns übernehmen zu wollen. Wir sind ja auch eine, aus meiner Sicht sogar die einzige, glänzend aufgestellte Bank mit einem zukunftsweisenden Konzept.« Er ignorierte das hörbare Zähneknirschen von Gerd Brauner. »Aber auch Wünsche müssen sich an Fakten orientieren. Mit Ihrer katastrophalen Hauptversammlung ist Ihnen ja die für eine Übernahme notwendige Kapitalerhöhung verweigert worden. Darüber hinaus haben Sie zur Bedienung Ihrer Wandelanleihe eigene Aktien am Markt zurückkaufen und damit Ihre Liquidität zumindest teilweise reduzieren müssen. Ich bezweifele daher zunächst einmal, dass Sie über ausreichende finanzielle Mittel verfügen, um uns unfreundlich aufzukaufen. Was das Erwerben von Stimmrechtspaketen über befreundete Investoren angeht, so haben

wir diesbezüglich ebenfalls unsere Möglichkeiten. Ich denke, wir sollten uns gegenseitige Drohungen ersparen.«
Gerd Brauner wandte sich mit leicht gerötetem Kopf an seinen Finanzchef. »Herr Kurz, würden Sie bitte unseren Freunden auf der anderen Seite des Tisches unsere Liquiditätsposition und unseren Anteilsbesitz an der Wertebank erläutern. Offenbar wird dort der Ernst der Situation immer noch nicht verstanden.«
»Der direkte Anteilsbesitz der Meinebank an der Wertebank beträgt derzeit 4,18 Prozent«, soviel zu knapp 5 Prozent dachte Niels Werner bei den Ausführungen von Hero Kurz. »Es ist richtig, Herr Nehmer, dass unsere Liquiditätsposition durch den Rückkauf geschmälert wurde, aber nicht in dem Ausmaß, wie Sie das vielleicht unterstellen. Im Gegenzug haben wir ja den Wandlungspreis vereinnahmt. Darüber hinaus haben wir eine unbegrenzte Liquidität durch einen Fremdkredit zur Verfügung, die wir nur ziehen müssten. Ich könnte Ihnen auf Verlangen auch entsprechende Unterlagen zur Verfügung stellen.«
»Nun, lieber Kurz, ich denke, das wird nicht nötig sein«, Gerd Brauner gluckste vor sich hin. »Herr Nehmer wird nun seine Position etwas realistischer einschätzen können.«
In diesem Moment betrat ein Bote den Konferenzraum und reichte Horst Kaiser eine Meldung herein. Dieser las sie und nickte anschließend Peter Nehmer zu. Jetzt kommt es, dachte Niels Werner, bevor sein Chef das Wort ergriff, wobei in dessen Stimme keinerlei Freundlichkeit mehr lag.
»Was den Realismus angeht, Herr Brauner, haben wir hier eine kleine Lektion für Sie. Herr Kaiser, würden Sie bitte die Meinebank in Kenntnis setzen?«
»Sehr gerne, Herr Nehmer«, genüsslich und bewusst umständlich sortierte Horst Kaiser noch einige Unterlagen, bevor er fortfuhr. »Zunächst einmal, meine lieben Kollegen von der

Meinebank, besaß und besitzt die Wertebank eine Direktbeteiligung an Ihnen von 4,5 Prozent. Darüber hinaus haben wir uns die Stimmrechte der Beteiligungen von befreundeten Adressen gesichert, so dass wir im Fall des Falles für ungefähr 15 Prozent Ihres Aktienkapitals abstimmen würden.«
Und nach einem prüfenden Blick zu Peter Nehmer fuhr er fort: »Als cream on the cookie kommen dann noch die Aktien aus der Bedienung der Wandelanleihe hinzu. Die Bahrein Invest hatte sie in unserem Auftrag erworben, gehalten und gewandelt. Die daraus resultierenden zusätzlichen zehn Prozent Ihrer Aktien sind mittlerweile auf uns übertragen worden. Der Direktanteil der Wertebank an Ihnen beträgt damit potentiell rund 25 Prozent, ist den Finanzbehörden ordnungsgemäß gemeldet und soeben von ihnen bestätigt worden.«
Die Stille, die nun folgte, wurde nur vom Zwitschern der Vögel im angrenzenden Park unterbrochen. Gerd Brauner konnte nicht glauben, was er da soeben gehört hatte. Die verdammte Wandelanleihe war die ganze Zeit im Besitz der Wertebank gewesen. Peter Nehmer hatte schon damals mit einer Übernahme durch die Meinebank gerechnet und sich ein Faustpfand verschafft und all die Jahre die Spur nach München verschleiert? Verdammt, das durfte ja wohl nicht wahr sein! Und er selbst hatte nicht auf den Kurz gehört, der schon nach der Hauptversammlung Ungemach gewittert hatte. Das bedeutete doch aber, die Direktbeteiligung plus die gesicherten Stimmrechte stellten mit 25 Prozent eine Sperrminorität dar. Die Bestätigung seiner Gedanken erfolgte prompt.
»Damit wir uns recht verstehen, Kollege Brauner, die Wertebank verfügt damit über eine Sperrminorität an der Meinebank. Entsprechend Ihrer Satzung können wir dadurch alle unternehmenspolitisch relevanten Entscheidungen entweder absegnen, oder«, hier machte Peter Nehmer eine effekt-

haschende Pause, »oder blockieren. Und eine unfreundliche Übernahme darf ja wohl als unternehmenspolitisch relevant bezeichnet werden. Vielleicht sollten Sie Ihre etwas hastig formulierten Absichten doch noch einmal überdenken.«

Für Niels Werner war völlig klar, Gerd Brauner hatte immer noch nicht seine Fassung wiedergefunden. Sein Körper war zu Stein erstarrt, er presste seine Hände flach auf den Tisch, als wollte er ihn durchdrücken, und suchte fieberhaft nach einem Ausweg. Sein Chef hatte ihn aber auch sauber filetiert. Auch Bernd Weise verstand offensichtlich die Welt nicht mehr, er war zu diesem Meeting ja auch mit einem komplett anderen Weltbild gekommen.

Der Einzige, der nahezu ungerührt von dem Gesagten blieb, war Hero Kurz. Niels Werner meinte sogar eine gewisse Erleichterung beim Finanzchef der Meinebank festzustellen. Von dem, was dann folgte, wurde er aber auch selbst überrascht.

»Das bedeutet«, Peter Nehmer war nicht bereit, Gerd Brauner irgendwelche Erholungspausen einzuräumen, »Herr Weise, Herr Brauner, dass die Wertebank zwei Aufsichtsratssitze in der Meinebank verlangt, wovon einer der des Aufsichtsratsvorsitzenden ist. Darüber hinaus verlangen wir eine außerordentliche Hauptversammlung der Meinebank, um die Änderungen in der Besetzung der Mandate durchzuführen und die weitere Unternehmensstrategie zu diskutieren.«

Da Gerd Brauner immer noch unfähig für eine zivilisierte Konversation war, seine Gesichtsfarbe war mittlerweile ins Wachsbleiche gewechselt, übernahm Bernd Weise die Rolle des Ansprechpartners.

»Wer, Herr Nehmer, sollte denn Ihrem Wunsch nach den Aufsichtsratsvorsitz der Meinebank übernehmen? Sie selbst kommen ja nach dem Reglement als Leiter einer konkurrierenden Bank dafür nicht in Frage.«

»Ich dachte auch nicht an mich, Herr Weise. Ich denke, Niels Werner wird einen exzellenten Aufsichtsratsvorsitzenden abgeben.«
Es war offensichtlich, dass das nun zu vernehmende leicht gurgelnde Geräusch von Gerd Brauner stammte.

LETZTES MITTEL

Er hatte schon jetzt die Nase voll. Wieder fünf Stunden in einem Zug zu sitzen, nur weil der Brauner Schiss vor dem Fliegen hat. Samuel Leist seufzte leise. Er wusste gar nicht, wie der Boss nach New York und wieder zurückgekommen war. Der musste innerlich ja vor Angst gestorben sein. Obwohl, zurück hatte ihm wohl seine neue Liebe geholfen, die gute amerikanische Bloody Mary. So, wie der das Gesöff in letzter Zeit herunterstürzte, dürfte er vom Rückflug nicht viel mitbekommen haben. Aber hier, auf der kurzen Strecke Berlin-Frankfurt fiel das ja wohl flach, sie konnten schlecht mit einer Fahne in der Bank ankommen. Da auf der Autobahn nach Berlin eine Baustelle die andere jagte, kam leider auch eine Autofahrt nicht in Frage. Sie würde mit Sicherheit, auch angesichts des in den Ferienwochen extrem hohen Verkehrsaufkommens, noch länger dauern.

Nun also der Zug. Die Lehmann hatte zwar ein ganzes Abteil mit Reservierungen belegt, so dass sie wenigstens ungestört sein würden, aber auch das war kein Trost. Brauner hatte seit dem Katastrophenmeeting keinen Pieps gesagt, sondern war nur mit hochrotem und versteinertem Gesicht in den Wagen der Berliner Filiale der Meinebank gestiegen. Er hatte sich mit Weise und dem Kurz auf die Rückbank quetschen müssen und war froh, als sie endlich am Hauptbahnhof aussteigen und ihre Plätze im Intercity einnehmen konnten. Hier saßen sie also nun und ein jeder brütete vor sich hin. Sogar der Weise war still, was für sich genommen schon alleine eine Leistung war. Hero Kurz hatte sein Ich-habe-es-Euch-ja-gleich-gesagt-Gesicht aufgesetzt.

Samuel Leist konnte sich noch gut an dessen Hinweis nach der mistigen Hauptversammlung der Meinebank in Richtung München erinnern, aber niemand hatte ihm glauben wollen. Er selbst ja auch nicht, das erschien ihm dann doch zu weit hergeholt. Allerdings hatten sich seine Warninstinkte gleich am Anfang des zurückliegenden Meetings gemeldet. Er wusste, dass etwas schiefgehen würde.

Die Gegenseite war einfach zu ruhig und gelassen aufgetreten. Auch als Brauner richtig grob wurde, hatte das keinerlei Wirkung bei Peter Nehmer gezeigt. Und dieser Moralapostel Niels Werner, der sich immer für etwas Besseres hielt und das auch jeden spüren ließ, hatte permanent diesen leicht belustigten Gesichtsausdruck gehabt. Die hatten den Brauner voll ins Messer laufen lassen. Er war mal gespannt, was der sich jetzt einfallen ließ, um aus seiner Schachmatt-Position herauszukommen. Im Moment sah es allerdings so aus, als ob dessen Schockstarre noch länger anhalten würde. Als der Intercity endlich den Berliner Hauptbahnhof verließ, stellte sich Samuel Leist innerlich auf eine ziemlich öde Rückfahrt ein.

Die Totenstille im Abteil wurde plötzlich vom Schaffner unterbrochen, der die Tür zum Abteil aufriss und sich nach etwaigen gastronomischen Wünschen seiner Fahrgäste erkundigte. Zur großen Überraschung aller öffnete plötzlich Gerd Brauner seinen Mund. »Ein Bier, ein großes, frisch gezapftes Bier. Ich muss meine Nerven beruhigen.«

Sieh an, der lebt ja doch noch, dachte Samuel Leist, um seinerseits das gleiche zu bestellen. Hero Kurz und Bernd Weise schlossen sich ihnen an, wobei der Weise, kaum dass der Schaffner weg war, die Chance nutzte, zu einer längeren Tirade anzusetzen.

»Also, ich verstehe überhaupt nicht, wie das passieren konnte, Herr Brauner. Haben Ihre Leute denn total gepennt? Die müssen doch gemerkt haben, dass auf dem Parkett verschiedene Pakete an der Meinebank zusammengekauft wurden. Und überhaupt, wir sind denkbar schlecht vorbereitet in dieses Meeting, ja, ich muss schon sagen, gestolpert. Sie hatten mir doch versichert, dass Sie alles im Griff haben und dass die Gegenseite sofort einknicken würde. Das sah mir aber ganz und gar nicht danach aus. Wie stehe ich denn jetzt da, auch gegenüber meinem Kollegen Fieber. Der lacht sich ja innerlich ins Fäustchen, und überhaupt ...«

Sein Monolog wurde von dem mit den Bieren zurückkehrenden Schaffner unterbrochen. Nachdem, äußerst ungewöhnlich, Gerd Brauner selbst diesen entlohnt hatte, inklusive eines fetten Trinkgeldes, hob er sein Glas, sah in die Runde, als ob nichts passiert wäre und prostete ihnen allen zu.

»Jetzt halten Sie mal die Luft an, Herr Weise«, Brauner schüttelte leicht den Kopf, »Ihr Gejammer hilft uns nicht weiter. Dass Sie ständig um Ihre Reputation bemüht sind, ist uns ja zur Genüge bekannt. Hier geht es aber nicht darum, und ehrlich gesagt ist es mir auch ziemlich egal, wie es um Ihr Ansehen in der Öffentlichkeit bestellt ist. Sie werden verstehen, dass mir mein Ansehen näher am Herzen liegt. Aber auch darum geht es nicht. Es geht darum, wie wir es erreichen können, dass die Meinebank als eigenständige Bank erhalten bleibt und selbstständig ihren geschäftsmäßigen Kurs gestalten kann. Ich weiß jetzt, dass ich vielleicht in der Vorbereitung des Meetings Dinge übersehen habe oder mir zu sicher bezüglich des Ausgangs war. Aber, meine Herren, wir müssen sehen, wie wir aus dieser vertrackten Situation noch das Beste machen, letztendlich, platt gesprochen, geht es um unser aller Job.«

Nach einem Augenblick des Luftholens, Bernd Weise schnappte hörbar nach Luft, richtete Gerd Brauner das Wort an Hero Kurz: »Was meinen Sie, lieber Kurz«, oha, das waren ja ganz neue Töne, »wie haben Sie das Meeting gesehen und was sind Ihre Schlussfolgerungen? Ich bin Ihnen übrigens dankbar, dass Sie noch nicht auf Ihren Hinweis bei der Hauptversammlung verwiesen haben. Ich hätte halt auf Sie hören sollen, aber mir war damals die Faktenlage zu dünn, um mich Ihrer Vermutung einer aus München gesteuerten Aktion anzuschließen.«

Hero Kurz nickte seinem Chef zu. »Es geht ja jetzt auch nicht um die Vergangenheit. Interessant ist die Frage, was die Wertebank jetzt plant. Nach dem deutschen Aktienrecht haben Aktionäre mit mehr als fünf Prozent Anteil am Aktienbesitz eines Unternehmens das Recht, den Vorstand aufzufordern, eine Hauptversammlung einzuberufen. Diese Einberufung muss 30 Tage vor der Hauptversammlung den Aktionären zugegangen sein. Verweigert sich der Vorstand einer solchen Forderung, kann er gerichtlich dazu gezwungen werden. Letzteres kann nicht in Ihrem Interesse sein, das versteht sich ja fast von selbst. Auf dieser Hauptversammlung können die Aktionäre dann, wenn gewünscht, die Veränderungen in der Besetzung des Aufsichtsrates beschließen. Ich würde mich nicht wundern, wenn eine derartige schriftliche Forderung schon auf dem Weg zu Ihnen ist. Wir müssen auch davon ausgehen, dass die gewünschten Veränderungen in unserem Aufsichtsrat dann auch beschlossen werden. Das heißt, Niels Werner, falls diese Bemerkung von Peter Nehmer ernst gemeint war, wird dann unser neuer Aufsichtsratschef.«

»Oh, hören Sie bloß auf, das fehlte mir gerade noch«, Gerd Brauner kippte den Rest seines Bieres herunter, »können wir das nicht entsprechend der deutschen Kapitalmarktrichtlinien verhindern? Ich meine, jemand kann doch nicht für eine Bank arbeiten und bei der Konkurrenz den Chefaufseher geben.«

»Das ist in der Tat so, aber Niels Werner braucht ja nur seinen momentanen Job zu quittieren, dann haben wir keinerlei Handhabe, ihn zu blockieren. Ich glaube übrigens nicht, Herr Brauner, dass die Wertebank die Meinebank ernsthaft übernehmen will. Die haben sich doch strategisch für ein Konzept der fokussierten Bank und für eine globale Banken-Alliance entschieden. Da macht es überhaupt keinen Sinn, eine klassische Universalbank zu übernehmen. Das würde ja geradezu alles konterkarieren, was man zu diesem Thema in der Öffentlichkeit gesagt hat. Ich glaube, deren Ziel ist es, uns zu kontrollieren, um selbst ihre Eigenständigkeit zu gewährleisten. Und noch etwas, Herr Brauner, mein Instinkt sagt mir, hier geht es neben offensichtlichen geschäftlichen Aspekten auch um sehr persönliche Dinge.«

»Wie meinen Sie das, Herr Kurz?«, Gerd Brauners Stimme bekam sofort wieder einen leicht aggressiven Unterton. »Denken Sie, dies ist ein Persönlichkeitskrieg?«

»Ich kann nicht den Finger darauflegen, aber manchmal hatte ich das Gefühl, hier geht es um den Preis des besten Bankers Deutschlands. Und darüber hinaus spürte ich auf Seiten Peter Nehmers einen tiefsitzenden Hass Ihnen gegenüber. Oh ja, er hat ihn gut verborgen, aber jedes Mal, wenn er Sie ansah, bekam er ganz mitleidlose Augen. Ich denke, da steht etwas im Raum, für das eigentlich nur Sie eine Erklärung haben könnten.«

Gerd Brauner gewann bei seiner Antwort Zeit, da inzwischen der Schaffner mit einer zweiten Runde Bier, die zwischenzeitlich von ihm geordert worden war, zurückkam.

Bevor er jedoch etwas sagen konnte, ergriff Samuel Leist das Wort: »Chef, ich möchte Herrn Kurz zustimmen, auch mich überkam zwischenzeitlich der Gedanke: Worum geht es denn hier eigentlich? Und da ist noch etwas. Dieser sogenannte Chefvolkswirt der Wertebank. Sie haben sich ja selbst gewundert, warum der bei der Sitzung dabei ist. Der hat keinen Piep gesagt, saß aber die ganze Zeit da wie ein Wachhund. Ich bin nicht sicher, ob er tatsächlich nur der Chefvolkswirt ist.«

»Sie beide mit Ihrer Kaffeesatzleserei«, Bernd Weise hatte sein zweites Bier mit einer bemerkenswerten Geschwindigkeit heruntergestürzt. «Ich war schließlich auch bei dem Meeting, und ich habe keinerlei diesbezüglichen Auffälligkeiten registriert. Und was den Chefvolkswirt angeht, Sie haben doch den Nehmer gehört, er ist ein gefragter Gesprächspartner in der Wertebank bei Strategiefragen. Aus meiner Sicht war die andere Seite einfach besser auf das Meeting vorbereitet und irgendwelche Dolchstoßlegenden machen das Ergebnis unseres Gespräches nicht besser. Und selbst wenn Sie Recht hätten, was bringt uns das für unser weiteres Vorgehen?«

»Nun machen Sie mal halblang, Herr Weise, an der Sache ist vielleicht doch etwas dran.« Gerd Brauner erstickte mit einer Handbewegung dessen Protest im Keim und sah Hero Kurz nachdenklich an. »Ich habe ja schon öfter Gelegenheit gehabt, Ihren sechsten Sinn zu bewundern, lieber Kurz. Es ist mir völlig schleierhaft, wie Sie das gewittert haben, aber es könnte tatsächlich sein, dass Peter Nehmer einen tiefen Groll gegen mich hegt. Sie können das nicht wissen, aber er hat meine langjährige Freundin aus Studentenzeiten geheiratet. Vielleicht liegt da der Grund, warum er in Zeiten der Finanzmarktkrise, als wir und alle anderen Banken ums nackte Überleben kämpften, nichts Besseres zu tun hatte, als unsere Wandelanleihe zu zeichnen. Vielleicht will er mir zeigen, dass er der bessere Mann, und, ja, vielleicht auch der bessere Banker ist.«

Nach diesem überraschenden Geständnis wusste niemand etwas zu sagen und dachte über die Implikationen des soeben Gehörten nach. Natürlich, dachte Samuel Leist, traute sich auch niemand, das nun Naheliegende zu fragen, ob nämlich der Versuch Brauners, die Wertebank sich einzuverleiben, ebenfalls seine Motivation aus diesem Zusammenhang bezog. Vielleicht wollte ja auch Brauner beweisen, dass er der bessere Mann und Banker war. Die Stimme Gerd Brauners riss ihn aus seinen Gedanken. »Aber Herr Leist, was den Chefvolkswirt angeht, diesen Konrad Pair, der ist in der Tat in Fachkreisen als exzellenter Volkswirt bekannt und er hat auch schon in der Fachliteratur mit einigen ökonomischen Thesen für Aufsehen gesorgt. Was veranlasst Sie, hinter ihm mehr zu vermuten?«

»Ich kann da auch nicht den Finger darauflegen, aber ich kenne diesen Typus, allerdings nicht von Ökonomieseminaren. Der bewegt sich wie eine Katze, dem entgeht nichts, was um ihn herum vorgeht, er zeigt keinerlei Regungen, weder im Gesicht noch in der Körpersprache. Er ist wie eine Klapperschlange, die gleich explodiert. Und eines kann ich mit Gewissheit sagen, er hat mich mindestens mit der gleichen Aufmerksamkeit studiert, wie ich ihn.«

»Mmh«, Gerd Brauner sah ihn nachdenklich an, »auf jeden Fall schadet es nichts, das im Hinterkopf zu behalten.«

Bernd Weise schaute nach oben und verdrehte die Augen. »Derartige Erkenntnisse bringen doch nichts. Wir sollten uns lieber auf den von Herrn Kurz geäußerten Gedanken konzentrieren, den ich übrigens ausdrücklich teile«, nun war es an Gerd Brauner, die Augen zu verdrehen, »dass die Wertebank die Meinebank nicht wirklich übernehmen, sondern nur kontrollieren will. Vielleicht liegt darin ja eine Chance für uns, aus dem ganzen Schlamassel noch mit halbwegs heiler Haut herauszukommen.«

»Leider nein, Herr Weise. Selbst wenn Kurz da Recht haben sollte, ändert das nicht viel. Wie denn auch. Als erstes sind Sie Ihren Aufsichtsratsvorsitz los, denn Sie werden ja durch Niels Werner ersetzt. Zweitens schmeißt der anschließend mich raus

oder gängelt mich ständig herum. Wobei ich wirklich nicht weiß, welches die schlimmere Variante wäre.«
Hero Kurz enthielt sich eines Kommentars. Er persönlich hätte gegen Niels Werner als Vorsitzenden des Aufsichtsrates absolut nichts einzuwenden. Er hatte ihn als tatkräftigen und entschlussfreudigen Manager kennengelernt und es täte der Meinebank ausnehmend gut, endlich einen solchen Strategen auf der von Weise nur kümmerlich ausgefüllten Position zu sehen. Er sollte vielleicht seine im Prinzip guten Kontakte zu Horst Kaiser, dem Wertebank-Finanzchef, noch intensivieren. Man konnte ja nie wissen.
»Vielleicht sollte ich trotzdem Kontakt zu meinem Kollegen Benjamin Fieber aufnehmen, um zu eruieren, was die Wertebank zu tun gedenkt.«
Sieh an, sieh an, Hero Kurz war amüsiert, der hat den gleichen Gedanken wie ich. Es war ja klar, dass der mal wieder als Erster seinen Arsch retten will.
Auch Gerd Brauner hatte wohl den gleichen Gedanken, sein sardonisches Lächeln war nicht zu übersehen. »Soso, die Ratten bereiten sich doch nicht jetzt schon darauf vor, das sinkende Schiff zu verlassen?«
»Also, Herr Brauner, ich muss doch sehr bitten«, Bernd Weise fuchtelte mit seinen Händen herum, »mich mit einer Ratte zu vergleichen. Ich habe immer nur das Beste für Sie und die Bank gewollt und mich nach Kräften für Ihre Belange eingesetzt. Ich finde, es ist extrem undankbar von Ihnen, mir jetzt Fahnenflucht zu unterstellen. Aber ich glaube, ich rede hier gegen eine Wand, wenn ich für Verständigung plädiere. Offensichtlich können wir den Krieg gegen die Wertebank ja nicht gewinnen, da bleibt doch nur ein Arrangement im Guten. Und genau aus diesem Grund ist eine Konversation zwischen den jeweiligen Aufsichtsratschefs sehr sinnvoll. Umso mehr, als die CEOs der

Banken ja offensichtlich nicht vernünftig kommunizieren können.« Und nach einer kleinen Pause: »Im Übrigen habe ich jetzt Hunger und werde mich in den Speisewagen begeben.«

»Wenn Sie gestatten, Herr Brauner, würde ich mich Herrn Weise gern anschließen«, Hero Kurz erhob sich. »Ich habe ebenfalls das dringende Bedürfnis, etwas zu essen.«

Gerd Brauner nickte kurz. »Machen Sie nur, wir werden Ihnen gleich folgen, nicht wahr, Herr Leist? Aber wir haben vorher noch eine Kleinigkeit zu besprechen.«

Als sie allein waren, stierte Gerd Brauner vor sich hin. Sein Blick war ganz weit weg, als ob er etwas sehen würde, was nur ihm vorbehalten war. Samuel Leist wartete geduldig. Er hatte solche Phasen bei ihm schon öfter erlebt und wusste, dass sein Chef gleich mit etwas völlig Neuem um die Ecke kommen würde.

»Herr Leist, Sie sind jetzt schon mehrere Jahre bei mir und haben mir schon unschätzbar wertvolle Dienste geleistet. Sie sind praktisch mein Fixer. Wann immer ich oder die Meinebank ein Problem hatten, haben Sie es gelöst. Dafür bin ich Ihnen sehr dankbar. Ich verstehe auch Ihre Zugehörigkeit zu der Snyder-Organisation, wie auch immer die heißen mag. Ich war zugegebenermaßen etwas sauer, als ich in New York diese Information bekommen habe. Aber ich verstehe und respektiere es mittlerweile. Unser Problem nun ist immens. Wir können nicht davon ausgehen, dass wir mit der Meinebank auf dem Weg der Verständigung eine Vereinbarung treffen können. Ich habe es Ihnen noch nicht gesagt, aber der Leiter der Bahrein Invest, die offensichtlich mit der Wertebank unter einer Decke steckt, ist ein gewisser Omar Moussa. Wenn Ihnen der Name nichts sagen sollte, so kennen Sie seinen Bruder, Hakim Sailer. Der Mann, den Sie auf so elegante Weise entsorgt haben. Ich muss davon ausgehen, dass Omar Moussa diesen Zusammenhang ahnt, auch wenn er ihn vielleicht nicht beweisen kann. Vielleicht hat er Ihnen auch schon ein Killerkommando auf den Hals gehetzt. Ich denke daher, es ist das Beste, wenn Sie meinen Dienst quittieren und sich nach New York oder Washington zurückziehen. Vorher müssen Sie aber noch etwas ganz Wichtiges für mich erledigen.«

Gerd Brauner sah ihn mit stechenden Augen an. »Der Weise mit seinem begrenzten Verstand hat es erstaunlicherweise sofort kapiert. Den Krieg auf wirtschaftlichem Gebiet haben wir wohl mit Pauken und Trompeten verloren, falls unsere Freunde in New York nicht bereit sind, immense Summen in die Waagschale zu werfen. Ich persönlich bezweifele das. Unsere vermutlich einzige Chance, doch noch zu gewinnen, besteht daher darin, die Auseinandersetzung auf eine andere Ebene zu heben. Wir brauchen ein Faustpfand, um Peter Nehmer in die Knie zu zwingen.«

»Was haben Sie dabei im Sinn, Herr Brauner?«

»Lassen Sie einen seiner Söhne entführen, vorzugsweise den Älteren, denn an dem hängen Väter besonders.«

ZUFÄLLIGKEITEN

Der Loden Frey dürfte mal wieder ein gutes Geschäft gemacht haben, dachte Claire Dubois, als sie und Gabi Seiler sich in die Schlange an der Kasse einreihten. Sie selbst hatte sich für ein neues Dirndl und ein todschickes, champagnerfarbenes Kostüm entschieden. Letzteres war für einen Ball im Bayerischen Hof vorgesehen, den ihr Mann für seine verdienten Mitarbeiter demnächst veranstalten würde. Auch die sonst sehr ausgabenbewusste Gabi Seiler hatte kräftig zugeschlagen und mehrere Blusen sowie Kleider erstanden. Natürlich waren die Preise gepfeffert, aber das war beim Loden Frey nun mal so. Wenn du etwas Gutes haben willst, musst du dafür auch bezahlen. Claire Dubois hatte jedenfalls den mehrstündigen Einkauf mit ihrer langjährigen Freundin sehr genossen, wie sie überhaupt deren mehrtägigen Besuch bei ihr als sehr angenehm empfand. Seitdem ihr Mann in diese Auseinandersetzung mit der Meinebank verwickelt war, verbrachte er noch mehr Zeit als ohnehin schon in der Bank. Da war sie sehr froh, dass die gute Gabi zwischenzeitlich die Leere in ihrem Zuhause auffüllte.

Anschließend gingen sie in ein italienisches Restaurant, das erst vor wenigen Wochen eröffnet hatte, aber bereits in ganz München in war. Eugenio war eine Perle, sein Essen phantastisch und die Drinks exquisit. Direkt an der Fußgängerzone gelegen, konnten seine Gäste ungeniert und genüsslich dem People Watching frönen. Dies wurde natürlich noch dadurch begünstigt, dass jeder, der auf sich hielt, in der Mittagszeit an dieser Stelle vorbei flanierte. Claire Dubois wurde unwillkürlich an die Bemerkung von Niels Werner erinnert, der vorgeschlagen hatte, jeden zweiten Menschen in München auszustellen. Eugenio hatte ihnen einen seiner besseren Tische gegeben und beide Frauen bestellten erst einmal einen Cremant aus Claires Heimat.

»Ich habe übrigens Niels Werner eingeladen, Gabi. Okay?« Claire Dubois hatte einen betont unbeteiligten Gesichtsausdruck aufgesetzt. »Ich dachte, es wäre gut, mal wieder die alte Garde um mich herum zu versammeln und über alte Zeiten zu reden. Aber nicht nur. Ich will ihn auch aushorchen, was bei dem Meeting mit der Meinebank in Berlin abgelaufen ist. Peter war mir doch sehr schmallippig, als er zurückkam.«

»Da hast du dir ja den Richtigen ausgesucht, Claire. Niels war noch nie gut im Verbergen von Informationen vor seinen Freunden«, Gabi Seiler hielt ein wenig inne, »na ja, mit ein paar Ausnahmen vielleicht. Und ich weiß ja, ihr seid immer noch gut befreundet. Ich, auf alle Fälle, bin es jedenfalls noch. Schließlich lebe ich in seinem Haus für eine erstaunlich geringe Miete. Ich finde es super, wenn er sich zu uns gesellt, zumal ich ehrlich gesagt schon immer eine Schwäche für ihn hatte. Aber er, genau wie alle anderen Männer, hatte ja nur Augen für dich.«

Claire beugte sich zu Gabi hinüber. »Ehrlich gesagt, ich fand ihn auch nicht so ganz unspannend.«

»Moment mal, du hast doch nur mit dem Gerd rumgemacht.«

»Deswegen war ich ja nicht blind gegenüber meiner Umwelt. Aber, Gabi, ich habe gewisse Prinzipien. Niemals mit zwei Männern gleichzeitig und niemals mit einem verheirateten Mann. Und Gerd hat mich halt zuerst schwach werden lassen, und jetzt bin ich mit Peter verheiratet. Da Niels mittlerweile geschieden ist, ich habe nie verstanden, was er an dieser Frau, wie hieß sie doch gleich, Karin?, gefunden hat, wäre ja der Weg frei für dich.«

»Ach, ich weiß nicht, Claire, Niels und ich sind gute Freunde, vermutlich gerade, weil wir ein beziehungsfreies Verhältnis haben, ohne gegenseitige Besitzansprüche. Ich denke, wir tun gut daran, es dabei zu belassen. Da kommt er übrigens.«

Niels Werner kam strahlend auf sie zu. »Zwei meiner Traumfrauen vereint, was kann ein Mann sich mehr wünschen«, er verbeugte sich übertrieben. »Ich hoffe, ihr habt nicht zu lange auf mich gewartet?«

Gabi Seiler stand auf und umarmte ihn. »Mein Niels, niemand kann besser Süßholz raspeln als du«, und als sie Niels Werners Blick sah, fügte sie hinzu: »Das war jetzt ironisch gemeint, mein Guter.«

Claire Dubois umarmte ihn ebenfalls und lachte aus vollem Herzen. »Wie in alten Zeiten, Hund und Katze treffen sich, und haben Mühe, ihre Freude darüber voreinander zu verbergen. Niels, schön, dass du da bist. Lass uns jetzt essen.«

»Okay, die Damen, ich habe verstanden. Wenn ihr mir mal die Karte herüberreicht, kann ich das Problem ganz schnell lösen. Was nehmt ihr denn?«

Beide Frauen mussten gestehen, dass sie noch keinen Blick in die Karte geworfen hatten. Aber nach kurzen Diskussionen hatte Eugenio seine Bestellung und Niels Werner wandte sich an Gabi Seiler: »Was macht mein Berghof, Gabi? Fühlt ihr euch noch wohl? Was macht Nicki?«

»Der geht es prächtig, auch wenn die Hüfte nach wie vor Probleme bereitet. Aber meine Jungs kümmern sich rührend um sie. Deinem Berghof geht es auch gut und wir genießen jeden Tag dort, obwohl er ein wenig abseits liegt. Aber dort fühlen sich Eremiten ja wohl, nicht wahr. Ich nutze aber die Chance, mich ab und zu in die Zivilisation zu begeben. Deshalb habe ich Claires Einladung nach München sehr gern angenommen. Danke übrigens der Nachfrage, auch mir geht es gut.«

Gabi Seiler sah Niels Werner etwas pikiert an, hatte aber den Schalk in ihren Augen.

»Du wirst es nicht glauben, Gabilein, aber dein spitzes Mundwerk hat mir doch so manches Mal gefehlt. Du siehst übrigens glänzend aus, keine äußeren Spuren eines Scheidungsstresses zu sehen. Ich gratuliere. Wie lange bleibst du in München?«

»Nur noch zwei Tage, aber vielleicht können wir uns noch einmal sehen? Dinner oder Lunch, beides ist mir recht.«

Jetzt war es dann doch an der Zeit für Claire Dubois, sich einzuschalten. »Hört mal, ihr beiden, ich bin auch noch da. Wie wäre es, wenn ihr mich in eure Konversation einbeziehen würdet? Schließlich habe ich ja dieses Treffen arrangiert. Ah, gut, da kommt unser Essen, ich sterbe vor Hunger.«

Während Eugenio den Lunch auf dem viel zu kleinen Tisch kunstvoll arrangierte, fuhr sie fort: »Wie ist es denn in Berlin gelaufen, Niels? Peter hat so gut wie nichts herausgelassen. Vielleicht kannst du da bei mir ein wenig Licht ins Dunkel bringen. Guten Appetit übrigens und, ach ja, ihr seid eingeladen.«

»Gut, dass ich bestechlich bin, Claire, Berlin ist eigentlich ganz gut gelaufen, fast zu gut, möchte ich sagen. Dein Mann ist ein sehr vorausschauender Bankenführer. Er muss schon seit ewigen Zeiten mit einem Übernahmeversuch durch die Meinebank gerechnet haben und hat in der Finanzkrise diesbezüglich eine Art Lebensversicherung erworben.«

»Niels, du machst mich mal wieder wahnsinnig mit deinem In-Rätseln-Sprechen«, Gabi Seiler sah ihn scharf an. »Was heißt das denn, er hat eine Art Lebensversicherung erworben. Geht es vielleicht auch etwas genauer? Habt ihr dem großen Zampano jetzt auf die Finger klopfen können oder nicht?«

»Ja, Gabi, diese Formulierung trifft es ungefähr. Überraschend war für mich, wie schlecht vorbereitet Gerd in unser Treffen gegangen ist und wie schnell er die Geduld verloren hat.«

Niels Werner nahm genüsslich einen Schluck aus seinem Weinglas und berichtete anschließend die Details des Berliner Treffens. Gabi Seiler wollte sich ausschütten vor Lachen.
»Das ist ja wohl die beste Ironie des Schicksals, die ich je gehört habe. Gerd wirft dich aus der Bank und du kommst zur Hintertür, äh, ich meine, als sein Chef wieder herein. Wie fühlst du dich denn dabei und habt ihr das dem größten Banker unter der Sonne auch so mitgeteilt?«
»Haben wir, und er ist augenblicklich in eine Art Koma gefallen. Ich meine, nicht wirklich, aber von ihm kam keinerlei Reaktion mehr. Ich warne aber davor, bereits den Abgesang auf ihn anzustimmen. Er ist ein gefährlicher Gegner und hat sicher noch den einen oder anderen Pfeil im Köcher. Wir wissen zum Beispiel, dass er in New York war, vermutlich auf der Suche nach Geldgebern für seinen Übernahmeversuch. Mich würde nicht wundern, wenn er Erfolg hatte. Deshalb drücken wir auch mit der Hauptversammlung aufs Tempo. Wir müssen Tatsachen schaffen, bevor er sich wieder irgendeinen Ausweg einfallen lässt.«
»Ja«, murmelte Claire Dubois, »Gerd war schon immer sehr kreativ, insbesondere, wenn es ihm an den Kragen ging.«
»Wenn man vom Teufel spricht, ist er meistens nicht allzu weit«, Gabi Seilers Stimme war pulvertrocken, »schaut mal zum Eingang.«
Und tatsächlich, da stand Gerd Brauner, wie immer in einem Outfit, welches einem Model aus einem Männermagazin zur Ehre gereicht hätte. Claire Dubois wechselte augenblicklich die Farbe, als sie ihn sah, ihr normalerweise gesunder Teint hatte auf einmal etwas Wächsernes. Gabi Seiler machte eher einen amüsierten Eindruck, die bevorstehende Konfrontation schien ihrer leicht morbiden Natur entgegen zu kommen. Niels Werner fühlte sich einfach nur unbehaglich. Es war eine

Sache, seinem alten Freund bei einer geschäftlichen Konfrontation zu begegnen, aber es war eine komplett andere Angelegenheit, ihm privat über den Weg zu laufen. Die gemeinsame Historie machte die Dinge nicht unbedingt einfacher.
Gerd Brauner selbst hatte sie noch nicht gesehen, er war in das-Gespräch mit Eugenio vertieft, der ihm offenbar einen Tisch angeboten hatte, der Brauner nicht gefiel. Als auf der Suche nach einem besseren Platz sein Blick durch das Restaurant streifte, erstarrte er. Er konnte nicht glauben, was er da sah.
Claire, seine große Liebe, Gabi, die er seit Ewigkeiten nicht gesehen hatte, und dieser Judas Niels. Alle drei saßen fröhlich an einem Tisch und sahen zu ihm herüber. Sein erster Impuls war, sich ein anderes Lokal zu suchen. Das aber ließ sein Stolz nicht zu und außerdem fühlte er sich magisch von den dreien angezogen, woran, wie er sich eingestand, Claire wohl den größten Anteil hatte.
Mit leicht unsicheren Schritten ging er zu ihnen, nicht wissend, was da auf ihn zukommen würde. »Das ist ja ein nettes Déjà-vu, hallo Claire, hallo Gabi, Niels.«
Es war Claire Dubois, die die betretene Stille unterbrach. Ihre Stimme war zwar noch leicht zittrig, aber ihre Hautfarbe hatte sich wieder normalisiert. »Hallo Gerd, was machst du in München?«
»Ich war im hiesigen Herzzentrum zu meinem regelmäßigen Kardiologiecheck. Da ich dafür nüchtern bleiben musste, habe ich nicht gefrühstückt. Jetzt brauche ich dringend einen Lunch. Deshalb bin ich hier. Wenn ich euch störe, sagt es lieber gleich.«
»Du bist zwar nicht willkommen, lieber Gerd, aber du störst auch nicht. Also steh nicht herum wie ein Ölgötze und setzt dich.«
»Wie ich sehe, Gabi, hast du dein freches Mundwerk in den letzten Jahren kultiviert. Ich frage mich, wie Norbert damit umgehen kann.«

Gabi Seilers Antwort war nicht weniger aggressiv. »Es gibt halt auch souveräne Männer.«
Gerd Brauner holte tief Luft. »Wie kommt es, dass ihr drei hier so fröhlich vereint seid?«
»Oh, wir wollten alte Freundschaften pflegen, das ist ja heute, wie du weißt, nicht mehr selbstverständlich. Insbesondere die sogenannten Erfolgsmenschen neigen dazu, ihre Freunde zu negieren.«
Gabi Seilers sardonisches Lächeln war nicht zu übersehen.
»Ja, und Niels war so nett, uns einen kleinen Einblick von eurem Treffen in Berlin zu geben.«
»Na, ich wette, dass er das bestens erledigt hat«, erwiderte Gerd Brauner mit einem giftigen Seitenblick auf Niels Werner.
Gabi Seiler konnte es nicht lassen. »Deine Sicht der Dinge wäre natürlich auch noch interessant«, sie lächelte dabei zuckersüß, »wie fühlt es sich denn an, wenn man aus dem Bankenolymp zum Sturzflug ansetzt?«
»Das wird sich noch zeigen, wer wohin und wie fliegt, ich bin noch lange nicht am Ende«, Gerd Brauner war sichtbar genervt. »Aber ich sehe schon, es war ein Fehler, mich hierher zu setzen. Ich habe keine Lust, mich weiter deinen Gehässigkeiten auszusetzen, Gabi. Außerdem habe ich dir garantiert nichts getan. Also entweder du mäßigst dich jetzt oder ich suche mir ein anderes Lokal.«
Hmmh, dachte Niels Werner, die Nerven von ihm sind ja zum Zerreißen gespannt. Berlin scheint immer noch nachzuwirken.
Claire Dubois wiederum legte mäßigend ihre Hand auf Gabi Seilers Unterarm, die das Signal auch sofort verstand.
»Okay, Gerd, Waffenstillstand«.
Gerd Brauner nickte ihr zu und gab bei Eugenio seine Bestellung auf. Danach breitete sich wieder ein langes Schweigen am Tisch aus. Schließlich sagte Niels Werner:»Was ist bei

deiner Untersuchung herausgekommen, Gerd? Ist alles in Ordnung mit dir?«

»Das würde ja so einigen Leuten passen, wenn ich plötzlich gesundheitliche Probleme hätte, nicht wahr. An erster Stelle ja wohl dir. Ich möchte nicht wissen, was du über Berlin hier abgelassen hast. Ich wette, du hast mich in einem denkbar schlechten Licht dargestellt.«

Niels Werner sah seinen alten Freund ungerührt an. »Seit wann kümmert dich, was andere Leute von dir denken? Das sind ja völlig neue Töne. Oder geht es nur um deine Reputation bei Claire?«

»Lass gefälligst Claire aus dem Spiel.«

»Jetzt hört auf, ihr beiden«, Claire Dubois war die Zornesröte ins Gesicht gestiegen. »Ihr benehmt euch wie zwei Halbstarke auf der Balztour. Und dir, Gerd, will ich nur sagen, dass Niels lediglich Fakten berichtet hat. Er hat dich in keinster Weise schlecht gemacht, allerdings hatte er wohl auch keine Veranlassung, dich zu loben.«

Diesmal sah Gerd Brauner Niels Werner direkt an. »Hast du auch von dem kleinen Arrangement berichtet, das du vor einiger Zeit eingegangen bist?«

Wieder blieb Niels Werner völlig gelassen. »Das kann ich gerne noch nachholen, allerdings nachdem wir vorher über HaSa gesprochen haben.«

Die Erwähnung des Kürzels war zwar ein Schuss ins Blaue, aber das Erstarren der Gesichtszüge von Gerd Brauner sagte ihm, dass er voll in das Schwarze getroffen hatte. Der Mistkerl steckte also tatsächlich hinter dem Flugzeugabsturz von Hakim Sailer und vermutlich hatte die Ratte Samuel Leist dabei seine Finger im Spiel. Gabi Seiler hatte mit ihrer Vermutung recht gehabt. Niels Werner überkam eine mörderische Wut, am liebsten hätte er Gerd Brauner die Flasche Wasser auf den

Schädel geschlagen. Er stand abrupt auf. »Lass dir einen guten Rat geben, Gerd. Der Krug geht so lange zum Brunnen, bis er bricht. Du hast keine Chance mehr. Deine neuen amerikanischen Freunde, oh ja, wir wissen, dass du in New York warst, werden dich nicht retten können. Deine einzige Chance ist eine Verständigung mit Peter Nehmer, aber vermutlich ist es auch dafür schon zu spät. Ich jedenfalls werde jetzt gehen, irgendetwas verpestet hier die Luft und der Appetit ist mir auch vergangen. Claire, danke für den Lunch, wir sehen uns, Gabi?«
Gabi Seiler sah ihre Chance. »Warte, Niels, ich komme mit. Claire, wir treffen uns nachher beim Stachus.«
Sie hatten kaum das Restaurant verlassen, als sie mit Vehemenz Niels Werner bombardierte. »Was war das denn eben? Wer ist Hasa?«, und bei einem Blick in das Gesicht von Niels Werner, »oh nein, doch nicht …«
»Doch, du hast ja seine Reaktion gesehen. Ich bin sicher, er hatte beim Flugzeugabsturz von Hakim Sailer seine Finger im Spiel. Der Bastard, macht er denn vor nichts Halt? Was ist nur aus dem Gerd geworden, den wir beide einmal kannten? Und hast du den Blick gesehen, den Claire ihm zuwarf? Kann es sein, dass sie ihn immer noch liebt?«
Gabi Seiler umarmte ihn und hakte sich bei ihm ein. »Da sieht man, Niels, dass du nur ein Mann bist. Claires Blick hatte nichts mit Gerd zu tun, sie hat ihn nur angesehen und sich dabei vorgestellt, wie Tobias in 30 Jahren aussehen würde. Das war reiner Mutterinstinkt. Ich bin übrigens stolz, wie gelassen du auf ihn reagiert hast. Chapeau, mein Lieber. Komm, lass uns zum Marienplatz gehen, ich habe Lust auf ein Eis.«
Im Eugenio schlang mittlerweile Gerd Brauner seinen Lunch hinunter. »Es hat mich übrigens ziemlich getroffen, dass du so Knall auf Fall Peter Nehmer geheiratet hast. Der passt doch eigentlich nicht zu dir.«

Claire Dubois sah ihn spöttisch an. »Seit wann bist du auch noch Beziehungsexperte? Peter Nehmer ist ein guter Mann, Partner, Vater und Freund. Etwas, was du nie warst und nie sein wolltest. Ich habe dich damals gefragt. Aber kaum habe ich die Ehe erwähnt, warst du wie vom Erdboden verschluckt. Du hast es nicht einmal für nötig gehalten, dich zu äußern. Nach all den Jahren, sich einfach unsichtbar zu machen«, Claire Dubois' Stimme wurde immer bitterer, »was ist nur aus dir geworden, Gerd? Sind dir deine Freunde egal? Niels, Gabi, ich, sind dir überhaupt alle Mitmenschen egal? Zählt nur noch der Erfolg und wer für dich nützlich ist? Hat dich die Macht so korrumpiert? Du hast als Student mal ein Gedicht geschrieben, in dem du den Stress und die Verlogenheit dieser Welt beklagtest. Und jetzt bist du selbst mittendrin, einer der Hauptakteure in diesem Haifischbecken der Bankenwelt. Was ist aus deinen Idealen geworden? Was sollen mal deine Kinder denken, wenn sie ihren Vater sehen?«
Gerd Brauner versuchte zu kaschieren, wie sehr ihre Worte ihn bewegten.
»Na, in letzterem Punkt kann ich dich beruhigen. Du weißt ja, dass ich nach meinem damaligen Motorradunfall keine Kinder mehr zeugen kann.«
Claire Dubois sah ihn lange an, mit einem Ausdruck, den er nicht deuten konnte. Schließlich öffnete sie ihre Handtasche, entnahm ihr einen Fotokarton, steckte ihn in einen Briefumschlag und stand auf.
»Ich glaube, du irrst dich, Gerd, und«, erneut sah ihm Claire Dubois tief in die Augen, allerdings mit einer Eiseskälte, die er nie zuvor bei ihr bemerkt hatte, »dies«, sie legte den Briefumschlag auf den Tisch, »ist das Letzte, was ich für dich tun kann. Aber vor allem möchte ich dich nie wieder sehen. Niemals. Wenn du mir zufällig über den Weg laufen solltest, tu

mir einen Gefallen, dreh dich um und geh in die entgegengesetzte Richtung.«
Mit diesen Worten verließ sie das Restaurant. Gerd Brauner sah ihr völlig verdutzt nach. Was zum Teufel sollte das denn jetzt bedeuten? Seufzend trank er seinen Wein aus und öffnete den Briefumschlag. Er nahm das Fotopapier heraus und drehte es um. Offensichtlich war es ein Bild von Claire mit ihren Söhnen. Er wollte es gerade wieder weglegen, als es ihn wie ein Schlag in die Magengrube traf. Ungläubig starrte er auf den Jungen mit den leicht rötlichen Haaren. Der sah auf diesem Bild genauso aus, wie er seinerzeit auf seinen Kinderbildern ausgesehen hatte. Das gab es doch nicht, das konnte doch nicht wahr sein. Wieder und wieder betrachtete er das Bild aus allen Perspektiven. Aber nein, es konnte da wohl kein Zweifel bestehen. Die Ähnlichkeit war einfach zu groß, um als Zufall abgetan zu werden. Gerd Brauner stützte seinen Kopf in beide Hände.
Es war unglaublich, er hatte einen Sohn, und er hatte die Entführung seines eigenen Fleisches und Blutes angeordnet.

BRUCH

Er brauchte jetzt etwas Ruhe und Entspannung, die letzten Stunden hatten auch seinem normalerweise unerschütterlichen Nervenkostüm erheblich zugesetzt. Schließlich entführte man nicht jeden Tag einen halbwüchsigen Jungen, der noch dazu Bärenkräfte hatte. Der gute Serge hatte ganz schön rabiat werden müssen, um den Bengel zur Räson zur bringen. Gut, dass er seinen alten Kumpel aus CIA-Tagen dabei hatte. Der saß jetzt gerade vor der versperrten Tür des Kellerraumes, in dem sich Tobias Nehmer befand. Der Junge hatte sich offenbar erst einmal mit seinem Schicksal abgefunden und verhielt sich ruhig, aber man konnte ja nie wissen. Vermutlich hatte Serges Einfall, es dem Jungen zu ermöglichen, sich über Netflix jede Menge Filme anzuschauen, der Situation erst einmal die Schärfe genommen. Serge war einfach unbezahlbar.
Samuel Leist öffnete die Bierflasche und setzte sich, auch noch mit einer Zigarre bewaffnet, in den Schaukelstuhl auf der Veranda des Ferienhauses. Von hier konnte er nicht nur den Blick auf den Edersee genießen, sondern auch noch die Zufahrt zum Haus kontrollieren. Er war zwar sicher, dass niemand sie bei der Ankunft hier beobachtet hatte, aber bekanntlich war Vorsicht die Mutter der Porzellankiste. Er selbst konnte gar nicht glauben, dass er tatsächlich den Jungen entführt hatte. Er hatte zwar in seinem Leben schon so manche Aktionen, einige würden sie als Verbrechen bezeichnen, durchgeführt, aber an Kindern hatte er sich nie vergriffen. Auch von Gerd Brauner hatte er das Gleiche angenommen, fälschlicherweise, wie sich nun herausgestellt hatte. Es war geradezu ein Schock gewesen, von ihm den Auftrag zu einer Kindesentführung zu be-

kommen. Dabei wusste der doch um seine Befindlichkeiten in Bezug auf Kinder. Er hatte ihm mal erzählt, dass er in einem Heim aufgewachsen war und dort nahezu täglich Kindesmisshandlungen erlebt hatte.

Damals hatte er sich geschworen, als Erwachsener stets Kinder zu beschützen. Und dann das. Er sollte ein Kind entführen. Unvorstellbar. Samuel Leist nahm einen tiefen Schluck aus der Bierflasche und zündete seine Zigarre an. In seiner Not hatte er sogar erwogen, seine Vorgesetzten in New York und Washington zu kontaktieren. Letztendlich aber hatte er diese Idee verworfen, von dort war keine Hilfe zu erwarten, sie wollten unter allen Umständen die unfreundliche Übernahme der Wertebank durchziehen, und denen war, wie er wusste, jedes Mittel recht, um ihre Ziele zu erreichen.

Samuel Leist horchte in das Haus hinein, aber es war kein Laut zu hören. Ihm sollte es recht sein, er musste ohnehin seine letzten Schritte noch einmal gedanklich Revue passieren lassen und seine nächsten Maßnahmen planen. Er hatte dieses Ferienhaus vor zwei Jahren unter strengster Geheimhaltung gekauft und es zu seinem Paradies umgestaltet. Hierher zog er sich zurück, um zu meditieren, peinlichst darauf bedacht, niemanden, nicht einmal Maggy, etwas davon wissen zu lassen. In den letzten Wochen hatte er peu à peu Vorräte herangeschafft, sorgfältig darauf achtend, bei den wenigen Anwohnern in dieser verlassenen Gegend keinerlei Argwohn zu erregen. Das war ihm, soweit er das beurteilen konnte, wohl auch gelungen.

Den Anruf in München mit dem Hinterlegen seiner Forderung von zehn Millionen Euro für die Freilassung des Jungen hatte er vor einer Stunde erledigt. Er hatte in Nehmers Büro angerufen und eine aufgescheuchte Sekretärin am Hörer gehabt. Er war sicher, dabei nichts Auffälliges hinterlassen zu haben. Das von ihm benutzte Handy war mit einer Spezialsoftware aus den USA ausgestattet, niemand konnte es orten. Nun musste er eigentlich nur noch in Ruhe abwarten, bis Gerd Brauner die Gelegenheit fand, Peter Nehmer gegenüber anzudeuten, welche zusätzlichen Maßnahmen von ihm erwartet wurden, um die Freiheit seines Sohnes zu gewinnen. Die Forderung von zehn Millionen war ja eigentlich als Ablenkung konzipiert worden, aber Samuel Leist gefiel der Gedanke, selbst auch einmal ein Stück vom Bankerwohlstand abzubekommen.

Die schweren Schritte hinter ihm waren leicht als die von Serge Locker zu identifizieren. Offenbar war er des Wacheschiebens im Keller überdrüssig und wuchtete seinen massigen Körper die schmale Stiege im Haus empor. Serge war mit knapp zwei Metern und 110 Kilo ein wahrer Athlet, der leicht als zu schwerfällig eingeschätzt wurde. Aber Samuel Leist wusste nur zu gut, wie blitzschnell dieser Gigant sich bewegen konnte und Tobias Nehmer wusste es mittlerweile auch. In Ermangelung eines weiteren Schaukelstuhls setzte Serge sich auf die Verandabrüstung und zündete sich ebenfalls eine Zigarre an. Dabei sah er ihn aufgrund des Rauches aus zusammengekniffenen Augen an.

»Sag mal, Samuel, du bist mir, glaube ich, noch das eine oder andere Detail schuldig, was unsere kleine gemeinsame Unternehmung hier angeht. Worum geht es dabei eigentlich genau und wie stellst du dir den weiteren Ablauf vor? Ich meine, wir können doch nicht ewig den Babysitter für das Bübchen spielen.«

Samuel Leist ignorierte erst einmal die Frage. »Solltest du nicht auf das besagte Bübchen da unten aufpassen?«

Serge Locker machte eine wegwerfende Handbewegung. »Nicht nötig, der schläft tief und fest. Andernfalls würde ich mich sehr wundern, angesichts des Schlafmittels, das ich ihm in seine Limo gemixt habe. Aber zurück zu meiner Frage. Klär mich auf, ich möchte schließlich nicht dumm sterben.«

Samuel Leist sah ihn nachdenklich an. »Eigentlich ist es besser, wenn du nicht zu viel weißt. Aber angesichts unserer gemeinsamen Historie, denke ich, kann ich dir sagen, dass es hier um eine Bankenfusion geht. Mein Bankenchef will eine Bank übernehmen, deren Chef sich weigert, dem zuzustimmen. Um ihn nun gefügiger zu machen, haben wir seinen Jungen entführt.«

»Aber das ist doch …, also ich meine, wenn der Mann weiß, warum sein Sohn entführt wurde, weiß er auch, wer dafür verantwortlich ist. Dann ist es doch nur eine Frage der Zeit, bis sie uns am Haken haben.«

»Nicht ganz, darum haben wir ja eine Geldforderung hinterlegt und lassen es wie eine der üblichen Erpressungen aussehen. Deswegen gibt es auch keinen Kontakt zwischen meinem Boss und mir, keinen Brief, kein Telefonat, einfach nichts. Er hat mich offiziell vor einigen Wochen gefeuert, direkt nach einem letzten gemeinsamen Meeting in Berlin.«

»Aber wenn es keinen Kontakt gibt, wie erfährt er, ob wir Erfolg hatten?«

»Denk nach, Serge, die Entführung eines Bankerkindes bleibt nicht geheim, da sickert etwas durch, und dann schlägt die Stunde meines Bosses, er kann seinem Widersacher etwas flüstern. Und erst dann erhalten wir neue Instruktionen.«

»Aber das kann ja ewig dauern.«

»Ja, im ungünstigsten Fall hast du Recht. Das ist halt die Kehrseite der Medaille.«

»Und was springt für uns dabei heraus? Ich meine, dein Boss bekommt seinen Willen, und wir, was bekommen wir?«

»Nun, mein Lieber, ich gedenke, die geforderten zehn Millionen in jedem Fall zu kassieren. Schließlich müssen wir auch leben.«

Die beiden Männer tauschten ein verschmitztes Lächeln aus und prosteten sich gegenseitig zu, als das Handy von Samuel Leist sich meldete. Ein Blick auf das Display ließ ihn erstarren. Das konnte ja wohl nicht wahr sein, das war doch viel zu früh. Samuel Leist stand auf, verließ die Veranda und ging hinunter zum Bootsschuppen, bevor er den Anruf von Gerd Brauner annahm.

»Ja?«

»Hallo, Herr Leist, hier ist Gerd Brauner, gut, dass ich Sie erreiche. Haben Sie den Jungen schon entführt?«

Samuel Leist zuckte innerlich zusammen. Wie die meisten Leute hatte auch Gerd Brauner offensichtlich keine Ahnung, wie intensiv Telefonate, die mit dem Handy geführt werden, von offiziellen Stellen abgehört wurden.

»Ja, Herr Brauner, wir waren erfolgreich.«

»Hören Sie zu, Leist, Sie müssen den Jungen sofort wieder freilassen.«

Also, das war ja wohl die Höhe. Erst ordnete der die Entführung an und er hatte jede Menge Gewissensbisse, logistische Schwierigkeiten und Anstrengungen zu bewältigen, und nun, da alles in trockenen Tüchern war, bekam der das Fracksausen. Was war denn bloß in den Brauner gefahren, der war ja wohl völlig durchgeknallt.

»Was? Woher kommt denn diese plötzliche Kehrtwende. Wie stellen Sie sich das überhaupt vor? Wozu haben wir denn den ganzen Aufwand betrieben.«

»Das, Herr Leist, geht Sie gar nichts an. Tun Sie einfach, was ich Ihnen gesagt habe, und zwar sofort.«

Nun war es mit der Ruhe von Samuel Leist aber endgültig vorbei. Was bildete sich der Kerl eigentlich ein, nach allem, was er für den schon getan hatte? Ihn so abzufertigen, ohne Begründung. Na, das wollte er doch mal sehen.

»Also, entweder Sie liefern mir jetzt einen vernünftigen Grund, warum wir den Kleinen freilassen sollen oder ich werde diese Angelegenheit dann in eigener Regie weiterverfolgen.«
Aus dem Handy drang nun für eine längere Zeit nur ein leises Rauschen. Dann war Gerd Brauners Stimme wieder da.
»Ich werde Ihnen diese Unverschämtheit diesmal nachsehen, aber«, und nun bekam der herrische Ton von Gerd Brauner eine fast flehende Note, »wie ich selbst erst kürzlich erfahren habe, bin ich der leibliche Vater des Jungen. Verstehen Sie, Leist, ich habe Ihnen aus meiner Unwissenheit heraus den Auftrag gegeben, meinen eigenen Sohn zu entführen.«
»Und woher wissen Sie das alles?«
Samuel Leist ging es bei dieser Frage lediglich um Zeitgewinn, er musste dringend nachdenken und eine Entscheidung fällen.
»Die Frau von Peter Nehmer war früher meine Freundin und hat mir ihre Schwangerschaft verschwiegen. Wenn Sie sich den Jungen ansehen, wird Ihnen sofort klar, wer der biologische Erzeuger ist. Er ist mir wie aus dem Gesicht geschnitten.«
Samuel Leist hatte eine blitzartige Eingebung. Er wusste nun, was er zu tun hatte. Diesmal würde er auf der Gewinnerseite stehen.
»Hören Sie zu, Herr Brauner. Wenn Sie Ihren Nachwuchs wiedersehen wollen, müssen Sie zehn Millionen Euro auf mein Konto überweisen. Tun Sie das nicht, verschwinde ich mit dem Jungen auf Nimmerwiedersehen.«
»Leist, Sie spinnen wohl, woher soll ich denn zehn Millionen nehmen? Das ist außerdem Erpressung«, ach nein, jetzt fiel ihm auf, dass ja das Ganze eine Erpressung war. »Ich befehle Ihnen, den Jungen sofort freizulassen.«
»Jetzt hören Sie mir mal zu. Ich habe an meinem Handy einen kleinen Aufnahmeknopf, welchen ich automatisch drücke, wenn ich ein Telefonat entgegennehme. Dankenswerterweise

haben Sie ja zum Ausdruck gebracht, die Entführung angeordnet zu haben. Das wird für eventuelle polizeiliche Ermittlungen sicher ein interessantes Detail sein. Ich rate Ihnen daher, umgehend das Geld für die Freilassung plus noch einmal zusätzlich zehn Millionen als Schweigeprämie auf mein Konto in London zu überweisen. Woher Sie das Geld nehmen sollen? Na, zapfen Sie doch eine Ihrer schwarzen Kassen an, so wie Sie es damals gemacht haben, um den Beamten vom Luftfahrtbundesamt zu schmieren, damit der beim Flugunglück von Hakim Sailer nichts Merkwürdiges feststellt.«
Mit diesen Worten beendete Samuel Leist das Telefonat. Er war jetzt völlig klar im Kopf. Er würde aus dieser Entführung so viel Geld wie möglich herausschlagen und sich dann mit Maggy nach Russland absetzen. Mit seinem Wissen über die CIA und diverse Geheimaktionen der Amerikaner würde er dort herzlich willkommen sein. Für seinen Freund Serge Locker würde er sich schon eine Lösung einfallen lassen. Schließlich wurde am Ende jemand gebraucht, der für die Entführung verantwortlich gemacht werden konnte. Aber zuerst würde er sich den Bengel mal genauer betrachten, bisher hatte er ihn ja nur mit einer übergestülpten Haube gesehen.

KLARHEIT

Morgens um fünf Uhr war der Englische Garten einfach wunderbar. Die Luft war klar, nichts von der Schwüle der heißen Tage, weit und breit waren im heraufdämmernden Morgenlicht keine Mountainbiker zu sehen und auch sonst war niemand unterwegs. Niels Werner joggte um den Chinesischen Turm herum und nahm Kurs auf das Seehaus. Heute würde er die lange Route nehmen, er brauchte Zeit zum Nachdenken, und nirgendwo konnte er das besser als bei seinem morgendlichen Lauf durch den Englischen Garten.

Es gab so einiges, über das er sich klar werden musste. So waren die Ergebnisse bei seinen Anlagefonds zwar immer noch gut, aber insgesamt doch deutlich hinter seinen Erwartungen zurückgeblieben. Er würde wohl den einen oder anderen Fondsmanager austauschen müssen, denn offensichtlich wurden seine klaren Anweisungen zur Risikominimierung nicht buchstabengetreu befolgt. Sein Finanzchef, Horst Kaiser, zog ihn schon wegen der unzureichenden Verzinsung des ihm von der Bank zur Verfügung gestellten Eigenkapitals auf. Zwar war das eher als gutmütiger Spott einzustufen, aber es ärgerte ihn trotzdem.

Gabi hatte ja mal über ihn gesagt, er sei ein Ehrgeizling und er fragte sich manchmal, ob sie nicht recht hatte. Ach ja, Gabi, damit war er schon bei seinem nächsten Problem. Er musste sich unbedingt über die Natur seiner Gefühle ihr gegenüber klar werden. In der letzten Zeit hatte sich ihre Beziehung doch merklich intensiviert, und er interpretierte ihre häufigen Anrufe dahingehend, dass sie mittlerweile mehr wollte. Aber er wagte nicht, den finalen Schritt zu gehen.

Tja, und dann sein Chef, Peter Nehmer. Der ließ sich seit einigen Tagen ihm gegenüber verleugnen. Der Grund war ihm völlig schleierhaft, aber die Tatsache als solche war nicht zu bestreiten. Seine Sekretärin, die Pauli, schaute jedes Mal äußerst unglücklich, wenn sie ihm mal wieder sagen musste, dass Herr Nehmer im Moment nicht zu sprechen sei. Dieser Moment dauerte nun schon einige Tage und er hatte nicht den leisesten Schimmer, was dahinterstecken könnte. Aber was auch immer es war, er war entschlossen, der Sache auf den Grund zu gehen. Vielleicht konnte ihm Claire dabei helfen. Sie hatte gestern auf seinem Anrufbeantworter hinterlassen, dass sie ihn dringend sprechen müsste. Er hatte infolge seiner hohen Arbeitsbelastung noch nicht zurückgerufen, aber er nahm sich vor, das noch heute zu tun. Niels Werner schlug den Weg zu seiner Wohnung in Bogenhausen ein. Jetzt brauchte er einen Kaffee, ein frisches Croissant und eine ausgiebige Dusche. Dann würde er ins Büro fahren und liegengebliebene Routinearbeiten erledigen. So früh am Morgen war die Wahrscheinlichkeit gering, dass er dabei gestört werden würde.

Schon von weitem sah er, dass seine Garageneinfahrt von einem Golf zugeparkt worden war. Als er sich dem Auto näherte, stieg eine auf den ersten Blick völlig unscheinbare Person aus. Konrad Pair, der Sicherheitschef der Bank.

»Guten Morgen, Herr Werner, ich dachte mir schon, dass Sie joggen. Sorry für die frühe Störung, aber ich muss Sie unbedingt sprechen. Es ist ernst.«

Niels Werner hatte in den letzten Wochen Konrad Pair als einen der Bank gegenüber absolut loyalen Kollegen kennen und schätzen gelernt. Wenn der morgens um sechs Uhr bei ihm vor der Tür stand, dann brannte es, und zwar ganz gewaltig.

»Na, dann kommen Sie mal rein, Herr Pair. Ich wollte ohnehin Kaffee machen und ich nehme an, Sie wollen auch einen.«

»Ich sehe, meine Laster sind schon allseits bekannt. Vielen Dank, da sage ich nicht nein.«

In seiner Wohnung angekommen, kümmerte sich Niels Werner erst einmal um den Kaffee und buk zwei Croissants auf. Die Dusche musste warten. Gottseidank hatte er gestern noch eingekauft und konnte seinem Gast ein halbwegs vernünftiges Frühstück offerieren. Aus der Art, wie Konrad Pair bei den Rühreiern und dem Schinken zugriff sowie dankbar den Kaffee hinunter schüttete, konnte Niels Werner auf eine durchwachte Nacht seines Sicherheitschefs schließen.

»Also, Herr Kollege, schießen Sie los, wo brennt es?«

Konrad Pair sah ihn mit einem Seufzer an. »Tobias Nehmer ist entführt worden.«

Niels Werner setzte seine Kaffeetasse, aus der er gerade trinken wollte, mit einem Ruck ab. »Was? Wann? Von wem?«

Wieder seufzte Konrad Pair. »Vor zwei Tagen ist Tobias nicht von der Schule heimgekommen. Gestern haben wir dann eine Lösegeldforderung in Höhe von zehn Millionen Euro bekommen. Kaiser hat die Summe besorgt und sie liegt zur Übergabe bereit, aber wir warten noch auf die Übergabemodalitäten. Wer dahinter steckt, wissen wir nicht, aber genau darüber wollte ich mit Ihnen reden.«

»Aber Herr Pair, ich habe mit der ganzen Sache nichts zu tun.«

»Das weiß ich, Herr Werner. Das ist ja auch nicht mein Punkt. Aber ich frage mich, ob die Lösegeldforderung nicht nur vorgeschoben ist und sich in Wirklichkeit etwas ganz anderes dahinter verbirgt.«

Niels Werner sah ihn lange an und nickte dann langsam vor sich hin. »Sie meinen, ob vielleicht Gerd Brauner dahintersteckt, um Peter Nehmer dazu zu bringen, doch in die Fusion einzuwilligen.«

»Ich sehe, wir verstehen uns. Ich habe zwar keinerlei Anzeichen dafür, aber es sind so einige Dinge merkwürdig. Warum zum Beispiel haben wir die Konditionen der Geldübergabe noch nicht? Das ist total untypisch, zumal wir signalisiert haben, dass wir zahlen. Was wäre, wenn diese Lösegeldforderung nur eine Ablenkung vom eigentlichen Motiv ist? Trauen Sie Brauner so etwas zu? Trauen Sie ihm eine derart perfide Aktion zu, selbst wenn er dem Jungen gar nichts tun will? Vielleicht will er ja nur die Aufmerksamkeit und Konzentration von Peter Nehmer fesseln und damit von der Durchsetzung unserer Forderungen, wie beispielsweise der Einberufung einer außerordentlichen Hauptversammlung für die Meinebank-Aktionäre, ablenken? Mit unserem Boss ist jedenfalls derzeit über Bankthemen nicht vernünftig zu reden.«

»Wem sagen Sie das, ich versuche seit Tagen vergeblich, mit ihm einen Termin zustande zu bekommen.« Niels Werner sah sein Gegenüber nachdenklich an. »Gerd Brauner hat sich in den letzten Jahren menschlich nicht unbedingt zu seinem Vorteil entwickelt, um es mal vorsichtig auszudrücken. Wenn er in die Enge getrieben wird, ist er mittlerweile nach meiner Einschätzung zu allem fähig. Und wir haben ihm ja ganz schön eingeheizt. Wenn er aber tatsächlich die Entführung geplant hat, dann ist mit der Durchführung mit Sicherheit Samuel Leist beauftragt. Der hat doch immer die Schmutzarbeit für ihn erledigt.«

Hier unterbrach ihn Konrad Pair. »Wie wir hörten, hat er ihn aber vor einer Woche entlassen.«

»Oh, das wusste ich nicht, aber es überrascht mich total. Der Leist und Brauner sind schon seit so vielen Jahren eng miteinander verbandelt, dass der ihn quasi gar nicht entlassen kann. Der Leist weiß viel zu viel über Brauner, nicht auszudenken, wenn der redet. Die Meldung über seine Entlassung würde ich daher nicht ernst nehmen.«

Konrad Pair wiegte nachdenklich den Kopf. »Oder es ist eine Finte, um selber sauber dazustehen, falls der Leist erwischt wird. Was wissen Sie eigentlich über den? Bei unserem Meeting in Berlin haben sich bei ihm meine Nackenhaare aufgestellt und auf die konnte ich mich immer verlassen. Das ist doch kein normaler Angestellter. Wenn ich ihm auf der Straße begegnet wäre und hätte seinen Beruf raten müssen, hätte ich gesagt, Geheimdienst.«

»Ja, das ist schon ein komischer Typ. Sieht so unauffällig aus, ist aber total sportlich, wie ich mal gehört habe. Soll schon einige Male an einem Triathlon teilgenommen haben. Spricht englisch wie ein Amerikaner, keinerlei Akzent, und auch sein Deutsch ist akzentfrei. Ich vermute, er ist zweisprachig aufgewachsen. Der Brauner hat ihn irgendwo in den USA auf einer Geschäftsreise aufgegabelt und seitdem ist der sein Mädchen für alles. Mehr weiß ich leider auch nicht. Kann ich irgendetwas tun, Herr Kollege?«

Konrad Pair stand auf und streckte seine offensichtlich übermüdeten Glieder. »Zunächst einmal können Sie den Herrn Kollege vergessen, ich bin der Konrad.« Die beiden Männer gaben sich die Hand »Ich werde jetzt versuchen ein wenig Schlaf zu bekommen. Ich war die ganze Nacht bei der Polizei und habe die eingehenden Meldungen studiert. Es war aber nichts dabei, was uns weiterbringen würde. Wenn du etwas hörst, egal was, ruf mich bitte sofort an. Die Nehmers lassen wir mal in Ruhe, denen habe ich gesagt, sie sollen das Haus nicht verlassen. Also vielen Dank für das Superfrühstück, Niels.«

Niels Werner geleitete ihn zur Tür und goss sich anschließend noch einen Kaffee ein. Puuh, das musste er erst einmal verdauen. Jetzt war auch klar, warum sein Chef sich ständig verleugnen ließ und warum Claire sich nach so langer Zeit gemeldet hatte. Plötzlich setzte er sich kerzengerade hin.

Verdammt, warum hatte er nicht gleich daran gedacht und den Pair darauf aufmerksam gemacht? Wenn der gute Gerd tatsächlich hinter der Entführung steckte, dann hatte er ja sein eigenes Fleisch und Blut entführen lassen. Ob der Konrad das wusste? Auf alle Fälle musste er ihn sofort anrufen.

Sein Gedankengang würde jäh vom Klingeln des Telefons unterbrochen. Oh je, sein Bedarf an Neuigkeiten war für den heutigen Tag mehr als nur gedeckt. Wer um diese Zeit morgens anrief, hatte jedenfalls keine Allerweltsnachrichten zu übermitteln. Leise fluchend nahm er den Hörer ab.

»Werner.«

»Hallo, Niels.«

Natürlich erkannte er die Stimme sofort wieder und er hatte Mühe seine Emotionen zu zügeln. Instinktiv wusste er, dass es das Beste wäre, sich neutral zu verhalten. Aber so ganz ungeschoren konnte er die Stimme am anderen Ende der Leitung denn doch nicht davonkommen lassen.

»Also, Nerven hast du ja, mein lieber Gerd, das muss dir der Neid lassen. Wieso glaubst du, dass ich mit dir telefonieren will? Ich darf auch gar nicht mit dir reden«, ein wenig übertreiben konnte nicht schaden, »schließlich leitest du die Gegenpartei in einem Takeover. Ich könnte in den Geruch der Illoyalität kommen.«

»Pop, bitte, lass das, ich muss mit dir dringend reden. Ich sitze in der Scheiße, und zwar so richtig. Ich brauche Hilfe, und ich weiß nicht, an wen ich mich sonst noch wenden könnte. Ich bin in München im Hilton am Tucherpark. Ich kann in zehn Minuten bei dir sein. Bitte, um der alten Zeiten willen.«

Das Benutzen seines alten Kosenamens von der Universität, Pop als Kurzform von Popeye, der spinatsüchtigen Comicfigur, sprach bezüglich der Gemütslage von Gerd Brauner Bände. Normalerweise hätte er ein Treffen trotzdem abge-

lehnt, aber angesichts der Entführung von Tobias konnte er eventuell wichtige Informationen gewinnen.
»Okay, Gerd, aber gib mir 15 Minuten, ich muss erst noch duschen und mir etwas Anständiges anziehen. Hast du meine Adresse?«
»Habe ich, und danke.«
Bevor Niels Werner aber in die Dusche ging, rief er noch Konrad Pair auf dem Handy an.
»Konrad, du glaubst es nicht, aber Gerd Brauner hat sich bei mir in 15 Minuten angesagt. Er müsse mich dringend sprechen, weil er, wie er sagte, in der Scheiße sitzt. Und hast du gewusst, dass Gerd Brauner der biologische Erzeuger von Tobias ist?«
Konrad Pair pfiff leise durch die Zähne. »Nee, wusste ich nicht, aber das wird ja immer interessanter. Hast du ein Aufnahmegerät in der Wohnung?«
»Nein«
»Check dein Telefon. Die meisten haben eine Aufnahmefunktion. Schalte sie ein. Ich drehe wieder um und fahre zu dir zurück. Ich stehe dann auf dem Parkplatz der Sonnenapotheke, nur für den Fall, dass die Dinge aus dem Ruder laufen.«
»Danke, Konrad, schauen wir mal, was der Bastard so alles zu erzählen hat.«
Das heiße Wasser der Dusche vertrieb die leichte Versteifung der Muskeln, welche sich nach einer langen Joggingtour immer bei ihm einstellte. Niels Werner sah sich anschließend kritisch im Spiegel an. Einen Waschbrettbauch hatte er ja noch nie gehabt, aber die leichte Verfettung seiner Hüften gefiel ihm ganz und gar nicht. Offensichtlich saß er zu viel am Schreibtisch.
Er war kaum mit dem Anziehen fertig, als seine Türglocke anschlug. Er schaute auf seine Uhr: erst zwölf Minuten seit Gerds Anruf, dem musste der Frack ja tüchtig brennen.

Beim Anblick von Gerd Brauner erschrak er allerdings. Dieser sonst so untadelig gekleidete Mann sah nicht nur aus, als ob er auf einer Müllkippe übernachtet hätte, sondern offensichtlich hatte er auch keinen Schlaf bekommen. Verglichen mit ihrem letzten Zusammentreffen in Berlin sah er glatte zehn Jahre älter aus. Außerdem eilte ihm ein sehr deutlicher Alkoholgeruch voraus. Schwer atmend ließ sich Gerd Brauner auf einem Küchenstuhl nieder und sah ihn aus rotgeränderten Augen an.

»Spar dir deine Worte, Pop, ich weiß, ich sehe scheiße aus und so fühle ich mich auch. Hast du einen Kaffee und etwas zu essen im Haus?«

»Habe ich.«

Zum zweiten Mal an diesem Morgen machte Niels Werner Frühstück. Währenddessen stützte Gerd Brauner seinen Kopf in beide Hände.

»Hast du gewusst, dass Claire von mir schwanger war?«

»Wie sollte ich, ich hatte ja keinen Kontakt zu ihr. Ich hatte mich nur gewundert, warum sie so urplötzlich Peter Nehmer geheiratet hat, wo sie doch immer total auf dich fixiert war. Allerdings weiß ich es jetzt, nachdem ich Tobias kennengelernt habe. Er ist dir wie aus dem Gesicht geschnitten. Ich kann nur hoffen, dass er nicht auch noch deinen Charakter geerbt hat.«

»Ja, ja, hau nur drauf, das habe ich auch nicht anders verdient«, Gerd Brauner machte sich über die Rühreier her und schüttete den frisch gebrühten Kaffee in sich hinein, »wieso hat sie mir denn nichts gesagt?«

»Also, da musst du sie schon selbst fragen«, Niels Werner machte eine kurze Pause, um dann frontal sein Gegenüber anzugehen, »jedenfalls habe ich gerade erfahren, dass Tobias entführt wurde.«

Gerd Brauner ließ die Gabel auf den Teller fallen und sah ihn an. Als er sprach, war seine Stimme brüchig und kaum vernehmbar.

»Ich war es.«
»Was?«
»Ich war es, Pop, ich habe dem Leist den Auftrag gegeben, den Jungen zu entführen, um Peter Nehmer weichzukochen. Ich konnte doch nicht wissen, dass ich meinen eigenen Jungen entführen ließ. Als Claire mir bei unserem zufälligen Treffen in München das Geheimnis um Tobias offenbarte, war es schon zu spät. Da hatte der Leist schon zugeschlagen.«
Nun war es um den neutralen Ton von Niels Werner geschehen.
»Du bist doch ein solcher Drecksack! Was ist bloß aus dem Gerd Brauner geworden, den ich an der Uni kannte? Hat dich dein Job so korrumpiert? Weißt du nicht mehr, was Anstand ist?«
Gerd Brauner hob abwehrend die Hand. »Hör mich an, Pop. Ja, der Job macht dich zu dem, was ich geworden bin. Glaubst du im Ernst, in unserer Branche gibt es nur anständige Leute? Nein, mein Lieber, eher das Gegenteil ist der Fall. Die sind doch alle nicht mit geraden Methoden auf ihre Positionen gekommen. Und wenn du mit denen tagtäglich zu tun hast, wirst du zwangsläufig genauso. Ansonsten buttern die dich unter. Und dann dieser Druck in der Bankenwelt. Vor einigen Jahren warst du mit Liquidität der König, heute musst du als Bank Strafzinsen bezahlen, wenn du bei der Zentralbank Geld parken willst. Ein kleiner Fehler, eine winzige Unachtsamkeit und dir fliegt deine Bank um die Ohren. Du hattest dir ja schon rechtzeitig eine Nische gesucht, eine windgeschützte Ecke, in der es nicht ganz so heikel zugeht. Meinst du, es hat mir Spaß gemacht, dich, meinen besten Freund, zu entlassen? Aber ich will mich nicht herausreden, ein Gutteil von meinem Miessein war wohl schon immer in mir angelegt, es hatte damals nur noch keine Möglichkeit sich zu entfalten. Vielleicht ist das ja bei jedem Menschen so, wenn du um dein Überleben kämpfst.«

Jetzt hör dir den an, dachte Niels Werner, da kommen einem doch glatt die Tränen.
»Um ehrlich zu sein, Gerd, am liebsten würde ich dir ein paar reinhauen.«
»Ja, ja, tu dir keinen Zwang an.«
»Ich denke aber, wir haben Besseres zu tun. Jetzt geht es zunächst um Tobias. Wieso beendest du die Entführung nicht einfach und vergisst diese Schwachsinnsidee mit der Übernahme der Wertebank?«
»Siehst du, da kommt das eigentliche Problem. Ich habe dem Leist die Anweisung gegeben, den Jungen freizulassen, aber der Drecksack hat einfach abgelehnt und stattdessen auch von mir Lösegeld verlangt. 20 Millionen, um genau zu sein. Und ich habe keine Ahnung, wo er mit dem Jungen steckt.«
Ach du Lieber Gott, auch das noch. Niels Werner stand auf und ging zu seiner Bar. Jetzt brauchte er auch etwas zur Stärkung, und wie er den guten Gerd kannte, der vermutlich auch. Wortlos ging er mit zwei Bourbon on the rocks zum Tisch zurück und prostete Gerd Brauner zu.
»Oh Mann, was hast du nur getan! Dir ist doch hoffentlich klar, dass, selbst wenn die Sache mit Tobias gut ausgeht, du für etliche Jahre im Gefängnis verschwindest.«
»Glaub mir, Pop, das Gefängnis ist meine geringste Sorge. Die Steuer wird mich wegen Konkursverschleppung anklagen. Von mir nimmt dann keiner mehr ein Stück Brot. Darüber hinaus habe ich mich zwecks eurer Übernahme mit Silberstein & Partner eingelassen. Samuel Leist ist übrigens einer ihrer Mitarbeiter. Du weißt, dass die mit der amerikanischen Regierung verbandelt sind. Die sind nicht zimperlich, wenn ihre Pläne durchkreuzt werden. Ich denke, meine Lebenserwartung ist überschaubar. Aber ich bin nicht wichtig. Wichtig ist, wir müssen Tobias finden.«

»Hör zu, Gerd, da ist die Dusche und Handtücher sind hier. Ich denke, du brauchst ein paar Stunden Schlaf, um wieder klar denken zu können. Vielleicht verfügst du doch über Hinweise, wo der Leist sich aufhalten könnte, vielleicht hast du die nur verdrängt. Also schlaf und ich sehe mich derweil nach professioneller Hilfe um.«
Mit diesen Worten stand Niels Werner auf und steuerte seine Wohnungstür an, nicht ohne vorher das zustimmende Nicken von Gerd Brauner registriert zu haben.
»Hey«, rief ihm Gerd Brauner hinterher, »notiere dir aber erst mal die Handynummer vom Leist. Vielleicht kann die Polizei ihn über das Handy orten.«
»Gute Idee, so ganz scheinst du ja doch noch nicht verblödet zu sein.«

Als Niels Werner sein Haus verließ hatte er keine rechte Ahnung wie er nun weiter verfahren sollte. Auf alle Fälle würde er erst einmal nun ein längeres Gespräch mit Konrad Pair führen, in der Hoffnung, dass der wusste was zu tun ist.

TRACKING

Wie versprochen parkte Konrad Pair vor der Sonnenapotheke. Er hatte seinen Fahrersitz heruntergeklappt und schlief. Es bedurfte schon eines energischen Klopfens an die Windschutzscheibe, um ihn aufzuwecken. Konrad Pair entriegelte den Wagen und Niels Werner ließ sich auf dem Beifahrersitz nieder.

»Und? Wo ist Brauner?«

»In meiner Wohnung, Konrad, und er schläft sich erst einmal aus. Sieht aus wie Braunbier und Spucke. Wie wir vermuteten, er steckt hinter der Entführung von Tobias.«

»Der Drecksack.«

»Habe ich auch zu ihm gesagt. Aber er macht jetzt voll auf Mitleid. Er habe ja erst nach der Entführung erfahren, dass er der biologische Vater ist. Das stimmt sogar. Wir haben uns vorgestern zufällig in München getroffen, Claire Dubois, Gerd, ich und noch eine frühere gute Freundin aus der Studentenzeit. Mit letzterer bin ich dann weggegangen und Claire und er sind noch sitzengeblieben. Dann hat sie ihm das wohl gesagt, ich kann dir aber nicht sagen, warum und warum sie damit so viele Jahre gewartet hat. Aber das ist jetzt ein anderes Thema. Wichtig für uns ist, er hat gestern Samuel Leist angerufen, um die Entführung rückgängig zu machen. Und jetzt kommt es, Samuel Leist hat abgelehnt und im Gegenzug auch von ihm ein Lösegeld verlangt. 20 Millionen.«

Wieder pfiff Konrad Pair leise durch die Zähne. »Der Kerl will wohl reich werden und sich ins Ausland absetzen. Da schau her. Wie du vermutet hast, war die Entlassung von Leist nur eine Coverstory, die sich aber in ihr Gegenteil verkehrt hat. Ja, ja, die

Geister, die der liebe Brauner rief, wird er nun nicht mehr los. Dem ist doch aber klar, dass er sich vor dem Gesetz zu verantworten hat, schließlich hat er ja eine Straftat begangen.«

»Tja, Konrad, und vermutlich nicht nur diese. Aber ihm ist derzeit völlig egal, was mit ihm passiert, er denkt nur an sein Fleisch und Blut. Ach ja, und ehe ich es vergesse, Brauner hatte sich zur Finanzierung seiner Übernahmepläne mit den Silbersteins eingelassen und der Leist ist wohl einer der heimlichen Mitarbeiter von deren Schwesterorganisation.«

»Na, da kann er sich ja gratulieren. Die fackeln nicht lange, wenn ihnen etwas gegen den Strich läuft«, Konrad Pair machte eine nachdenkliche Pause, »du lieber Himmel, Niels, ich fürchte, das wird allmählich eine Nummer zu groß für uns. Stell dir vor, bei uns die Chinesen, beim Brauner die Amerikaner. Die mögen sich ohnehin derzeit nicht besonders. Da fehlen ja nur noch die Russen im Spiel. Wir werden wohl irgendwann den Bundesnachrichtendienst ins Boot nehmen müssen. Aber jetzt noch nicht. Wir müssen erst den Jungen finden. Und bei diesem Leist habe ich es ja gleich gespürt, der hat etwas Agentenhaftes an sich. Der kam mir gleich nicht ganz koscher vor.«

»Brauner ist sich im Klaren, in welcher Situation er ist. Deshalb dürfte er auch erst einmal in meiner Wohnung bleiben, denn da ist er sicher.«

»Mmh, so sicher bin ich da nicht. Ich werde vorsichtshalber mal einen Aufpasser vor deiner Wohnung positionieren. Schau nicht so überrascht, auch unsere Bank hat so ihre Ressourcen.«

Niels Werner nickte vor sich hin. »Ich wäre ja auch nie darauf gekommen, dass du unser Sicherheitschef bist, Wer weiß, was ich sonst noch so alles nicht weiß.«

»Dabei bleibt es auch besser. Du hast gesagt, Brauner hat mit Leist telefoniert. War das eine Festnetznummer oder ein Handy?«

»Ein Handy, hier ist die Nummer.«

»Wunderbar, dann informiere ich mal gleich die Polizei und die können dann versuchen, das Handy zu orten.«

Während Konrad Pair mit der Polizei telefonierte, versuchte Niels Werner vergeblich, seine Sekretärin zu erreichen. Vermutlich steckte sie noch in der U-Bahn. Aber auch Konrad Pairs Telefonat lief wohl nicht ganz so wie geplant, jedenfalls war dieser offenbar nicht Herr des Gesprächs, wie an seinem Gesichtsausdruck abzulesen war.

»Also, Niels, seinen Schönheitsschlaf kann Herr Brauner knicken. Die Polizei will ihn gleich vernehmen, und zwar aus Sicherheitsgründen in deiner Wohnung. Sie wollen kein Aufsehen erregen, was ohne Zweifel der Fall wäre, wenn sie den prominenten Banker ins Präsidium schleifen würden. Sie schicken gleich zwei Beamte in Zivil rüber. Das heißt für dich, du musst hierbleiben und die Burschen hereinlassen. Ich fahre zur Polizei und sehe zu, was bei der Handynachverfolgung herauskommt. Dann werde ich Peter Nehmer informieren. Wenn der hört, wer der Drahtzieher ist, geht er dem Brauner an die Gurgel. Wir müssen die beiden unbedingt getrennt voneinander halten.«

Hier wurde Konrad Pair von dem Klingelton seines Handys unterbrochen.

»Ja, Pair hier.« Er lauschte mit ausdruckslosem Gesicht, bis er mit einem obszönen Fluch das Telefonat beendete.

»Die Übergabemodalitäten für das Lösegeld sind eingetroffen. Der Mistkerl Leist will das Geld bis morgen Mittag in Form von Bitcoins überwiesen bekommen. Diese virtuelle Währung ist kaum nachzuverfolgen, und ich wette, das angegebene Konto auch nicht. Schlau, schlau. Was waren das doch für angenehme Zeiten, als das Geld irgendwo deponiert werden musste und du dann dem Abholer auflauern konntest. Aber das

bedeutet, wir müssen schleunigst Tobias finden. Nachdem du mir erzählt hast, welche internationalen Interessen im Spiel sind, fange ich an, mir ernsthafte Sorgen zu machen.«
Niels Werner klopfte ihm beruhigend auf die Schulter und stieg aus dem Wagen, was Konrad Pair zum Anlass nahm, kurz winkend Richtung Innenstadt davonzufahren. In seiner Wohnung fand er Gerd Brauner vor, immer noch im gleichen Sessel wie vor einer halben Stunde sitzend. Allerdings war der Gute offensichtlich eingenickt. Geduscht hatte er jedenfalls noch nicht. Es tat ihm zwar irgendwie leid, aber er musste den Brauner jetzt wecken, die Beamten konnten jeden Moment vor der Tür stehen.
Es bedurfte allerdings schon eines sehr nachdrücklichen Rüttelns, bis Gerd Brauner wieder zu sich kam. »Wie, was, wo, wie spät ist es?«
»Gerd, es tut mir leid, aber du musst jetzt wach bleiben. Die Polizei schickt gleich zwei Beamte, die dich sofort vernehmen wollen. Aus Sicherheitsgründen bleibst du aber wohl erst einmal in meiner Wohnung. Die wollen dich nicht zum Präsidium bringen, da irgendeiner dich garantiert erkennt. Und zum Leist darf auf keinen Fall durchsickern, dass du mit der Polizei zusammenarbeitest.«
Wie auf Kommando schrillte die Türglocke. Nachdem Niels Werner durch den Türspion geschaut hatte und einer der beiden vor der Tür stehenden Männer seinen Polizeiausweis von außen an die Scheibe hielt, öffnete er die Tür. Die beiden Polizisten wirkten unauffällig und waren wie Banker gekleidet. Sollte einer der Nachbarn sie gesehen haben, würde er sie für seine Mitarbeiter halten. Offenbar verfügt die Münchner Polizei über Profis, dachte er.
Nachdem die Herren sich gegenseitig bekannt gemacht hatten, begannen die Beamten sofort mit ihrer Befragung. Während-

dessen machte sich Niels Werner daran, zum wievielten Mal eigentlich, erneut Kaffee zu kochen, da sowohl die Polizisten als auch Gerd Brauner sich offenbar dopen wollten. Wenn das so weiterging, waren seine Vorräte bald aufgebraucht, aber Gott sei Dank wollten die ja nur Kaffee. Während die Maschine ihre Arbeit verrichtete, stellte er sich in die Verbindungstür zwischen seiner Küche und dem Wohnzimmer und verfolgte die bereits sehr intensive Unterhaltung von Gerd Brauner mit den Polizisten. Deren primäres Interesse lag offenbar zunächst einmal darin, das Miteinander von Brauner und Leist zu ergründen.

Wann haben Sie Leist zuletzt gesehen, wie sah er da aus, was haben Sie zu ihm gesagt, wie waren seine letzten Worte, haben Sie Indikationen, wo er sich in der letzten Woche aufgehalten haben könnte, haben Sie eine, wenn auch nur vage Idee, wo er momentan sein könnte, sind Ihnen irgendwelche örtlichen Präferenzen von Leist bekannt, haben Sie bei Ihrem Telefonat mit ihm irgendwelche Hintergrundgeräusche gehört …

Die Fragen kamen schnell und präzise, wie aus einem Maschinengewehr. Gerd Brauner hielt dem Kreuzfeuer mühelos stand, er konnte nur immer wieder betonen, dass Samuel Leist von Natur aus ein sehr, wie die Amerikaner sagen, *secretive guy* war. Trotzdem war er offensichtlich für die kleine Atempause dankbar, die Niels Werner mit dem Servieren des Kaffees verursachte.

Als die Polizisten ihre Fragerunde wieder aufnehmen wollten, surrte Brauners Handy. Er sah auf das Display und die ohnehin bereits ungesunde Färbung seines Gesichtes vertiefte sich noch einmal. Wortlos reichte er den Polizisten sein Handy und wandte sich an Niels Werner.

»Das war dieser Mistkerl von Leist. Er erwartet die Überweisung bis morgen Mittag auf ein bestimmtes Bitcoin-Konto.

Der weiß genau, dass das nur sehr schwer weiter zu verfolgen sein wird.«
Beim Vergleich der Kontonummern stellten die Beamten fest, dass diese identisch waren. Daraufhin wandten sie sich wieder an Gerd Brauner. »Herr Brauner, die Zeit drängt. Denken Sie noch einmal scharf nach, der Leist muss an einem Ort sein, wo Telefon und Internet gut funktionieren. Sie sagten ja vorhin, dass die Verbindung bei Ihrem Telefonat einwandfrei war, also muss sein Handy erstklassigen Empfang haben. Und für eine Bitcoin Transaktion, wir gehen davon aus, dass er, wenn die elektronischen Bitcoins bei ihm eingetroffen sind, diese sofort weiterreicht, braucht er ebenfalls eine hervorragende Netzverbindung. Außerdem erscheint es uns logisch, dass Leist sich in einer Gegend aufhält, in der er sich auskennt.«
In diesem Moment klingelte das Mobiltelefon eines der Polizisten. Während der das Gespräch annahm und mit seinem Gesprächspartner sprach, rumorte es im Kopf von Niels Werner. Wo und wann hatte er das schon einmal gehört? Gute Telefon- und Internetverbindung. In welchem Zusammenhang? Wer hatte das gesagt, es sogar als Voraussetzung angesehen?
In diesem Moment beendete der Polizist sein Telefonat und wandte sich an Gerd Brauner und Niels Werner. »Wir können das Telefon von Samuel Leist nicht orten. Das heißt, erst seit einer Woche nicht mehr, er benutzt seitdem offenbar eine High-Tech-Verschlüsselung, die unsere Leute noch nicht knacken konnten. Die letzten Telefonate, die wir nachträglich verfolgten, fanden alle in der Nähe von Frankfurt statt.«
Da traf es Niels Werner wie ein Schlag. Natürlich, das war es, Leist hatte Telefonverbindung und Internet erwähnt, damals, als er für Gerd Brauner ein Refugium zum Erholen des geplagten Bankers in der Nähe von Frankfurt gesucht hatte. Und

natürlich war es nur logisch, dass er sich in der Nähe von Frankfurt aufhalten würde, da kannte er sich am besten aus.
»Gerd, hast du immer noch das Bootshaus am Edersee?«
»Nein, das habe ich schon vor zwei Jahren wiederverkauft. Es war mir dann doch dort viel zu einsam. Warum fragst du?«
Niels Werner bekämpfte die aufkeimende Enttäuschung in ihm. »Das hat doch damals der Leist für dich ausfindig gemacht«, Gerd Brauner nickte und die beiden Polizisten sahen Niels Werner gebannt an, »der hat damals genau diese Kriterien genannt, Telefon und Internet müssten spitze sein, damit du jederzeit erreichbar bist. An wen hast du verkauft?«
»Ach, Niels, das weiß ich doch heute nicht mehr. Ich weiß nicht, ob ich es jemals gewusst habe. Das hat damals die Lehmann für mich abgewickelt, da ich mit anderen Dingen total zu war. Ich habe nur die notwendigen Unterschriften geleistet.«
»Hast du die Nummer von der Lehmann?«
»Klar, warte kurz, hier auf dem Handy.«
Niels Werner wählte die ihm angebotene Nummer.
»Lehmann.«
»Hallo, Frau Lehmann, wie schön, dass ich Sie erreiche. Niels Werner hier.«
»Herr Werner, na, das ist ja eine Überraschung. Ich habe schon ewig nichts mehr von Ihnen gehört. Woher haben Sie denn meine Handynummer?«
»Von Herrn Brauner, er sitzt mir gegenüber. Frau Lehmann, können Sie sich noch an das Bootshaus von Herrn Brauner am Edersee erinnern?«
»Ja, selbstverständlich.«
»An wen haben Sie es verkauft.«
»Ooch, Herr Werner, das weiß ich nicht mehr, das ist doch schon so lange her.«

Niels Werner holte tief Luft. Die Lehmann mit ihrem nahezu photographischen Gedächtnis wollte sich nicht mehr an den Käufer erinnern können? Niels Werner wusste mit einer untrüglichen Sicherheit, dass er auf der richtigen Fährte war.

»Frau Lehmann, reden Sie doch keinen Unsinn. Ich habe noch nie erlebt, dass Sie etwas vergessen haben. Sie wollen nicht mehr wissen, wer das Bootshaus erworben hat? Das nehme ich Ihnen nicht ab. Es ist äußerst wichtig, dass Sie uns den Namen des Käufers sagen. Das Leben eines Jungen hängt davon ab. Bitte, Frau Lehmann, der Junge ist auch noch der Sohn von Gerd Brauner, ja, von Gerd Brauner, ich mache keine Witze.«

Durch das Telefon kam ein merkwürdiges Geräusch. Niels Werner brauchte eine kleine Weile, um zu realisieren, dass Helga Lehmann leise vor sich hin weinte. Schließlich stieß sie schluchzend hervor.

»Es tut mir so leid, ich habe dem Chef das verschwiegen. Samuel Leist hat das Bootshaus gekauft und mich zur Verschwiegenheit verpflichtet. Ich hatte einmal eine kurze Affäre mit ihm und er hatte gedroht, Herrn Brauner davon zu erzählen, wenn ich nicht dichthalte.«

»Danke, Frau Lehmann.«

Niels Werner beendete das Telefonat und schaute triumphierend die Polizisten und Gerd Brauner an.

»Dein altes Bootshaus, Gerd. Samuel Leist hat es damals gekauft und ein großes Geheimnis daraus gemacht. Ich wette ein Jahresgehalt, dass man ihn und den Jungen dort findet.«

DURCHATMEN

Er hatte eigentlich das Präsidium nicht verlassen wollen, aber der Leiter des Sonderkommandos Tobias hatte ihn nachdrücklich dazu aufgefordert. Peter Nehmer musste seine momentane Nutzlosigkeit einsehen. Bei all dem Kommen und Gehen, Telefonaten und dem Verarbeiten neuer Informationen störte er eher. Welcher Polizist konnte schon klar denken, wenn ihm im Nacken ein sich sorgender und nervöser Vater saß, der ihn auch noch ständig mit Fragen nervte. Die Polizei hatte ja jetzt einen Anhaltspunkt, wo mit hoher Wahrscheinlichkeit Tobias festgehalten wurde und vor allem von wem und traf nun alle notwendigen Maßnahmen zu seiner Befreiung. Außerdem wurde es Zeit, dass er Claire unterrichtete, sie kam bestimmt um vor Sorge um den Jungen.

Dankend nahm er das Angebot von Konrad Pair an, ihn im Auto zu begleiten. Seine zitternden Hände und sein ungewöhnlich schnell schlagendes Herz machten ihn doch ein wenig nervös. Er wollte auch gar nicht wissen, wie hoch sein Blutdruck war. Das fehlte ihm noch, dass er jetzt einen Herzinfarkt bekam. Da war es gut, den stets besonnenen Konrad neben sich zu haben, zumal er sich nicht sicher war, ob sein Fahrer eine gesundheitliche Notsituation bei ihm im Griff haben würde.

Wenn er ehrlich mit sich selbst war, hatte Konrad Pair ihm gar kein Angebot gemacht, sondern ihn wie selbstverständlich aus dem Präsidium hinaus in sein Auto bugsiert. Ja, der gute Konrad, auf den konnte man sich felsenfest verlassen. Er hatte die Nachrichten über den vermutlichen Aufenthaltsort von Tobias und den Hintergrund der Entführung der Polizei übermittelt und sich an seiner Stelle in die Ermittlungen eingeschaltet.

Dessen Stimme riss ihn nun aus seinen Gedanken. »Geht es dir nun etwas besser, Peter?«
»Woher …«
»Lass es gut sein, ich kenne dich. Dein Blutdruck war auf 180 da drin, insbesondere nachdem du gehört hast, wer diese ganze Scheiße initiiert hat.«
Peter Nehmer vergaß sein Unwohlsein und sah seinen Sicherheitschef an. »Konrad, tu mir einen Gefallen und sorge dafür, dass ich diesem Brauner nicht über den Weg laufe. Ich leg ihn um, eiskalt. Das kannst du mir glauben. Und wenn ich dafür den Rest meines Lebens hinter Gittern verbringen muss.«
»Du wirst nichts dergleichen tun, Peter. Der Mann ist ohnehin erledigt. Warum sollst du dir noch die Hände schmutzig machen? Denk an deine Kinder, die brauchen dich noch. Nein, nein, den Brauner überlass mal schön der Justiz, die werden ihn richtig fertigmachen. Ich kann nur hoffen, dass sie diesen Leist lebend erwischen. Laut Niels weiß der über alle Machenschaften Brauners Bescheid und hat für den jahrelang die Schmutzarbeit erledigt.«
Peter Nehmer nickte nachdenklich vor sich hin.
»Ja, der Niels, bei dem muss ich mich auch noch bedanken. Mit dem haben wir einen guten Griff getan, Konrad. Der ist nicht nur ein exzellenter Fachmann, sondern auch ein netter Kerl. Er hat mir vor ein paar Wochen aus einer Riesenverlegenheit geholfen, indem er mir einen Supertipp für das Geburtstagsgeschenk von Tobias gegeben hat. Mein Junge war ganz glücklich über die Golfuhr.«
Konrad Pair, der immer noch mit seinem Schlafmangel kämpfte, war auf einmal hellwach. »Tobias hat eine Golfuhr? Welches Modell hast du ihm gekauft?«
»Warte mal, das war … lass mich nachdenken …, ja jetzt fällt es mir wieder ein. Das war eine Uhr von Bushnell. Brandneu, mit

allen Schikanen. Sieht aus wie eine normale Uhr, bis man einen bestimmten Knopf drückt. Dann verwandelt sie sich in einen Wegweiser über den Golfplatz. Natürlich muss man vorher über Satellit den Golfplatz abfragen.«

»Mensch Peter, warum fällt dir das erst jetzt ein? Vielleicht hat der Leist nicht gemerkt, dass das eine Golfuhr ist und hat sie ihm gelassen. Tobias' Handy haben wir ja vor der Schule gefunden, offensichtlich dort weggeworfen. Nicht aber seine Golfuhr. Das spricht eigentlich dafür, dass ihm zumindest am Anfang die Golfuhr nicht aufgefallen ist. Das würde bedeuten, Tobias kann Daten über Golfplätze in seiner Nähe abrufen. Und wenn er das tut, können wir nachverfolgen, um welche Golfplatzdaten es sich handelt, und damit bekämen wir einen weiteren Hinweis darauf, in welcher Gegend er sich aufhält. Allerdings bräuchten wir dafür die Kennnummer der Uhr, die müsste auf der Kaufquittung stehen.«

Jetzt war auch Peter Nehmer hellwach. »Die hat bestimmt Claire. Die hebt alle Quittungen auf, von wegen Garantie und so. Ich ruf sie gleich an.«

Bevor Peter Nehmer zu seinem Autotelefon greifen konnte, erreichte der Fahrer aber bereits sein Zuhause. Zusammen mit Konrad Pair eilte er die Stufen zu seiner Haustür hinauf, die im gleichen Moment von seiner Frau geöffnet wurde. Claire Dubois war leichenblass, atmete aber sichtlich auf, als sie ihren Mann sah.

»Ich habe gerade mit Niels gesprochen. Das ist ja alles ...«

Peter Nehmer unterbrach seine Frau abrupt. »Sorry, Claire, aber das hat Zeit. Hast du noch die Quittung von dem Geburtstagsgeschenk, das ich für Tobias gekauft habe? Du weißt doch, die Golfuhr von Bushnell.«

»Die müsste ich noch haben. Vorausgesetzt natürlich, du hast sie mir gegeben.«

Sie nahm einen der Ordner aus dem Kabinett im Wohnzimmer und blätterte darin herum. »Warum ist das so wichtig? Ah, hier ist es. Bushnell Golfuhr, 393 Euro.«
Sie gab ihm die Quittung, die er sofort an Konrad Pair weitergab. Der nickte zufrieden. »Hervorragend, hier ist die Seriennummer, ich rufe gleich die Polizei an.«
Während Konrad Pair die Seriennummer telefonisch weitergab und auch erklärte, was es mit dieser Nummer auf sich hatte, erklärte Peter Nehmer seiner Frau, was daran so wichtig war. Claire Dubois sah ihren Mann mit Tränen in den Augen an. »Ach, Peter, es tut mir so leid, ich hätte Gerd nicht sagen sollen, dass Tobias von ihm ist. Und ich hätte vor allem dir sagen sollen, dass wir, also Niels, Gabi und ich, ihn zufällig in der Stadt getroffen haben.«
»Claire, es war gut, es ihm zu sagen. Das erleichtert es uns möglicherweise, Tobias zu finden. Brauner hat wohl seinem Handlanger, dem Leist, die Anweisung gegeben, den Jungen freizulassen. Leist hat das schlichtweg abgelehnt und erpresst nun auch zusätzlich Brauner. Das alles hat Brauner veranlasst, zu Niels zu gehen und sich zu offenbaren. Dadurch sind wir dem Drecksack eher auf die Spur gekommen, als es sonst der Fall gewesen wäre. Nein, Claire, du hast nichts falsch gemacht. Und dass du nichts von eurem Treffen berichtet hast, verstehe ich. Das Thema ist ohnehin sensibel genug.«
»Ach, Peter, du bist so ein guter Mann. Ich liebe dich.«
Beide verharrten in inniger Umarmung, bis Peter Nehmers Magen knurrte. Er sah seine Frau fragend an. »Hast du vielleicht für zwei hungrige Mäuler etwas zu essen im Haus? Ich bin sicher, Konrad hat auch seit dem Frühstück nichts mehr gegessen.«
»Aber ja, ich lasse Maria gleich etwas richten. Ich denke, wir haben noch Steaks im Haus. Sebastian hat sich übrigens von

seiner Klassenfahrt gemeldet. Es geht ihm gut. Ich habe ihm nicht gesagt, was hier los ist.«
Während Claire Dubois in der Küche verschwand, nahm Peter Nehmer die noch halbvolle Weinflasche vom letzten Abend und füllte zwei Gläser.
»Komm, Konrad, diesen Schluck haben wir uns verdient.«
Die beiden Männer prosteten sich zu. Als Claire Dubois mit den Steaks aus der Küche kam, klingelte das Telefon.
»Nehmer.«
»Herr Nehmer, hier spricht Torben Meinert, wir haben uns noch nicht kennen gelernt. Ich bin der leitende Beamte einer Sondereinheit der GSG 9. Wir brauchen Sie auf der Münchner Polizeiwache, um den Einsatzplan zur Befreiung ihres Sohnes durchzusprechen. Wir wissen nun, dass Ihr Junge sich in der Nähe des Edersees aufhalten muss, er war so clever, sich die Daten des Golfclubs Waldeck am Edersee herunterzuladen. Das bedeutet, die uns angegebene Lokalisation in Rehbach am Edersee dürfte in der Tat die Stelle sein, an der Ihr Sohn festgehalten wird. Bezüglich seiner Befreiung gibt es aber ein paar Dinge, die wir gerne vorab mit Ihnen besprechen würden.«
»Ich bin schon auf dem Weg, Herr Meinert.«
»Danke, ich werde über Skype bei der Konferenz im Präsidium zugeschaltet sein.«
Als Peter Nehmer den Telefonhörer auf die Gabel legte, hatte seine Frau die Steaks schon mundgerecht geschnitten in eine Plastikschale gefüllt.
»Hier, die könnt ihr auf der Fahrt im Wagen essen.«
»Denke, Claire, ich halte dich auf dem Laufenden.«
Im Präsidium angekommen, nahm niemand von ihm Notiz. Klar, denen ging es nicht anders als ihm, die Klimax rückte näher. Im Situationsraum war die Diskussion zwischen dem Leiter des hiesigen Sonderkommandos und seinem Gegenüber

auf Skype schon in vollem Gang. Beide unterbrachen ihre Unterhaltung, als er den Raum betrat. Peter Nehmer trat an den PC heran.

»Peter Nehmer hier, Herr Meinert?«

Der Mann auf Skype sah so aus, wie man sich landläufig einen Elitesoldaten vorstellte. Kurze Haare, eisgraue Augen und selbst auf dem kleinen Skype-Ausschnitt kam seine Athletik herüber.

»Ganz recht, schön, dass Sie so schnell kommen konnten. Wie ich gerade Herrn Stern erklärte, ist die taktische Lage zur Befreiung Ihres Sohnes keine einfache. Rehbach liegt zwischen dem Edersee und dem Nationalpark Ketterwald-Edersee. Das in Frage kommende Bootshaus liegt etwas abgeschieden vom eigentlichen Ort Rehbach. Dorthin führt nur eine einzige Straße über offenes Gelände. Jeder, der sich von dieser Seite dem Haus nähert, ist schon von weitem zu sehen. Das bedeutet, wir müssen uns dem Bootshaus durch den Nationalpark nähern. Das braucht Zeit, insbesondere, da wir es, wie ich höre, auf der Gegenseite mit einem Profi zu tun haben. Der kann natürlich die Situation genauso lesen wie wir auch. Wir müssen daher mit Stolperfallen rechnen. Eventuell kann ich parallel eine kleine Gruppe mit einem Boot zum Haus schicken. Das kann ich aber erst entscheiden, wenn ich vor Ort bin.«

»Wollen Sie mir gerade erklären, dass Sie meinen Jungen eventuell nicht befreien können?«

»Nein, Herr Nehmer, wir werden Ihren Jungen befreien, seien Sie unbesorgt. Was ich versuche, Ihnen klarzumachen ist, dass das Ganze Zeit braucht. Wir sind derzeit in Hammelburg stationiert. Gleich nach Beendigung unseres Telefonates fliegt meine Einheit mit Hubschraubern nach Frankenberg. Näher können wir an den Edersee nicht heran, ohne unnötige Aufmerksamkeit zu wecken. Ich werde dann entscheiden, ob ich das Parallelteam losschicke. Danach fahren wir mit unseren Jeeps in den Nationalpark, so weit, wie es möglich ist und werden uns dann dem Bootshaus zu Fuß nähern. Es geht leider nicht anders, wenn wir das Leben Ihres Sohnes nicht riskieren wollen. Das bedeutet, summa summarum, dass wir die Befreiung erst morgen früh nach Sonnenaufgang angehen können. Wir brauchen für die letzten Meter Tageslicht, um nicht in eine Stolperfalle zu laufen. Eventuell wird es auch bis in den Vormittag hinein dauern. Es ist uns wichtig, dass Sie das verstehen und vor allem akzeptieren.«

Peter Nehmer musste schlucken. Sein armer Junge, noch mehr Zeit in Unfreiheit. Sollte das jemals zu einem guten Ende führen, würde er sich etwas Besonderes für Tobias einfallen lassen. Vielleicht sogar mit ihm eine Reise nach Neuseeland machen, das hatte er sich ja schon immer gewünscht. Er schaute Konrad Pair an, der ihm kurz zunickte.

»Okay, Herr Meinert, ich verlasse mich auf Sie. Retten Sie meinen Jungen. Wie, das überlasse ich notgedrungen Ihnen.«

»Wir werden alles tun, was in unserer Macht steht.«

KLIMAX

Er hatte die ganze Nacht kein Auge zugemacht. Gegen 4 Uhr morgens stand Samuel Leist auf. Der fehlende Schlaf machte ihm keine Sorgen, er war es gewohnt, mit wenig auszukommen. Dass er nicht schlafen konnte, verwunderte ihn auch nicht, schließlich standen an diesem Tag wichtige Dinge bevor. Wenn alles glatt ging, würde er heute Nachmittag ein wohlhabender Mann sein. Endlich, nachdem er jahrelang nur für andere, natürlich wohlhabende Männer die Kastanien aus dem Feuer geholt hatte.

Samuel Leist zog sich an, wobei er seine Garderobe mit Bedacht auswählte. T-Shirt und Moleskin-Anzug, ganz wie zu Armeezeiten. Er hatte zwar keinerlei Veranlassung, irgendwelche Probleme zu erwarten, aber man konnte ja nie wissen. Und die Seitentaschen der Cargohose waren sehr nützlich. Genau in diesen verstaute er seine Glock-Pistole sowie sein Kampfmesser, welches ihm schon in Afghanistan gute Dienste geleistet hatte. Er wollte beides nicht offen tragen, um bei einer eventuellen Kontrolle zunächst einmal den Eindruck eines unbewaffneten Mannes zu machen.

Als er aus dem Haus trat, atmete er tief die frische Morgenluft ein. Aufgrund der Dunkelheit konnte er zwar das Wasser nicht sehen, aber es war deutlich zu riechen. Er nahm den kleinen Schaukelstuhl von der Veranda und platzierte ihn hinter einer kleinen Baum- und Buschgruppe. Der Platz auf der Veranda war ihm zu exponiert, aber hier fühlte er sich relativ sicher. Totale Sicherheit, wann hatte er jemals das Gefühl gehabt? Ja, okay, ab und zu bei Maggy in ihrer Wohnung.

Maggy, so eine Frau war selten. Sie hatte auf seine Nachricht hin Knall auf Fall die Wohnung in London verlassen und sich bereits aus ihrem gemeinsamen Domizil in Moskau bei ihm gemeldet. Der arme Kolinski würde ganz schön dumm gucken, wenn er das nächste Mal in London auftauchte, um sie zu sehen. Und das Allerbeste war, dass sie ihm noch eine ordentliche Stange Geld mit irgendeiner Story über ihre kranke Mutter abgeschwatzt hatte.

Ihm machte es nichts aus, wenn sie sich mit anderen Männern vergnügte. Die mochten ihren Körper besitzen, aber er besaß ihre Seele. Nicht umsonst hatte sie sich auf seine Nachricht hin prompt Richtung Moskau abgesetzt. Die gute Maggy, sie war nicht nur Spaß, sondern hatte sich auch als Computerexpertin entpuppt. Sie würde ihn wissen lassen, wann und ob das Geld auf dem virtuellen Konto eingetroffen war und anschließend sofort die Bitcoins in richtiges Geld zurücktransferieren und das Bitcoin-Konto schließen. Keine Nachverfolgung möglich, liebe Polizei, alle Spuren würden gelöscht sein.

Er hatte aber noch eine weniger amüsante Nachricht bekommen, und zwar als Antwort auf seine Nachricht an Ilan Silberstein. Er hatte es doch noch für seine Pflicht gehalten, ihn telefonisch zu informieren. Natürlich war der über die jüngste Entwicklung in Deutschland nicht begeistert gewesen, aber die ungefähr eine Stunde später erfolgende Anweisung schlug doch dem Fass den Boden aus. »Töte den Jungen und anschließend Gerd Brauner.« Was stellten die sich vor? Was konnte der Junge für die ganze Malaise? Und wie sollte er nun noch an Gerd Brauner herankommen? Und wie sollten diese Aktionen doch noch zur Übernahme der Wertebank führen? Diese Idioten! Das waren doch reine Racheaktionen, die nichts brachten.

Nein, nein, er hatte die richtige Entscheidung getroffen. Die Brücken hinter sich abzubrechen, war das Vernünftigste, was er machen konnte. Keine Auftragsmorde mehr oder sonstige

Schweinereien. Ab sofort zählte nur noch, was er wollte. Mit dem erpressten Geld, seinen Ersparnissen und Maggys Reserven konnten sie für den Rest ihres Lebens wunderbar in Russland leben, noch dazu, wenn sie aus Moskau heraus in das erheblich billigere Umland zogen. Die Russen würden ihn ohnehin mit offenen Armen empfangen.
Ihm musste nur noch etwas für Serge einfallen. Er war zwar bei der eigentlichen Entführung sehr nützlich gewesen, aber Samuel Leist hatte natürlich keinerlei Absichten, mit ihm irgendetwas zu teilen. Aber für dieses Problem hatte er ja seine Glock, eine wunderbar leichte und doch treffsichere Pistole.
Den Jungen würde er nach Eingang des Geldes auf seinem Bitcoin-Konto bei der McDonalds-Bude im Ort rauslassen und sich anschließend sofort mit dem unter Serges Namen angemieteten Wagen nach Düsseldorf zum Flughafen absetzen. Mit seinem gefälschten Pass dürfte er keine Probleme bei der Ausreise bekommen, der war erstklassig. Nicht umsonst hatten die Fälscher in Israel einen hervorragenden Ruf.
Samuel Leist entspannte sich in seinem Schaukelstuhl. Es gab keinen Grund, nervös zu sein, alles war bisher nach Plan gelaufen und würde auch weiter nach Plan laufen. Trotzdem nahm er seine Glock aus der Seitentasche der Cargohose, spannte den Schlitten und legte sie griffbereit auf seinen Schoß. Seine Ausbilder bei den Navy-Seals hatten ihm immer wieder eingetrichtert, auf alles vorbereitet zu sein. Nun, er war vorbereitet. Er hatte sogar im Nationalpark vorsorglich einen Hideout für sich eingerichtet, nur für den unwahrscheinlichen Fall, dass er blitzartig untertauchen musste. Aber das war ja gänzlich unwahrscheinlich, niemand konnte wissen, dass sie hier in dem alten Bootshaus waren. Zufrieden schloss er die Augen. Auch das hatten sie ihm bei den Seals eingetrichtert. Mit geschlossenen Augen schärfst du deine Ohren.

Allmählich wich die totale Dunkelheit einem Zwielicht und der Wald erwachte so langsam. Karnickel, Eichhörnchen, Vögel, Frösche und was sonst noch kreuchte und fleuchte, schufen eine unüberhörbare Geräuschkulisse. Samuel Leist konzentrierte sich aber darauf, aus diesem Wirrwarr Geräusche herauszufiltern, welche von Menschen gemacht werden.
Denn wenn jemand sie attackieren würde, würde er es jetzt tun. Genau um diese Uhrzeit und in diesem diffusen Licht. Genau dann, wenn die Aufmerksamkeit des Menschen biologisch bedingt auf dem niedrigsten Niveau ist. Aber so sehr er sich auch anstrengte, keinerlei verdächtige Geräusche drangen an sein Ohr. Auch als er die Augen wieder öffnete und sich umsah, konnte er nichts Verdächtiges entdecken. Keine aufgescheuchten Vögel oder verschreckten Karnickel, nichts, was auf die Anwesenheit von Menschen schließen ließ.
Nicht ahnen konnte Samuel Leist allerdings, dass das Unheil bereits nur wenige Schritte von ihm entfernt regungslos auf dem Boden lag. Torben Meinert und sein Team waren viel früher beim Bootshaus angekommen, als eigentlich geplant.
Sie hatten den ursprünglichen Plan der Annäherung doch noch einmal umgeworfen. Statt dass sich ein Teil von ihnen durch den Nationalpark kämpfte, waren sie alle mit ihrem Transporter an die Westspitze des Edersees gefahren, um dann in der Nacht mit Paddelbooten die Strecke zum Bootshaus zurückzulegen. Sie waren in sicherem Abstand an Land gegangen und hatten sich in der Nacht geräuschlos dem Gebäude genähert. Eine mitgebrachte Wärmebildkamera hatte ihnen verraten, dass sich in dem Gebäude drei Personen befanden, von denen zwei in den vorderen Räumen waren.
Torben Meinert hatte sich kurz mit seinem Team verständigt. Er hatte zwei Mann abgestellt, um den Fluchtweg über die Zufahrtsstraße abzusperren und zwei Mann waren dafür vor-

gesehen, auf sein Zeichen in das Haus einzudringen und die Insassen in den vorderen Räumen unschädlich zu machen.
Er ging davon aus, dass es sich bei der Person im hinteren Bereich um den Jungen handeln würde, die Wärmeabbildung war dort weniger intensiv gewesen als bei den anderen Personen.
Er selbst hatte gerade überprüfen wollen, ob es noch irgendwelche Nebeneingänge zum Bootshaus gab, als ihm der Soldat mit der Wärmebildkamera ein Warnsignal gab. Das Handzeichen war unmissverständlich. Eine der Personen fing an sich zu bewegen und verließ wenig später das Haus. Das die es sich dann im Schaukelstuhl wenige Schritte vor ihm gemütlich machte, war pures Glück. Es entbehrte auch nicht einer gewissen Ironie, die Person hatte sich den gleichen strategisch günstigen Platz ausgesucht wie er. Ein Profi, dachte Meinert. Ich wette 10:1, dass es sich hier um den ehemaligen Navy-Seal handelt. Aber nur Geduld, wir brauchen für unseren Zugriff noch ein wenig mehr Licht, und dann werden wir diesen Herren die Hammelbeine langziehen.
Als die ersten Sonnenstrahlen über den Horizont lugten, gab Torben Meinert seinen Leuten das vereinbarte Handzeichen. Das Geräusch von deren Füßen auf der Veranda ließ Samuel Leist wie von der Tarantel gestochen aufspringen. Als er die Glock hob, um auf die beiden Soldaten, die auf die Eingangstür des Hauses zustürmten, zu schießen, hörte er hinter sich ein Klicken und spürte etwas Eiskaltes in seinem Nacken. Eine völlig emotionslose Stimme sagte: »Das würde ich nicht tun.«
Samuel Leist stand stocksteif, er wusste sofort, hinter ihm war ein Profi. Als er die Glock in das Gras fallen ließ, hörte er aus dem Haus das charakteristische Plop von Schalldämpfern. Der dumme Serge, dachte er, musste mal wieder den Helden spielen. Dann sprach die Stimme hinter ihm wieder, im gleichen emotionslosen Ton wie vorhin: »Ich wette, Sie kennen das

Prozedere. Flach mit dem Bauch auf den Boden, aber hier, wo keine Glock herumliegt. Arme und Beine im 45-Grad-Winkel vom Körper weggespreizt.«

Während Torben Meinert Samuel Leist zu einem handlichen Paket verschnürte, kam einer seiner beiden Soldaten mit einem halbwüchsigen Jungen aus dem Haus und machte Meldung.

»Einer wollte den Helden spielen, Herr Hauptmann, wir mussten ihn eliminieren. Dieser Junge hier ist Tobias Nehmer.«

Torben Meinert nahm den wie Espenlaub zitternden Jungen in den Arm. »Alles gut, mein Junge. Du bist nun in Sicherheit und wir bringen dich zu deinen Eltern.« Und zu dem Soldaten gewandt: »Der Junge hat einen Adrenalinschock. Hol den Sanitäter, der soll sich um ihn kümmern. Er ist hinten bei der Straßensperre.«

Mittlerweile hatte sich der zweite, in das Haus eingedrungene Soldat zu ihnen gesellt, an seinem Arm prangten die Abzeichen eines Feldwebels.

»Sorry, Torben, aber es ging nicht anders. Wir mussten den Burschen eliminieren.«

»Schon gut, behalte diesen Kerl hier im Auge, der ist gefährlich.«

Torben Meinert winkte den Soldaten heran, der für die Funkverbindung zuständig war.

»Schmeiß dein Satellitentelefon an und melde nach München, dass der Junge befreit ist. Dann sag unserem Transporter, er soll uns hier auflesen. Die Hubschrauber bleiben in Frankenberg, ich will hier keinen Aufruhr haben und eventuelle Presseleute alarmieren. Wir werden hier sowieso genug Zirkus haben, wenn die Spurensicherung auftaucht. Die Hubschrauber sollen sich aber auf einen Überlandflug vorbereiten. Wir bringen den Jungen und den Gefangenen nach München.« Er wandte sich an seinen Stellvertreter: »Heinz, da du derjenige warst, der geschossen hat, bleibst du mit zwei Mann hier und sicherst den Tatort, bis die Polizei eintrifft.«

ABGESANG

Die Meldung prangte mitten auf der Titelseite der Börsenzeitung: »Bankenpräsident verstorben!
Wie uns von seinem Anwalt bestätigt wurde, ist der prominente Bankier Gerd Brauner vor zwei Tagen tot in seinem Hotelzimmer in München aufgefunden worden. Zur Todesursache machte er keine Angaben, nach unseren Recherchen soll aber Gerd Brauner einen Herzstillstand erlitten haben. Das ist ein herber Verlust für die Finanzgemeinde in Frankfurt, war er doch ein unermüdlicher Verfechter der Belange dieser Branche. Dazu genoss der gebürtige Niedersachse einen exzellenten Ruf in der Bankenwelt.
Geboren in Hannover, wo er auch das Gymnasium besuchte, studierte Gerd Brauner Volkswirtschaft und Politologie an der Albert-Ludwigs-Universität in Freiburg. Nach seinem Examen promovierte er mit einer Arbeit über die weltweiten Zahlungsströme. Danach begann seine berufliche Laufbahn in der Meinebank, in der er ungewöhnlich schnell in den Vorstand aufrückte. Im Jahr 2005 ernannte ihn der Aufsichtsrat zum Vorstandsvorsitzenden. Mit Geschick und Weitsicht steuerte er die Bank auf einen Wachstumskurs und umschiffte auch die Klippen der Finanzmarktkrise. Er galt als inspirierender Chef, welcher stets die Belange seiner Mitarbeiter im Auge hatte. Unsere Anfrage bei dem Aufsichtsratsvorsitzenden der Meinebank, Bernd Weise, bezüglich der Nachfolge von Gerd Brauner blieb bis jetzt unbeantwortet, in internen Kreisen wird jedoch der Finanzchef Hero Kurz gehandelt.
Mit dem Tod von Gerd Brauner verliert Frankfurt eine Institution, die auch abseits der Bankenwelt viel für Frankfurt

getan hat. So wäre der Wiederaufbau der Altstadt ohne die großzügige Spende der Meinebank wohl nicht möglich gewesen. Die Beerdigung Gerd Brauners soll nächste Woche auf dem Zentralfriedhof im kleinen Kreis stattfinden.«

Niels Werner warf die Zeitung auf seinen Schreibtisch. Was für ein Lügenmärchen. – Herzstillstand! – Na klar … wenn ich eine volle Packung Betablocker auf einmal schlucke, ist der Herzstillstand nicht weit. – Mit Geschick und Weitsicht durch die Finanzmarktkrise gesteuert. – Dass ich nicht lache. – Inspirierender Chef. – Mich hat er nie inspiriert. Ach, ich will es mal gut sein lassen, man soll nicht auf einen Leichenwagen schießen. Nur gut, dass Konrad Pair ihn vorgewarnt hatte.

Wie das allerdings passieren konnte, war ihm immer noch schleierhaft. Anstatt Gerd Brauner gleich hinter Schloss und Riegel zu setzen, lassen sie ihn erst noch in sein Hotelzimmer gehen. Angeblich, damit er seine Dinge noch ordnen kann. Als er nach einer halben Stunde immer noch nicht wieder herauskam, kamen die Beamten wohl auf die Idee, einmal nachzusehen, was da so lange dauern würde. Da lag er schon leblos auf dem Boden, neben sich eine leere Schachtel Betablocker. Der herbeigerufene Notarzt konnte nur noch den Tod feststellen. Dem guten Gerd war es wohl im Diesseits zu heiß geworden, nachdem Samuel Leist lebte und er damit rechnen musste, dass der auspacken würde.

Vielleicht war es auch besser so. Gerd hatte hoch gepokert und verloren. Die Schande, wenn alles rausgekommen wäre, wäre ohnehin zu viel für ihn gewesen. Kein Anwalt der Welt hätte ihn da herauspauken können und das Gefängnis hätte er ohnehin nicht überlebt. Der Genussmensch Brauner im Gefängnis, undenkbar. Aber jetzt musste er erst einmal Claire anrufen.

»Dubois.«

»Hallo Claire, hier ist Niels. Ich nehme an, du hast die Nachrichten schon gehört?«
»Ja, gestern hat Konrad Pair Peter und mich informiert. Schrecklich.«
»Er ist so gestorben, wie er gelebt hat, Claire. Ohne Kompromisse, alles oder nichts. Ich habe mit ihm ja kurz vor seinem Tod noch ein längeres Gespräch gehabt. Es tat ihm alles furchtbar leid. Seine Gedanken kreisten ständig um Tobias. Es hat ihn schwer erschüttert, einen Jungen gezeugt zu haben. Ich denke, du solltest das wissen.«
Die Leitung war einen Moment sehr still, dann kam die Stimme von Claire Dubois zurück. Leicht erstickt und sehr dünn, wie ihm schien.
»Ja, danke, Niels. Er war im Grunde ja auch kein schlechter Kerl, aber dieser Job hat ihn einfach versaut. Ich merke ja auch bei Peter, welche enormen Fliehkräfte an ihm zerren. Ich bin froh, diese Mistbranche schon relativ früh verlassen zu haben. Und du, Niels, bist auch nicht mehr derselbe. Es zählen nur noch Ergebnisse und die Menschen sind austauschbar. Der Niels von der Uni hätte nie so gedacht. Ach, entschuldige, du willst mir Trost spenden, und ich falle über dich her. Vermutlich hat der Stress der letzten Tage auch mich geschafft.«
»Apropos, wie geht es Tobias?«
»Ooch, der ist gut drauf. Im Nachhinein war das für ihn alles ein Abenteuer, mit dem er in der Schule mächtig angeben kann. Ich sehe übrigens morgen die Jungs von der GSG 9, um ihnen zu danken. Und dir muss ich auch noch danken. Einfach toll, wie du auf das Bootshaus gekommen bist.«
»Gern geschehen, Claire. Ich muss jetzt übrigens Schluss machen. Ich bekomme signalisiert, dass dein Mann mich sehen will.«
»Niels!«

»Ja?«
»Wir sollten ihn so in Erinnerung behalten, wie er an der Uni war.«
Bevor Niels Werner antworten konnte, hörte er das Klick in der Leitung, mit dem Claire Dubois das Gespräch beendete. Er blieb noch einen Moment in seinem Bürostuhl sitzen. Ich glaube, dachte er, sie liebt ihn immer noch. Er konnte den Gedanken jedoch nicht weiterverfolgen, denn seine Sekretärin streckte den Kopf durch die Tür und verdeutlichte ihm, wie dringend Peter Nehmer ihn sprechen wollte. Das war ja mal etwas Neues, nachdem er in den Tagen davor nie zu sprechen war. Niels Werner stieg die Treppe zur Vorstandsetage hoch, wobei er jeweils zwei Stufen auf einmal nahm.
Im Vorzimmer von Peter Nehmer winkte ihn seine Sekretärin strahlend weiter. »Er telefoniert noch, aber gehen Sie ruhig hinein.«
Trotzdem öffnete Niels Werner die Bürotür äußerst vorsichtig und streckte erst einmal den Kopf durch die Tür. Erst als Peter Nehmer ihn hereinwinkte, trat er durch die Tür und nahm auf einem der Besuchersessel Platz. Es wurde sehr schnell deutlich, mit wem sein Chef gerade telefonierte.
»Aber natürlich, Herr Weise, wir sind alle total geschockt. Niemand konnte das voraussehen. Hatte Herr Brauner mal Ihnen gegenüber suizidale Absichten geäußert. Nein? Haben Sie eine Idee, warum er sich das angetan hat?«
Ganz schön abgefeimt, dachte Niels Werner. Dann wurde es interessant. »Ja, das ist richtig, Herr Weise. Nein, wir besitzen erheblich mehr Anteile an der Meinebank. Ich habe die genaue Zahl gerade nicht hier, aber nach unserer letzten Bestandsaufnahme dürften es mehr als 20 Prozent des Grundkapitals der Meinebank sein.«
»Nein, was wir damit vorhaben, kann ich Ihnen noch nicht

sagen. Ich muss das erst mit meinen Kollegen und dann natürlich mit meinem Aufsichtsrat diskutieren. Letzteres werden Sie doch sicher befürworten. Sie würden doch auch nicht von Ihrem Vorstand bei einer Aktion dieses Ausmaßes im Dunkeln gelassen werden wollen.«

»Aber das versteht sich doch von selbst. Natürlich liegt Ihnen in erster Linie das Wohl der Mitarbeiter am Herzen, Herr Weise«, an dieser Stelle verdrehte Peter Nehmer die Augen. »Uns übrigens auch. Und deshalb wollen wir nicht, dass in Sachen Nachfolge von Herrn Brauner Ihr Aufsichtsrat irgendwelche übereilten Entscheidungen trifft. Alles, was Sie tun müssen, um das Tagesgeschäft aufrechtzuerhalten, hat selbstverständlich nur vorübergehenden Charakter. Und, Herr Weise«, hier machte Peter Nehmer eine effektvolle Pause, »es versteht sich auch von selbst, dass jemand, der 20 Prozent an einem Unternehmen besitzt, auch den Aufsichtsratsvorsitzenden stellen möchte.«

Autsch, dachte Niels Werner, das hat gesessen. Peter Nehmer quittierte sein Daumen-hoch-Zeichen mit einem breiten Grinsen und fuhr fort: »Wer das sein wird, ist auch noch nicht entschieden. Es gibt da erste Ideen, aber noch nichts Definitives. Das hängt ja auch von der Bestellung des Vorsitzenden des Vorstands ab. Schließlich müssen Aufsichtsrat und Vorstand miteinander harmonieren.«

»Ganz recht. Ich sehe, wir verstehen uns, Herr Weise. Natürlich werden wir in Fragen der Neubesetzung auch Ihre Belange berücksichtigen. Wenn Sie diesbezüglich irgendwelche Ideen haben, kommen Sie ruhig auf mich zu. Bis bald mal wieder, meine Empfehlung an die Frau Gemahlin.«

Peter Nehmer schmiss geradezu den Telefonhörer auf die Gabel und ließ ein angewidertes Schnauben hören.

»Aach, dieser Kerl, der geht mir furchtbar auf die Nerven.«

»Du brauchst mir nichts erzählen, Peter, ich kenne ihn ja von früher. Die geballte Inkompetenz. Der hat mich doch glatt mal gefragt, was Top down und Bottom up bedeuten. Ich möchte nur wissen, wie der Aufsichtsratsvorsitzender geworden ist.«

»Ach, Niels, die wenigsten AR-Vorsitzenden werden nach Kompetenz ausgesucht, insbesondere in der Finanzwelt. Da kommt es doch nur auf Beziehungen und Auftreten an, und je weniger kompetent so einer ist, desto besser. Ich meine, desto besser kann der Vorstandsvorsitzende schalten und walten.«

Peter Nehmer stand auf und ging mit ausgebreiteten Armen um seinen Schreibtisch herum auf Niels Werner zu. »Aber jetzt genug vom Weise. Lass dich erst einmal drücken und dir danken, was du für Tobias, mich und natürlich auch für Claire getan hast. Nicht auszudenken, was möglicherweise passiert wäre, wenn du nicht diese brillante Eingebung gehabt hättest.«

»Gern geschehen, Peter, ich habe eben mit Claire telefoniert, und es freut mich, dass es dem Jungen gut geht. Ich muss allerdings betonen, dass auch Gerd Brauner seinen Anteil am Identifizieren des Bootshauses hatte. Es tat ihm alles furchtbar leid, nachdem er erfahren hatte, dass er der biologische Erzeuger von Tobias war.«

»Nun, das ändert aber nichts daran, dass er zunächst mal den Auftrag erteilt hat, Tobias zu entführen. Gott sei Dank hat die GSG 9 diesen Leist geschnappt. Ich hoffe, er sagt aus und ich bin sehr gespannt, was noch alles für Machenschaften von Brauner herauskommen. Na ja, wir werden sehen. Zu guter Letzt bleibt nur noch die spannende Frage zu beantworten, was wir mit unserer Beteiligung an der Meinebank machen. Irgendwelche Ideen deinerseits?«

»Mit der Frage habe ich mich noch gar nicht beschäftigt, ich habe genug mit meinem Asset Management und der Vermögensverwaltung zu tun. Aber es bleiben ja nicht viele

Möglichkeiten, entweder wir machen einen vollen Merger, wir filetieren die Bank, oder wir verkaufen unsere Beteiligung an den Meistbietenden.«

»So sehe ich das auch. Nichtsdestoweniger sollten wir das breit diskutieren. Ich plane daher ein Offside mit dem Aufsichtsrat, dem Vorstand und einigen Leuten aus der zweiten Führungsebene, wie dich zum Beispiel. Du kennst die Meinebank von uns allen ja wohl am besten. Wer ist denn deiner Meinung nach im oberen Management gut und welche Aktivitäten der Bank sind gesund und sind es wert, übernommen zu werden?«

Die Ironie dieser Frage ging an Niels Werner nicht vorbei. Da war er ursprünglich von Gerd Brauner losgeschickt worden, um in der Wertebank zu spionieren, und nun wurde er aufgefordert, Informationen über die Meinebank preiszugeben. Verrückt, wie das Leben manchmal so spielt.

»Also, im Management fällt mir nur einer ein, den ich immer respektiert habe. Das ist der Finanzchef Hero Kurz. Der kennt die Meinebank aus dem Effeff. Vor allem kennt er auch die Off-Balance-Aktivitäten, also schwarze Kassen, heimliche Beteiligungen und dergleichen.«

»Ja, das sagt unser Horst Kaiser auch immer, der könnte wohl mit diesem Kurz auch ganz gut zusammenarbeiten.«

Niels Werner nickte zustimmend. »Ja, die beiden passen gut zusammen. Von den Aktivitäten der Bank sind lediglich, so wie ich das sehe, das Asset Management und Teile des Firmenkundengeschäftes für uns interessant. Ich will dich aber gleich warnen, Asset Management von einer anderen Institution zu übernehmen, ist extrem schwierig und vor allem teuer.«

»Warum ist das so?«

Bevor Niels Werner eine Antwort geben konnte, streckte die Assistentin von Peter Nehmer den Kopf durch die Tür. »Wir haben den hessischen Ministerpräsidenten in der Leitung.«

Peter Nehmer seufzte. »Noch einmal Händchen halten? Aber okay, stellen Sie ihn durch«, und an Niels Werner gewandt, »vergiss deine Rede nicht, wir sehen uns beim Offside.«

BRAINSTORMING

Sie waren alle da. Der gesamte Aufsichtsrat mit seinem Vorsitzenden Benjamin Fieker, seine Vorstandskollegen Boris Kern, Sigmund Wohler und Barbara Kohler, sowie sein Leiter Finanzen Horst Kaiser, der Chef des Asset Managements und Vermögensverwaltung Niels Werner und sein Chefvolkswirt Konrad Pair. Er hatte für das Offside das ganze Wochenende in dem Ausbildungszentrum der Wertebank am Starnberger See eingeplant. Anreise und gemeinsames Mittagessen am Samstag, danach Diskussion der Agenda, die aber nur einen einzigen Tagesordnungspunkt, nämlich die Meinebank, enthielt.

Peter Nehmer registrierte eine mehr als nur aufgeräumte Stimmung unter den Teilnehmern. Die Gesichter waren fröhlich und allenthalben wurde gescherzt und gelacht. Warum auch nicht, dachte er, sie hatten es den arroganten Frankfurtern mal so richtig gezeigt. Frankfurt als Finanzzentrum der Bundesrepublik Deutschland dürfte jetzt wohl der Vergangenheit angehören. Die Wertebank mit Sitz in München war jetzt der große Spieler in der deutschen Bankenwelt und ihm war ja auch schon von Vorstandskollegen anderer Banken signalisiert worden, dass er der nächste Bankenpräsident werden solle. Damit schlug das Herz der Finanzgemeinde künftig in München.

Als er nach dem Essen alle in den Sitzungssaal bat, kam Benjamin Fieker nervös auf ihn zu. »Herr Nehmer, sollten wir beide uns nicht vorher kurz verständigen? Ich meine, was die große Linie angeht. Auch dürften ja wohl einige Personalentscheidungen anstehen, auch in den Aufsichtsräten, sowohl bei uns als auch in der Meinebank. Der Meinung ist übrigens auch

Kollege Weise, mit dem ich gestern telefoniert habe.« Aha, dachte Peter Nehmer. »Es wäre doch bei derart weitreichenden Maßnahmen gut, wenn wir mit einer Stimme sprächen.«
Peter Nehmer brauchte einen Moment, um sich zu sammeln und seine Stimme unter Kontrolle zu bringen. »Herr Fieker, ich möchte eine offene Debatte haben. Ohne eine vorher bereits festgelegte Strategie. Am Ende müssen alle meine Kollegen an einem Strang ziehen, und da wäre es ganz schlecht, wenn sie das Gefühl bekämen, überfahren zu werden. Deshalb braucht es auch kein vorheriges Gespräch zwischen uns beiden. Und wenn Sie wieder mit Herrn Weise telefonieren, sagen Sie ihm bitte, ich kann mir in einem neuen Bankengebilde, wie auch immer das aussehen mag, keine Rolle für ihn vorstellen. Und jetzt sollten wir beide auch in den Sitzungssaal gehen.«
Mit diesen Worten setzte sich Peter Nehmer in Bewegung, sein Aufsichtsratsvorsitzender blieb ziemlich verdattert zurück. Er ließ sich auf der Stirnseite des Konferenztisches nieder, schaute die Anwesenden der Reihe nach an, ignorierte das Stuhlgescharre von Benjamin Fieker und ergriff das Wort.
»Sehr geehrte Frau Kollegin Kohler, meine lieben Aufsichtsräte, liebe Kollegen. Ich denke, ein jeder weiß, warum wir uns hier versammelt haben, aber lassen Sie mich trotzdem noch einmal die Ausgangssituation zusammenfassen. Die Wertebank besitzt derzeit 14,7 Prozent des Aktienkapitals der Meinebank. In zehn Tagen findet eine außerordentliche Hauptversammlung der Meinebank statt, die wir verlangt haben. Ursprüngliches Ziel war es, dort eine Neubesetzung der Vorsitzenden des Vorstands und des Aufsichtsrates durchzusetzen. Mit dem Tod von Gerd Brauner hat sich Ersteres zunächst einmal erledigt. Nichtsdestoweniger müssen wir trotzdem eventuell diesen Posten neu besetzen, je nachdem, für welche Strategie wir uns bezüglich der Meinebank entscheiden. Deren Aktionäre wollen völlig zu

Recht über unsere weitere Vorgehensweise unterrichtet werden und darüber abstimmen. Das Gleiche gilt übrigens auch für unsere Aktionäre, die ebenfalls in circa sechs Wochen auf unserer Hauptversammlung von uns Rechenschaft fordern werden. Wir tun also gut daran, uns bis spätestens Sonntagabend darüber im Klaren zu sein, was wir mit unserer Beteiligung an der Meinebank anfangen wollen. Ich bitte nun zunächst Herrn Kaiser, darzulegen, welche Optionen sich vordringlich anbieten. Bitte, Horst, du hast das Wort.«

Horst Kaiser stand auf und ging an den Projektor, um den ersten Chart an die Wand zu werfen.

»Frau Kohler, meine Herren, ich habe mir erlaubt, die sich auf den ersten Blick anbietenden Szenarien hier darzustellen.

1. Wir betrachten unsere Beteiligung an der Meinebank als reine Finanzbeteiligung. Die Dividendenrendite dieser Bank liegt derzeit bei rund drei Prozent und es sieht so aus, als ob die Meinebank diese Dividende auch künftig wird zahlen können. Damit verzinst sich unser Kapital angesichts der momentanen Nullzinsphase im Vergleich relativ ordentlich.
2. Wir schlachten die Meinebank aus und machen den Rest zu. Das würde bedeuten, wir übernehmen das Asset Management und die Vermögensverwaltung sowie Teile des Firmenkundengeschäftes und machen die anderen Aktivitäten platt.
3. Wir verkaufen unsere Beteiligung meistbietend und stärken mit dem Erlös unsere Eigenkapitalbasis.
4. Wir übernehmen die Meinebank
5. Wir fahren eine Mischstrategie. Wir verkaufen einen Teil der Beteiligung und behalten den anderen Teil als Finanzinvestment und Absicherung für eventuelle künftige unsittliche Angebote der Meinebank.

Diese Darstellung der Szenarien verzichtet bewusst auf Implikationen, sondern soll lediglich verdeutlichen, welche Möglichkeiten es gibt.
Ich darf betonen, dass ich mich gestern mit dem Finanzchef der Meinebank, Hero Kurz, zusammengesetzt habe. Er hat mir versichert, dass nach seiner Kenntnis die Meinebank keinerlei Off-Balance-Aktivitäten oder Risiken hat. Alle Geschäfte und Beteiligungen der Bank sind in der Bilanz erfasst und im Geschäftsbericht vermerkt. Nach seinen Worten ist die Meinebank absolut sauber. Auch die in den letzten Wochen laufende Steuerprüfung hat die Bank mit Bravour gemeistert.«
Nun hielt es die für Risikomanagement zuständige Barbara Kohler nicht mehr aus.
»Wir sollen uns also auf das Wort dieses Herrn Kurz verlassen? Wie gut kennen Sie ihn überhaupt? Welches Interesse sollte der haben, uns die Wahrheit zu sagen?«
»Frau Kohler«, der Tonfall von Horst Kaiser war etwas pikiert, »ich kenne Herrn Kurz nur als exzellenten Fachmann und absolut honorige Person.«
Die Kohler schnaubte kurz. »Jemand, der für Brauner gearbeitet hat, soll honorig sein? Das glauben Sie doch wohl selbst nicht.«
Es dauerte eine Weile, bis Barbara Kohler das betretene Schweigen am Konferenztisch registrierte.
»Entschuldigung, Herr Werner, Anwesende sind natürlich ausgenommen.«
Peter Nehmer räusperte sich kurz.
»Also, Herr Kaiser hat ja die Alternativen kurz umrissen. Wenn sonst keine weiteren Ideen existieren, schlage ich vor, wir diskutieren der Reihe nach. Wer wäre für eine reine Finanzbeteiligung?«

Sofort ergriff wieder Barbara Kohler das Wort.
»Das wäre meine favorisierte Lösung. Auf diese Weise holen wir uns keine Risiken in unsere Bilanz. Ja, Herr Kaiser, ich weiß. Aber auch Sie können nicht hundert prozentig sicher sein, dass derartige Risiken nicht existieren. Das wüssten wir erst nach einer sorgfältigen Überprüfung der Meinebank durch uns. Dafür haben wir momentan gar keine Kapazitäten.«
Sie sah sich mit einer Besserwissermiene um.
»Meine Herren, ich darf daran erinnern, wir befinden uns derzeit selbst in einer Umbauphase, eine Periode, in der unsere Managementkapazitäten und die Geduld unserer Mitarbeiter auf das Äußerste strapaziert sind. Wir könnten uns keinesfalls auch noch die Meinebank ans Bein binden. Deshalb votiere ich ganz klar für die Finanzbeteiligung. Das ist die einfachste und simpelste Lösung.«
Nun meldete sich Sigmund Wohler zu Wort. »Aber auch dafür, Frau Kollegin, müssten wir uns die Meinebank genauer anschauen. Wie wollen wir sonst beurteilen, ob die Meinebank dauerhaft die gegenwärtige Dividende zahlen kann?«
Jetzt kommt der garantiert gleich mit dem Vorschlag um die Ecke, eine Unternehmensberatung zu beauftragen, die Pros und Contras einer derartigen Variante zu untersuchen, dachte Niels Werner. Er ergriff daher hastig das Wort.
»Das könnten meine Leute übernehmen. Erstens sind wir durch den Umbau der Wertebank nicht so belastet, da sich bei uns ja nicht viel ändert und zweitens machen wir so etwas tagtäglich. Bei jeder Investmententscheidung fertigen wir vorher eine sorgfältige Unternehmensanalyse an. Gerade im Bankensektor haben wir dafür anerkannte Experten zur Verfügung.«
»Aber vielleicht wäre es doch sicherer, dafür eine anerkannte und auf Banken spezialisierte Unternehmensberatung hinzuzuziehen.«

Dachte ich es mir doch, knirschte innerlich Niels Werner mit den Zähnen. Aber bevor er etwas erwidern konnte, sprang Boris Kern in den Ring. »Jetzt hören wir doch endlich mal mit diesem Quatsch auf. Was soll uns denn eine Unternehmensberatung bringen? Die haben keine Ahnung und singen bei jedem das gleiche Lied. Ich habe es doch von Anfang an gesagt und wiederhole mich gerne. Lasst uns die Filetstücke aus der Meinebank herauslösen und den Rest platt machen. So, wie ich das sehe, können wir ohnehin nur das Asset Management und Teile des Firmenkundengeschäftes gebrauchen. Handel und das blöde Investmentbanking brauchen wir ja nicht mehr und im Privatkundengeschäft, also dem klassischen Retail, sind die doch meilenweit hinter uns. Viel zu viele Filialen und viel zu viele Leute.«

»Der Haken bei dieser Lösung«, Horst Kaisers Stimme war wieder betont neutral, »ist, dass wir, um Filetstücke herauslösen zu können, erst einmal die Mehrheit an der Meinebank erwerben müssen. Unsere rund 15 Prozent reichen dafür nicht, übrigens auch nicht für eine vollständige Übernahme. Das bedeutet, wir müssten weitere erhebliche Mittel aufwenden. Die könnten wir uns nur durch den Verkauf von unseren Schatzkisten, wie beispielsweise den Verkauf unserer Beteiligung an der Steyerbank, und die Mobilisierung sonstiger stiller Reserven beschaffen.«

»Und«, ließ sich Konrad Pair vernehmen, »das Auf-die-Straße-Setzen von dann rund 40.000 Mitarbeitern wird uns keine gute Presse bringen und sicherlich nicht förderlich für unser Kerngeschäft sein. Vom Ärger mit den Gewerkschaften und unseren Mitarbeitern wollen wir mal gar nicht reden.«

An dieser Stelle gesellte sich der AR-Vorsitzende Benjamin Fieker zur Diskussion. »Frau Kohler, meine Herren. Für mich kommt es überhaupt nicht in Frage, dafür mitverantwortlich zu

sein, dass in der Bankenlandschaft ein Beschäftigungsabbau in dieser Größenordnung erfolgt. Eine derartige Beschlusslage könnte ich keinesfalls mittragen.«
Sieh an, der alte Zausel hat ja noch Zähne, dachte Niels Werner, bevor er ihm beipflichtete. »Ich sehe das genauso, Herr Fieker. Aber für mich sind noch andere Aspekte wichtig. Selbst wenn wir die Mehrheit an der Meinebank hätten und Filetstücke uns einverleiben könnten. Zumindest im Asset Management ist der Merger zweier Gesellschaften ein abenteuerliches Unterfangen, das in den seltensten Fällen gelingt. In dieser Branche hat jede Gesellschaft eine ausgeprägte eigene DNA. Jeder hat seine eigene Anlagephilosophie, seine eigene Art der Kundenbetreuung, sein eigenes erprobtes EDV-System und so weiter. Darüber hinaus muss jeder, der eine Asset-Management-Gesellschaft übernimmt, den Goodwill mindestens zweimal zahlen. Einmal ist der momentane Wert zu begleichen, welcher sich ja aus der Summe der Leistungen in der Vergangenheit speist und zum Zweiten sind anschließend Sonderzahlungen für die Topleute notwendig, um diese zum Verbleib in der neuen Gesellschaft zu bewegen. Und bei den Kunden gibt es die Overlaps zu bedenken. Manche institutionellen Kunden, wie beispielsweise Pensionskassen, Versicherungen und so weiter, werden sowohl bei der einen als auch bei der anderen Firma Gelder verwalten lassen. Sollten nun beide Gesellschaften verschmelzen, haben diese Kunden eine Art Klumpenrisiko bei ihren Vermögensverwaltern und werden daher Gelder abziehen und anderweitig managen lassen. Ich kann nicht für das Firmenkundengeschäft sprechen, aber im Asset Management ist sicherlich eins plus eins nicht zwei.«
»Gut, danke Niels«, Peter Nehmer nickte Niels Werner anerkennend zu, »dann bleibt ja eigentlich nur noch der Verkauf der Beteiligung. Wie sehen denn hier die Meinungen aus?«

An den Blicken, die sich die meisten Teilnehmer zuwarfen, konnte er erkennen, dass über diese Variante eigentlich niemand so richtig nachgedacht hatte. Mit Ausnahme natürlich von Horst Kaiser, der auch gleich das Wort ergriff.

»Ehrlich gesagt, wäre das meine bevorzugte Variante. Mit dem Verkaufserlös könnten wir unser Eigenkapital stärken und dessen Quote auf ein Niveau heben, welches allen künftigen Anforderungen seitens der Aufsichtsbehörden mehr als nur gerecht werden würde.«

»Dann bliebe ja nur noch die Frage zu klären, welcher Investor in der Lage und willens wäre, uns 14,7 Prozent der Meinebank abzunehmen«, Barbara Kohler konnte sich den ironischen Unterton nicht verkneifen. »Ein Verkauf über die Börse käme ja wohl nicht in Frage, das würde den Kurs der Aktie auf ein für uns unattraktives Niveau drücken.«

Niels Werner, als der Investmentexperte der Bank, machte den Mund auf, bevor das drohende verbale Scharmützel zwischen Barbara Kohler und Horst Kaiser Gestalt annehmen konnte.

»Da haben Sie natürlich völlig recht, Frau Kohler, der Verkauf einer solch massiven Beteiligung kann nur außerhalb der Börse durchgeführt werden, vorzugsweise in nur einer Tranche, aber wir könnten auch mehrere kleine Tranchen wählen. Das kommt auf das Interesse der Investoren an. Ich bin diesbezüglich übrigens nicht ganz so pessimistisch wie Sie. Wir sollten das Interesse Chinas an einem Einstieg in den deutschen Bankenmarkt nicht vergessen. Gerd Brauner hat mir übrigens kurz vor seinem Tod gestanden, dass er sich zwecks finanzieller Unterstützung seiner Übernahmepläne mit Silberstein und Partner eingelassen hat. Ich nehme an, die amerikanische Regierung wollte, und vermutlich will sie noch immer, eben diesen Schritt Chinas verhindern. Wenn meine Überlegung

richtig ist, hätten wir damit schon zwei potente und stark an der Meinebank interessierte Käufer.«
Niels Werner konnte förmlich sehen, wie die Sitzungsteilnehmer das von ihm gerade Gesagte verdauten.
»Gut«, Peter Nehmer nahm die Zügel wieder in die Hand, »ich denke, wir haben alle jetzt genug zum Nachdenken. Der Nachmittag ist vergangen wie im Flug. Ich danke allen Diskussionsteilnehmern für ihre interessanten Beiträge. Wir sehen uns dann alle beim gemeinsamen Dinner in«, er schaute auf die Uhr, »einer Stunde hier in diesem Saal.«
Während die Sitzungsteilnehmer nach und nach den Konferenzraum verließen, winkte Peter Nehmer seine erste Führungsebene zu sich.
»Niels, ich hatte den Eindruck, dass du noch etwas in petto hast. Jedenfalls hast du deinen Mund auf und zu gemacht wie ein Karpfen. Wir sind jetzt hier unter uns, spuck es aus.«
»Okay, Peter, du kennst mich schon ganz gut. In der Tat habe ich noch einen Punkt. Es gibt nach meiner Auffassung nämlich noch einen dritten potenten und potentiell interessierten Käufer. Das ist die deutsche Bundesregierung. Sie kann weder einen Einstieg Chinas noch der USA wollen, insbesondere angesichts des derzeitigen amerikanischen Präsidenten. Wir könnten ihr sogar einen guten Preis anbieten, wenn wir dafür das Management der Rentenreserven, der Atomrücklagen und sonstiger Anlagegelder des Bundes bekämen. Der Bund könnte die Meinebank mit einer Staatsbeteiligung weiterlaufen lassen oder sie mit der staatseigenen Kreditanstalt für Wiederaufbau verschmelzen. Auf diese Art bekämen wir zusätzliches Asset-Management-Geschäft, ohne mit den sonst üblichen Schwierigkeiten bei einer Verschmelzung zu kämpfen.«
»Niels, das ist genial. Was meint ihr?«, sowohl Horst Kaiser als auch Konrad Pair nickten heftig. »Du bist ein kluger Kopf und

ich bin froh, dass du jetzt einer der unsrigen bist.« Und an die anderen beiden gewandt: »Und was habt ihr noch?«

Nach einem kurzen Blickkontakt startete Konrad Pair. »Ich war vorhin ja mal draußen und habe mit meinem Kontakt bei der Polizeibehörde gesprochen. Sie quetschen gerade diesen Leist aus, der einen Deal mit den deutschen Strafbehörden machen will. Er hat zugegeben, den Tod von Hakim Sailer verursacht zu haben. Er hat wohl das Flugzeug manipuliert und Brauner hat dann den Untersuchungsbeamten vom Luftfahrtbundesamt in Braunschweig bestochen, damit der bei seiner Untersuchung nichts findet.«

Peter Nehmer setzte sich wieder kopfschüttelnd hin. »Ich habe mir so etwas schon fast gedacht. Ich weiß nur nicht, warum man so etwas tut. Was hat der Brauner durch den Tod von Hakim gewonnen?«

Niels Werner spürte, wie ihm langsam abwechselnd heiß und kalt wurde. Horst Kaiser räusperte sich diskret. »Vielleicht kann ich dazu beitragen. Ich habe vorhin auch etwas zurückgehalten. Hero Kurz hat mir von drei schwarzen Kassen der Meinebank berichtet, welche nirgendwo in den Papieren erscheinen. Vermutlich kam das Geld für die Bestechung aus einer dieser Kassen. Außerdem hat er mir gesagt, dass Brauner eine heimliche Beteiligung an der Personalberatungsfirma von Heinz Kolinski hatte.«

Alle drei Männer sahen schlagartig Niels Werner an. Es war völlig klar, was sie dachten und welche Schlussfolgerungen sie anstellten, und sie hatten ja auch recht damit.

»Niels, ich erwarte deine Demission in den nächsten Tagen«, sagte Peter Nehmer mit brüchiger Stimme.

FINALE

Die dünne Meldung war in allen Zeitungen im Wirtschaftsteil zu finden.
»Die Bundesregierung gibt bekannt, dass sie einen gut 20-prozentigen Anteil an der Meinebank von der Wertebank und weiteren Adressen im Ausland erworben hat. Die Bundesregierung leistet damit einen bedeutsamen Beitrag zu einem stabilen Bankensektor in Deutschland und zur Sicherung von Arbeitsplätzen in dieser Branche. Zum neuen Vorstandschef der Meinebank wurde Herr Hero Kurz ernannt.«
So, so, dachte Niels Werner und legte die Süddeutsche Zeitung weg. Die Idee mit der Bundesregierung hat also funktioniert. Und natürlich wurde in diesem knappen Statement kein Kaufpreis genannt, genauso wie darin eine faustdicke Lüge enthalten sein dürfte. Von wegen, die Regierung hat nicht vor, weitere Anteile zu erwerben. Das muss sie ja sagen, um den Preis für die Meinebank-Aktien nicht nach oben zu treiben. Ich wette 100 : 1, dass die mehr als 50 Prozent erwerben und dann die Zusammenarbeit mit der staatseigenen Kreditanstalt für Wiederaufbau forcieren wollen.
Niels Werner sah aus dem Fenster des Münchner Cafés auf den Marienplatz und dachte an seine letzten Tage in dieser Stadt zurück. Seine Wohnung hatte ihm die Bank zu einem sehr vorteilhaften Preis abgekauft, um sie für einen ihrer Wochenend-Commuter zu nutzen, was die Bank allemal billiger kam, als diesen in einem Hotel unterzubringen. Das Gute daran für ihn war, dass er auch gleich seine Möbel mit los wurde. Er hatte dann mit Horst Kaiser die finanziellen Einzelheiten seines

Ausscheidens aus der Bank geklärt, wobei die Bank sich relativ großzügig gezeigt hatte.
Und er hatte auch noch ein gutes Gespräch mit Peter Nehmer gehabt, an dessen Ende dieser zu ihm sagte: »Ich weiß, Niels, was du sagen willst. Du hattest mir ja schon einen dezenten Hinweis gegeben. Aber ich kann nicht akzeptieren, dass dafür Hakim Sailer sterben musste. Auch wenn du selbst dazu nichts beigetragen hast. Hakim Sailer war ein integraler Bestandteil unserer Unternehmerfamilie. Und du hast dich vom Brauner benutzen lassen. Egal, was deine Meriten für diese Bank sind und egal, was du für mich und meine Familie getan hast, ich kann das nicht tolerieren. Ich hoffe, du verstehst das.«
Niels Werner hatte ihm die Hand geschüttelt und gesagt: »No hard feelings, Peter.«
Dann war er gegangen, hatte seine privaten Sachen nach Freiburg gefahren und war wieder in seinen Berghof eingezogen. Gabi und er waren übereingekommen, es miteinander zu versuchen, und in den letzten vier Wochen hatte das ganz gut geklappt. Nun war er wieder kurzzeitig in München, denn heute hatte Samuel Leist seine erste Gerichtsverhandlung. Es ging da zwar noch nicht so richtig zur Sache, es war eher ein Haftprüfungstermin, aber Niels Werner war trotzdem neugierig. Er schaute kurz auf die Uhr und stand auf, um an der Kasse für sein Frühstück zu bezahlen. Es wurde Zeit, das Gericht anzusteuern. Dort angekommen, lief ihm als erster Konrad Pair über den Weg, der sich offenbar freute, ihn wieder zu sehen.
»Hallo, Niels, auch neugierig?« Und nach einem Nicken von Niels Werner: »Ja, ich auch. Ich bin mal gespannt, wie diese Ratte sich so gibt. Wo lebst du momentan?«
»Hi, Konrad, ich bin nach Freiburg zurückgegangen.«
Konrad Pair zog erstaunt die Augenbrauen hoch.

»Und dann kommst du extra von Freiburg herüber. Respekt, mein Lieber.«
»Tja, ich bin ja irgendwie auch involviert.«
Konrad Pair legte ihm die Hand auf den Arm. »Falls dir das irgendwie hilft, ich glaube dir, dass du von dem Anschlag auf Hakim nichts gewusst hast. Wir sehen uns noch, Niels.«
Mit diesen Worten verschwand er im Gerichtssaal und Niels Werner schickte sich an, ihm zu folgen, als er weiter hinten auf dem Flur den sich in Begleitung von zwei Justizbeamten nähernden Samuel Leist entdeckte. Plötzlich wurde dessen Weg von Konrad Pair geblockt, der offensichtlich den Gerichtssaal durch die andere Tür wieder verlassen hatte. Und dann passierte das Unfassbare und Niels Werner nahm das alles wie in Zeitlupe wahr.
Mit den Worten: »Hakim Sailer war mein bester Freund«, zog Konrad Pair eine Pistole aus der Manteltasche und schoss Samuel Leist seelenruhig zweimal in die Brust. Danach ließ er sich widerstandslos festnehmen.